reinhardt

Diese Publikation wurde durch den St. Jakobs- und Winkelried-Fonds unterstützt.

Impressum

Projektleitung: Alfred Rüdisühli
Gestaltung: Célestine Schneider
Korrektorat: Daniel Lüthi
Illustrationen: Claude Borer
ISBN: 978-3-7245-2724-4

Der Friedrich Reinhardt Verlag wird vom Bundesamt für Kultur mit einem Strukturbeitrag für die Jahre 2020–2025 unterstützt.

Daniel Vogt

Halsabschneider, Mörder, Räuber, Vagabunden

300 Jahre Strafverfolgung im Kanton Basel

Friedrich Reinhardt Verlag

Inhaltsverzeichnis

Vorwort Dr. Robert Heuss

Krimis gehören zu den beliebtesten Genres bei Filmen und Büchern. Was Daniel Vogt in diesem Buch vorlegt, sind keine Fantasieprodukte, sondern Geschichten, die aus dem Leben gegriffen und deshalb authentisch sind. Sie lassen menschliche Abgründe, rohe Gewalt, Respektlosigkeit und absolute Gefühlskälte erahnen. Seine Kriminalfälle und Polizeigeschichten, aus persönlicher Sicht und mit viel Herzblut geschrieben, zeigen aber auch, wie Recht gesprochen und durchgesetzt wurde.

Aus seinen Schilderungen ist der lange Weg von der «mittelalterlichen» Justiz mit ihren heute unverständlich grausamen Strafen bis zu den heutigen, bei denen die Resozialisierung im Vordergrund steht, ablesbar. Dass man jemanden dreifach mit dem Tod bestrafte (Hand abhacken, mit dem Schwert enthaupten und auf das Rad flechten sowie zusätzlich noch Kopf und Hand am Galgen zur Schau stellen) oder dass blosse Vermögensdelikte mit dem Tod bestraft wurden, ist heute fast unglaublich. Aber auch die langjährige Verbannung auf eine Galeere, die fast zwangsläufig den Tod bedeutete, war eine sehr harte und oft unverhältnismässige Strafe.

Die Geschichten dokumentieren, wie früher die Behörden – Justiz und Polizei – ohne all die heutigen Selbstverständlichkeiten (Mobilität, Kommunikation, Personal und Ausbildung) Polizeiarbeit leisteten, Verbrechen aufklärten und die Bevölkerung schützten. Allein schon der Transport von Verbrechern über den Jura nach Basel war aufwendig und brauchte Zeit. Wie aus dem Fehlverhalten von Polizisten abzulesen ist, wurden diese ohne irgendwelche Ausbildung (abgesehen vom Dienst als Söldner) in ihr Amt eingesetzt.

Dass Angriffe auf die Polizei schon in der «guten alten Zeit» gang und gäbe waren und es mit dem Respekt vor der Polizei auch nicht immer weit her war, ist in verschiedenen Berichten eindrücklich geschildert. Daniel Vogt hat in den Kriminalarchiven und Polizeiakten auch alte Geschichten ausgegraben, die einen erschaudern lassen. Neben all den grausamen, vorsätzlichen Morden kommen skurrile Geschichten zum Vorschein, z. B. wie sich ein Artist in einem Nachtlokal versehentlich erschiessen liess oder wie Privatdetektive zu Einbrechern und Gefängnisinsassen zu Ausbrechern wurden oder wie zwei Kroaten eine selbst gebastelte, sehr gefährliche Kilo-Bombe nach Frankreich transportieren wollten, um einen politischen Anschlag auszuführen, dank einem aufmerksamen Basler Polizisten aber rechtzeitig aus dem Verkehr gezogen werden konnten.

Aufgelockert werden die Kriminalfälle durch Schilderungen des Polizeialltags und von raffinierten Betrügereien (Schatzheben und Geisterbeschwörungen). Verdienstvoll ist das Zusammentragen der schwersten und spektakulärsten Tramunglücke, auch ein Teil unserer Basler Geschichte, ebenso wie die Schilderung eines fürchterlichen Brandes im Kleinbasel, einer verheerenden Explosion in einer Maschinenfabrik im Gundeldingerquartier sowie des Vorgehens von Hochstaplern und Geldfälschern.

Daniel Vogt ergänzt mit seinen flüssig geschriebenen und aus den Originalakten geschöpften Dokumentationen das 2016 zum Jubiläum «200 Jahre Kantonspolizei» erschienene Buch auf ideale Weise. Seit 1990 befasst er sich mit der Materie, hat historisches Material gesammelt und zusammengebettelt. Ohne seinen Einsatz, seine Pflege des Materials und seine Inventarisierung wären diese Zeitzeugen polizeilicher Basler Polizeiarbeit unwiederbringlich verloren gegangen. Im Jahr 2000 konnte er das Polizeimuseum im Spiegelhof gründen, das 2021 dem Umbau des Spiegelhofes weichen musste. Damit wurde auch der von ihm 1993 initiierte Unterstützungsverein für das Polizeimuseum obsolet, so dass er 2023, genau nach 30 Jahren, aufgelöst wurde. Dank der immensen Sammeltätigkeit von Daniel Vogt ist nicht nur sehr viel Polizeimaterial erhalten geblieben, sondern es liegt nun mit diesem Buch auch eine Dokumentation über Justiz und Polizei der vergangenen Jahrhunderte vor, die die Basler Polizeigeschichte in vorbildlicher Weise abrundet.

Freuen Sie sich auf diese eindrückliche und spannende Lektüre, eine Zeitreise durch 307 Jahre Geschichte des Kantons Basel.

Dr. iur. Robert Heuss
Abteilungsleiter, Stabschef und stv. Polizeikommandant von 1971-1993
Staatsschreiber von 1994-2008

28. Juni 2024

Zu meiner Person

E ächte Basler Bebbi. Geboren 1956 in Basel. Aufgewachsen mit vier Geschwistern im St. Johanns-Quartier. Lehre zum Maschinen-Mechaniker in der Lehrwerkstatt für Mechanik.

Besuch der Polizeischule 1981/82. Bis heute Polizist bei der Kantonspolizei Basel-Stadt. 1990 Aufbau der Polizeihistorischen Sammlung. 1993 Mitbegründer des gleichnamigen Vereins. Bis heute Leiter und Kurator der Sammlung. Realisierung von mehreren Ausstellungen im ehemaligen Polizeimuseum im Spiegelhof (2000–2021). Mitautor der Bücher «100 Jahre Polizeibeamten-Verband des Kantons Basel-Stadt» und «Basler Polizei 1816–2016». Verfasser von über 140 Artikeln im Personalmagazin der Kantonspolizei Basel-Stadt.

Wohnhaft in Zwingen/BL. Verheiratet und Vater von vier Kindern. Hobbys: Polizeigeschichtliches und Archäologie. Ehrenamtlicher Mitarbeiter der Archäologie Baselland, Prospektionen mit dem Metallsuchgerät.

Vorwort Daniel Vogt

Der Aufbau und die Betreuung der Polizeihistorischen Sammlung (PhS) der Kantonspolizei Basel-Stadt brachten mich in Kontakt mit Gegenständen nicht nur der Polizei, sondern auch mit solchen, die aus dem Zusammenhang von Delikten stammten. Diese Objekte waren der Polizei in die Hände gefallen oder den Delinquenten von der Polizei abgenommen und der Justiz als Beweismittel vorgelegt worden. Neben den Gegenständen faszinierten mich die dazugehörenden Berichte. In zahlreichen Fällen erschlossen erst sie die eigentliche Bedeutung der oft recht banalen Gegenstände. Ein von der Polizei jahrzehntelang aufbewahrtes Messer konnte das Mordinstrument eines Verbrechens sein. Die Polizeiberichte und die Akten der Justiz übten auf mich eine grosse Faszination aus. Ganz besonders interessierten mich Fälle des 20. Jahrhunderts, die oft mit zeitgenössischen Fotografien dokumentiert waren. Mit der Zeit entstand eine umfangreiche Sammlung von Geschichten aus dem Polizeialltag, Geschichten von Unfällen, von kleinen Vergehen und grossen Verbrechen etc.

Allmählich wagte ich mich zurück in das 19. Jahrhundert und in die Epochen vor der Basler Kantonstrennung von 1833. Fotografien gab es bei diesen Berichten keine. In Claude Borer hatte ich einen begabten Zeichner gefunden, der einzelne Geschichten illustrierte. Vor der Kantonstrennung gehörten grosse Landgebiete zum Kanton Basel. So geriet bei meinen Recherchen eine neue Gruppe, nämlich die Landbevölkerung, ins Blickfeld. Kriminalitäts- und Gerichtsakten berichten zwar von Ausnahmesituationen, aber gerade sie bieten tiefen Einblick in die Alltagsgeschichte einer Gesellschaft. Sie erzählen von unvorstellbarer Armut, von Habgier, Eifersucht, Rachsucht, Verstocktheit, Boshaftigkeit, Missgunst, Neid, aber auch von viel Erfindungsgabe und Geschicklichkeit, um Mitmenschen zu betrügen und zu schädigen. Sie berichten nicht nur über die Täterinnen und Täter, sondern auch über die Opfer. Schliesslich werden auch Vorstellungen einer Gesellschaft über Recht, Gerechtigkeit und angemessene Strafen sichtbar. Man erkennt den Wandel vieler Anschauungen. Gotteslästerung, früher ein schweres Delikt, wird im modernen Rechtsstaat nicht geahndet. Körperstrafen sind verboten, heute sind nur Freiheitsstrafen oder Bussen zulässig. Die Definition von Verbrechen und der Umgang mit Gesetzesbrecherinnen und Gesetzesbrechern verraten viel über eine Gesellschaft. Kriminalitätsgeschichte ist deshalb auch Kulturgeschichte.

Raubüberfall auf das Juweliergeschäft Kessenich

1978

In der Stadt war es an diesem Dienstag, dem 28. November 1978, relativ ruhig. Die polizeilichen Einsätze waren unspektakulär. Wie gewohnt befanden sich einige Dienstfahrzeuge auf Patrouille, darunter auch das Alarmpikett I (AP I), das damals noch im Spiegelhof stationiert war.

Im Fahrzeug, einem Volvo, sassen drei Polizisten. Die Fahrt ging vom Bankenplatz die Freie Strasse abwärts in Richtung Marktplatz. Noch in der Freien Strasse hörten die Polizisten von Weitem her eine Sirene. Bei der Rüdengasse angekommen, sahen sie über dem Juweliergeschäft Kessenich ein gelbes Blinklicht. Offensichtlich stand der Sirenenlärm im Zusammenhang mit dem Blinklicht. Man entschloss sich, der Ursache nachzugehen.

Der Überfall

Der Fahrer des Polizeiwagens bog in die Rüdengasse ein und parkierte das Dienstfahrzeug am linken Trottoirrand hinter einem Personenwagen (zufälligerweise hinter dem späteren Fluchtfahrzeug der Täter). Er blieb im Wagen sitzen. Seine beiden Kollegen stiegen aus. Schon beim Aussteigen hörten die Polizisten Schüsse. Sofort luden sie ihre SIG 210 durch. Von da an überschlugen sich die Ereignisse.

Drei Täter hatten das Juweliergeschäft Kessenich kurz vor Ladenschluss, um achtzehn Uhr fünfzehn, überfallen. Ein vierter wartete im Fluchtfahrzeug. Schon während des Überfalls war im Laden der Alarm ausgelöst worden. Deshalb machten die Täter von der Schusswaffe Gebrauch. Zwei kamen nun rückwärts gehend aus dem Juweliergeschäft. Als sie die Polizisten sahen, schossen sie sofort auf diese. Die Polizisten waren ohne Deckung und drückten sich an die Hauswand. Auch sie machten von der Schusswaffe Gebrauch und gaben etwa acht bis zehn Schüsse auf die Täter ab. Man lieferte sich ein regelrechtes Feuergefecht. Der dritte Räuber hatte inzwischen das Fluchtfahrzeug erreicht.

Die Flucht

Mit quietschenden Reifen fuhr der Wagen, ein Alfa Romeo Alfetta, durch die Gerbergasse davon. Die beiden von ihren Komplizen im Stich gelassenen Räuber flüchteten zu Fuss durch die Gerbergasse in Richtung Barfüsserplatz, vorsichtig verfolgt von den beiden Polizisten. Beim Barfüsserplatz angekommen, sahen die Gangster, wie ein Autofahrer seinen Wagen einparkierte. Sofort wurde der Mann, noch am Steuer sitzend, mit Schüssen niedergestreckt und aus dem Wagen gezerrt. Auch ein zufällig anwesender Kriminalkommissär, der eingreifen wollte, wurde durch Schüsse handlungsunfähig gemacht. Mit dem gewaltsam entwendeten Opel Commodore gelang nun auch diesen beiden Räubern die Flucht. Beide Fahrzeuge, Alfa und Opel, befuhren als weiteren Fluchtweg die Steinenvorstadt in Richtung Heuwaage.

Bilanz des Überfalls

Die Täter verletzten durch ihr brutales Vorgehen drei Personen. Die Verkäuferin im Juweliergeschäft erlitt einen Durchschuss und einen Streifschuss am rechten Arm.

Die Ladenräumlichkeiten der Firma Kessenich. Aufnahme: 28.11.1978

Der Kommissär wurde in die Brust (Lunge) sowie am Knie getroffen. Der Mann, der sein Auto parkieren wollte, erhielt zwei Unterleibsschüsse. Einer der Täter wurde im Juweliergeschäft unbeabsichtigt von seinem Komplizen angeschossen.

Grosses Glück hatte ein Wagenführer der Basler Verkehrs-Betriebe (BVB). Eine Kugel, ein Querschläger, durchschlug nur wenige Zentimeter hinter seinem Kopf die Seitenscheibe des Führerstandes. Ein weiterer BVB-Trammotorwagen wurde von vier Querschlägern getroffen, die jedoch an der Seitenwand abprallten. Es wurden Revolver mit der Munition 38 Special oder .357 Magnum benutzt. Die Täter machten eine Beute im Wert von rund 130 000 Franken.

Die Fahndung

Trotz rasch aufgezogener Grossfahndung fehlte von den Tätern jede Spur. Die Fluchtfahrzeuge konnten noch in der gleichen Woche im Elsass parkiert aufgefunden werden. Am Alfetta waren gestohlene Kontrollschilder montiert. Dank ausgezeichneter internationaler Zusammenarbeit konnte im Juni 1979 der erste der vier Täter verhaftet werden. Der Mann legte ein umfangreiches Geständnis ab. Er war übrigens der

Der zur Flucht benutzte Alfa Romeo Alfetta. Aufnahme: 1978

einzige Täter, dem anhand der gesicherten Spuren die Beteiligung am Raubüberfall Kessenich nachgewiesen werden konnte.

Weitere Überfälle

Auch der Überfall vom 12. September 1978 auf die Schweizerische Kreditanstalt (SKA) in Basel beim Bankenplatz ging auf das Konto der Räuber. Damals stürmten die Täter um dreizehn Uhr den Schalterraum der SKA, rafften innert weniger Minuten 500 000 Franken zusammen und verschwanden so schnell wie sie gekommen waren. Der Fluchtweg führte über die Landesgrenze ins benachbarte Elsass.

Dieselbe Tätergruppe trieb auch am 3. April 1979 in Zürich ihr Unwesen. Die Gangster überfielen den Hauptsitz der Zürcher Kantonalbank. Mit Strumpfmasken maskiert schlugen zwei von ihnen den Chefportier und eine Angestellte zusammen und bedrohten weitere Anwesende mit den Waffen. Danach begaben sich die fünf Männer

Fotogrammetrische Aufnahme vom Tatort durch die Unfallgruppe. Markiert wurden die aufgefundenen Spuren. Aufnahme: 28.11.1978

in den Schalterraum. Dort erleichterten sie drei Kassen um insgesamt 620 000 Franken. Der Zufall wollte es, dass die Alarmanlage an jenem Tag wegen Revisionsarbeiten ausser Betrieb war. Für den Überfall in Zürich hatte die Freundin von einem der Täter eine Wohnung in der Nähe der Kantonalbank gemietet. Diese diente vor und nach dem Überfall als Unterschlupf für die ganze Bande. Durch einen Hinweis aus der Bevölkerung begab sich die Zürcher Polizei zur Wohnung der Bankräuber. Die Gangster versuchten zu flüchten, vier von ihnen konnten aber wenig später verhaftet werden.

Die Gerichtsverhandlung
Am 1. Juli 1980 begann der Prozess um den bewaffneten Raubüberfall auf das Juweliergeschäft Kessenich. Die fünf Tage dauernde Gerichtsverhandlung wurde durch ein massives Polizeiaufgebot abgesichert. Da beim Raubüberfall auf die Zürcher Kantonalbank teilweise die gleiche Täterschaft beteiligt war, musste auch dieser Fall mitbeurteilt werden. Auf der Anklagebank sassen nur drei der vier Täter. Der vierte war untergetaucht, nachdem ihm die Flucht aus der Strafanstalt Bostadel gelungen war. Von diesem erhielt das Gericht ein Schreiben, in dem er sich brüstete, schlauer zu sein als die Polizei. Der fünfte Täter konnte nie ermittelt werden.

Die Urteile
Das Appellationsgericht Basel-Stadt erkannte im Dezember 1981 folgende Urteile: Der zweiundzwanzigjährige Angelo I., der nachweislich an beiden Überfällen beteiligt war, erhielt fünfzehn Jahre Zuchthaus und fünfzehn Jahre Landesverweis. Die hohe Strafe erhielt er unter anderem wegen wiederholtem und versuchtem Mord zum Nachteil der beiden Polizisten (AP-Mannschaft). Giovanni T. erhielt acht Jahre Zuchthaus und fünfzehn Jahre Landesverweis. Dario D. sieben Jahre Zuchthaus und fünfzehn Jahre Landesverweis. Der fünfundzwanzigjährige Cesare F. sechs Jahre Zuchthaus und fünfzehn Jahre Landesverweis.

Angelo I. hatte die Schweiz schon vier Monate vor diesem Urteil verlassen. Er war durch einen mit Sprengstoff bewerkstelligten Massenausbruch aus der Strafanstalt Bochuz geflüchtet.

«Alfa Bande»
Da die Räuber für ihre Taten Fahrzeuge der Marke Alfa Romeo benutzten, wurde oft von der «Alfa Bande» gesprochen. Die aus dem Turiner Raum stammende Tätergruppe handelte jeweils in unterschiedlicher Zusammensetzung. Sie war verantwortlich für zahlreiche schwere Banküberfälle in ganz Europa.

Einschussloch (220 cm über Boden) im Führerstand des Trammotorwagens 418. Nachgestellte Situation im Tramdepot Morgartenring. Aufnahme: 1978

Die beteiligten Polizisten
Mit den drei Polizisten des Alarmpiketts hatte ich Kontakt. Sie erzählten mir, dass die Situation in der Rüdengasse höchst gefährlich war. Ohne Deckung sei aus nächster Nähe auf sie geschossen worden. Es sei pures Glück gewesen, dass niemand durch die herumschwirrenden Kugeln getroffen wurde. Von ihnen erhielt ich auch den Hinweis, dass in der Fassade der Liegenschaft Freie Strasse 29 (siehe Foto) noch ein Einschussloch (213 cm über Boden) von der Schiesserei sichtbar sei.

Der Überfall aus der Sicht des Geschäftsinhabers
Ich bat Herrn Kessenich, den Geschäftsinhaber, um einen kurzen Bericht über die Vorgänge im Ladenraum. Dieser Bitte kam er mir am 06.03.2012 mit einem Schreiben folgendermassen nach:

Überfall-Ablauf im Ladeninnern
Die Gangster stürmten, mit gezogener Waffe, in den Laden, begannen sofort die Auslagen zu plündern, verloren allerdings auf der Flucht (noch im Laden) einen Teil der gestohlenen Schmuckstücke. Deshalb ist der Schaden materiell relativ bescheiden.

Zwei von ihnen eilten sofort in Richtung Büro, Aufenthalt der Mitarbeiter etc. und Tresor! In dieser Phase drückte meine Schwester den Alarmknopf (Sirene etc.). Dies veranlasste die Gangster, die Flucht zu ergreifen. Dabei fiel der Letzte resp. Hinterste hin (gestolpert).

Im selben Moment wollte meine Schwester hinter den flüchtenden Tätern die Ladeneingangstüre verriegeln und lief vom Büro mit der Türfalle in der Hand (Türfalle mit Vierkant) zur Eingangstüre. In dem Moment kam ein Gangster zurück, dem Gestolperten zu Hilfe und weil er glaubte, meine Schwester hätte eine Pistole in der Hand (Türfalle). Er schoss sie nieder und verletzte sie dabei, auch seinen Kumpanen! Er gab mehrere Schüsse ab, die steckten in den Möbeln.

Meine Schwester erlitt einen glatten Durchschuss. Quer durch den Körper, von der Hüfte, an der Wirbelsäule vorbei und unter dem Arm hinaus! Zum Glück wurden keine Organe getroffen! Das Resultat: ein längerer Spitalaufenthalt und leicht geschockt! Sie erholte sich dann aber erstaunlich schnell.

Viel schlechter erging es unserer Mitarbeiterin (Bijouterie-Verkäuferin). Sie erlitt einen totalen Schock, konnte nie mehr auf dem Beruf arbeiten und konnte erst Jahre später unser Geschäft wieder betreten. Das waren die Folgen des Überfalls, nur davon redet selten jemand!

Im 1. Stock, im Atelier, wurden die Mitarbeiter erst beim Schusswechsel aufgeschreckt. Die Goldschmiede bewarfen von oben die Flüchtenden mit sogenannten «Bretteisen»! Leider ohne Erfolg. (1 «Bretteisen» ca. 1 kg Eisen)

Ich hoffe, dass Ihnen dieser Kurzbericht genügt und ergänzt und verbleibe mit besten Grüssen.
Ferd. Kessenich.

Noch heute sichtbar. Ein Einschussloch (213 cm über Boden) in der Fassade zur Liegenschaft Freie Strasse 29. Aufnahme: 10.1.2012

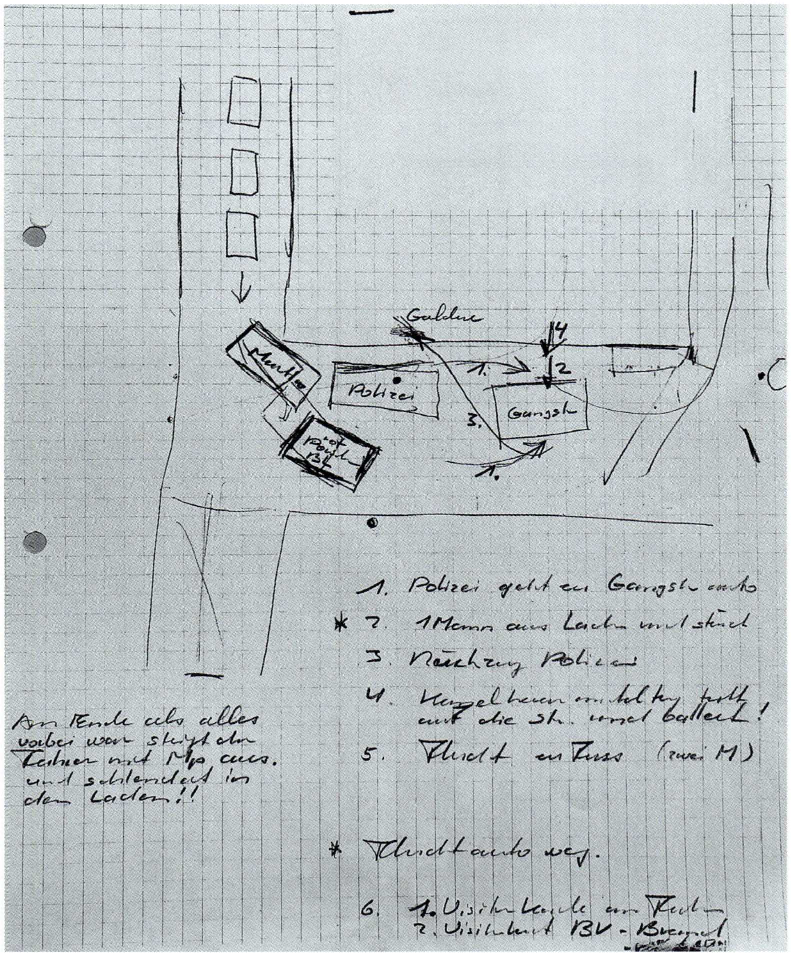

Skizze über den Tathergang. Angefertigt durch einen Zeugen. Skizziert 1978

1977

Mordfall Alfred Gruber

Am Mittwoch, den 22. Juni 1977, gegen elf Uhr dreissig, hatte man den zweiundachtzigjährigen Goldschmied Alfred Gruber in seinem Geschäft am Klosterberg 8 tot aufgefunden. Die darauffolgenden Ermittlungen ergaben, dass ein Raub mit tödlichem Ausgang vorlag. Man fand das Opfer in seiner Werkstatt auf dem Boden in Rückenlage. Im Mund hatte es einen mit Chloroform getränkten Wattebausch. Verletzungen waren keine sichtbar. Der Kassenschrank stand weit offen. Diese Meldung veröffentlichte des Kriminalkommissariat Basel (Kriko) in einem ersten Pressebericht. Von den Räubern fehlte bislang jede Spur. Im zweiten Pressebericht stand, dass man trotz intensiver Ermittlungen bis zum Freitag, den 24. Juni 1977, noch keine Hinweise auf die Täterschaft habe. Unterdessen könne aber angenommen werden, dass aus dem Geschäft von Alfred Gruber eine grössere Menge Gold- und Silberwaren sowie diverse Edelsteine geraubt worden seien.

Wer sah die Täter?

Am Montag, den 27. Juni 1977, erschien eine dritte Pressemeldung mit dem Inhalt, dass die zur Tat verwendete Menge Chloroform derart gross gewesen sein musste, dass sie zum Tod des betagten Geschäftsinhabers geführte hatte. Von der Täterschaft fehle bisher immer noch jede Spur. Zudem hätten sich bis jetzt keine Zeugen gemeldet, die zur fraglichen Tatzeit Personen beim Betreten oder Verlassen der Liegenschaft beobachten konnten.

Täter verhaftet

Eineinhalb Monate nach der Tat, am Freitag, den 5. August 1977, konnte man im vierten und letzten Pressebericht des Kriko der Bevölkerung mitteilen, dass die Täter des Raubmordes gefasst werden konnten. Wie kam es dazu? Der im Fall Alfred Gruber verdächtigte Giovanni G. musste am 3. August 1977 eine bedingte Gefängnisstrafe von dreissig Tagen wegen Einbruchs auf dem Gericht entgegennehmen. Nach dem Gerichtstermin begab sich die Polizei zum Verurteilten nach Hause. Dieser wurde beim Versuch, das Haus zu verlassen, festgenommen. In der Folge hatte er die Tat beim Juwelier am Klosterberg 8 vollumfänglich gestanden, worauf das Kriko am Donnerstag bei einer kurzfristig angesagten Pressekonferenz von den Ermittlungen berichten konnte.

So kam es zum Raubüberfall

Bereits zwei Jahre vor der Tat planten vier junge Burschen einen Raubüberfall auf das Juweliergeschäft von Alfred Gruber, realisierten diesen aber nicht. Eine Spur in diesem Zusammenhang führte nach Lörrach/D. Dort wurden drei Täter verhaftet, die einen ähnlichen Raubüberfall begangen hatten, welcher eine Woche vor dem Raubmord Gruber stattgefunden hatte. Damals hatte es den Nachtportier eines Hotels in Basel getroffen. Einer der Verhafteten schilderte, dass ein Deutscher der Gruppe den Plan für einen Raubüberfall auf den alten Juwelier in der Nähe des Barfüsserplatzes unterbreitet habe. Das vorgesehene Datum stimmte genau mit der Tat am Klosterberg überein. Ebenso sollte Chloroform verwendet werden, wie dies bei Gruber tatsächlich geschehen ist. Der besagte Deutsche behauptete, als er angehalten werden konnte, er habe nur bluffen wollen. Letztlich habe er die Tat ja auch nicht ausgeführt.

Hehlerware in Frankfurt am Main sichergestellt

Von dem erwähnten Personenkreis in Deutschland konnte keine direkte Verbindung zu den wirklichen Tätern im Fall Gruber festgestellt werden. Vielmehr wurde im Raum Frankfurt eine grosse Menge Schmuck sichergestellt (Wert 60 000 bis 80 000 Franken), die mit Sicherheit aus dem Raub bei Gruber stammte. Denn am 27. Juni 1977

Tatort Klosterberg 8. Aufnahme: 1977
(Die Bezeichnungen zu den Positionen 1 bis 3
sind nicht bekannt, da die dazugehörige Legende fehlt)

Verkaufsladen mit geöffnetem Tresor. Aufnahme: 1977 (Die Bezeichnung zu der Position 28 ist nicht bekannt, da die dazugehörige Legende fehlt)

fuhren drei Sizilianer mit dem Raubgut nach Frankfurt und nahmen dort mit Personen Kontakt auf, die in der Bundesrepublik Deutschland als grosse Hehler bekannt waren. Noch ehe der Basler Schmuck weiterverkauft werden konnte, nahm die Polizei von Hanau (bei Frankfurt) den aus Basel hergereisten Emilio Z. und die drei in Hanau wohnhaften Sizilianer fest. Der Mann aus Basel verweigerte jede Auskunft zum Fall Gruber. Aber nach Ermittlungen des Kriko Basel war er der Mittäter des in Basel verhafteten Mannes. Um die weiteren Ermittlungen nicht zu beeinflussen, gab die Polizei noch keine Einzelheiten über den Tatverlauf bekannt.

Der in Basel Verhaftete Giovanni G. war zu diesem Zeitpunkt noch keine zwanzig Jahre alt. Er wurde in Süditalien geboren, kam aber vor Schulbeginn nach Basel und absolvierte eine Lehre als Automechaniker. Als er am zweiten Lehrort in diesem Früh-

Werkstatt, in welcher der Ermordete auf dem Boden lag. Aufnahme: 1977
(Die Bezeichnung zu der Position 62 ist nicht bekannt, da die dazugehörige Legende fehlt)

jahr 1977 einen Einbruch begangen hatte (deshalb das Urteil vom 3. August 1977), verlor er die Stelle.

Der zweite Verhaftete, Emilio Z., wurde 1953 in Sizilien geboren. Er kam 1971 nach Basel, arbeitete als Kellner und war offenbar als Karate-Lehrer tätig. Seit Anfang dieses Jahres war er ohne Arbeit, aber strafrechtlich in der Schweiz vorher nicht in Erscheinung getreten.

Wie sich die beiden Täter kennenlernten

Giovanni und Emilio begegneten sich etwa ein Jahr vor der Tat, 1976, eher zufällig auf dem Vorplatz zum Stadtcasino Basel. Dabei erwähnte Emilio, dass er in Basel einen Karate-Club führe. Giovanni besuchte ihn dort, konnte sich aber für diese Sportart nicht begeistern. Die beiden gingen ab und zu ein Bier trinken. Es entstand eine oberflächliche Freundschaft. Wieder einmal trafen sich die beiden rein zufällig in einem Spielsalon in der Steinenvorstadt. Emilio fragte Giovanni, warum er nicht ins Karate komme. Giovanni wollte den wahren Grund nicht sagen, und log ihm etwas vor. Trotzdem trafen sich die beiden beinahe täglich vor dem Stadtcasino. Es waren immer etwa die gleichen Leute, die dort sassen: eine kleine Gruppe von Süditalienern. Diese Leute erzählten dem jungen Giovanni, dass Emilio Diebstähle und andere Delikte verüben würde. Auch begehe er Straftaten in Deutschland, da er dort gute Beziehungen zur Unterwelt habe. Etwa zwei Tage vor dem Raubmord Gruber trafen sich Giovanni und Emilio wieder vor dem Stadtcasino. Die beiden sassen alleine an einem Tisch. Emilio fragte Giovanni, ob er nicht ein Objekt für einen Raubüberfall oder sonst eine Möglichkeit zur Geldbeschaffung wisse. Giovanni sagte dazu, dass am Klosterberg ein älterer Mann einen Juwelierladen habe. Diesen könne man sicher gut überraschen. Giovanni hatte sich vorgängig oft im gegenüberliegenden Spielsalon aufgehalten. Von dort aus konnte er das Geschäft und den alten Gruber gut beobachten. Der altertümliche Laden eignete sich gut für einen Raubüberfall. Die beiden begaben sich darauf in die Nähe des Juweliergeschäfts und kundschafteten dieses aus. Sie bemerkten, dass die Vorhänge im Laden immer gezogen waren und der Inhaber stets alleine war.

Der Plan zur Tat
Nach diesen Beobachtungen beredeten die beiden ihren Plan und das weitere Vorgehen. Emilio war der Meinung, dass man das Opfer mit Chloroform betäuben müsse. Giovanni war damit einverstanden. Emilio besorgte das nötige Chloroform. Er forderte Giovanni dazu auf, zur Tat einen Damenstrumpf und Handschuhe mitzubringen. Emilio selbst hatte zur Tarnung eine spezielle Kapuze. Als Tatfahrzeug nahmen sie den Wagen von Emilio. Klar war auch, dass man den erbeuteten Schmuck in Deutschland absetzen wollte. Dazu hatte Emilio die nötigen Beziehungen. Die beiden vereinbarten, sich am Mittwoch, am Tag der Tat, um acht Uhr in einem Café zu treffen. Beide hatten sich schwarz gekleidet. Es regnete. Der Wagen von Emilio wurde auf der Birsigüberdeckung, zwischen den Kinos Hollywood und Plaza, parkiert. Sie begaben sich dann in ein Restaurant, von wo sie Sicht auf den Juwelierladen hatten. Sie war-

Hintere Werkstatt. Aufnahme: 1977

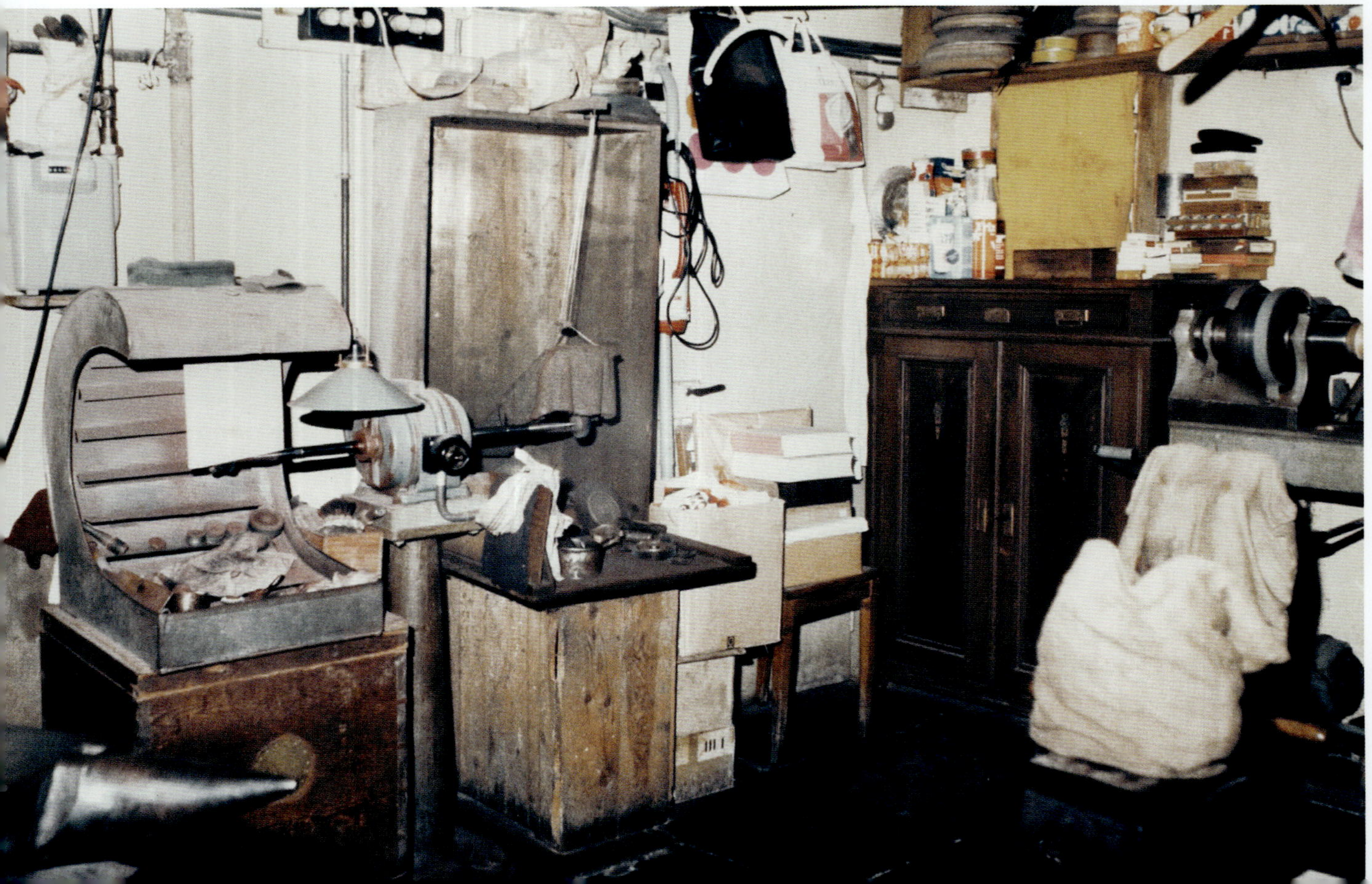

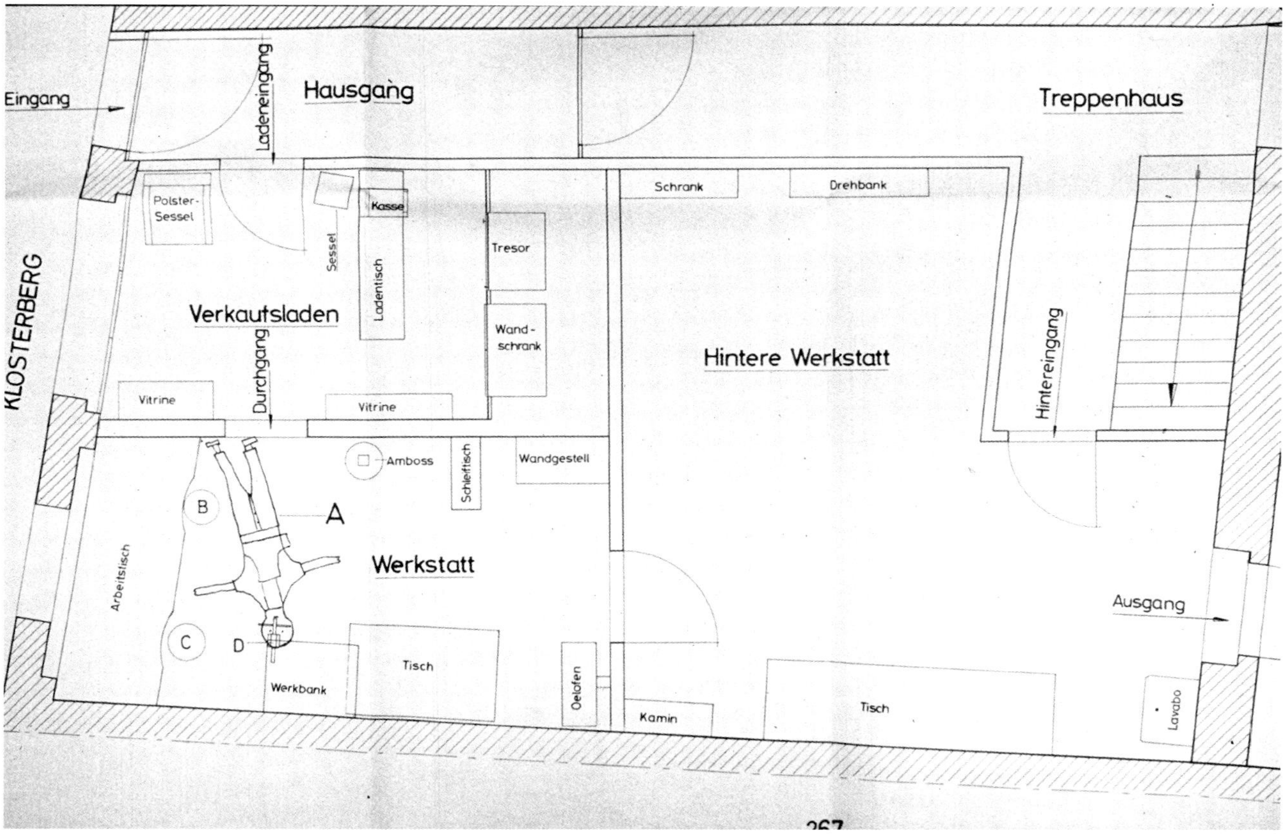

Situationsplan des Tatortes. Angefertigt: 1977

teten das Eintreffen von Alfred Gruber ab. Aus irgendeinem Grund verpassten sie seine Ankunft. Deshalb verliessen sie das Restaurant und begaben sich zum Laden. Dort sahen sie beim Vorbeigehen, dass Licht brannte. Sie gingen zurück zu ihrem Wagen und holten ihre «Arbeits-Utensilien». Dabei war auch ein Fläschchen mit ca. zwei Dezilitern Chloroform. Um ca. zehn Uhr dreissig war gerade kein Mensch in der Nähe des Tatortes. Die Voraussetzungen für die Tat waren ideal. Emilio läutete an der Glocke. Nach zweimaligem Läuten öffnete Gruber. Kaum hatte er die Ladentüre geöffnet, wurde er von Emilio angegriffen. Gruber verlor das Gleichgewicht und stürzte rückwärts zu Boden. Emilio drückte dem Mann seine Hand auf den Mund, damit er nicht schreien konnte. Giovanni kam nun mit dem Chloroform-getränkten Wattebausch und drückte ihm diesen längere Zeit fest auf Nase und Mund. Mit dem Schlüsselbund von Gruber öffneten die beiden den Tresor und packten sämtlichen Schmuck in die mitgeführten Plastiksäcke. Alles, was im Laden an Schmuck herumlag, wurde mitgenommen. Ohne Hast verliessen sie danach den Laden und gingen zurück zum Auto. Sie begaben sich zum Wohnort von Emilio und legten den erbeuteten Schmuck auf einem Tisch aus. Giovanni erhielt von Emilio die achtzehn Franken, die sich in der Kasse befanden. Die Tatbekleidung wurde später in einem Plastiksack, beschwert mit zwei vollen Bierflaschen, auf der Mittleren Brücke in den Rhein geworfen.

Emilio behielt den Schmuck in seiner Wohnung. Rund eine Woche nach der Tat begab er sich damit nach Deutschland. Giovanni hatte bis zu seiner Festnahme keinen Kontakt mehr mit Emilio. Auch telefonisch konnte er ihn nicht erreichen. Ende Juni hörte er dann von einem Kollegen von Emilio, dass dieser in Deutschland verhaftet wurde. Bald darauf ereilte ihn das gleiche Schicksal.

Der Spielsalon gegenüber dem Laden von Alfred Gruber. Aufnahme: 1977

1970

Verbrecherjagd im Herzen Kleinbasels

«Desch isch e bewaffnete Raubüberfall», schnauzte einer der beiden Kunden des Herrenwäschegeschäfts in Badensisch plötzlich die Filialleiterin an, die hinter dem Ladentisch stand, und hielt ihr gleichzeitig einen Revolver entgegen. Der andere Kunde – mit hochgestelltem Mantelkragen, den Hut tief ins Gesicht gezogen – stellte sich furchteinflössend daneben. Die junge Frau erschrak so, dass sie sich nicht mehr zu rühren wagte. Anders die andere Verkäuferin, die sich eben zu ihrer Kollegin hinwenden wollte, um ihr zu sagen, es sei bald Feierabend. «Das git's doch nit», war ihr erster Gedanke, als sie die beiden «Krimi-Gestalten» erblickte; das erklärt ihren ungewöhnlichen Mut. Sie rückte immer näher an den bewaffneten Mann heran, in der Absicht, ihn in einem günstigen Moment in die Glasscheibe zu stossen. Erst als dieser seine Waffe auf sie richtete und der Mann im Mantel seinen Komplizen aufforderte: «Knall se doch ab», blieb auch sie schliesslich stehen. Der bewaffnete Täter befahl nun der Filialleiterin, hinter dem Ladentisch hervorzukommen; sein Komplize ging nach hinten, zog die Kassenschublade heraus und nahm das Geld, das er darin fand – es waren nicht ganz vierhundertfünfzig Franken – an sich. Ehe die beiden den Laden mit der Beute wieder verliessen, befahlen sie den Verkäuferinnen, immer noch mit vorgehaltener Waffe, sich gegen die Wand zu drehen und das Geschäft ja nicht zu verlassen.

Auch die Verfolger mit der Waffe bedroht

Dieser dreiste Raubüberfall spielte sich nicht etwa im Milieu einer Millionenstadt ab, sondern wurde am heiterhellen Tag – am 10. Januar 1970, etwa um Viertel nach fünf Uhr – im Zentrum Kleinbasels inszeniert, in einem inzwischen abgebrochenen Laden an der Unteren Rebgasse. Die beiden Frauen gehorchten den letzten Befehlen der Gangster nicht, «Hebet-si!, die hänn-is d'Kasse usgraubt!», schrien die Verkäuferinnen und rannten den beiden nach. Ein Polizist und einige Passanten – es war Samstagnachmittag und das Kleinbasel entsprechend belebt – nahmen sofort die Verfolgung auf. Während dem einen der Täter die Flucht gelang, ging die Verfolgungsjagd auf den zweiten, an der sich immer mehr Leute beteiligten, via Teichgässlein-Ochsengasse-Greifengasse, durch die Rheingasse und das Schafgässlein, weiter. «Halt – oder ich schiess», rief der Polizeimann in der Utengasse dem bewaffneten Räuber zu. Dieser drehte sich um und gab seinerseits einen Schuss gegen den Polizisten und zwei ihn verfolgende Passanten ab. Verletzte gab es keine, da es sich bei der Tatwaffe – was die mutigen Verfolger nicht wissen konnten – lediglich um einen Gasrevolver handelte. Durch den Schuss konnte der Täter aber seine Verfolger für einen Moment abschütteln. Er kletterte über die dortige Mauer beim Kantonalen Arbeitsamt, um einen neuen Fluchtweg zu suchen, wobei ein weiterer Schuss losging. Als er wenig später wieder via Utengasse weiter flüchten wollte, stellte sich ihm ein anderer Passant in den Weg, worauf er erneut zu seinem Revolver griff. Der Passant ging in Deckung; so gelang es dem Täter, ein weiteres Mal zu entkommen. Vor dem Waisenhaus konnte er aber durch das Alarmpikett angehalten und festgenommen werden. Seinem Komplizen war es unterdessen gelungen, unterzutauchen.

Beim bewaffneten Täter handelt es sich um einen damals erst wenig über neunzehnjährigen Deutschen, bei seinem Komplizen um seinen nicht ganz zwei Jahre älteren Bruder. Der Raubüberfall war nicht die erste «krumme Sache» der beiden vorab in Badisch Rheinfelden aufgewachsenen Brüder. Seit sie anno 1964 mit ihren Eltern nach Toronto auswanderten, kamen sie immer wieder mit dem Gesetz in Konflikt. Wilhelm, der Täter mit dem Gasrevolver, wurde in Kanada mit erst sechzehn Jahren erstmals bestraft, wegen eines mit seinem Bruder zusammen verübten Autodiebstahls. In den folgenden Jahren musste er unter anderem wegen Einbruchdiebstählen, unerlaubten Waffentragens und Besitz von Einbruchwerkzeugen Strafen absitzen. Insgesamt hatte er etwa anderthalb Jahre in kanadischen Strafanstalten zugebracht. Sein Bruder Manfred verbüsste in Kanada ebenfalls Strafen. Ende November vergangenen Jahres wurden die beiden nach Deutschland heimgeschafft. Sie kehrten zu ihren Eltern, die bereits wieder in Deutschland waren, nach Nürnberg zurück. Nach einem Familienstreit drehte das Brüderpaar Anfang Januar dem Elternhaus wieder den Rücken zu und reiste wenige Tage später in der Schweiz ein: um in Badisch Rheinfelden Bekannte zu besuchen und dann in Zürich Arbeit zu suchen, wie die beiden behaupteten. Nach anderen Angaben sollen sie aber bereits in Nürnberg einen Raubüberfall in Betracht gezogen haben.

Das banale Motiv: kein Geld mehr

Die Initiative zum Überfall ging von Wilhelm aus. Es sass damals fast völlig «auf dem Trockenen», während sein Bruder noch kanadische Dollar besass. Eher widerwillig machte Manfred mit; daraus erklärt sich auch seine eher passive Rolle.

Manfred konnte erst Anfang April in Deutschland angehalten werden. Er wurde für die in Basel begangene Tat vom Landgericht Nürnberg-Fürth zu einem Jahr und neun Monaten Gefängnis verurteilt. Jugendanwalt lic. iur. Max Imhof klagte Wilhelm wegen Raub, Drohung gegen einen Beamten – der Schuss gegen den Polizisten – und fortgesetzter Nötigung (der ihn verfolgenden Passanten, von ihrem rechtmässigen Vorhaben abzulassen und sich in Deckung zu begeben) an. Er berücksichtigte zu Wilhelms Gunsten sein noch jugendliches Alter und den Umstand, dass sich die drastischen Bestrafungen in Kanada – zum Teil für Handlungen, die bei uns nicht strafbar sind, auf seine Entwicklung ungünstig ausgewirkt hatten, und hielt für ihn trotz seiner Anführerrolle eine Gefängnisstrafe von achtzehn Monaten angemessen.

Die Kammer des Strafgerichts unter dem Vorsitz von Präsident Dr. Rudolf Koenig sprach Wilhelm anklagemässig schuldig. Ein Erwachsener mit den nämlichen Vorstrafen wie Wilhelm wäre für eine solche Tat mit etwa zweieinhalb bis drei Jahren Zuchthaus bestraft worden, erwog das Gericht, und verurteilte Wilhelm, über den Antrag des Staatsanwalts hinausgehend, zu einer Gefängnisstrafe von einundzwanzig Monaten. Die ausgestandene Sicherheitshaft von rund achteinhalb Monaten rechnete es ihm auf die Strafe an. Als Nebenstrafe wies das Gericht Wilhelm für die Dauer von fünfzehn Jahren aus der Schweiz aus. Wilhelm hatte offenbar eine ähnlich strenge Strafe erwartet: Er nahm nämlich das Urteil sofort an.

Das Alarmpikett, zur damaligen Zeit waren es vier Fahrzeuge der Marke Volvo Modell 144 De Luxe, auf dem Weg zu einem Tatort. Aufnahme: November 1975

Mord in der öffentlichen Toilette

1968

Basel, 15. März 1968, 00:15 Uhr. Nur noch wenige Passanten sind auf der Strasse. Die ersten Tramzüge fahren bereits Richtung Depot. Die Taxifahrer suchen verzweifelt ihre letzten Kunden. Da stürmt ein Mann in die Polizei Hauptwache Spiegelhof, welche damals noch rund um die Uhr geöffnet war, und meldet: «Ich habe soeben beobachtet, wie drei jüngere Typen in der Schifflände-Toilette (Die Schifflände liegt links des Rheins bei der Mittleren Brücke) an einer Waffe manipuliert haben.»

Sofort begeben sich zwei Polizisten vom Spiegelhof mit dem Mann zu Fuss zur genannten Toilette. Die Meldung wird zugleich via Funk an alle Patrouillenfahrzeuge weitergegeben. Bei der Toilette angekommen sind die drei Männer bereits verschwunden. Die Fahndung wird deshalb auf das ganze Stadtgebiet ausgedehnt. Sie verläuft jedoch ergebnislos.

Die zweite Meldung

00:39 Uhr. Ein Passant meldet der Polizei via Notrufsäule beim St. Johanns-Platz, dass in der St. Johanns-Toilette ein bewusstloser Mann liege. Eine Fahrzeugpatrouille wird sofort an Ort geschickt. Dort angekommen verlangen die Polizisten nach einem Krankenwagen. Dieser trifft kurz darauf ein. Die Sanitäter stellen sofort fest, dass der Mann in der Toilette bereits tot ist. Die Einsatzzentrale (EZ) wird verständigt. Da die Todesursache unklar ist, bietet sie die nötigen Fachkräfte auf.

Situationsplan des Tatortes. Angefertigt: 11.4.1968

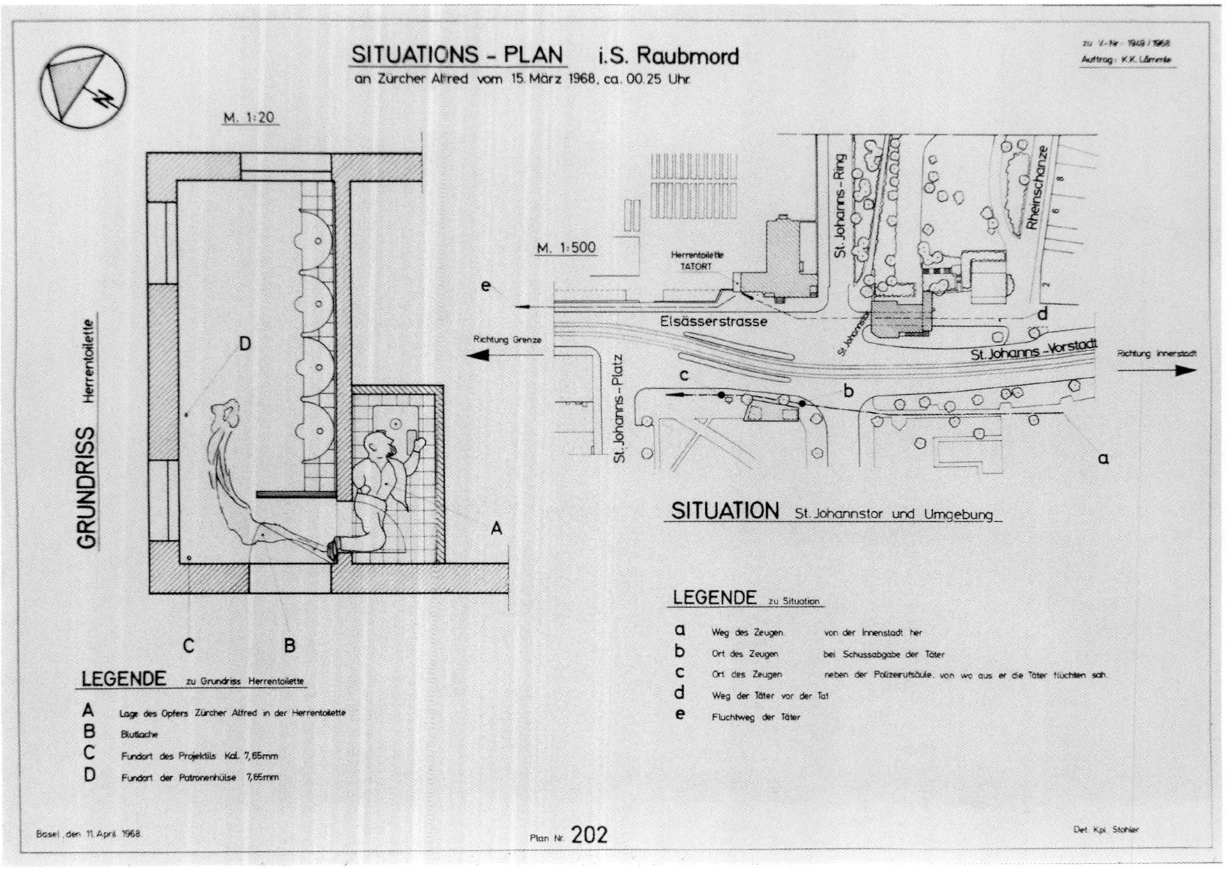

Ganz links die öffentliche Toilette beim St. Johanns-Tor, wo die Mordtat geschah. Aufnahme: 1968.

Die ersten Ermittlungen
01:05 Uhr. Kriminalkommissär (KK) Lämmle trifft am Tatort ein. Da es sich nach seinen Einschätzungen um einen mysteriösen Todesfall handelt, verlangte er nach weiteren Beamten. Der Polizei-Dienstoffizier, ein Detektiv des Kriminaltechnische Abteilung (KTA) sowie der Chef des Kriminal-Kommissariats (C Kriko) treffen an Ort ein.

Die ersten Zeugen
01:30 Uhr. Ein weiterer Passant meldet sich am Tatort bei der Polizei. Er teilt mit, dass er um ca. 00:30 Uhr auf dem St. Johanns-Platz einen Knall gehört habe. Darauf seien drei jüngere Typen aus der Toilette in Richtung Voltaplatz weggelaufen. Er könne zwei der Männer beschreiben. Kurz darauf melden sich noch zwei weitere Zeugen, welche ebenfalls eine Beschreibung der Männer abgeben können.

Ein erstes Signalement der Täter
KK Lämmle wird auch über den Vorfall in der Schifflände-Toilette orientiert. Die Beschreibung der dortigen drei jüngeren Typen passt mit denen bei der Johanns-Toilette überein. Die EZ gibt via Fernschreiber drei Signalemente an alle Polizeistellen in der Schweiz bekannt. Die Grenzübergangsstellen werden ebenfalls damit bedient.

Noch ein Zeuge
03:10 Uhr. Ein Taxichauffeur meldet der Polizei, dass er am Vortag um ca. 23:45 Uhr gesehen habe, wie zwei jüngere Männer einem älteren Mann in die St. Johanns-Toilette nachgefolgt seien. Ein dritter Mann, der vermutlich zu den zwei anderen gehörte, sei vor der Toilette stehen geblieben.

Die Tatwaffe aus dem Einbruch in das Waffengeschäft in Basel. Aufnahme: 1968
Pistole Marke Vesta Kaliber 7,65 mm

Radio und Tageszeitungen werden informiert
05:10 Uhr. Radio und Tageszeitungen werden ausführlich mit einer Tatbeschreibung und einem Signalement der drei Täter informiert.

Um 13:45 Uhr erfolgt auf einem Polizeiposten bereits die erste Meldung aus der Bevölkerung.

Soweit in Kürze die Geschehnisse aus der Mordnacht.

Die Fahndung nach den Tätern läuft an
Im Laufe des Tages wird klar, dass das in Basel wohnhaft gewesene Mordopfer Alfred Zürcher, mit einer Waffe des Kalibers 7,65 mm, um ca. 00:25 Uhr in der Toilette ermordet wurde. Da sämtliche Taschen des Getöteten leer sind, geht man von einem Raubmord aus. Für Hinweise zur Ergreifung der Täter wird eine Belohnung von 5000 Franken ausgesetzt.

Schon bald erfolgen die ersten Hinweise. Ein Passant meldete im Polizeiposten St. Johann, dass er kurz nach 14:00 Uhr drei Typen gesehen habe, die dem Signalement entsprechen. Die Burschen im Alter von ca. zwanzig Jahren seien ihm aufgefallen, weil sie bei der Verzweigung Lothringerstrasse/Mülhauserstrasse herumlungert seien.

Die nächste Meldung erfolgt im Polizeiposten Kannenfeld durch die Inhaberin eines Lebensmittelgeschäftes. Ebenfalls am 14. März, um 18:40 Uhr, also nach Ladenschluss, seien drei jüngere Typen vor ihrem Laden gestanden. Der eine habe die Ladentüre geöffnet und gefragt, ob noch offen sei. Sie habe verneint. Darauf hätten sich die drei entfernt. Kurz danach habe sie Feierabend gemacht und den Laden verschlossen. In der Lachenstrasse, hinter dem Restaurant Clipper, habe sie dann die drei Typen wieder gesehen. Das Signalement der gesuchten Täter würde mit Sicherheit auf die drei Männer zutreffen. Der eine, derjenige der sie im Laden ansprach, habe nicht in Basler, sondern eher in einem badischen Dialekt gesprochen.

Im Polizeiposten SBB macht ein weiterer Passant die Angabe, dass er die Gesuchten um 02:00 Uhr, also kurz nach der Tat, im Bahnhof SBB gesehen habe. Das Signalement passe ohne Zweifel auf die drei Typen. Mehrere Dutzend weitere Hinweise folgen an diesem Tag.

Die letzten Stunden von Alfred Zürcher

Sicher ist, dass der Ermordete kurz vor 21:00 Uhr seine Wohnung an der Lichtstrasse verlassen hat, um sich ins Restaurant Zum alten Zoll zu begeben. Auf dem Weg dorthin wurde er um 20:50 Uhr von einer Bekannten angesprochen. Von 21:00 bis 21:15 Uhr hatte sich Alfred Zürcher im Restaurant Zum alten Zoll aufgehalten. Von dort aus begab er sich zum Restaurant Metzgern in der St. Johanns-Vorstadt. Dieses hat er in der Zeit von 21:45 bis 22:15 Uhr betreten. Er hielt sich dort mit einem Bekannten bis zum Wirtschaftsschluss auf (der Bekannte wurde ermittelt). Um 00:15 Uhr unterhielt er sich noch kurz vor dem Restaurant mit ihm und machte sich dann zu Fuss auf den Heimweg in Richtung St. Johanns-Tor.

Mord in Mulhouse/F

Dr. Burkhard, Staatsanwaltschaft Basel-Stadt, äusserte sich am 16. März 1968 gegenüber der Presse, dass die drei Täter in der St. Johanns-Toilette möglicherweise noch für weitere Taten infrage kämen. In der Nacht auf Donnerstag (13./14. März 1968) habe ein einundzwanzigjähriger Transportchauffeur in Mulhouse zwei junge Typen beobachtet, die Radkappen an einem parkierten Wagen demontiert hätten. Als dieser sich den beiden näherte und sie zur Rede stellen wollte, habe einer der Typen eine Pistole gezogen und den Chauffeur vor den Augen seiner Ehefrau mit drei Schüssen niedergestreckt. Knapp dreissig Minuten nach dieser Tat habe ein Wagen das in Richtung Saint-Louis fahrende Auto eines Holzhändlers überholt. Die Täter stellten ihren Wagen danach quer und brachten so das überholte Auto des Holzhändlers zum Stillstand. Zwei jüngere Typen, nach Ansicht der Polizei die gleichen, die den Chauffeur in Mulhouse ermordet hatten, sprangen aus dem Wagen und rissen den Holzhändler aus seinem Fahrzeug. Sie verletzen ihn mit einem Messer an der Wange. Danach schlugen sie ihn nieder. Der Mitfahrerin entrissen sie die Handtasche und entnahmen daraus das Bargeld in der Höhe von 1100 Franken.

In der gleichen Nacht wurde in ein Waffengeschäft in Basel eingebrochen. Die Täter entwendeten mehrere Waffen, darunter eine Pistole des Kalibers 7,65 mm. Es wurde spekuliert, ob auch diese Tat auf das Konto der drei Mörder gehe.

Die Fahndung läuft auf vollen Touren

Mittlerweile wird in der Presse mit Robotbildern nach den drei Tätern gefahndet. Anhand der ersten Spurenvergleiche konnte man davon ausgehen, dass der Mord an Alfred Zürcher sowie der Einbruch in ein Basler Waffengeschäft durch dieselbe Täterschaft verübt wurde. Auf die vielen Hinweise hin kommt es auch zu zwei Verhaftungen. Die Personen kommen aber für die Verbrechen nicht infrage und werden wieder entlassen. Die deutschen und französischen Behörden unterstützen die Suche nach den drei Mördern.

Sieben Wochen sind nun seit den geschilderten Geschehnissen vergangen. Das Kriminalkommissariat bearbeitete in dieser Zeit über fünfhundert Meldungen. Doch keine führte zu den Tätern. Dann, endlich, gehen die entscheidenden Hinweise aus Allschwil und Saint-Louis ein. Daraufhin startet die französische Polizei am Dienstagmorgen des 3. April eine Fahndungsaktion von grösstem Ausmass. Die Basler Behörden werden vorgängig von dieser Aktion in Kenntnis gesetzt und mit einbezogen. Durch Beamte des Kriminalkommissariates, der Fahndungsabteilung und der Grenzwacht werden sämtliche Grenzübergänge und Grenzabschnitte hermetisch abgeriegelt. Basler Beamte befinden sich auch in Frankreich zur Unterstützung der französischen Polizei. Bei dieser Aktion werden in Frankreich zwölf Personen verhaftet. Darunter befand sich auch das Mördertrio. Ein Siebzehneinhalbjähriger aus Yettingen/F, ein Achtzehnjähriger und dessen sechsundzwanzigjähriger Bruder (er war Chauffeur und Komplize), beide aus Saint-Louis/F.

Die Täter gestehen ihre Taten

Die drei legen zögernd ein Geständnis ab und geben zu, nicht nur den Mord an Alfred Zürcher, sondern in der gleichen Nacht auch den Einbruch ins Waffengeschäft verübt zu haben. Dort hätten sie mehrere Waffen entwendet, auch die Tatwaffe. An dieser hätten sie dann in der Schifflände-Toilette herum manipuliert. Schliesslich gesteht der Siebzehneinhalbjährige, den Chauffeur in Mulhouse ermordet zu haben. Auch den Überfall auf den Holzhändler und dessen Ehefrau geben die drei zu. Sie werden in Mulhouse hinter Schloss und Riegel gesetzt.

Im Laufe der Ermittlungen stellte sich heraus, dass die drei bereits am 13. März eine Straftat verübten. In Tagsdorf/F fuhren sie zu einer Tankstelle, betankten ihr Fahrzeug, schlugen danach den Tankstellenbesitzer, einen alten Mann, nieder und flüchteten. Nach Aussagen der Täter hatten sie lediglich den Einbruch ins Waffengeschäft geplant. Die weiteren Taten hätten sich rein zufällig ergeben und seien aus den jeweiligen Situationen entstanden.

Schliesslich wurden die drei jungen Täter in Frankreich für ihre Taten, inklusive der in Basel verübten Verbrechen, zur Rechenschaft gezogen.

Die aus dem Waffengeschäft in Basel gestohlenen Waffen. Aufnahme: 1968

Der vereitelte Sprengstoffanschlag

1966

Samstag, den 26. November 1966, um 22:35 Uhr, stellte eine Patrouille des Polizeipostens Aeschen auf dem Parkplatz St. Jakob einen parkierten Personenwagen mit französischen Kontrollschildern fest. Im Fahrzeuginnern hielten sich zwei Personen auf.

Die Polizisten kontrollierten die beiden. Beim Abtasten der Personen X und Y kam bei X eine durchgeladene Pistole mit fünfundzwanzig Schuss Reservemunition zum Vorschein. Im Fahrzeuginnenraum lag eine Mappe, die ein aussergewöhnliches Gewicht hatte. Nebst persönlicher Bekleidung fand man in der Mappe einen zylinderförmigen Metallbehälter sowie ein rechteckiges Holzkästchen. Bei diesem war der Deckel lose mit Gummibändern befestigt. Beim Öffnen des Kästchens sahen die Polizisten ein Uhrwerk, welches hörbar tickte. Das Ticken der Uhr und die aus dem Metallbehälter herausragenden Drähte liessen die beiden Polizisten zum Schluss kommen, dass es sich bei der ganzen Sache um eine «Bombe» handeln könnte. Die beiden Beamten forderten sofort Verstärkung an. Gemeinsam wurden die Männer mit jugoslawischer Staatsangehörigkeit auf einen Polizeiposten gebracht. Der Personenwagen wurde sichergestellt.

Zur sofortigen Überprüfung des Sprengkörpers musste ein Beamter beigezogen werden, der Sprengsachkundiger war. Dieser trennte den Sprengkörper von der Zündquelle und entnahm die beiden Batterien.

Die sichergestellten Gegenstände wurden dann der Kriminaltechnischen Abteilung (KTA) zur Untersuchung übergeben. Als Erstes wurden sie, ohne Vornahme irgendwelcher Veränderungen, fotografiert.

Während die Untersuchung der Zündvorrichtung keine weiteren Schwierigkeiten bereitete, verursachte die Überprüfung des eigentlichen Sprengsatzes einiges Kopfzerbrechen. So wurde nach Lösen von vier Schraubenmuttern der Metalldeckel vorsichtig abgehoben. Darunter kam eine dicke Zementschicht zum Vorschein, welche zwar hart, aber noch nicht ausgetrocknet war. Diese bildete den Abschluss des Eisenzylinders und war vermutlich zur Verdämmung angebracht worden. Da das weitere Eindringen in den Sprengkörper ohne Kenntnisse des Sprengstoffes und des Zünders gefährlich war, wurde der Deckel wieder aufgeschraubt.

Der Sprengkörper musste aus Sicherheitsgründen in einem Militärbunker zwischengelagert werden. Danach nahm man Kontakt mit der Kriegstechnischen Abteilung in Thun auf.

Am 20. Dezember 1966 konnte der Sprengkörper mit einem Dienstwagen, in einer mit Watte gepolsterten Kiste, nach Thun transportiert werden. Dort wurden zuerst in einem Bunker Röntgenaufnahmen gemacht. Auf den Bildern war zu erkennen, dass der zylindrische Metallbehälter zum grössten Teil mit Eisenschrott gefüllt war. Man konnte Schrauben, Muttern, Kugeln und sonstige Eisenteile sowie einen kleineren Behälter erkennen. Die ebenfalls auf den Bildern sichtbaren Drähte liessen vermuten, dass sich der Zünder genau in der Mitte des Objektes befinden musste. Über den Sprengstoff selbst erhielt man keine Hinweise.

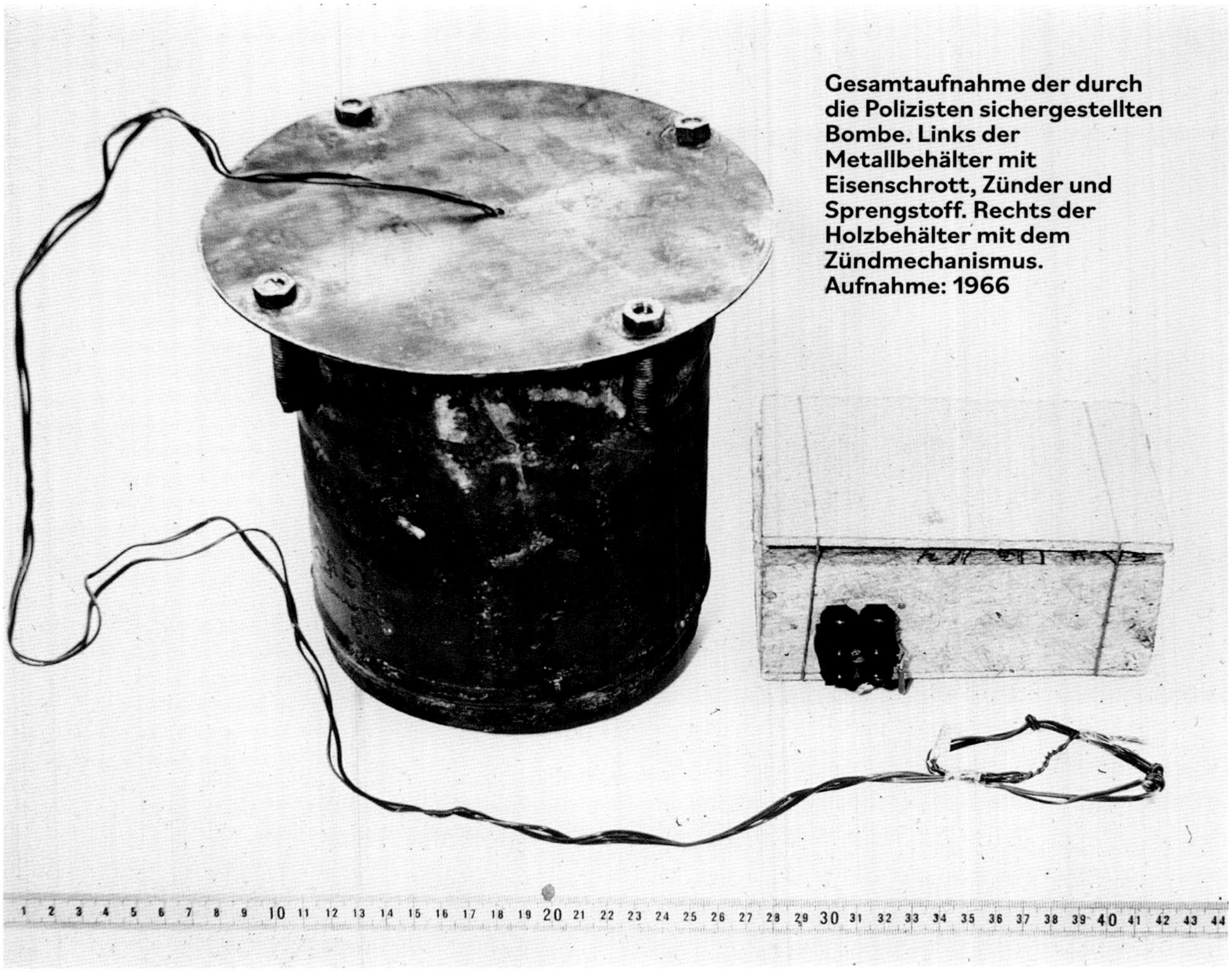

Gesamtaufnahme der durch die Polizisten sichergestellten Bombe. Links der Metallbehälter mit Eisenschrott, Zünder und Sprengstoff. Rechts der Holzbehälter mit dem Zündmechanismus. Aufnahme: 1966

Man entschloss sich, mittels einer kleinen Sprengung den bereits erwähnten Zement zu lockern. Vier Windungen Knallzündschnur wurden im oberen Teil des Zylinders angelegt, worauf die Sprengung erfolgte. Dadurch löste sich der Zement und die beiden darunter liegenden Zünder konnten ohne Gefahr entfernt werden. Bei dem auf den Röntgenbildern festgestellten kleinen Behälter handelte es sich um die abgebrochene untere Hälfte einer Weinflasche. In dieser war der Sprengstoff, vierhundert Gramm Plättchenpulver, deponiert worden.

Nachdem die Arbeiten in Thun erledigt waren, transportierte man den Sprengkörper wieder zurück nach Basel.

In Basel angekommen zerlegte man das Objekt in alle seine Einzelteile. Im Innern befand sich unter anderem ein Stück Zeitungspapier, welches Teil eines Pfropfens war. Die Zeitung hatte das Ausgabedatum vom 26. November 1966. Daraus ging eindeutig hervor, dass der Sprengkörper erst am Tage der Verhaftung der beiden Jugoslawen fertiggestellt worden war. Umfangreiche Ermittlungen ergaben, dass auch die anderen Bestandteile der Bombe wie Zünder, Sprengstoff usw. aus Frankreich stammten.

Zwischenzeitlich wurde bekannt, dass am Tag der Verhaftung von X und Y auf die jugoslawische Botschaft in Paris ein Attentat verübt worden war. Dort wurde ein Sprengkörper mit ähnlichem Aufbau verwendet, welcher aber zum Glück nur teilweise explodierte. Gesamthaft konnte somit angenommen werden, dass beide Objekte in Frankreich hergestellt wurden.

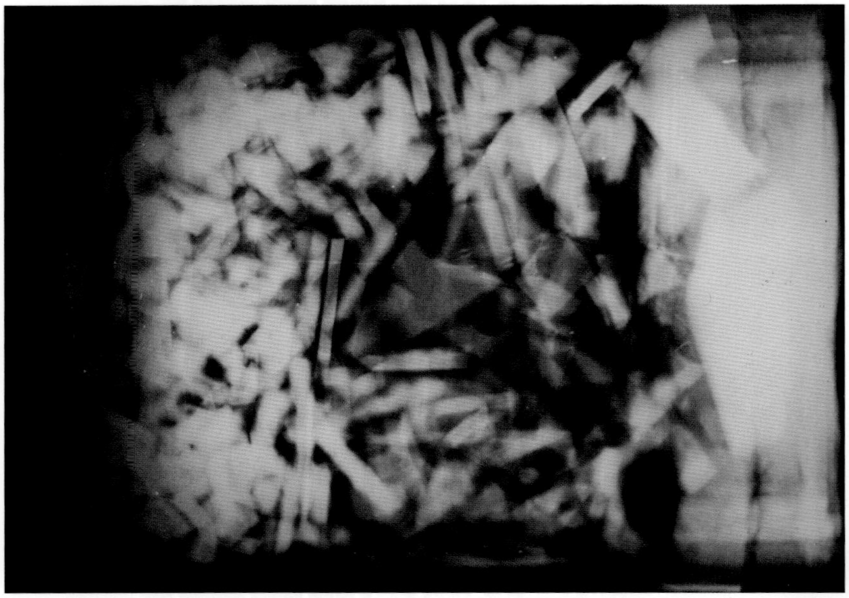

Röntgenaufnahme des zylindrischen Metallbehälters. Gut sichtbar die Füllung mit Eisenschrott. Aufnahme: 1966

Bezüglich der Wirkung des Sprengkörpers war zu sagen, dass dieser aufgrund seines Aufbaus und seiner perfiden Zusammensetzung ähnlich einem Schrapnell (Schrapnell = Sprenggeschoss, mit Kugeln oder Eisenteilen gefüllt) gegenüber Menschen verheerende Auswirkungen gehabt hätte. Jedoch wäre er als Sprengmittel gegen Objekte kaum geeignet gewesen.

Da Sprengstoffdelikte der Bundesgerichtsbarkeit unterstanden, übersandte diese, nach Sichtung der bisherigen Akten, zwei Haftbefehle für X und Y. Zugleich wurde die Weiterverfolgung des Falles an den Kanton Basel-Stadt delegiert.

Über die beiden Täter konnte Folgendes ermittelt werden:
X wurde 1934 in Kroatien/YU geboren. Er wuchs bei seinen Eltern zusammen mit drei Geschwistern auf. Im Jahre 1941 wurden die Häuser des damaligen Wohnortes der Familie X durch serbische Soldaten niedergebrannt. Dabei kam sein Grossvater ums Leben. Der Vater von X fiel im Zweiten Weltkrieg. Nach der Eroberung Jugoslawiens durch die Russen wurde die Familie in ein Lager interniert. Nach Absolvierung seiner Schulzeit trat X eine Schreinerlehre an, welche er 1952 mit Erfolg abschloss. Mit zwanzig Jahren absolvierte er eine militärische Ausbildung als Telegrafensoldat. Weil er sich danach aus politischen Gründen gegen eine militärische Laufbahn stellte, wurde er zu drei Monaten Haft verurteilt. Drei Tage nach seiner Entlassung wurde er wieder verhaftet und durch die zivilen Behörden zu weiteren neun Monaten Haft verurteilt. Als er auch diese Haft verbüsst hatte, floh er über die Grenze nach Österreich. In einem dortigen Flüchtlingslager wurde er durch eine französische Arbeitskommission angeworben und nach Frankreich verbracht. Er arbeitete längere Zeit in Frankreich und wohnte in Saint-Louis. Ab 1961 arbeitete er bis zu seiner Verhaftung in der Schweiz, immer noch mit Wohnsitz in Saint-Louis. Seinen Begleiter Y will er angeblich an einer Versammlung von Exil-Kroaten in Paris kennengelernt haben.

Y wurde 1943 ebenfalls in Kroatien geboren. Er hatte sechs Geschwister. Nach der obligatorischen Schule begann er eine Schneiderlehre, die er jedoch nie beendete.

Nach einem ersten missglückten Versuch gelang es ihm im Jahre 1962 ebenfalls, nach Österreich zu flüchten. Darauf reiste er unverzüglich via Italien nach Frankreich weiter. Er arbeitete ca. drei Jahre in Paris und zog dann nach Leymen/F, wo er durch die Vermittlung von X ein Zimmer erhielt. In der Schweiz nahm er dann eine Stelle als Hilfsschlosser an, welche er bis zu seiner Verhaftung innehatte.

X und Y waren Mitglieder einer extremen kroatischen Unabhängigkeitsbewegung. Das Ziel dieser Bewegung war die Lostrennung Kroatiens von dem seit Generationen als Erzfeind betrachteten Serbien und die Bildung eines selbstständigen Staates. Die kroatische Bewegung arbeitete ja bekanntlicherweise während des Zweiten Weltkrieges mit den Achsenmächten zusammen. Durch den Umstand, dass Jugoslawien nach dem Zweiten Weltkrieg eine zur Hauptsache aus serbischen Kommunisten bestehende Regierung erhielt, waren die deutsch-freundlichen Kroaten erneut heftigen Verfolgungen ausgesetzt. Dieser kurze politische Überblick ist deshalb notwendig, weil er die politische Einstellung der beiden Verhafteten aufzeigt und deshalb deren Beweggründe und Motive verständlicher macht.

X gab während seiner Haftzeit sofort zu, dass er die Absicht gehabt habe, den Sprengkörper nach Jugoslawien zu transportieren. Er wollte ihn dort bei einer Versammlung anlässlich des jugoslawischen Nationalfeiertages zur Explosion bringen. Es sei jedoch nie geplant gewesen, in der Schweiz einen Sprengstoffanschlag zu verüben. Y wollte von der ganzen Sache nie etwas gewusst haben und beharrte während der ganzen Untersuchung darauf.

Nach der Herkunft von Sprengkörper und Pistole gefragt gab X zur Antwort, er habe beides in Basel bei der Heuwaage von einem Algerier für siebenhundertfünfzig Franken gekauft.

Da diese Angaben unglaubwürdig waren, wurde die französische Polizei gebeten, bei X und Y eine Haussuchung durchzuführen. Die Haussuchungen sowie Nachfragen an den Arbeitsplätzen der beiden verliefen absolut negativ. Es muss angenommen werden, dass der Sprengkörper von der kroatischen Widerstandsbewegung an X übergeben wurde, sofern er diesen nicht selbst hergestellt hatte. Y wurde nach rund drei Monaten Untersuchungshaft entlassen und das Verfahren gegen ihn eingestellt.

Gegen X wurde Anklage erhoben. Am 31. März 1967 kam das Strafgericht Basel-Stadt zu folgendem Urteil: X wird des Beschaffens, Aufbewahrens und Weiterschaffens von Sprengstoffen schuldig erklärt und verurteilt zu zehn Monaten Gefängnis mit bedingtem Strafvollzug unter Auferlegung einer Probezeit von drei Jahren sowie einer Landesverweisung auf die Dauer von fünfzehn Jahren. Die Verfahrenskosten sowie die Urteilsgebühr von siebenhundert Franken gehen zulasten des Angeklagten.

Der Sprengkörper und die Pistole Marke «Vesta» samt Munition wurden konfisziert. In der Urteilsbegründung nahm das Gericht an, X habe die Bombe von Dritten erworben. Die Angaben von X, wie er in den Besitz der Bombe gelangte, waren für das Gericht unglaubwürdig. Die Tatbestände des Aufbewahrens, Weiterschaffens und den verbrecherischen Verwendungszweck sah das Gericht als gegeben. Erschwerend für die Strafzumessung war, dass es sich bei der Bombe um einen für Menschen äusserst gefährlichen Sprengkörper handelte. Zugunsten des Angeklagten ging man davon aus, dass der deliktischen Handlung keine niederen Motive zugrunde lagen, weil X offenbar aus politischem Idealismus strafbar geworden war. Für X sprach im Weitern, dass er nicht vorbestraft war, einen guten Leumund hatte und persönlich einen guten Eindruck hinterliess. Nach der Urteilsverkündung wurde X aus der Haft entlassen und via Fremdenpolizei nach Frankreich ausgeschafft. Die beiden Polizisten hatten dank ihrer Aufmerksamkeit einen Sprengstoffanschlag verhindern können, bei dem vermutlich mehrere Menschen verletzt oder getötet worden wären.

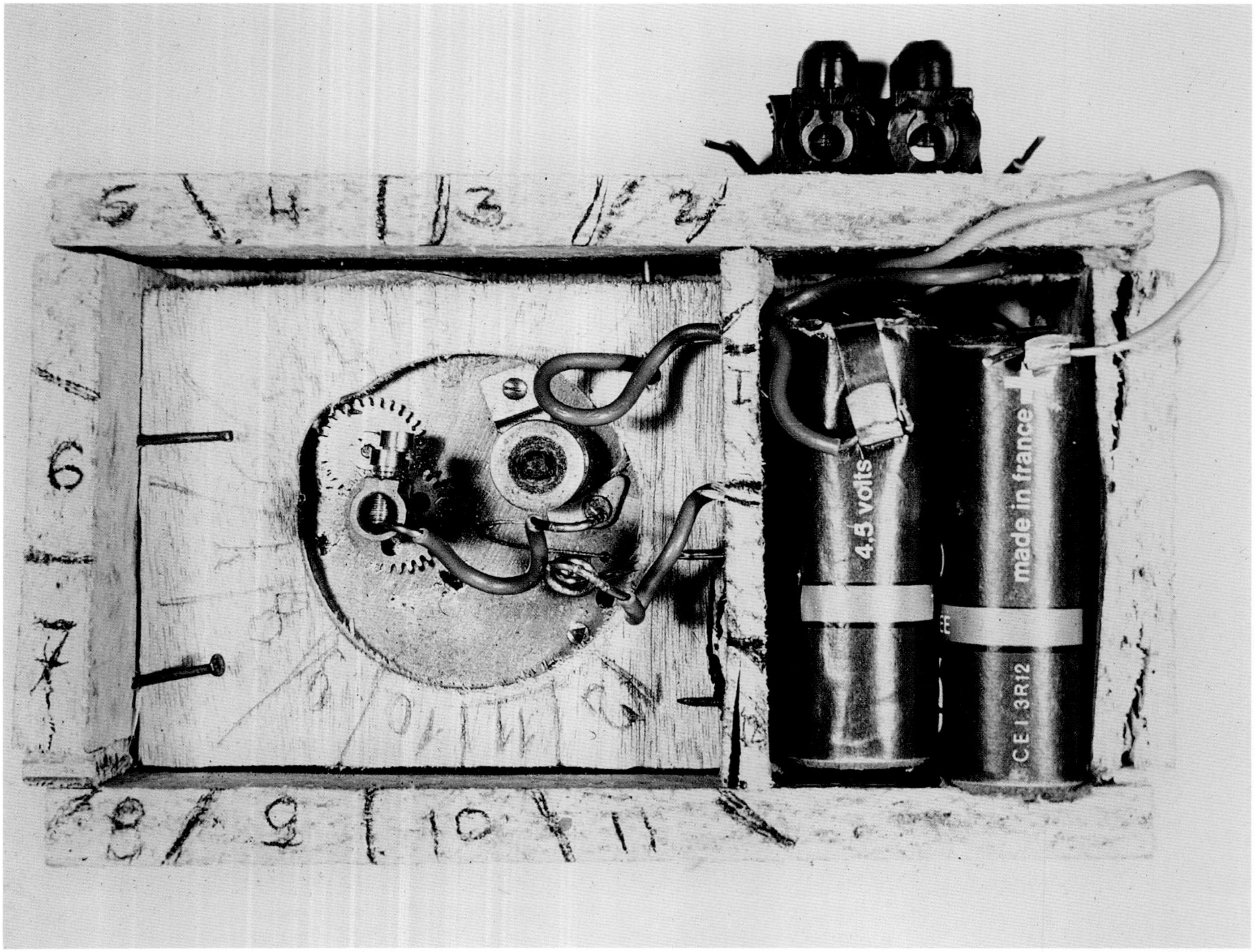

Einblick in den Zündmechanismus. Aufnahme: 1966

1966

Zwei Privatdetektive als Einbrecher

Diebischer Amoklauf, Rekordeinbrecher, fünfzehn Einbrüche in drei Nachtstunden, Berufseinbrecher machen Beuten von gegen eineinhalb Millionen usw. Das waren die Schlagzeilen, welche über Jahre hinweg in den Zeitungen präsentiert wurden.

Verursacht wurden sie durch ein Brüderpaar, das äusserst aktiv war und für unsere schweizerischen Verhältnisse den üblichen Rahmen weit sprengte. Fünf Jahre lang trieben die beiden «Privatdetektive» ihr Unwesen, bis schliesslich staatliche Detektive ihrem Treiben ein Ende setzten.

Geschrieben vom ehemaligen Basler Detektiv Korporal Willy Rubrecht und vorgetragen im November 1968 am Schweizerischen Polizeiinstitut in Neuenburg (SPIN).

Die beiden Täter

Die Brüder Hans und Werner Z.* lebten vorerst in einfachen und geordneten Verhältnissen bei ihren Eltern in Schwaderloch/AG*, Hans als der älteste von sieben Kindern. Ihr Vater war seit Jahren in einem grossen Industrieunternehmen als Spediteur tätig und hatte sich an seinem Wohnort ein Eigenheim erarbeitet. Vater Z. hatte die Absicht, seinen beiden Söhnen Hans und Werner später beim Aufbau einer eigenen Schreinerei behilflich zu sein. Hans, geb. 1938, erlernte deshalb nach acht Primarschuljahren in Schwaderloch den Schreiner Beruf. Im Jahre 1958 absolvierte er in Basel die Rekrutenschule und nahm anschliessend dort Wohnsitz. Er arbeitete bei verschiedenen Basler Schreinermeistern und erwarb sich überall anständige Arbeitszeugnisse. Da ihn aber dieser Handwerkerberuf nicht voll befriedigte, besuchte er nebenbei einen Kurs für Privatdetektive.*

Sein Lehrer war ein bei uns mit einem dicken Strafdossier belegter Privatdetektiv. Dieser erhöhte seine geringen Berufseinnahmen dadurch, dass er junge Leute dazu aufforderte, sich gegen gutes Endgeld bei ihm zu Berufskollegen ausbilden zu lassen, auch wenn die meisten dazu nicht die geistigen Voraussetzungen mitbrachten.

Nach Abschluss des Kurses wurden Hans von seinem Ausbildner ein Diplom und ein Ausweis für Privatdetektive ausgehändigt. Das Polizei Inspektorat Basel-Stadt bewilligte ihm 1961 aufgrund seines unbescholtenen Leumundes, in Basel ein Privatdetektiv Büro zu eröffnen.

Zuvor aber war Hans bei seinem ehemaligen Lehrmeister noch halbtags als Privatdetektiv tätig. Anstelle einer Barbezahlung für seine Leistungen wurde ihm ein Betrieb für chemisch-technische Produkte übergeben, der allerdings noch nie eine Rendite eingebracht hatte. Hans hoffte aber, sich damit einträgliche Nebeneinnahmen erschaffen zu können. Doch die Hoffnung, durch die Kombination der beiden Einnahmequellen auf einen grünen Zweig zu kommen, machte er sich selbst zunichte, indem er seine Ausgaben in keinerlei Beziehung zu seinen Einnahmen bringen konnte. In primitivster Weise meinte er, eine luxuriöse Einrichtung seines Büros mit allen technischen Schikanen und Automobile exquisiter Marken, z.B. einen Jaguar, seien die Voraussetzung für einen beruflichen Erfolg.

Hans geriet bald einmal vor die Alternative: Konkurs oder Verbrechen. Schon im ersten Jahr seines Privatdetektiv-Daseins brach er in ein Café ein und bewies damit, dass er sich für die zweite Lösung entschieden hatte. Damit begann seine Verbrecherlaufbahn, die schliesslich zu den eingangs erwähnten Schlagzeilen sorgte.

Seine ersten Einbrüche führte Hans mit uns durchaus bekannten Einbruchsmethoden und Werkzeugen aus, die er aber - und dies war seine Spezialität - in jedem Fall zu ändern wusste. Wie aber hatte er Kenntnis von allen diesen möglichen Vorgehen? Nun, er war ja Privatdetektiv und deshalb hatte er die Möglichkeit, die ganze Fachliteratur zu erwerben, zur Kenntnis zu nehmen und für seine Zwecke auszuwerten. Alle Sparten der Kriminalistik, Spurenkunde, Kriminaltaktik und Kriminaltechnik, auch eine über Jahre hindurch abonnierte Fachzeitschrift waren Bestandteile seiner umfangreichen Fachbibliothek.

Während jahrein jahraus ein Einbruch den anderen ablöste, erlernte eines von seinen sechs Geschwistern, es war der drittälteste, Werner geb. 1941, in der behüteten Atmosphäre des elterlichen Hauses ebenfalls den Schreiner Beruf. Im Frühjahr 1961 kam Werner auch nach Basel, arbeitete zunächst auf seinem Beruf, wurde aber bald einmal von seinem Bruder Hans in das Privatdetektiv Geschäft eingespannt. Er bekam, allerdings ohne behördliche Bewilligung, von seinem Bruder auch einen Berufsausweis.

Bald wurde der Schreiner Beruf nur noch halbtags ausgeführt, denn zur Detektivarbeit hinzu hatte der jüngere Bruder nun auch noch die Last des mit Schwierigkeiten kämpfenden chemisch-technische Betriebes zu übernehmen. Doch auch ihm gelang es nicht, die mit einfachsten Einrichtungen hergestellten Produkte, wie Badezusätze usw., mit Gewinn zu vertreiben.

Diese Misserfolge wurden Werner bald einmal klar, und deshalb ist es nicht erstaunlich, dass sich der willenlose junge Mann vom älteren Bruder zur Mithilfe bei den Verbrechen überreden liess.

Gemeinsam auf Einbruchstour

In der Anfangsphase benutzte Hans seinen Bruder nur als Chauffeur und Aufpasser. Daneben ermöglichte er ihm, mit immer raffinierteren Mitteln vorzugehen und vor allem auch schwere Werkzeuge einzusetzen. Gleisbau Winden, schwere Vorschlaghämmer, grosse Stemm- und Brecheisen führten zu den ersten gemeinsamen Grosserfolgen.

Hans verfeinerte im Laufe der Zeit seine Vorgehensweise durch immer währendes Studium von Fachliteratur weiter und weiter. So wurde etwa der Vorschlaghammer durch eine gestohlene Schweissanlage ersetz, die das Brüderpaar dann allerdings wegen ungenügenden Fachkenntnissen nicht zum Einsatz bringen konnte. Mehr Erfolg hatten sie später mit einer Winkelschleifmaschine. Hier allerdings hatten sie sich ihre Erfahrungen zum Voraus aneignen können, da sie zu Übungszwecken einen neuen Kassenschrank kauften.

Ihr «Geschäft» kam aber ohne Investitionen nicht aus. Das beweist auch die Tatsache, dass Hans, sobald er aus der Fachliteratur erfahren hatte, dass durch Abwürgen ein Zylinderschloss geöffnete werden könne, sich spontan ein Kaba-Schloss zu Versuchszwecken kaufte.

Doch die technischen Belange sind noch keine erschöpfende Erklärung für die Erfolge der brüderlichen Unternehmungen, die fast immer bewaffnet und mehrmals maskiert durchgeführt worden sind. Denn dazu kommt eine vor allem bei Hans feststellbare unwahrscheinliche Unverfrorenheit im Vorgehen hinzu. Dafür nur ein Beispiel:

Unmittelbar neben der Hauptwache Spiegelhof der Basler Polizei im Zentrum der Stadt befindet sich das Parkhaus Storchen. In einer Gewitternacht schlug Hans, diesmal ohne Mit-

hilfe seines Bruders, das Schalterfenster des ausserhalb eines Abschlusstores gelegenen Kassenraumes ein, entriegelte es und konnte so bis zum Tresor vordringen. Diesen riss er aus seine Verankerung, schleppte ihn zum Schalter, konnte ihn aber nicht durch die Fensteröffnung schieben, weil er zu umfangreich war. Gross genug war nur die Glastüre zum Kassenraum. Kurz entschlossen benutzte er den eben behändigten Tresor und rannte damit die Glastüre ein. Draussen deponierte er seine Beute in der allerdings dunklen, aber offenen Einfahrt und kehrte in den Kassenraum zurück, da er vom Vorhandensein eines zweiten Tresors wusste. Dieser stand wenige Augenblicke später auf dem ersten, also auch in der Einfahrt, die nur wenige Meter von der Polizei Hauptwache und der Polizeigarage entfernt und von der Strasse her überschaubar ist. Zum Abtransport musste er seine Beute verlassen, um seinen in etwa 200 m Entfernung parkierten Chevrolet herbeizuholen. Erst nach der Vorbeifahrt an der Polizei Hauptwache - der dortige Einbahnverkehr liess ihm keine andere Wahl - gelangte er an sein Ziel und lud dort die beiden Tresore unbeobachtet in den Kofferraum seines Wagens. Zwei Tage später brach er sie in einem Wald bei Tegerfelden auf und entnahm ihnen die Summe von ca. 5'000 Franken.

Diese Unverfrorenheit scheint auf einen kalt berechnenden, herzlosen Verbrecher hinzudeuten. Umso erstaunlicher erscheint uns sein Verhältnis zu seiner Ehegattin, die er im Jahre 1963 geheiratet hatte, und die er bis zu seiner Verhaftung zärtlich umsorgte. Schon im ersten Ehejahr musste die Hans geistig überlegene Frau sich einer schweren Operation unterziehen, die bleibende Nachteile hinterliess. Hans war es daran gelegen, seine Frau bei seinen Verbrechen völlig aus dem Spiel zu lassen. Er täuschte sie durch fingierte Einnahme Abrechnungen, die er an eine bekannte Versicherung adressiert hatte. Er berechnete dieser darin Überwachungen von einbruchsgefährdeten Objekten. In seinem Büro hinterliess er zuhanden der Polizei auch ein schriftliches Dokument, das seine Gattin von jedem Verdacht einer Mitwisserschaft freisprach.

Ein weiteres Charaktermerkmal von Hans ist auch eine gewisser Berufsstolz als Verbrecher. Als er trotz Einsatzes schwerster Hilfsmittel zweimal ohne Erfolg in eine Migros-Filiale eingebrochen war und die Presse von stümperhafter Arbeit berichtete, liess er diese Qualifikation nicht auf sich sitzen, sondern erklärte seinem Bruder, er werde den Gegenbeweis schon erbringen können. Und tatsächlich. Beim dritten Mal schlug er mit einem gewaltigen Vorschlaghammer auf die Tür des Wandtresors ein, bis sie sich wölbte und auf der Schlossseite einen Spalt frei gab. Dort konnte er einen Kaltmeissel ansetzen, die Tresortür aufsprengen und etwa 5'000 Franken herausholen.

Hans und Werner verübten ihr Einbrüche an den verschiedensten Orten der deutschen Schweiz, während dem erstaunlich grossen Zeitraum vom Sommer 1961 bis zum Herbst 1966 und beunruhigten durch ihre Taten Jahre hindurch viel Geschäftsleute unseres Landes. Wie war es aber möglich, dass sie trotz grössten und intensivsten polizeilichen Massnahmen so lange nicht gefasst werden konnten? Diese Frage und ihre endliche Lösung wird nun in besonderem Masse interessieren.

Im Anfangsstadium schaltete Hans zwischen seinen Einbrüchen immer wieder verhältnismässig lange Pausen ein. Trat er dann wieder in Aktion, hatte er sich, durch die Fachliteratur angeregt, bereits wieder eine neue Einbruchsmethode ausgedacht. Wenn er an einem

Ort noch die Riffiffi-Methode, das Bodendurchbrechen, angewendet hatte, so wurden beim nächsten Einbruch Metallrolläden aufgewuchtet oder dann wieder mit Winden Vergitterungen auseinander gesprengt.

Verständlicherweise konnten wir keinen Zusammenhang bei dieser Serie von Einbrüchen erkennen; denn der modus operandi wechselte ja dauernd, und die Verwendung immer neuer Werkzeuge waren auch spurenmässig keine Nachweise für eine gleiche Täterschaft zu erbringen. Wohl konnte an einem Tatort einmal eine Fingerabdruckspur von Hans gesichert werden, doch fehlte für eine Auswertung das Vergleichsmaterial, denn Hans war nicht vorbestraft und Werner bei uns nur wegen eines Verkehrsdelikts verzeichnet. So hatte Hans während Jahren alle bekannten Einbruchsmethoden in irgend einer Form, und meist mit Erfolg, angewendet.

Spezialisierte Kaba-Einbrecher

Da er aber nach steter Perfektionierung strebte, musste ihm die im April 1965 von einem Zürcher Kriminalbeamten in einer Fachzeitschrift veröffentlichte Abhandlung über einen Schlosszylinder Einbrecher besonders Eindruck gemacht haben. Diese Einbruchsmethode hatte gegenüber den früheren für ihn den grossen Vorteil, dass er jetzt nur noch kleine Werkzeuge, z.B. eine Rohrzange und einen Schraubenzieher, mitzuführen brauchte, mit deren Hilfe er die Zylinderschlösser in der heute bekannten Art abwürgen konnte. An die entscheidenden Nachteile dieser Methode hatte er nicht gedacht: er verriet sich damit erstmals als Serieneinbrecher. Im Gegensatz zu allen früheren mit so unterschiedlichen Mitteln verübten Einbrüchen konnten wir bei den Kaba-Einbrüchen von Anfang an klar erkennen, dass diese nur von einer und derselben Täterschaft ausgeführt werden konnten. Genau wie Hans war auch uns bis zu diesem Zeitpunkt, d.h. bis zur Veröffentlichung dieser Methode, dieser modus operandi neu, denn in Basel, und sicher auch in den meistern anderen Kantonen, war er noch nie angewendet worden. Umso verblüffter waren wir, als wenige Tage nach dem Erscheinen des Artikels aus Zürich in der Nordwestschweiz eine Einbruchserie begann, bei der die Täterschaft die beschriebenen Taktik anwendete und sich auf das Abwürgen von Zylinderschlössern der Marke Kaba spezialisierte.

Der erste dieser Einbrüche wurde in einer Apotheke in Muttenz verübt. Noch im gleichen Monat folgten über zwei Dutzend gleich gelagerter Ladeneinbrüche in den Kantonen Solothurn, Aargau und Bern. In allen Fällen hatte die Täterschaft die abgewürgten Schlosszylinder mitgenommen. Auch bei den folgenden Einbrüchen konnte nie ein solcher Zylinder am Tatort selbst gefunden werden. Auffallend war auch die Häufigkeit der Einbrüche in kürzesten Zeitabständen. In einer Nacht z.B. wurden in Olten, Baden und Wettingen sechs Ladengeschäfte heimgesucht, und schon zwei Nächte später waren es in Basel sogar deren fünfzehn. Hier zeigte sich erstmals, dass die Täterschaft motorisiert sein musste. Die an den verschiedenen Tatorten gesicherten Werkzeug- und Schuhabdruckspuren stimmten häufig überein, waren aber die einzigen und vorläufig nicht auswertbaren Hinweise auf die Täterschaft.

In Basel mussten wir uns erst im Juni 1965 - die Serie lief da schon seit zwei Jahren - mit dieser neuen Einbruchsmethode vertraut machen. Als erstes Tatobjekt hatten sich die

Brüder hier ein Briefmarkengeschäft ausgesucht und mit Marken im Wert von 38'000 Franken gute Beute gemacht. Nun folgten bei uns die Kaba-Einbrüche Schlag auf Schlag. Bereits vier Tage später wurden in einer Nacht vier Einbrüche verübt, und noch vor Monatsende hatten wir den schwersten Fall zu verzeichnen. Das Brüderpaar hatte bei einem in nun schon gewohnter Art verübten Einbruch in ein Spezialgeschäft für Numismatik Münzen im Wert von 118'000 Franken erbeutet. Anfänglich hatten sich diese Einbrüche auf das Gebiet des Aarelaufes zwischen Olten und Biel konzentriert; nun hatte sich das Schwergewicht aber nach Basel verlagert.

Die Fahndungsmassnahmen wurden nun verstärkt und Verbindungen zu den Polizeikommandos aufgenommen, dies sich bereits mit diesen Kaba-Einbrüchen befassen mussten. Das Polizeikommando Solothurn hatte schon gute Vorarbeit geleistet und die Zusammenarbeit mit der Durchführung von zwei Sachbearbeiter Konferenzen gefördert. Die Referate der einzelnen Sachbearbeiter der Kantone AG, BE, BS, BL, LU, NE, SO und ZH bewiesen, dass wegen des Raffinements der Täter nur eine Koordination über die Kantonsgrenzen hinaus zum Erfolg führen konnte. Eine wichtige Grundlage für diese gemeinsame Arbeit bildete ein erstes brauchbares Signalement des Täters, das bei einem Einbruch in Luzern ermittelt werden konnte. Der Unbekannte wurde als jüngerer Mann, mittelgross, schlank und mit braunen Haaren beschrieben.

Das Polizeikommando Solothurn wurde als Zentralstelle bestimmt und mit der Anfertigung einer Zusammenstellung aller bisher bekannt gewordenen Kaba-Einbrüche beauftragt. Wir wurden in der Folge vom Polizeikommando Solothurn sehr gut bedient und hatten dadurch jederzeit, auch über die Kantonsgrenze hinaus, eine gute Übersicht über die ganze Einbruchserie, die sich ja bekanntlich über ein grösseres Gebiet der deutschsprachigen Schweiz erstreckte. Wir selbst erstellten Tabellen, aus denen ersichtlich war, dass die Einbrüche in unregelmässigen Abständen verübt wurden. Jeder Logik widersprach es aber, dass die Täterschaft mehrmals nach der Erbeutung grösserer Geldbeträge bereits zwei bis drei Tage später wieder in Aktion trat, jedoch nach misslungen Taten, das heisst Versuchen, längere Unterbrüche einschaltete. Obwohl wir also sehr intensiv an der Abklärung dieser Einbruchserie arbeiteten, kamen wir keinen Schritt weiter. Unbrauchbare Zeugenaussagen führten uns sogar auf falsche Fährten, was aus den folgenden Beispielen ersichtlich ist:

In der Nacht vom 20. auf den 21.09.1965 versuchte die Täterschaft in eine Waffenhandlung einzudringen. An der Ladentür konnten am Zylinderschloss grüne Farbabdrücke gesichert werden. Da die Täterschaft fünf Tage zuvor an einem anderen Tatort eine rote Eckschwedenzange zurückgelassen hatte, wurde nun augenfällig, dass sie sich in der Zwischenzeit eine grüne Zange hatte beschaffen können. Unverzüglich führten wir bei allen Werkzeughandlungen in Basel und Umgebung Erhebungen durch und dehnten diese Ermittlungen auch auf die deutsche und französische Nachbarschaft aus. Wir stellten fest, dass in einem Warenhaus in Basel eine grüne Eckschwedenzange verkauft worden war, die mit den sichergestellten grünen Farbrückständen in Übereinstimmung gebracht werden konnte. Es handelte sich um ein französisches Fabrikat, welches sonst an keinem anderen Ort in Basel oder Umgebung verkauft wurde.

Von zwei Angestellten dieses Warenhauses erhielten wie die Beschreibung eines Unbekannten, der am Nachmittag vor dem Einbruchsversuch in die Waffenhandlung eine solche Zange gekauft hatte. Hier spielte der berühmte Zufall wieder einmal eine Rolle, denn der Unbekannte war von einer Verkäuferin bedient worden, die auf ihrer Kasse statt des Preises von 16.50 Franken irrtümlicherweise 106.50 Franken registriert hatte. Der Zangenkäufer - es war Hans - hatte aber den richtigen Preis bezahlt und den falschen Aufdruck auf seinem Kassenzettel nicht bemerkt. Der Irrtum wurde aber von einem jungen Verkäufer sofort festgestellt, welcher dem Kunden nacheilte, um den falsch getippten Kassabon für die Abrechnung zurückzuholen. Hans flüchtete aber über die Rolltreppen und konnte nicht mehr eingeholt werden. Wie sich später bestätigte, vermutete er, die Polizei habe wegen der zurückgelassenen Zange bereits Erhebungen durchgeführt und auf einen möglichen Zangenkauf aufmerksam gemacht.

Die von den beiden Zeugen erhaltenen Personenbeschreibungen des Zangenkäufers wiesen eine gewisse Übereinstimmung mit dem in Luzern ermittelten Signalement des Kaba-Einbrechers auf. Allerdings gaben die Zeugen übereinstimmend an, der Unbekannte trage einen kleinen Schnurrbart. Dieses Detail war falsch und trug uns enorme Mehrarbeit ein. Nachdem wir nach den Zeugenaussagen ein Robotbild des Zangenkäufers angefertigt hatten, wurden uns von der Polizeimannschaft laufend verdächtige Personen mit Schnurrbärten gemeldet. Obwohl wir den Tätern damals sehr nahe kamen, musste ein Erfolg zufolge der untauglichen Personenbeschreibung zwangsläufig ausbleiben.

Der Ford Corsair und andere Irrtümer

Im Februar 1965, also vor Beginn der Kaba-Einbrüche, hatten die Brüder Z. bei einem Einbruch in eine Werkstatt eine komplette Schweissanlage erbeutet, die sie mehrere Monate später in Birsfelden an einem Tatort zurückliessen. Bereits beim Einbruch in die Werkstatt hatte ein Securitswächter einen gelben Ford Corsair gesehen, welcher zur Tatzeit auf dem Trottoir direkt vor dieser Werkstatt parkiert war. Alles wies darauf hin, dass die Schweissanlage mit diesem Fahrzeug abtransportiert worden war. Der Securitaswächter konnte sich aber nur noch an die Buchstaben BS des Kontrollschildes erinnern. In der Folge haben wir alle in Basel registrierten Halter von gelben und beigen Corsairs überprüft. Es mussten dabei über 100 Alibis abgeklärt werden. Diese zeitraubende Arbeit war aber in absoluter Leerlauf, denn die Täter hatten die Schweissanlage mit einem weissen Jaguar abtransportiert.

Kurz nach Zurücklassung der Schweissanlage erbeuteten die beiden bei einem Kaba-Einbruch in eine Werkzeughandlung die Winkelschleifmaschine, von der ich schon berichtet habe. Überraschenderweise waren aber in der folgenden Zeit in Basel und Umgebung keine Einbrüche zu verzeichnen, bei denen mit Winkelschleifmaschinen gearbeitet wurde, wohl aber in der Ostschweiz, wo die Kantonspolizei Zürich Hinweise auf eine Täterschaft aus dem Raume München ermitteln konnte.

An unserer Annahme, der Ausgangspunkt der Kaba-Einbrüche liege in Basel, entstanden nun wieder Zweifel. Dazu kam noch, dass ein weiterer Kaba-Einbrecher in Erscheinung trat, der innert 24 Stunden in der Innenstadt 14 Einbrüche verübte. Im Tatvorgehen war aber ein deutlicher Unterschied zur bisherigen Serie zu erkennen, denn dieser Täter liess jeweils die abgewürgten Zylinderteile an den Tatorten zurück. Einige Monate später konnte dieser seltsame Doppelgänger von Hans - es war ein Argentinier - in Zürich verhaftet werden. Durch sein Auftreten in Basel zu einem Zeitpunkt, wo die Kaba-Einbrüche ihren Höhepunkt erreicht hatten, unserer Ermittlung aber auf einem Tief standen, brachte er grosse Verwirrung in unserer Arbeit.

Doch gerade in diese fast hoffnungslosen Situation kamen wir mit den Brüdern Z. erstmals in Kontakt, allerdings ohne zu ahnen, dass es sich bei ihnen um die langgesuchten Kaba-Einbrecher handelte. Unserer Sachfahndung hatte nämlich festgestellt, dass ein gewisser Dürr am 4. August 1966 bei zwei Trödlern Fotoapparate abgesetzt hatte, die alle im November 1962 bei zwei Einbrüchen in Birsfelden gestohlen worden waren. Dürr wurde angehalten, und er behauptete, diese Apparate von einem gewissen Werner Z. gekauft zu haben. Dieser habe ihm angegeben, dass sein Bruder Hans, Inhaber eines Privatdetektivbüros, diese Apparate habe an Zahlung nehmen müssen.

Zu diesem Zeitpunkt befand sich Werner in Spanien in den Ferien, und so sprachen wir bei seinem Bruder Hans vor, der gefasst und mit unwahrscheinlicher Beherrschung Auskunft erteilte. Er wies darauf hin, dass Werner diese Apparate bestimmt von Drittpersonen erhalten habe, denn Werner sei erst 1963 nach Basel gekommen und habe zur Zeit dieser Einbrüche in Tegerfelden einen Schreinerlehre absolviert. Hans bestritt auch, dass er mit dieser Sache selbst in irgend einem Zusammenhang stehe, und er behauptete, die fraglichen Fotoapparate überhaupt noch nie gesehen und mit Werner nie über einen Ankauf gesprochen zu haben. Da sowohl Hans wie auch Werner gut beleumdet und nicht vorbestraft waren, wurde die Rückkehr von Werner abgewartet und Dürr aus der Haft entlassen.

Eine Woche später konnte Werner, vier Stunden nach seiner Ankunft in Basel, angehalten werden. Es wurde bei ihm sofort eine Haussuchung durchgeführt, die allerdings negativ verlief. Werner behauptete, diese Fotoapparate in einem Café einem gewissen Schweizer Rolf, der vermutlich in Birsfelden wohnte, abgekauft zu haben. Er beschrieb diese Person und erklärte auch, er könne deren Wohnort bezeichnen. Er habe diesen Schweizer Rolf einmal mit einem Personenwagen nach Birsfelden geführt und gesehen, wie dieser dort ein Hochhaus betreten habe. Diese Aussage musste Werner an Ort und Stelle beweisen, und wirklich: nach Birsfelden geführt, konnte er ein Hochhaus bezeichnen, an welchem eine Hausglocke mit Schweizer beschriftet war. Allerdings wohnte dort ein Fräulein Schweizer, eine Schullehrerin, die keinerlei Verbindung zu den Brüdern hatte. Da sowohl der Tatort wie auch die jetzt zu verfolgende Spur auf Landschäftlerboden führten, wurden die weiteren Ermittlungen vom Polizeikommando Baselland durchgeführt. Wir verloren dadurch den Kontakt zu dem Brüderpaar. Werner blieb bei seiner Darstellung, und da ihm vorerst nichts nachgewiesen werden konnte, musste er wieder auf freien Fuss gesetzt werden. Wie sich später zeigte, hatte Hans seinen Bruder rechtzeitig warnen und entsprechend instruieren können. Ihre Verteidigung war raffiniert aufgebaut und brachte ihnen vorerst auch den entsprechenden Erfolg. Ein Zusammenhang zur Kaba-Einbruchserie war zu diesem Zeitpunkt noch nicht zu erkennen, da diese Serie im Frühjahr 1965 begann, hier aber ein Einbruch aus dem Jahre 1962 abgeklärt werden sollte. Gelang es den Brüdern jetzt noch, ihre Köpfe aus der Schlingen zu ziehen, so lief dennoch die weitere Entwicklung zu unseren Gunsten ab.

Der Salmenweiher lüftet sein Geheimnis

Eine Privatperson hatte am 25. August 1966 aus dem Salmenweiher in Rheinfelden einen Schweizer Reisepass gefischt und auf dem dortigen Polizeiposten abgegeben. Der Postenchef stellte fest, dass dieser Pass aus dem Diebesgut eines in Bern verübten Kaba-Einbruchs stammte. Er setzte sich für die Absenkung des Weihers ein, weil er damit rechnete, dadurch weiteres Material zu finden, das Hinweise auf die Täterschaft geben könnte. Diese Überlegung erwies sich als richtig, denn aus dem abgesenkten Weiher konnte eine grosse Reisetasche voller Einbruchwerkzeuge und Briefschaften sichergestellt werden.

Darunter befanden sich unter anderem Winkelschleifmaschine, Bohrmaschine, Bolzenschneider, Schweissbrenner, Handschuhe, Gesichtsmasken und ein grosser Posten Geschäftspapiere, welche von den Kaba-Einbrechern an verschiedenen Tatorten erbeutet worden waren.

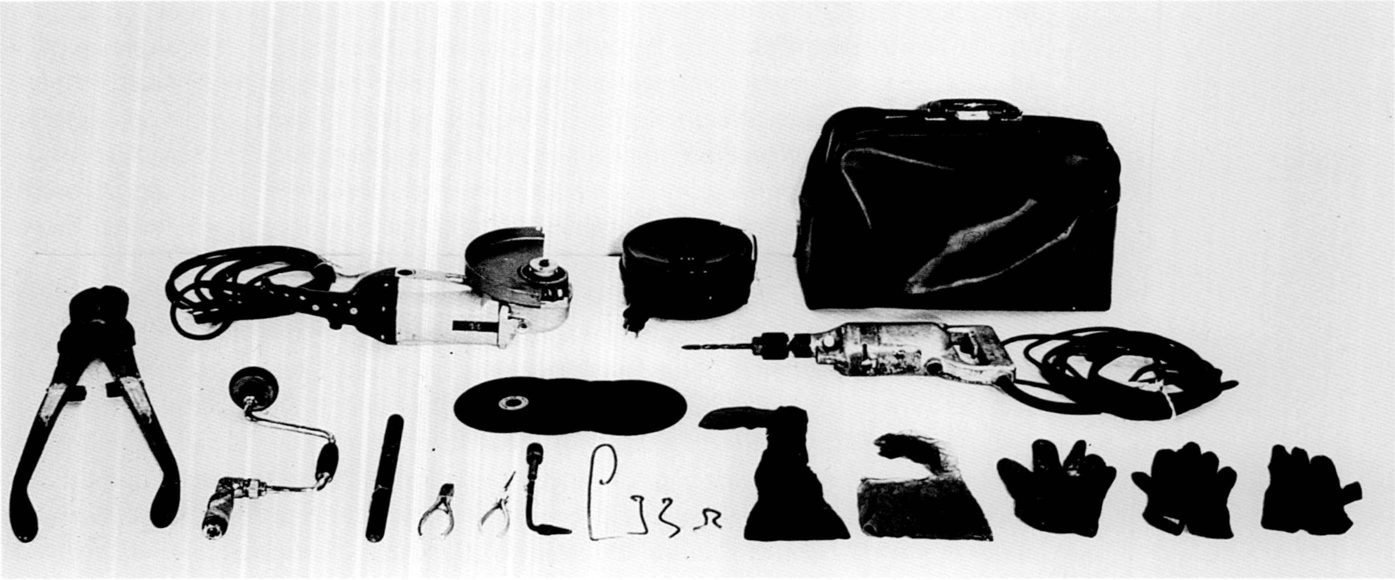

Im Salmenweiher aufgefundenes Einbruchwerkzeug. Aufnahme: 1966

Nur die Hartnäckigen kommen ans Ziel

Nun wurde das gesamte Material nacheinander den Sachfahndungen von Zürich-Kanton, Aargau, Basel-Land und Basel-Stadt zugestellt. Diese Instanzen konnten einen Teil der Werkzeuge und Schriftstücke als Diebesgut platzieren.

Schliesslich überliess und das Polizeikommando Aargau alles für weitere Nachforschungen. Keiner von uns machte sich jetzt noch irgendwelche Hoffnungen, dass sich aus diesem Material - das bereits von verschiedenen Stellen ausgewertet worden war - die Täterschaft noch ermitteln liesse. Wir konnten nur noch das Eine tun: den vor uns liegenden grossen Haufen Geschäftspapiere vieler geschädigter Firmen noch einmal durchzusehen. Wir ent-

schlossen uns deshalb, auch jede noch so belanglose Notiz mit den einzelnen Geschädigten abzusprechen. Wir nahmen deshalb persönlich oder auf requisitorischem Wege den Kontakt mit den Geschädigten auf und liessen das Eigentum von ihnen aussortieren. Zu unserer Überraschung blieb am Schluss eine Kopie eines Schreibens an eine Bank in Döttingen übrig. Dieses Schriftstück hatte durch das Wasser stark gelitten, und es war nicht möglich, die Unterschrift des Absenders zu entziffern. Erkennen konnten wir aber, das hier ein Gesuch um Überweisung eines Geldbetrages an eine Bank in Basel vorlag. Bei dieser Bank konnten wir mit einem entsprechenden Antrag der Staatsanwaltschaft den Namen des Kontoinhabers in Erfahrung bringen.

Die Auskunft, es handle sich um Hans Z., schlug bei uns wie eine Bombe ein, denn jetzt liessen sich die Zusammenhänge klar erkennen, und alles passte wie bei einem Mosaik zusammen. Wir wussten nun, dass Hans seinen Bruder nach unserer Vorsprache am 25. August 1966 rechtzeitig warnen konnte, und dass er es war, der alles ihn belastende Material in den Salmenweiher warf. Dabei war ihm aber das erwähnte Schriftstück unter den Haufen erbeuteter Papiere geraten. Hier hatte Hans natürlich einen Kapitalfehler gemacht. Erst wenn man weiss, dass diese Kopie zufälligerweise von gleicher grüner Farbe war wie die übrigen weggeworfenen Papiere, kann man diesen Fehler überhaupt verstehen. Sicher hatte Hans hier in einer Panikstimmung gehandelt. Uns fiel aber auch auf, dass seit dem Zeitpunkt, zu dem wir Werner überprüft hatten, keine Kaba-Einbrüche mehr verübt worden waren.

Die mit viel Geduld und Ausdauer durchgeführten Prüfungen jedes einzelnen Papierchens hatte viel Zeit in Anspruch genommen, und es war im Augenblick, als wir auf Hans stiessen, bereits November geworden. Sofort wurde eine Besprechung mit den Sachbearbeitern der Kantonspolizei Baselland arrangiert und das weitere gemeinsame Vorgehen festgelegt. Eine ständige Überwachung der Brüder Z., die vielfach auswärts tätig waren, hätte nur mit einem grossen Personalaufwand durchgeführt werden können. Für uns war aber eine solche Überwachung nicht realisierbar und auch zu riskant, hatten wir es doch hier mit Tätern von ausserordentlichem Format zu tun. Wir beschlossen, sofort abzuklären, mit wem die Brüder verkehrten, was für Fahrzeuge sie benützten, wie sie finanziell standen und ob sie Banksafes gemietet hatten.

Der letzte Einbruch

Kaum hatten wir diese Erhebungen in Angriff genommen, erlebten wir eine willkommene Überraschung, denn in der Nacht vom 11. auf den 12. November 1966 wurde, nach monatelangem Unterbruch, ein neuer Kaba-Einbruch in eine Werkzeughandlung verübt. Die Täter beschafften sich hier die gleichen Werkzeuge, wie sie ein Vierteljahr zuvor aus dem Salmenweiher gefischt worden waren. Sie erbeuteten unter anderem wieder eine Winkelschleifmaschine und eine elektrische Bohrmaschine. Jetzt war es für uns nicht schwer zu erraten, dass in den nächsten Tagen ein grösserer Coup unter Verwendung dieser Werkzeuge erfolgen musste. Dies schien uns dann auch der beste Moment für eine Festnahme und Überprüfung der beiden Brüder zu sein.

Bereits drei Tage später erfolgte dieser Einbruch, der dem Umfang nach tatsächlich unseren Erwartungen entsprach. Die Täter drangen in der Nacht vom 15. auf den 16. November

1966 in gewohnter Art, durch Abwürgen des Kaba-Schlosszylinders, in die Zentralbuchhaltung eines grossen Versandhauses ein, und es gelang ihnen, en grossen Tresor an Ort und Stelle aufzubrechen. Sie erbeuteten dabei eine Barschaft von 13'000 Franken und Aktien im Nennwert von 800'000 Franken.

Die Festnahme der Brüder Z.

Die Überprüfung der beiden Brüder wurde in Zusammenarbeit mit dem Polizeikommando Baselland sofort organisiert, und wir konnten bereits 24 Stunden nach diesem Einbruch - es war der 144. - mit 22 Mann gegen sie in Aktion treten. Es dürfte überraschen, dass dazu 22 Mann notwendig waren. Wir hatten aber noch ermittelt, dass Hans und Werner mit zwei anderen Burschen in Verbindung standen. Um jeder Kollusion vorzubeugen, wurden auch diese beiden in die Abklärung einbezogen. Es wurden vier Gruppen mit je vier Mann gebildet, die gleichzeitig mit der Festnahme der vier Verdächtigen auch Haussuchungen vorzunehmen hatten. Weitere sechs Mann standen als Zentralstelle in Bereitschaft. Ihnen kam die Aufgabe zu, sofort nach der Zuführung der Festgenommenen mit den Einvernahmen zu beginnen. Auf diese Weise wurde es möglich, die beiden mit den Brüdern in Verbindung stehenden Burschen innert kurzer Zeit zu überprüfen, und da sie mit den Einbrüchen nicht im Zusammenhang standen, noch am gleichen Tag zu entlassen. Die Aktion lief in den frühen Morgenstunden des 17. November 1966 an, und bald zeigte es sich, dass das Aufgebot von 22 Mann nicht übertrieben war. Es mussten zum Beispiel an zehn verschiedenen Orten Haussuchungen durchgeführt werden. Bis zum Abend wurde von den vier Teams korbweise Diebesgut beschlagnahmt. Darunter befanden sich unter anderem: 13'000 Franken in Bargeld, Aktien im Nennwert von 800'000 Franken, Münzen im Wert von 120'000 Franken, Schmuck im Wert von 83'000 Franken, 180 Alben mit Briefmarken im Wert von 300'000.- Franken und Fotoartikel im Wert von 11'000 Franken.

Einen besonderen Eindruck auf uns machte auch das bei den Fehlbaren vorgefundene Instrumentarium, war doch über Schusswaffen, Munition, Totschläger über Gesichtsmasken, Handschuhe, Funkgeräte, Minisender bis zu einem riesiges Sortiment an Werkzeugen alles vorhanden, was auf dem Gebiet der Einbrüche bekannt ist.

Auch die von den Brüdern benutzten Verstecke bewiesen, dass die Planung ihrer Verbrechen bis ins letzte Detail erfolgt war. In ihrem chemisch-technischen Betrieb hatten sie einen Teil der Beute, speziell Fotoapparate, in grossen Metallfässern versteckt. Dieses Diebesgut befand sich in Plastiksäcken verpackt, mitten in den bis zum Rand mit Seifenpulver angefüllten Behältern.

Ein weiteres gutes Versteck entdeckten wir unmittelbar neben dem Privatdetektivbüro. Hans konnte nämlich einen Stahlschrank mit wertvollem Diebesgut in den an sein Büro angrenzenden Räumlichkeiten eines Treuhandbüros aufstellen. Es gelang ihm, den Treuhänder davon zu überzeugen, dass im Detektivbüro für diesen Schrank kein Platz mehr vorhanden sei. In Wirklichkeit rechnete er schon immer mit der Möglichkeit einer Haussuchung und richtete sich deshalb entsprechend ein. Auch die von Hans gemieteten beiden Banksafes, in denen sich der Schmuck befand, waren weitere gute Verstecke.

Die Fässer, in welchen das Diebesgut versteckt war. Aufnahme: 1966

Die beiden trugen bei den Einbrüchen Schusswaffen auf sich, was ihr Gefährlichkeit unterstreicht. In ihrem Besitz wurden auch mehrere leere Patronenhülsen gefunden, die angeblich von Probeschiessen herstammten. Bekanntlich hatten die Brüder sich bei allen ihren Taten von ihrer umfangreichen Fachliteratur anleiten lassen. Die weitere Untersuchung zeigte aber, dass sie auch eigene, neue Einbruchsmethoden erfanden und diese auch mit Erfolg anwenden konnten. Hier als Beispiel eine dieser Methoden:

Bei einem Einbruch in Aarau hatte Hans an der vom ihm aufgebrochenen Ladentür einen Minisender in der Grösse einer Zündholzschachtel aufgestellt. Dieser Sender konnte in der Dunkelheit und am gewählten Ort kaum entdeckt werden. In der Brusttasche seines Kittels führte er während der Tatausführung einen kleinen Transistorradio mit sich, auf welchem er auf einer bestimmten Wellenlänge jedes vom Minisender ausgestrahlte Geräusch empfangen konnte. Auf diese Art war es ihm möglich, den Ladeneingang während der Tat auf Distanz zu überwachen.

Und zum Schluss das Strafmass

Das Strafgericht Basel-Stadt verurteilte Hans zu fünfeinhalb und Werner zu drei Jahren Zuchthaus.

*Die Namen der Täter und deren Herkunftsort wurden aus Datenschutzgründen geändert.

Der sichergestellte Schmuck wurde zur Sortierung im Theoriesaal der Staatsanwaltschaft ausgelegt. Aufnahme: 1966

1964 Eine Dienstfahrt mit Folgen

Wer bei der Polizei arbeitet, hört und erlebt einiges. Vieles davon gerät mit den Jahren jedoch in Vergessenheit oder bleibt nur bruchstückhaft in Erinnerung. Was dann aber – meist etwas ausgeschmückt und in verschiedenen Versionen – immer und immer wieder erzählt wird. Eine dieser Erzählungen war die Sache mit dem Alkoholverbot bei der Basler Polizei. Sie fängt in der Regel immer etwa so an: «Loos, friener isch jo d'Wardegg oder d'Fäldschlössli diräggt vor e Boschte gfahre und het s Bier ins Huus gliiferet. Das het sich denn aber gänderet, wo zwai vo uns im Suff bim Stroossbuurger Dänggmool oobe e Patrouillewaage uff s Dach gleggt hän.»

Einig ist man sich darüber, dass der Patrouillenwagen ein Vauxhall war und (so sagen einige) auf dem Dach einen Gepäckträger (für Velotransporte usw.) hatte. Dieser sei natürlich durch die Dachlage plattgedrückt worden. Auch wird behauptet, die beiden Kollegen hätten dann den Wagen über die noch nicht beschädigte Seite wieder auf die Räder gestellt. Wie dem auch sei. Meine Recherchen dazu ergaben folgenden Sachverhalt:

Aufsehen erregende Unfallmeldung

Eine erste Unfallmeldung fand ich in der «National-Zeitung» vom 26./27. April 1964 unter dem Titel:

Alkohol am Steuer eines Polizeiautos

Am Sonntagmorgen um vier Uhr ist beim Strassburgerdenkmal ein Polizeiauto infolge übersetzter Geschwindigkeit ins Schleudern gekommen und hat sich überschlagen. Dabei ist das Auto völlig demoliert worden, und es ist Totalschaden entstanden.

Die beiden Polizisten, die im Dienstauto gesessen haben, sind von einer Kontrolltour gekommen und scheinen unterwegs dem Alkohol so ausgiebig zugesprochen zu haben, dass sie die Herrschaft über den Wagen verloren.

Unfallgruppe und Tagesoffizier waren am Sonntag mit Auskünften eher zurückhaltend, da sie über den Hergang des Unfalls noch nicht restlos auf dem laufenden gewesen sind. Man hat jedoch rasche Abklärung und eine Mitteilung an die Presse in Aussicht gestellt. Gegen die beiden Polizisten, die sich einer Blutentnahme unterziehen und die Führerausweise abgeben mussten, ist auch ein Disziplinarverfahren eingeleitet worden.

Dass der Fall grosses Aufsehen erregte, versteht sich von selbst. Einen Tag darauf erschien dann, mit etwa gleichem Inhalt, ein offizielles Communiqué der Unfallgruppe. In diesem wurde aber nicht erwähnt, dass es sich beim verunfallten Wagen um ein Polizeifahrzeug handelte! Schon am 12. Mai 1964 erfolgte in der «National-Zeitung» die nächste Meldung. Unter der Rubrik «Basler Spiegel» wird erwähnt, dass der Vorsteher des Polizeidepartements ein striktes Alkoholverbot für die gesamte Polizeimannschaft während der Dienstzeit erlassen habe.

Und weiter, am 15. Mai 1964, ist in der «National-Zeitung» unter den Interpellationen an den Regierungsrat zu lesen, dass eine solche von E. Heuberger bezüglich des Unfalls beim Denkmal eingereicht wurde. Darin wird gefragt, ob:

1. *bei der Polizei keine Dienstvorschriften bestehen, welche den Genuss von Alkohol während des Dienstes verbieten?*
2. *bei der Rekrutierung in Zukunft nicht mehr darauf geachtet werden müsse, dass nur verantwortungsbewusste und charakterlich gefestigte Bewerber zur Anstellung kommen?*
3. *es der Polizei wirklich ernst sei bei ihrem Kampf gegen die Rechtsbrecher im Strassenverkehr, insbesondere gegen die alkoholisierten? Durch den erwähnten Unfall seien in der Bevölkerung diesbezüglich Zweifel aufgekommen.*

Vor dem Basler Grossen Rat begründete Regierungsrat Hauser das vor wenigen Tagen erlassene Alkoholverbot für die Polizei/Fehlbare Polizeibeamte werden nicht nur strafrechtlich verfolgt, sondern haben auch noch schwerwiegende disziplinarische Sanktionen zu gewärtigen/Der Unfall an der Elisabethenanlage darf aber nicht verallgemeinert werden.
(Es folgt die Schilderung des Unfallhergangs, den wir ja bereits kennen.)

Zu den einzelnen Fragen: (Regierungsrätliche Beantwortung der Interpellation)
Bei der Polizei bestanden bis jetzt keine Dienstvorschriften, wie sie beispielsweise für das Fahrpersonal der PTT und der SBB Geltung haben. Erst in den letzten Jahren sind die Angehörigen des Polizeikorps vermehrt zu motorisierten Dienstleistungen herangezogen worden.

Es ist richtig, dass heute der Dienst des Polizeibeamten nicht mehr mit demjenigen früherer Jahre verglichen werden kann. Die Entwicklung der Stadt und die Zunahme des Verkehrs machten eine weitgehende Motorisierung unerlässlich.

Aus diesem Grunde hat der Vorsteher des Polizeidepartements am 8. Mai 1964 ein sofortiges Alkoholverbot während der Dienstzeit erlassen.

Im Übrigen besteht nur in wenigen Kantonen und in einzelnen Städten, zum Beispiel in Stadt und Kanton Zürich sowie in Biel, ein totales Alkoholverbot; St. Gallen kennt ein Alkoholverbot lediglich in den Hauptwachen.

Selbstverständlich trachtet das Polizeidepartement danach, möglichst gut qualifizierte Rekruten zu erhalten. Der vorgenannte Unfall darf aber nicht verallgemeinert werden. Die Mehrheit des Polizeikorps verrichtet den nicht immer leichten Dienst sehr pflichtgetreu und gewissenhaft. Das Durchschnittsalter der Rekruten liegt in der Regel unter 25 Jahren. Bei der jetzt laufenden Rekrutenschule ist der älteste Rekrut 1935, der jüngste 1942 geboren. Die charakterliche Festigung tritt nicht bei jedem Menschen schon in sehr jungem Alter ein.

Der Polizei ist es wirklich ernst bei ihrem Kampf gegen die Rechtsbrecher im Strassenverkehr, insbesondere gegen die alkoholisierten Fahrzeugbenützer. Bei diesem Unfall handelt es sich um eine Ausnahme.

Feldschlösschen-Bier-Fuhrwerk auf dem Aeschenplatz. Eventuell unterwegs zum nächsten Polizeiposten. Aufnahme: 1935–1936

Die überwiegende Mehrzahl der Polizeibeamten wird ihrer Aufgabe gerecht. Im vergangenen Jahre hat die Polizei in 453 Fällen Führerausweis Entzüge wegen Trunkenheit am Steuer verfügt.

Von diesen 453 Entzügen war der Entzugsgrund Angetrunkenheit, und zwar in 210 Fällen mit Unfall. Die durchschnittliche Dauer der Führerausweisentzüge betrug 5,5 Monate. Im vorliegenden Falle wurden die beiden fehlbaren Polizeibeamten dem gleichen Procedere unterzogen, wie sie es sich als zivile Fahrzeugführer hätten gefallen lassen müssen.

Neben der strafrechtlichen Verfolgung kommen überdies noch die disziplinarischen Sanktionen dazu.

Der Interpellant war befriedigt.

Das umgekippte Polizeiauto

Strafurteil aus der «National-Zeitung» vom 30. Juli 1964

Am Morgen des 27. April, Sonntag, nach halb drei Uhr, verunglückte beim Strassburger Denkmal ein Polizeiauto. Es war mit hoher Geschwindigkeit - es wurde angenommen zwischen 50 und 60 km/h - auf der inneren Fahrbahn des Aeschengrabens vom Aeschenplatz herkommend beim Nehmen der S-Kurve auf einer Strecke von ca. 50 m ins Schleudern geraten. Dann war es umgekippt und anschliessend - wie, das konnte keiner der Beteiligten genau sagen - wieder auf die Räder zu stehen gekommen. So hatte eine Polizeipatrouille die Situation angetroffen. Der eine der beiden uniformierten Polizisten war leicht verletzt und hatte eine kleine Hirnerschütterung davongetragen. Der Schaden am Auto betrug ungefähr 5'000 Fr. Die Blutprobe ergab, dass der Polizeimann, der den Wagen geführt hatte, 1,7 Promille, der andere 1,1 Promille Alkoholgehalt aufwies. Das entspricht dem gefährlichen Zustand mehr oder weniger schwerer Angetrunkenheit, in dem man sich nicht als betrunken fühlt, aber doch so enthemmt ist, dass eben leicht Unfälle passieren. Die Feststellung des Tatbestandes hat dem Polizeigericht - Präsident Dr. A. Pfister - keine Schwierigkeiten bereitet: Es lag bei A. Fahren in angetrunkenem Zustand und grobe Verletzung von Verkehrsregeln vor, B. war früher ein Stück weit in angetrunkenem Zustand gefahren, ohne dass eine Verletzung der Verkehrsregeln angenommen werden musste.

Hauptproblem: War bedingte Verurteilung möglich?

Hätte es sich um Zivilisten gehandelt, die - wie die beide Verzeigten - keine Vorstrafen und einen ausgezeichneten Leumund aufzuweisen hätten, dann wäre zwar ebenso eindeutig wie für die beiden Polizeimänner eine Freiheitsstrafe fällig gewesen. Aber das Problem der bedingten Verurteilung hätte dem Gericht keinerlei Schwierigkeiten gemacht. So aber hat der Fall begreiflicherweise grosses Aufsehen erregt. Man stelle sich nur vor, die beiden wären zu einem von einem Betrunkenen verursachten Unfall beordert worden und hätten dem Schuldigen in ihrem Zustand entgegentreten müssen! Und nun ist ihnen gar selbst - mit dem Dienstwagen und in Uniform - das passiert, was zu verhindern ihre Gegenwart auf den Strassen vor allem dienen soll. Deswegen musste das Gericht mit aller Akribie die ganze verhängnisvolle Nacht, die per saldo - wie der Präsident sagte - eine Kette von «unerhörten Pflichtverletzungen» dargestellt hat, rekonstruieren. Die beiden Schuldigen haben mit bemerkenswertem Mut zur Wahrheit mitgeholfen, und das war ihr Glück.

Das Gericht hat über drei Stunden lang beraten - und zwar in der Hauptsache darüber, ob man den beiden die Wohltat der bedingten Verurteilung gewähren dürfe. Wohl gebe es kein Sonderrecht für Beamte. Aber es gibt doch Gesetzesbestimmungen, die zeigen, dass die besonderen Amtspflichten zu den bei der Strafzumessung zu berücksichtigenden persönlichen Umständen gehören können. Deutlichstes Beispiel: Der Lehrer, der sich an ihm anvertrauten Kindern sexuell vergeht. Die Verzeigten sind 1935 und 1936 geboren, also noch recht jung. A. gehört seit 1955, B. erst seit 1963 dem Polizeikorps an. A. war dem Wielandposten ständig, B. nur aushilfsweise für den Nachtdienst vom 26./27. April zugeteilt. Beide hatten schon am Vormittag Dienst gehabt.

Der Nachtdienst begann um 19 Uhr. Zunächst wurden die zwei - der Patrouillendienst per Dienstwagen wird in zweistündigen Ablösungen durchgeführt - vom Postenchef in dessen Wohnung geschickt, um ein vergessenes Formular zu holen. Dessen Frau offerierte den Kollegen ihres Mannes einen «Omnibus». Per Telephon wurden sie zurückbeordert, um einen Streit wegen eines angeblichen Parkierungsschadens zu klären.

Und so kamen sie «in Stimmung»

Der dabei Beschuldigte war ein Bekannter von A., der nur wenige Schritte vom Posten entfernt wohnt. Er lud, nachdem seine Unschuld festgestellt war, die beiden Polizisten zu einem kleinen Whisky-Trunk ein. Das war schon nicht ganz gehörig, und zudem näherten sich die beiden jungen Polizeimänner einem Zustand, der besser zu einer festlichen Freizeitstimmung als zu einer strengen Dienstauffassung passte. Der an sich nicht zu beanstandende halbe Liter Weisswein - das Alkoholverbot für Polizeimänner im Dienst ist erst seither erlassen worden -, den sich die beiden zum «Znüni» genehmigt haben, tat in derselben Richtung das seine.

Als die Patrouillentour wieder an ihnen war, fuhren die zwei zu B. nach Hause, um den Zapfenzieher, den dessen Frau ihnen gebracht hatte, zurückzubringen - vor allem wohl aber, weil sie wussten, dass dort ein befreundetes Ehepaar zu Besuch war.

Jeder trank zwei Gläschen Eiercognac.

Sie verliessen den Dienstrayon - ja, sogar den Kanton

Unterdessen war Mitternacht geworden. Man beschloss, die Gäste heimzubringen - nach Allschwil. Natürlich musste man auch hier wieder «auf einen Sprung und ein Gläschen» mit hinaufkommen:

A. trank einen Pernod, B. einen Vermouth.

Unterdessen stand der Wagen mit der Funkverbindung wieder auf der Strasse. Da fiel dem B. ein, dass er ja am Sonntag - der war unterdessen schon angebrochen - mit dem Wagen seines Schwagers eine Ausfahrt machen wollte und den Zündungsschlüssel nicht besass. Telephonisch wurde ausfindig gemacht, dass sich dieser in Birsfelden bei einem Bekannten befand. Auch dahin fuhren die beiden. Diesmal, in sicher auch schon vom Alkohol enthemmten Zustand, führte B. den Wagen. Natürlich wurden die uniformierten Gäste auch in Birsfelden wieder zum Trinken eingeladen: 2 bis 3 Gläser Beaujolais und einen Kaffee Kirsch für jeden.

«Miserable Dienstauffassung» - aber einmalige Entgleisung

Es ist wohl selbstverständlich, dass das Gericht da von einer «miserablen Dienstauffassung» gesprochen hat. Aber der ausgezeichnete Eindruck, den die beiden in der Verhandlung gemacht haben, hat es ihm erleichtert, mindestens im Zweifel vor allem auch wegen der sonst für sie bezeugten Führung - anzunehmen, dass es sich dabei um eine einmalige, keineswegs «persönlichkeitsadäquate» Entgleisung gehandelt habe. Deshalb durfte es eben annehmen, dass eine bedingte Verurteilung sie für immer von einem Rückfall abhalten werde. Das Strafmass wurde auf drei Monate Gefängnis und 600 Franken Busse für A., zwei Monate und 400 Franken für B. festgesetzt - wie bereits kurz im 5-Uhr-Morgenblatt berichtet wurde.

Staatsanwalt: Dienstvergehen waren disziplinarisch zu ahnden

Die Verkehrsabteilung des Polizeidepartements hatte die Staatsanwaltschaft gebeten, den Fall, der eine Reihe komplizierter Rechtsfragen gestellt hat, zu übernehmen.

Staatsanwalt Dr. J. Stöckli hat bei der Begründung seines Antrages - 75 und 30 Tage Gefängnis bedingt, 400 und 200 Franken Busse - den Standpunkt vertreten, man solle die schweren Verstösse gegen die Dienstpflichten nicht als eigentliche Straferschwerungsgründe bewerten. Dafür sei die disziplinarische Ahndung da, welche die Verzeigten schon schwer getroffen hat: unbesoldete Einstellung im Dienst während eines Monats und vorläufige Versetzung, dazu Bezahlung einer noch festzusetzenden Summe an den Schaden. Die beiden Verzeigten haben vor allem ihre Kameraden um Verzeihung gebeten, weil sie durch ihr unqualifizierbares Verhalten den Ruf des Polizeikorps in Gefahr gebracht haben.

Vauxhall-Dienstfahrzeug. Da sich vom Unfallfahrzeug keine Fotos erhalten haben, muss ich den damals verwendeten Fahrzeugtyp (auch mangels anderer Bilder) aus einer früheren Unfallaufnahme zeigen. Aufnahme: 11.05.1956

1960 Spektakulärer Ausbruch aus dem Lohnhof

Am Samstag, den 22. Oktober 1960, zwischen drei und vier Uhr morgens, hörte man im Lohnhof-Gefängnis eine Scheibe klirren. Man ging sofort der Sache nach und stellte fest, dass aus einer der Zellen, die gegen den Kohlenberg lagen, die beiden Untersuchungsgefangenen Francois Pé und Giovanni Polifelpi verschwunden waren. Ein Gitterstab des inneren und zwei des äusseren Zellenfensters waren durchgesägt worden. An einem vierten hing ein aus Matratzenstoff geflochtenes Seil, das bis auf den Kohlenberg hinunter reichte.

Sofort wurde Grossalarm ausgelöst. Der Chef der Fahndungsabteilung, Hauptmann Perret, wurde informiert. Dieser benachrichtigte sämtliche Polizei- und Grenzwachtposten sowie die ausländischen Polizeistellen. Schon drei Stunden später konnten die ersten Steckbriefe mit Fotos von den Ausbrechern verteilt werden.

Francois Pé. Aufnahme: 09.08.1960

Francois Pé

Pé, Jahrgang 1920, war belgischer Staatsangehöriger, Holzarbeiter und Schreiner und wohnte in Brüssel. Seit dem 5. August 1960 befand er sich in Untersuchungshaft, weil er in jener Nacht zusammen mit dem Belgier Duval bei einem Einbruch erwischt worden war. Die beiden hatten die Speich'sche Villa an der Sevogelstrasse «besucht». Da die Besitzer der Villa in den Ferien weilten, glaubten sie, leichte Beute zu machen. Sie rechneten aber nicht mit dem Chauffeur, welcher im Haus wohnte und auf die Geräusche der beiden aufmerksam geworden war. Er benachrichtigte sofort die Polizei. Als diese in die Liegenschaft eindrang, flüchteten die beiden Ganoven aus der Villa. Da weitere Polizisten das Grundstück umstellt hatten, liefen sie diesen schnurstracks in die Hände.

In den Taschen der beiden fand die Polizei Schmuck, den sie aus der Villa gestohlen hatten. Bei Pé handelte es sich um einen internationalen Einbrecher, der in den letzten zwanzig Jahren schon mindestens acht Jahre wegen Einbruchs und Urkundenfälschung hinter Gittern sass. Im Verlaufe der Untersuchungen stellte man fest, dass Pé und Duval in der fraglichen Nacht nicht nur an der Sevogelstrasse, sondern zuvor auch am Spalenring

101, an der Engelgasse 131, an der Glaserbergstrasse 19 und an der Adlerstrasse 46 in (ferienbedingt) unbewohnte Liegenschaften eingebrochen waren und rund 9000 Franken erbeutet hatten.

Giovanni Polifelpi

Polifelpi, Jahrgang 1925, war italienischer Staatsangehöriger, kaufmännischer Angestellter und wohnte in Mailand. Auch bei ihm handelte es sich um einen internationalen Einbrecher, der einiges auf dem Kerbholz hatte. Polifelpi hatte zweimal in Basel ein unrühmliches Gastspiel gegeben. Zusammen mit weiteren Komplizen, die zum Teil in Lausanne inhaftiert wurden, hatte er am 1. März 1960 zwei Vitrinen der Bijouterie Kurz in der Passage Gerbergasse ausgeräumt und Schmuckstücke im Wert von 40 000 Franken erbeutet. Elf Nächte später war die Bande erneut nach Basel gekommen. Mit einem Rebmesser schnitten sie den Rollladen zum Schaufenster der Bijouterie Hurter an der Falknerstrasse auf. Danach schlugen sie ein Loch in das Fenster und räumten die Auslage aus. Wert des geraubten Schmucks: 90 000 Franken. Beim Herausnehmen der Gegenstände fügte sich Polifelpi am Unterarm eine schwere Schnittwunde zu. Die Narbe hatte ihn damals bei der Verhaftung in Lausanne verraten. Auf das Konto seiner Komplizen gingen auch zwei Einbruchsversuche in Lausanne und Vevey.

Einbrecher und Ausbrecher

Dass die beiden nicht nur geschickte Einbrecher, sondern auch genug Talent für einen gewagten Ausbruch hatten, bewiesen sie mit ihrer Aktion im Lohnhof. Das Sägeblatt, welches sie in einen Kleiderbügel spannten, wurde mit Schokolade in die Zelle geschmuggelt. Die Ausbruchsvorbereitungen müssen mehrere Tage gedauert haben, da die dicken Gitterstäbe unmöglich in einer Nacht durchsägt werden konnten. Auch das Flechten des neuneinhalb Meter langen Strickes aus Matratzenstoff dauerte seine Zeit. Die Länge des Strickes hatten die beiden mittels einer Schnur ermittelt, an deren Ende sie ein kleines Metallstück befestigten. Da die Zellen in der Nacht ohne Beleuchtung waren, machten sie jeweils im

Giovanni Polifelpi. Aufnahme: unbekannt

Lavabo ein kleines Feuerchen. Dank dieser minimalen Beleuchtung konnten sie an ihrem Vorhaben auch in der Nacht arbeiten.

Und was machten die Kontrollorgane?

Der Chef des Kriminalkommissariats gab den Pressevertretern, nachdem die Fahndungsaktion angelaufen war, erschöpfend Auskunft. Weniger mitteilsam war die dem Polizeidepartement unterstellte Lohnhofverwaltung. Auf unangenehme Fragen wie: «Woher kam das Sägeblatt, werden nachts keine Zellenkontrollen durchgeführt, wie war es möglich, unbemerkt über Tage den Ausbruch vorzubereiten?» usw. mussten Antworten gegeben werden.

Einig war man sich damals, dass die Zahl der Lohnhofwärter für eine täglich genaue Inspektion der Zellen nicht ausreichte. Nachts hatte nur eine Person Aufsicht. Diese hielt sich im Parterre im dortigen Büro auf. Geräusche aus Zellen in anderen Stockwerken waren für diesen Mann nicht hörbar. Auch führte man nachts keine Zellenkontrollen durch. Weiter war zu bemängeln, dass man zwei Angehörige der internationalen «Verbrecherzunft» in der gleichen Zelle inhaftierte. Für Leute solchen Kalibers war es ein Leichtes, den Lohnhof auf die beschriebene Art und Weise zu verlassen.

Wo sind die Ausbrecher?

Eine erste brauchbare Meldung über den Verbleib der beiden kam aus Frankreich. Um sechs Uhr morgens sah man sie noch zwischen Häsingen und Blotzheim, dann verlor sich ihre Spur.

Wann und wo man die beiden wieder hinter Schloss und Riegel setzen konnte, ist mir leider nicht bekannt. Ein letzter schriftlicher Hinweis findet sich im Schweizerischen Polizeianzeiger (SPA). In diesem wurden Pé und Polifelpi zur Verhaftung ausgeschrieben.

Natürlich war der Ausbruch auch Thema an der Basler Fasnacht 1961.

E Schnitzelbangg vo de Halb-Suure

S dien d'Klätterfritze sich nimme begeile, ab unsere Felswänd, de hoche, de steile;
me dät sich neyerdings dert an dr Nordwand vom Lohnhof abseile.
Wäre Parkingmeter gschtande, wäri das jo nie passiert –
s hätte all zwei Minute dryssig Schugger patrouilliert.

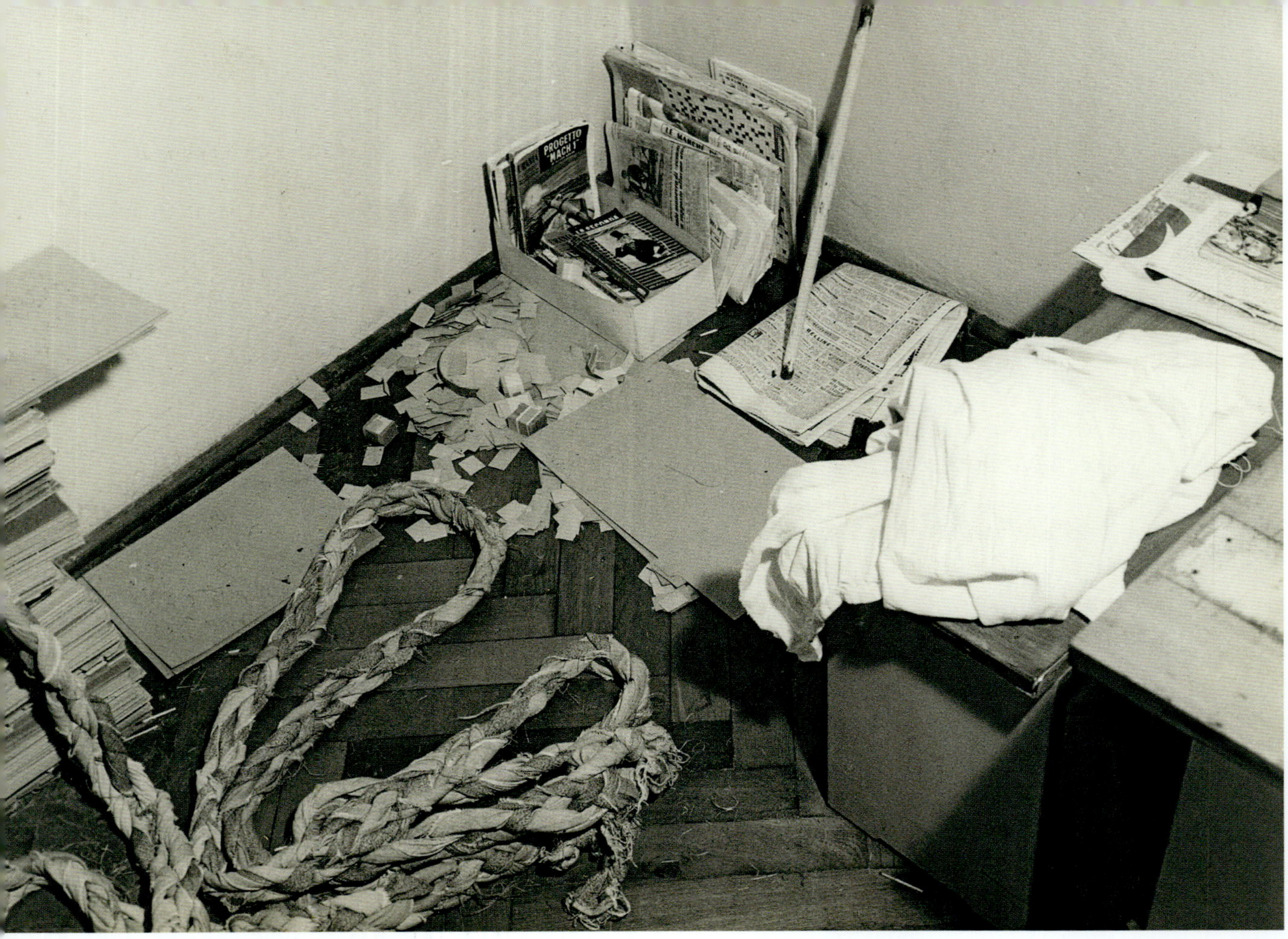

Aufnahme des geflochtenen Seils aus Matratzenstoff.
Aufnahme: 22.10.1960. Im Besitze der PhS, Inventar-Nr. 1525.

Das vergitterte äussere Zellenfenster von innen. Fehlend die zwei
heraus gesägten Gitterstäbe. Aufnahme: 22.10.1960

Inneres und äusseres Zellenfenstergitter. Am inneren Zellenfenstergitter das für die Flucht befestigte Seil. Aufnahme: 22.10.1960

Mit dieser aus einem Kleiderbügel selbst gefertigten Metallsäge durchsägten die beiden Ausbrecher die Zellenfenstergitter. Aufnahme: Photo Basilisk AG Basel
Im Besitze der PhS, Inventar-Nr. 1525

Schnur, mit welcher die Höhe vom Zellenfenster bis zum Trottoir ausgemessen wurde. Aufnahme: Photo Basilisk AG Basel
Im Besitze der PhS, Inventar-Nr. 1525

Aufnahme der Lohnhof-Aussenmauer Seite Kohlenberg. Mit X bezeichnet das vergitterte Zellenfenster, aus welchem die beiden flüchteten. Aufnahme: 22.10.1960

STAATSANWALTSCHAFT
BASEL-STADT
Tel.No. 23 00 90
C.No. 5581/1960

Basel, den 22. Oktober 1960.

S t e c k b r i e f

Am 22. Oktober 1960 um ca. 0315 Uhr ist aus der Untersuchungshaft im Lohnhof in Basel entwichen:

P é François, des Josef und der Sidonie geb. Paduard, belgischer Staatsangehöriger, geb. 26. Dezember 1920 in Lembeek/Belgien, verheiratet mit [redacted], Holzarbeiter, Schreiner, wohnhaft in Bruxelles, rue de Laeken 66 ;

Signalement: 174 cm gross, Statur schlank, Gesicht oval, Stirne (hoch), Nase eingebogen, Zähne (lückenhaft) gebräunt, Haare blond mittel, Stirn- u. Scheitelglatze, ev. kleiner mittelblonder Schnurrbart, dunkle blaugraue Augen, spricht französisch u. gebrochen deutsch ; hat am linken Daumen 1. Glied längsverlaufende Narbe, am linken Kleinfinger 3. Glied innen Narbe, oberhalb linker Augenbraue waagrechte Narbe.

Pé befand sich wegen schweren Einbruchdiebstählen in Sicherheitshaft. Ist internationaler Einbrecher !

Um intensive Fahndung wird ersucht. Internationale Auslieferung wird verlangt.

STAATSANWALTSCHAFT BASEL-STADT
KRIMINALKOMMISSARIAT.

Steckbrief von Francois Pé. Ausgestellt am 22.10.1960.

1960 Einbruch bei Durand/Huguenin

Am 8. April 1960, zwischen 06:00 und 07:00 Uhr, erhielt das Kriminalkommissariat Basel-Stadt die Meldung, dass beim Chemiebetrieb Durand/Huguenin (später Sandoz) eingebrochen worden war. Aus einem Kassenschrank waren Lohngelder und Gratifikationen in einer Gesamthöhe von 670 500 Franken gestohlen worden.

Es geschah in der Nacht vom 7. auf den 8. April 1960. Damals verschafften sich Einbrecher von der Fabrikstrasse her Zutritt auf das Areal der Firma Durand/Huguenin. Auf dem Areal erkletterten sie die Holzbaracke und drangen über ein Oberlicht in das Gebäude ein. Im Lohnbüro, mit Schweissbrenner und sonstigen Werkzeugen ausgerüstet, war es für die Gauner ein Leichtes, den aus lediglich fünf Millimeter dickem Stahlblech bestehenden Kassenschrank zu öffnen (im Fachjargon ein sogenannter Heisser Bruch). Schon nach kurzer Zeit wurden sie fürstlich belohnt; rund 670 500 Franken in Banknoten. Eine fette Beute.

Insider?
Im Zuge der Ermittlungen kam schnell die Vermutung auf, dass es sich bei den Tätern um Personen handeln musste, welche sich im Betrieb auskannten. Alle Angestellten der Fabrik, es waren über tausend, wurden daraufhin filtriert, wobei man auch berücksichtigte, wer krank oder ferienabwesend war und wer kürzlich aus irgendwelchen Gründen gekündigt hatte. Dabei stiess man auf einen Mitarbeiter, der ohne Grund plötzlich nicht mehr zur Arbeit erschienen war. Doch davon später.

Metallurgische Profis
Für die Detektive war sofort klar, der Kassenschrank war fachmännisch mit einem Schweissbrenner geöffnet worden. Es musste sich also um Leute handeln, die öfters mit solchen Werkzeugen hantierten; es waren Profis am Werk. Darauf stellte sich die Frage, wo waren solch qualifizierte Leute zu finden. Da am Tatort keine Werkzeuge zurückgelassen wurden, konnte man diesbezüglich keine Rückschlüsse ziehen. Diese und weitere Fragen stellte man allen Polizeistellen im In- und Ausland und bat um sachdienliche Hinweise. Schon bald kam die Nachricht aus Deutschland, dass um das Gebiet Rhein/Main herum, speziell im Bereich Frankfurt, derartige «Metallverarbeitungen» an der Tagesordnung waren.

Des Grenzwächters aufmerksames Auge
Glücklicherweise meldete sich noch gleichentags ein Grenzwächter bei der Polizei, welcher in der fraglichen Nacht im Rheinhafen St. Johann seinen Nachtdienst tätigte. Dieser hatte zwischen 03:00 und 04:00 Uhr ein Auto beobachtet, welches über die Dreirosenbrücke in Richtung Kleinbasel fuhr. Aufgefallen war ihm, dass der Wagen auf der Brücke stoppte und darauf wieder ein Stück retour fuhr. Das Fahrzeug stoppte ein zweites Mal, blieb im ersten Drittel der Kleinbasler Brückenseite stehen, worauf Personen ausstiegen und etwas in den Rhein warfen.

Unsere Detektive liessen sich vom Grenzwächter die genaue Abwurfstelle zeigen und markierten den Bereich auf dem Brückengeländer. Dann wurden Taucher organisiert, die diesen Bereich absuchen sollten. Schon bald wurde man fündig und es konnten nachfolgende Gegenstände aus dem Rhein gezogen werden: Eine grüne Stickstoffflasche, umgeändert für den Gebrauch mit Sauerstoff, und eine gelbe Azetylenflasche, das Ganze mit den dazugehörigen Schläuchen und einem Schneidbrenner. Dann eine Aktenmappe mit diversen Werkzeugen.

Akribische Fahndungsarbeiten
Mit den Beschriftungen auf den Gasflaschen konnten weitere Nachforschungen getätigt werden. Diese ergaben, dass die Azetylenflasche im Jahre 1959 in Hanau/D, einer Stadt in der Nähe von Frankfurt, mitsamt den Schläuchen gestohlen worden war. Zu den Werkzeugen in der Aktenmappe gehörte ein Meissel, welcher in Zeitungspapier eingewickelt war. Auf diesem Papier liess sich die Adresse: Frankfurt, Alte Landstrasse usw. entziffern. Nachforschungen ergaben, dass sich genau an dieser Adresse ein Geschäft befand, welches solche Werkzeuge verkaufte. Die Aktenmappe war innen mit der Adresse ihres Besitzers beschriftet: Eduard Müller, Berlin-Friedenau, Niedstrasse 12*. Auch dieser Spur ging man sofort nach und stellte fest, dass sich

B i l d I :

Uebersicht über die Verwaltungsgebäude der Firma Durand & Huguenin

Mit Pfeilen bezeichnet :

1 = Portierloge beim Fabrikeingang
2 = Eingangstüre zum Lohnbureau und zur Hauptkasse
3 = Ehemaliger Eingang zum Lohnbureau (Ist seit geraumer Zeit versperrt und wird nicht mehr benützt).
4 = Fenster zum Bureau des Dr. P. Burckhardt, aus dem die Täterschaft den Teppich holte.
5 = In Pfeilrichtung: Ostseite des Verwaltungsgebäudes mit Einsteigefenster (Abortfenster)

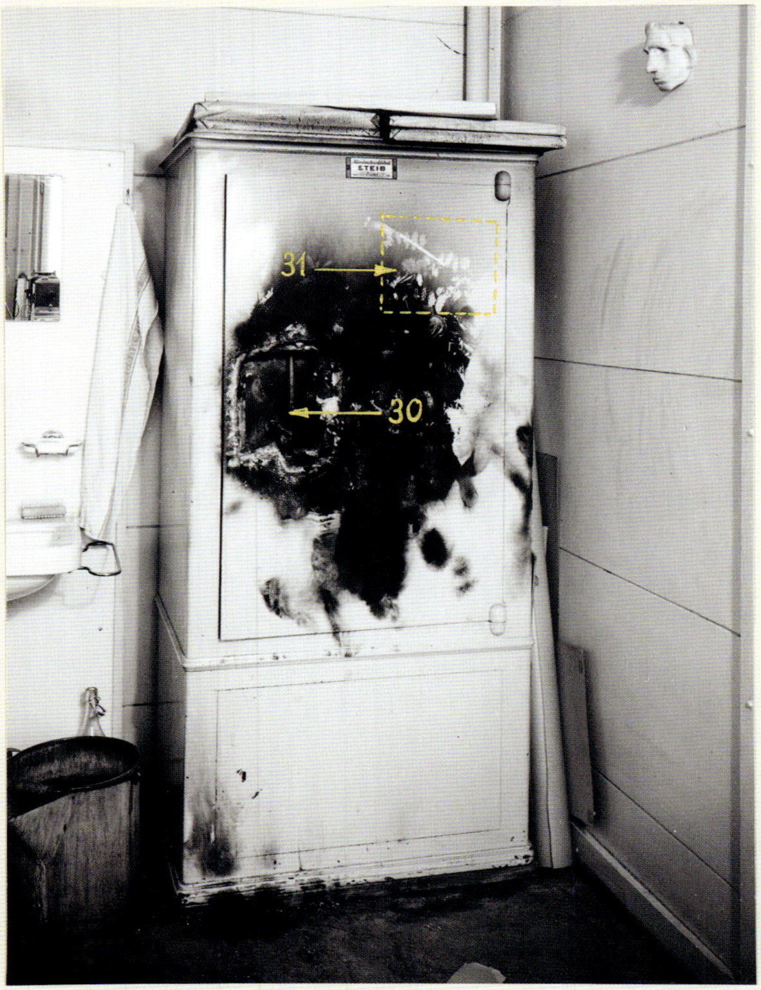

B i l d XV :

Kassenschrank mit angelehnter Türe

Mit Pfeilen bezeichnet :

30 = Herausgebrannter Schlosskasten

31 = Spuren, die möglicherweise von Handschuhen verursacht worden sein können.

dieser Eduard Müller nicht mehr in Berlin, aber vermutlich in München oder Nürnberg aufhalten dürfte. Weitere Recherchen erfolgten im Archiv der Deutschen Reichswehr, weil man erfahren hatte, dass Müller* in einer Propaganda-Kompanie beim Sender Belgrad arbeitete. So konnte schlussendlich in mühseliger Kleinarbeit die Wohnadresse von Müller in Nürnberg ausfindig gemacht werden.

Stichfestes Alibi

Auf die Beschriftung im Innern der Mappe angesprochen, bestätigte Müller, deren Besitzer zu sein. Er habe sich jedoch zur fraglichen Zeit nicht im Bereich deren Fundortes aufgehalten, was die Überprüfung seines Alibis auch bestätigte. Er berichtete weiter, dass ihm die Mappe im August 1959, samt Auto, in Frankfurt gestohlen worden sei. Müller konnte exakt angeben, was sich im gestohlenen Wagen, einem VW Käfer, befunden hatte. Der Schneidbrenner und weitere Werkzeuge aus der Aktenmappe stammten aus einer Kaserne der Amerikanischen Armee in Frankfurt-Rödelheim.

Eine erste heisse Spur …

Nach der oben geschilderten Sachlage war es offensichtlich, dass die Täterschaft im Bereich Frankfurt zu suchen war. Es galt nun, die deutschen Stellen für den Fall, insbesondere was die Diebstähle betraf, zu interessieren. Fieberhaft wurde in Basel am

Fall weitergearbeitet. Wieder war das Glück aufseiten der Basler Detektive. Es meldete sich ein deutscher Zollsekretär, der beim Grenzübergang Weilstrasse in derselben Nacht, ungefähr um 04:00 Uhr, zwei Typen in einem Mercedes mit Frankfurter Schildern abgefertigt hatte. Der eine, an den könne er sich noch genau erinnern, hiess Georg Schmitt und sprach in Frankfurter Dialekt. Der andere, welcher sich mit einer Grenzkarte auswies, redete einen Dialekt aus der badischen Grenzgegend und könnte möglicherweise ein Flüchtling gewesen sein.

… und eine zweite

Nun zum Mitarbeiter, der bei Durand/Huguenin grundlos nicht mehr zur Arbeit erschienen war. Wladislaw Novak, so der Name des Mannes, ein zweiundfünfzigjähriger staatenloser Pole, hatte von 1957 bis zum 6. April 1960 als Regiearbeiter bei Durand/Huguenin gearbeitet. An diesem 6. April war Novak, der bisher zur vollsten Zufriedenheit seiner Vorgesetzten gearbeitet hatte, ohne Grundangabe der Arbeit ferngeblieben. Ende April, so konnte ermittelt werden, hatte er eine neue Anstellung bei einer anderen chemischen Fabrik in Basel angenommen. Die deutschen Kollegen, die ständig über die neusten Erkenntnisse der Basler Kollegen orientiert wurden, stellten nach Sichtung der Hotel-Meldescheine fest, dass Novak mit einem gewissen Peter Dimitrov*, einem dreiunddreissigjährigen Bulgaren, der in Frankfurt wohnhaft und wegen Einbruchs vorbestraft war, gemeinsam in einem Hotel in Lörrach vom 6. auf den 7. April nächtigte. Dies, obwohl Novak seinen Wohnsitz in Weil am Rhein, also in unmittelbarer Nähe, hatte.

Phänomenales Personengedächtnis

Die Basler Detektive vereinbarten mit den deutschen Behörden, dass der Zollsekretär für einige Zeit ans Zollamt Hiltalingerstrasse versetzt wurde. Grund dafür war die Erkenntnis, dass Novak wieder bei einem Arbeitgeber in Basel Anstellung gefunden hatte und täglich die Grenze passieren musste. Und siehe da, der Zollsekretär war in der Lage, aus drei- bis viertausend Leuten drei herauszuholen, die infrage kamen. Novak war einer dieser drei. Unterdessen konnte die Kripo, ebenfalls mithilfe der deutschen Kollegen, Georg Schmitt, an dessen Namen und Beschreibung sich der Zollsekretär auch bestens erinnern konnte, in Frankfurt ermitteln. Er betrieb dort eine Autoreparaturwerkstätte. Sofort wurde der Zollsekretär nach Frankfurt beordert. Dort bekam er die Aufgabe, die Werkstatt von Georg Schmitt aus einer gegenüberliegenden Wohnung zu beobachten. Nur wenige Stunden später konnte er Schmitt identifizieren; Irrtum ausgeschlossen. Weitere Nachforschungen ergaben, dass in der Autoreparaturwerkstatt von Schmitt ein Russe Namens Jerzy Sawicki arbeitete, welcher ebenfalls ein dubioser Kerl war.

Die Tür fällt ins Schloss

Mit all diesen Erkenntnissen wurden sechs Wochen nach dem Einbruchdiebstahl zeitgleich Haussuchungen in Frankfurt, Weil am Rhein und an anderen Orten durchgeführt. Bei Georg Schmitt fand man in einer versteckten Garage einen komplett umgeänderten VW Käfer. Als man den Wagen genauer untersuchte, stellte man fest, dass es sich um den vor einem Jahr in Frankfurt gestohlenen VW des Eduard Müller handelte. Die mit dem Auto gestohlenen Gegenstände konnten ebenfalls beigebracht werden. Ferner wurden Sawicki, Novak und Dimitrov festgenommen, worauf die Basler Behörden deren Auslieferung verlangten.

Geständnis auf Raten

In Basel begannen die Untersuchungen und Einvernahmen gegen die Täter. Die drei schwiegen eisern und stellten sich stur. Im Verlaufe der Untersuchungen ergab es sich, dass ein Schwager von Dimitrov eine Aussage machte, wonach man in dessen Keller unter einem Kohlenhaufen seinen Anteil in Höhe von 160 000 Franken fand. Die Mittäter schwiegen nach wie vor. Bei den Einvernahmen bemerkte man bald, dass Novak das schwächste Glied der Bande war. Man konzentrierte sich deshalb speziell auf seine Person und «bearbeitete» ihn mit mehreren längeren Einvernahmen. Schlussendlich gestand er, dass er das Geld an seinem Wohnort zwischen Brandmauer und Dach in den Ziegeln versteckt habe. Die Kripo-Leute fanden dort zwei Plastiksäcke mit insgesamt 160 000 Franken. Dimitrov schwieg weiterhin und machte keine Aussagen. In seinem Fall kam uns, wie wir bei der Polizei zu sagen pflegen, «Kommissar Zufall» zu Hilfe. Im Vogelschutzgebiet an der Nidda, ausserhalb von Frankfurt,

Bild A :

Teilansicht der Dreirosenbrücke (rechter Brückenpfeiler).

Mit x bezeichnet :

Vermutliche Stelle, wo die Schweissgeräte über das Brückengeländer in den Rhein geworfen wurden.

Mit Pfeil bezeichnet :

Fundort der Mappe und der beiden Stahlflaschen.

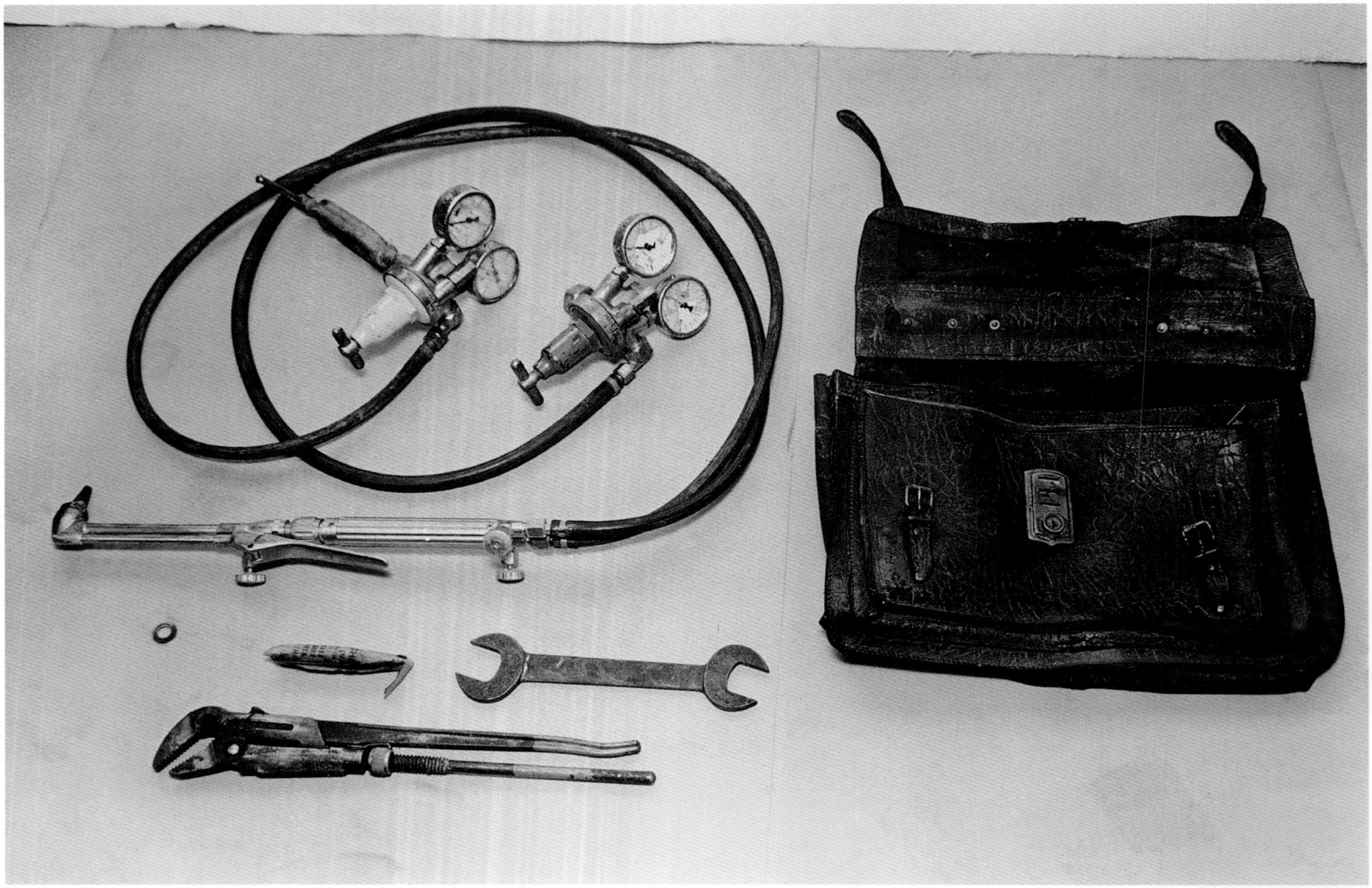

Aus dem Rhein geborgene Werkzeuge und Ledermappe. Aufnahme: 1960

war ein Mann mit der Pflege seines Gartens beschäftigt. Er musste morsche Zaunpfähle ersetzen. Beim Auswechseln eines Pfahles fand er im Boden vergraben eine blecherne Brotbüchse mit 160 000 Franken Inhalt. Glücklicherweise übergab er die Büchse der Polizei. Als wir Dimitrov vom Fund erzählten, knickte er ein und wurde geständig. Nur Schmitt, der in Deutschland abgeurteilt wurde, machte keine Angaben zum Verbleib der restlichen 160 000 Franken. Immerhin konnten an Durand/ Huguenin 480 000 Franken zurückgegeben werden.

Erstinstanzliches Urteil abgemildert
Am 6. Februar 1963 sprach das Strafgericht Basel-Stadt Novak, Sawicki und Dimitrov des qualifizierten Diebstahls, Dimitrov überdies der Sachbeschädigung, schuldig und verurteilte Novak zu fünf, Sawicki und Dimitrov zu je acht Jahren Zuchthaus. Zudem verwies es ersteren für fünfzehn Jahre, die beiden letzteren auf Lebenszeit des Landes. Das Appellationsgericht des Kantons Basel-Stadt änderte dieses Urteil im November 1963 dahingehend ab, dass es Novak zu vier, Sawicki und Dimitrov zu je sechs Jahren Zuchthaus verurteilte. Ferner wurde die Untersuchungs- und Sicherheitshaft angerechnet, da die Täterschaft schon am 22. Juli 1960 festgestanden sei. Dazu komme, dass Novak am 30. November 1960 ein erstes Geständnis abgelegt und damit den Beweis der Täterschaft geliefert habe. Die sich lange hinziehende Untersuchung habe der Abklärung vieler Einzelheiten gedient, welche für die Überführung der Täter nicht mehr notwendig gewesen seien.

*Namen und Adresse wurden aus Datenschutzgründen geändert.

Der im ehemaligen Kriminalmuseum Basel-Stadt (1950–1982 am Heuberg 28) ausgestellte Einbruch bei Durand/ Huguenin. Aufnahme: um 1960. Alle Gegenstände im Besitze der PhS, Inventar-Nr. 1100.

Zeitungspapier, in welchem der Meissel eingepackt war. Aufnahme: 1960

1957

Raubüberfall auf die Wechselstube am Blumenrain

Die Wechselstube von Armand Beutler «Comptoir de change et du courtage» befand sich am Blumenrain in der Liegenschaft Nr. 12, unmittelbar neben dem Hotel Drei Könige. Die Wechselstube war bekannt und erfreute sich einer regen Kundschaft. Es war kurz vor vierzehn Uhr am Samstagnachmittag des 6. April 1957, als der im gleichen Haus wohnende Abteilungsleiter der Steuerverwaltung die Liegenschaft verlassen wollte. Dabei vernahm er aus der Wechselstube ein verdächtiges Stöhnen. Lautlos öffnete er die Tür und sah, wie zwei Männer auf den am Boden liegenden Armand Beutler einschlugen. Geistesgegenwärtig schloss er die Tür wieder leise und eilte schnurstracks in die knapp hundert Meter entfernte Polizei Hauptwache Spiegelhof. Dort schrie er: «Raubyberfall am Bluemerain, kemmet sofort!» Auf diese Meldung hin stürmten sieben Polizisten mit gezogener Waffe aus dem Polizeiposten in Richtung Blumenrain.

Wilde Verfolgungsjagd

Inzwischen hatte auch Otto Wilke, der Inhaber des neben der Wechselstube liegenden Geschäftes, über den Notruf die Hauptwache alarmiert. Die beiden Räuber ergriffen die Flucht, verfolgt von den Polizisten und einigen wagemutigen Passanten. Die Jagd ging den Blumenrain aufwärts. Beim St. Urbans-Brunnen rannten die beiden Räuber die Treppe zum Fussgängerweg am Rhein hinunter, verfolgt von sechs Polizisten. Der siebte Polizist, Polizeimann Willy Mühlemann, hielt einen vorbeifahrenden Automobilisten an. Von diesem liess er sich in die St. Johanns-Vorstadt fahren. Im Bereich des Restaurants zur Mägd liess er anhalten und stieg aus. Mühlemann hatte die Absicht, die flüchtigen Täter in diesem Bereich abzufangen.

Mittlerweile hatten die beiden Strolche im St. Johanns-Rheinweg versucht, in eine Liegenschaft einzudringen. Da jedoch die Türen verschlossen waren, blieb ihnen nichts anderes übrig, als die Flucht fortzusetzen. Bei der Zofingia (heute Wassersportverein Basel) eilten sie wieder die Treppe hinauf in die St. Johanns-Vorstadt. Sie liefen dort geradewegs Polizeimann Mühlemann und einigen Passanten in die Hände. Ohne sich zur Wehr zu setzen, wurde einer der Täter entwaffnet und festgehalten. Der zweite konnte kurz vor der Schanzenstrasse durch Polizeimann Mühlemann gestellt werden. Als er in dessen Tasche griff, um ihn nach Waffen zu durchsuchen, zückte der Räuber die Pistole, richtete sie gegen den Polizisten und drückte zwei Mal ab. Die Kugeln verfehlten jedoch ihr Ziel und durchschlugen ein Schaufenster und eine Eingangstür zu einem Obstgeschäft. Der bedrohte Polizeimann setzte sich mit seiner Dienstwaffe zur Wehr. Von mehreren Kugeln getroffen stürzte der Gangster zu Boden. Durch Passanten wurde der Verletzte in einen nahen Hauseingang getragen und betreut. Nach Eintreffen der Sanität wurde er in die Notfallstation des Bürgerspitals überführt und sofort operiert.

Mitarbeiter des Kriminalkommissariats und der Dienstoffizier waren in der Zwischenzeit an Ort eingetroffen und übernahmen die weiteren Amtshandlungen. Der verletzte Inhaber der Wechselstube befand sich zu diesem Zeitpunkt bereits im Bürgerspital.

Von langer Hand geplant

Der Inhaber der Wechselstube, der übrigens nicht sehr schwer verletzt wurde, sagte im Spital aus, dass der eine der Räuber vor dem Überfall schon drei Mal seine Wechselstube besucht habe. Er habe ihm ein Geschäft vorgeschlagen, auf das man sich eben an diesem Samstag um vierzehn Uhr treffen wollte. Kaum hatte Armand Beutler das Geschäft betreten, seien ihm die beiden Täter gefolgt und hätten ihn mit der Waffe bedroht. Aufgrund der Drohung habe er den Räubern die Kassenschlüssel ausgehändigt, worauf sie ihn zu Boden schlugen.

Die Tat der beiden war wohlvorbereitet. Sie hatten nämlich eine Tasche mitgetragen, in welcher die Polizei eine Rolle Klebeband und mit Schlingen versehene Stricke fand. Mit diesen Gegenständen sollte der Wechselstubeninhaber gefesselt und geknebelt werden.

Die beiden Gangster

Schon bald wurde klar, dass man es mit zwei internationalen Betrügern und Bankräubern zu tun hatte. Gerhard Seel und Ludwig Theobald, beide aus dem Saarland stammend, waren keine unbeschriebenen Blätter. Bei den Einvernahmen im Lohnhof zeigte sich Theobald als mürrischer und verstockter Sünder. Seel, der, von sechs Kugeln getroffen, rund um die Uhr im Bürgerspital überwacht wurde, war der gesprächigere der beiden. Aufgrund seiner Aussagen und den Nachforschungen bei der Deutschen Polizei konnte man sich bald ein klares Bild über die beiden Täter machen.

SS Oberfähnrich Seel und Leutnant Theobald

1942 hatte sich Gerhard Seel als Sechzehnjähriger freiwillig zur Waffen-SS gemeldet und hatte es dort bis zum Oberfähnrich gebracht. Gelegentlich wurde er dem Kommando von SS-Obersturmbannführer Otto Skorzeny unterstellt. Skorzeny hatte ja bekanntlich am 12. September 1943 Mussolini aus dem Hotel Campo Imperatore im Gebirgszug Gran Sasso befreit. Auch hatte er versucht, in den ersten Monaten des Jahres 1944 das Hauptquartier von Tito auszuheben, was jedoch misslang. Die SS-Leute von Skorzeny waren es auch, die im Oktober 1944 in der Burg von Budapest den ungarischen

Täter Gerhard Seel. Aufnahme: unbekannt

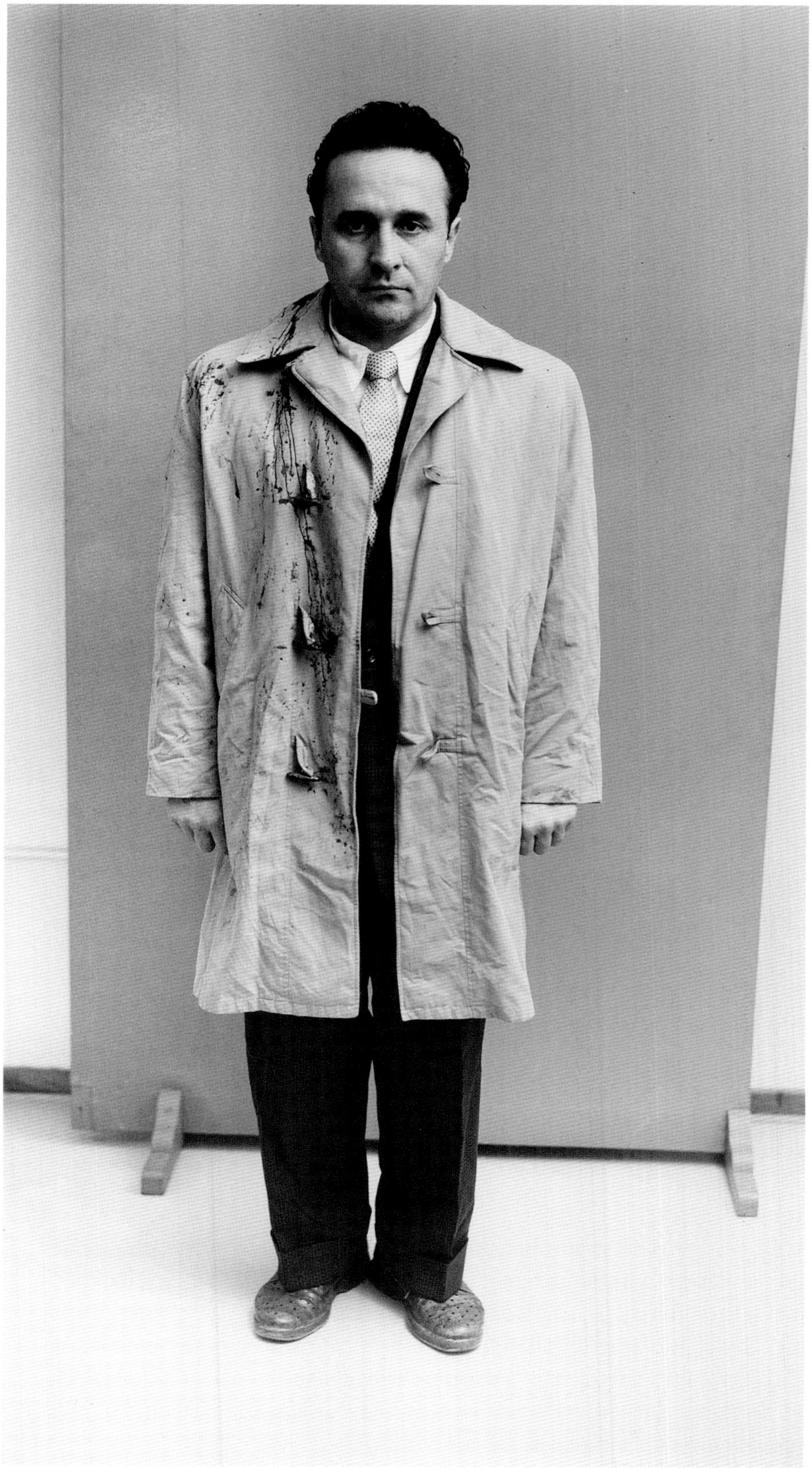

Täter Ludwig Theobald. Aufnahme: 1957

Schaulustige am Tatort. Aufnahme: 06.04.1957

Reichsverweser Horthy gefangen nahmen. Skorzeny konnte nach dem Krieg aus einem Gefangenenlager entweichen und lebte danach unter einem anderen Namen in Spanien weiter.

Seel sass auch in Gefangenenlagern und konnte entweichen. Er musste sich nach dem Krieg, als ehemaliger Angehöriger der Waffen-SS, mit gefälschten Papieren durchs Leben schlagen.

Ludwig Theobald wurde als Achtzehnjähriger 1940 in den Kriegsdienst eingezogen und den Gebirgsjägern zugeteilt. Im Osten eingesetzt, hatte er es durch sein forsches Draufgängertum bis zum Leutnant gebracht.

Bei Interpol bestens bekannt

Gerhard Seel war in den Registern von Interpol kein Unbekannter. Wegen eines Betruges in der Höhe von 20 000 DM wurde er steckbrieflich gesucht. Später wurde bekannt, dass er noch einen Betrug in der Höhe von 100 000 Schilling begangen hatte. Wegen schweren Diebstahls war er vom Landesgericht Karlsruhe zu einer Zuchthausstrafe von zweieinviertel Jahren verurteilt worden. Diese Strafe hatte er abgesessen. Man wusste auch, dass Seel in Deutschland, Frankreich, Italien, Österreich, Spanien und in der Schweiz als internationaler Betrüger aufgetreten war.

Auch Ludwig Theobald, der Vertreter von Möbeln und Teppichen, Mitinhaber der Import- und Exportfirma Seel-Theobald, hatte bereits mit der Polizei zu tun gehabt.

Beide, Seel und Theobald, waren gefährliche Gangster. Sie standen bei der deutschen Polizei unter Verdacht, verschiedene Raubüberfälle begangen zu haben. Es bestand auch der begründete Verdacht, dass sie auch in der Schweiz ihr Unwesen getrieben hatten.

Der Plan zum Überfall auf die Wechselstube

Es war Seel gewesen, der in Mulhouse/F den Plan zum Überfall entworfen hatte. Dreimal gingen die beiden in der Woche davor über die Grenze von Saint-Louis und fuhren mit dem Tram zum Blumenrain. Sie kundschafteten das Gebiet aus und betraten jedes Mal die Wechselstube unter einem nichtigen Vorwand. Seel gab zu verstehen, dass sie nicht beabsichtigt hatten, dem Inhaber der Wechselstube Gewalt anzutun. Als dieser jedoch zu schreien anfing, schlug er ihn mit dem Pistolengriff nieder. Dabei soll sich ein Schuss gelöst haben. Seel wollte auch nicht auf den Polizeimann schiessen. Er habe die beiden Schüsse auf den Boden abgegeben. Als er dann von sechs Kugel getroffen zusammenbrach, habe er zu dem Polizisten gesagt: «Jag mir noch eine durch den Kopf!»

Seel und Theobald, zwei gefährliche Subjekte

Nach einer dreitägigen Gerichtsverhandlung verkündete der Richter am 26. Juli 1957 das Urteil: Gerhard Seel wurde schuldig gesprochen des qualifizierten Raubes, der einfachen Körperverletzung mit einem gefährlichen Instrument sowie der Drohung und Gewalt gegen Beamte. Er erhielt acht Jahre Zuchthaus.

Ludwig Theobald wurde des qualifizierten Raubes schuldig gesprochen. Er erhielt sieben Jahre Zuchthaus.

Beide Verurteilte wurden für die Dauer von fünfzehn Jahren des Landes verwiesen. Solidarisch hafteten sie für alle Untersuchungs- und Gerichtskosten. Der Richter schloss seine Urteilsbegründung mit den Worten: «Derart gefährliche Subjekte wie Seel und Theobald dürften nicht zimperlich angefasst werden.»

Die beiden Verurteilten hatten das Urteil sofort angenommen.

Der heute über neunzigjährige Polizeimann Willy Mühlemann erinnert sich an den Fall

Das Personalmagazin der Kantonspolizei Basel-Stadt war noch druckfrisch und kaum bei seinen Lesern angelangt, da erreichte mich im Polizeiposten Spiegelhof ein Anruf von Willy Mühlemann. Willy, der Polizist, der nach einem Schusswechsel den Gangster Seel verhaftete, bedankte sich bei mir für den Bericht. Er habe dazu aber noch einige Ergänzungen, die er mir gerne schriftlich zusenden möchte. Tage darauf erhielt ich die versprochenen Unterlagen. Im Couvert befanden sich ein Bericht über das Erlebte, eine Telexmeldung, ein Schreiben von Regierungsrat Brechbühl und ein Bericht mit Fotos aus der Schweizer Illustrierten.

Später besuchte ich Willy an seinem Wohnort in Luterbach/SO und bedankte mich für die Unterlagen, die ich in die Polizeihistorische Sammlung aufnehmen durfte. Da-

Ansicht der Liegenschaft Blumenrain 12, in welcher sich im Paterre rechts die Wechselstube befand. Links im Bild das Einsatzfahrzeug der Kriminaltechnischen Abteilung (KTA). Aufnahme: 06.04.1957

bei versicherte mir der pensionierte Kollege, er schätze das Personalmagazin der Kantonspolizei Basel-Stadt sehr, weil es für ihn nach wie vor einen guten Kontakt zur Polizei herstelle. Eine Frage bezüglich des Raubüberfalles auf die Wechselstube musste ich Willy noch stellen. Es steht nämlich nirgends ein Wort darüber geschrieben, wo sich denn die anderen Polizisten befanden, während Willy die Verhaftung von Seel vornahm. Willy meinte dazu:

Ich nahm ja Theobald die Waffe ab und steckte sie in meine Waffenrocktasche. Darauf verhaftete ich diesen. Während dieser Zeit kamen die Kollegen vom Rheinufer die Treppe aufwärts und verhafteten Theobald, welcher bis dahin durch Passanten zurückgehalten wurde.

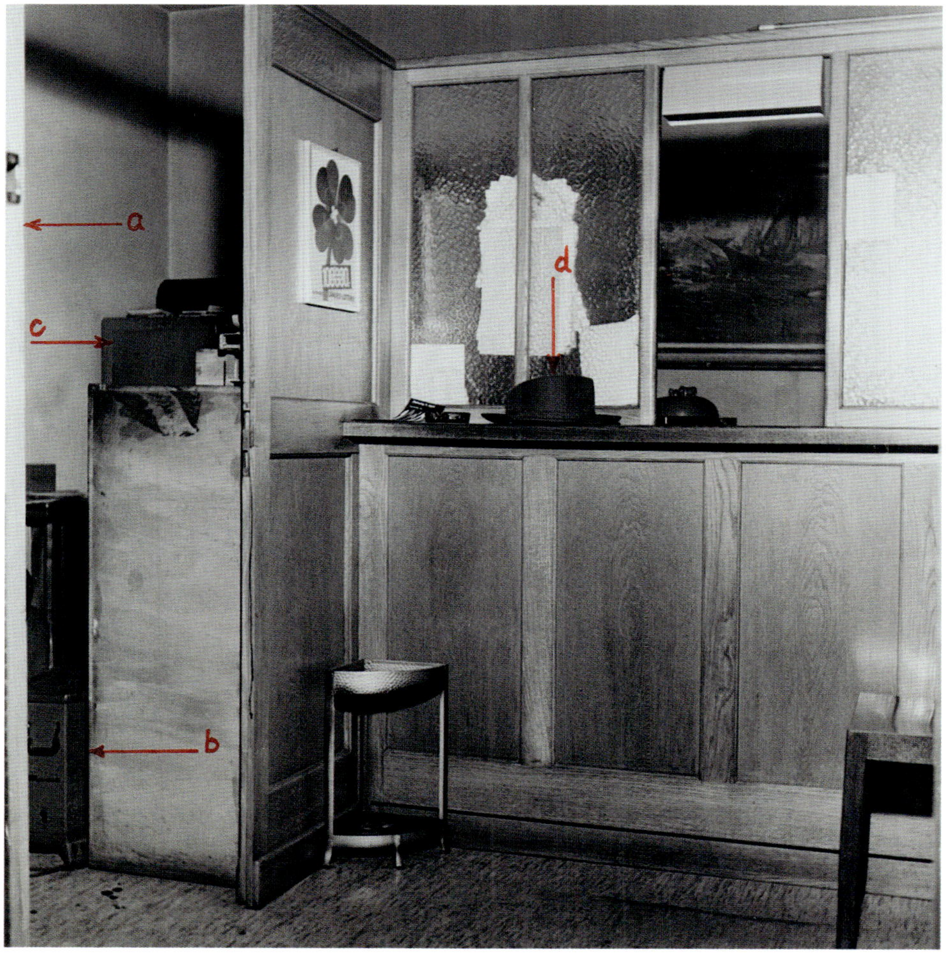

Blick vom Ladeneingang gegen den Schalterraum
a = offene Verbindungstüre vom Schalterraum zum Büro
b = elektrischer Heizofen
c = Tresor
d = Hut von Hermann Beutler
Aufnahme: 06.04.1957

Ansicht der Liegenschaften St. Johanns-Vorstadt 31 und 33. Mit Strichen markiert der Fluchtweg von Gerhard Seel. Mit Kreuz markiert der Anhaltungsort von Gerhard Seel durch Polizeimann Willy Mühlemann. Aufnahme: 06.04.1957

Ich fuhr dann mit dem verletzten Seel ins Spital. Als ich von dort zurück kam sass Theobald bereits in der Polizeihauptwache Spiegelhof.

Es folgt der von Willy Mühlemann erstellte Bericht:

Im Schreiben des Staatsanwalts an Kpl Richter wird ihm gedankt, dass er die Mannschaft alarmiert und zweckmässig eingesetzt hat. Von dem kann keine Rede sein. Nach dem Alarm durch einen dortigen Anwohner bewaffnete sich die Mannschaft der Hauptwache sofort und sprang ohne Befehl zu der Wechselstube. Dort stellten wir fest, dass der Krankenwagen für den verletzten Bankier bereits avisiert und die Täter Richtung Rheinbord geflüchtet seien. Die Verfolgung in dieser Richtung setzte sofort ein. Ein Signalement lag keines vor. Ich hielt keinen Personenwagen an. Neben mir folgte ein solcher und der Lenker fragte mich, ob er helfen könne. Ich bejahte und stieg bei ihm ein. Wir fuhren Richtung Johanniterbrücke. Beim letzten Aufgang vom Rheinbord kamen uns zwei Männer eilends entgegen, die ich sofort als die flüchtigen Täter vermutete. Ich stieg mit entsicherter Waffe aus und rief: «Halt Polizei». Sie wollten in das naheliegende Haus, konnten aber die Tür nicht öffnen. Ich stand direkt vor ihnen. Einer (Theobald) richtete seine Pistole auf mich. Ich packte diese am Lauf, worauf er sie ohne zu schiessen losliess. Der Andere (Seel) ging hinter mir über die Strasse. Ich folgte ihm und rief: «Halt Polizei, Hände hoch». Das machte er und blieb stehen. Mit entsicherter Waffe in der linken Hand (Linkshänder) tastete ich ihn mit rechts ab und spürte einen harten Gegenstand in seiner Manteltasche; es war ein Schlagring. In dieser Sekunde zog Seel aus der rechten Tasche eine Pistole und schoss zwei Mal auf mich. Ich hatte sofort das Gefühl, getroffen zu sein, spürte aber keinen Schmerz. Mein erster Gedanke war, du kannst ja noch stehen und auch schiessen. Das machte ich auch. Sah aber nach zwei Schüssen keine Wirkung. Ich nahm an, ihn nicht getroffen zu haben und schoss weiter. Er ging einige Meter zurück und fiel dann auf den Rücken. Dabei forderte er mich auf, ihn zu erschiessen. Ich rief dem dortigen Geschäftsmann zu, einen Krankenwagen zu rufen. Während einiger Zeit war die Strasse

Pistole, Marke MAB Kaliber 6,35, und Munition von Ludwig Theobald. Aufnahme: 1957

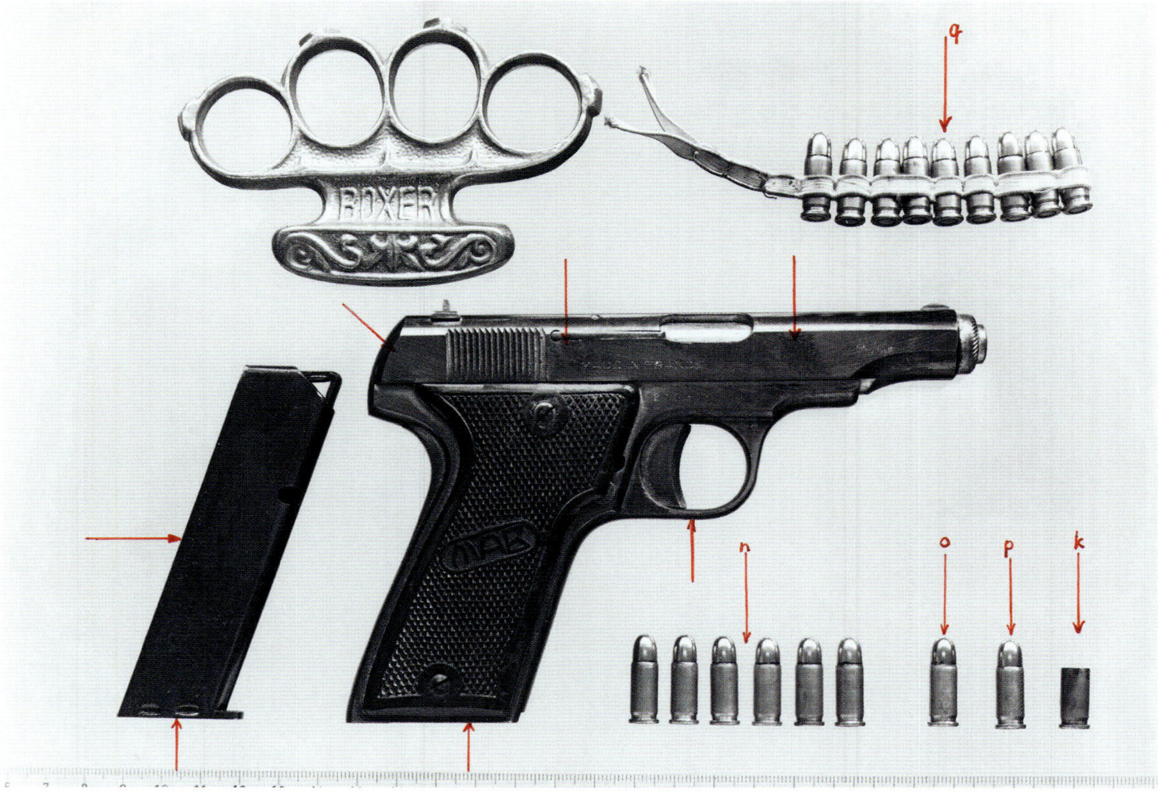

Pistole, Marke MAB Kaliber 6,35, Munition und Schlagring von Gerhard Seel
Mit Buchstaben bezeichnet: Diverse Munition und 1 Patronenhülse Gevolet 6.35
Nur mit Pfeilen bezeichnet: Festgestellte Blutspuren an Pistole und Magazin
Aufnahme: 1957

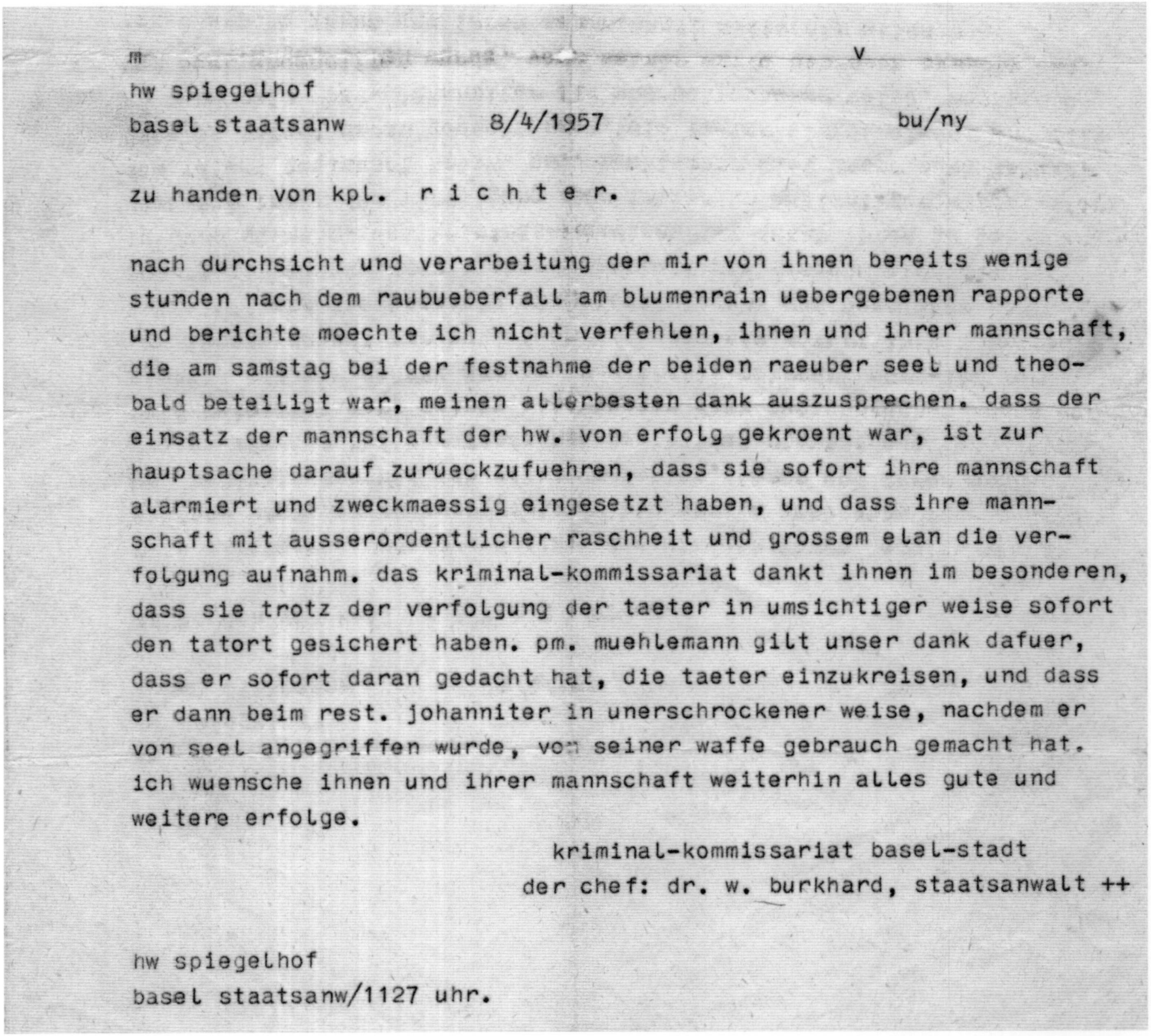

m v

hw spiegelhof
basel staatsanw 8/4/1957 bu/ny

zu handen von kpl. r i c h t e r.

nach durchsicht und verarbeitung der mir von ihnen bereits wenige stunden nach dem raubueberfall am blumenrain uebergebenen rapporte und berichte moechte ich nicht verfehlen, ihnen und ihrer mannschaft, die am samstag bei der festnahme der beiden raeuber seel und theobald beteiligt war, meinen allerbesten dank auszusprechen. dass der einsatz der mannschaft der hw. von erfolg gekroent war, ist zur hauptsache darauf zurueckzufuehren, dass sie sofort ihre mannschaft alarmiert und zweckmaessig eingesetzt haben, und dass ihre mannschaft mit ausserordentlicher raschheit und grossem elan die verfolgung aufnahm. das kriminal-kommissariat dankt ihnen im besonderen, dass sie trotz der verfolgung der taeter in umsichtiger weise sofort den tatort gesichert haben. pm. muehlemann gilt unser dank dafuer, dass er sofort daran gedacht hat, die taeter einzukreisen, und dass er dann beim rest. johanniter in unerschrockener weise, nachdem er von seel angegriffen wurde, von seiner waffe gebrauch gemacht hat. ich wuensche ihnen und ihrer mannschaft weiterhin alles gute und weitere erfolge.

kriminal-kommissariat basel-stadt
der chef: dr. w. burkhard, staatsanwalt ++

hw spiegelhof
basel staatsanw/1127 uhr.

Telexmeldung an die Postenmannschaft der Polizei Hauptwache (PHW) Spiegelhof von Staatsanwalt Dr. W. Burkhard. Übermittelt: 08.04.1957, 11:27 Uhr

menschenleer. Der Krankenwagen war bald zur Stelle und ich fuhr mit dem Verletzten ins Spital und blieb bei ihm bis zur Operation. Immer mit der Angst, ihn tödlich verletzt zu haben. Dort wartete ich. Nach einiger Zeit fragte mich ein Arzt, ob ich ihm in den Rücken geschossen habe, er hätte im Gesäss zwei grosse Schusswunden. Ich verneinte und wusste sofort, dass es sich um Querschläger meiner Schüsse handelte. Ich erkundigte mich später beim Ärzteteam, ob eine Fluchtgefahr bestehe. Sie verneinten, die Verletzungen seien zu gross.

Alles falsch gemacht?

Ich begab mich dann zu Fuss auf die Hauptwache. Dort befand sich ein grösseres «Rösslispiel» mit Staatsanwalt, Dienstoffizier, Chef Kriko usw. Deren erste Frage war, ist es sicher, dass Seel zuerst geschossen habe? Das beunruhigte mich. Ich drehte mich um und begab mich wieder an den Tatort. Dort bestätigte der dortige Geschäftsinhaber meine Aussage. Der Postenchef sagte dann zu mir, du bist sehr bleich, mach Feierabend. Unter der Dusche in der Polizeikaserne überzeugte ich mich noch einmal, ob ich wirklich ohne Verletzung durchgekommen sei. Von den Polizeioberen äusserte sich niemand zu meinem Vorgehen. Natürlich hatte ich alles falsch gemacht. Wir waren auch nicht entsprechend ausgebildet.

Doch noch eine Belohnung

Am anderen Tag rief mich der Autofahrer, der mich an den Tatort führte, an. Er lobte die polizeiliche Arbeit und lud mich ein, ihn drei Tage an die Hannover- Messe zu begleiten. Mit dieser Einladung ging ich zum Polizei Feldweibel Bechdolff und ersuchte um drei Tage Urlaub. Dieser erklärte barsch: «Kommt nicht in Frage, wir haben Mustermesse». Diesen Bescheid gab ich an Herrn Weisskopf, der mich eingeladen hatte, weiter. Das empörte ihn sehr und er sagte nur: «abwarten». Später meldete er mir, er hätte mit dem Polizeichef ein ernstes Wort gesprochen und wir würden am Montag fahren. Das war vorerst die einzige Belohnung für mich. Dann kam der Dank des Regierungsrates mit einer Belohnung von Fr. 150.-. Diese musste ich gemäss Lohnausweis noch als Einkommen versteuern!

Tragisches Ende

An der späteren Gerichtsverhandlung brachten sie Seel auf einer Bahre an die Verhandlung. Dort hat er sich bei mir noch entschuldigt. Das Urteil nahm er an und nach seiner Genesung wurde er für acht Jahre nach Regensdorf verfrachtet. Er hätte wegen guter Führung zwei Jahre geschenkt bekommen. Nach einem Freigang verschwand er, weil er in Deutschland noch einiges zu erwarten hatte. Er blieb deshalb europaweit ausgeschrieben. Spätere Ermittlungen ergaben, dass er bei seinem früheren Vorgesetzten, SS Oberst Skorzeny, in Madrid Unterschlupf gefunden hatte. Nach einer späteren Einreise in die Schweiz wurde er am Flughafen Genf verhaftet. In der Polizeizelle erhängte er sich. Damit endete auch meine Geschichte mit dem Raubüberfall. Sie beschäftigte meine Familie aber noch lange. Nach der Flucht von Seel hatte meine Frau Schlafschwierigkeiten.

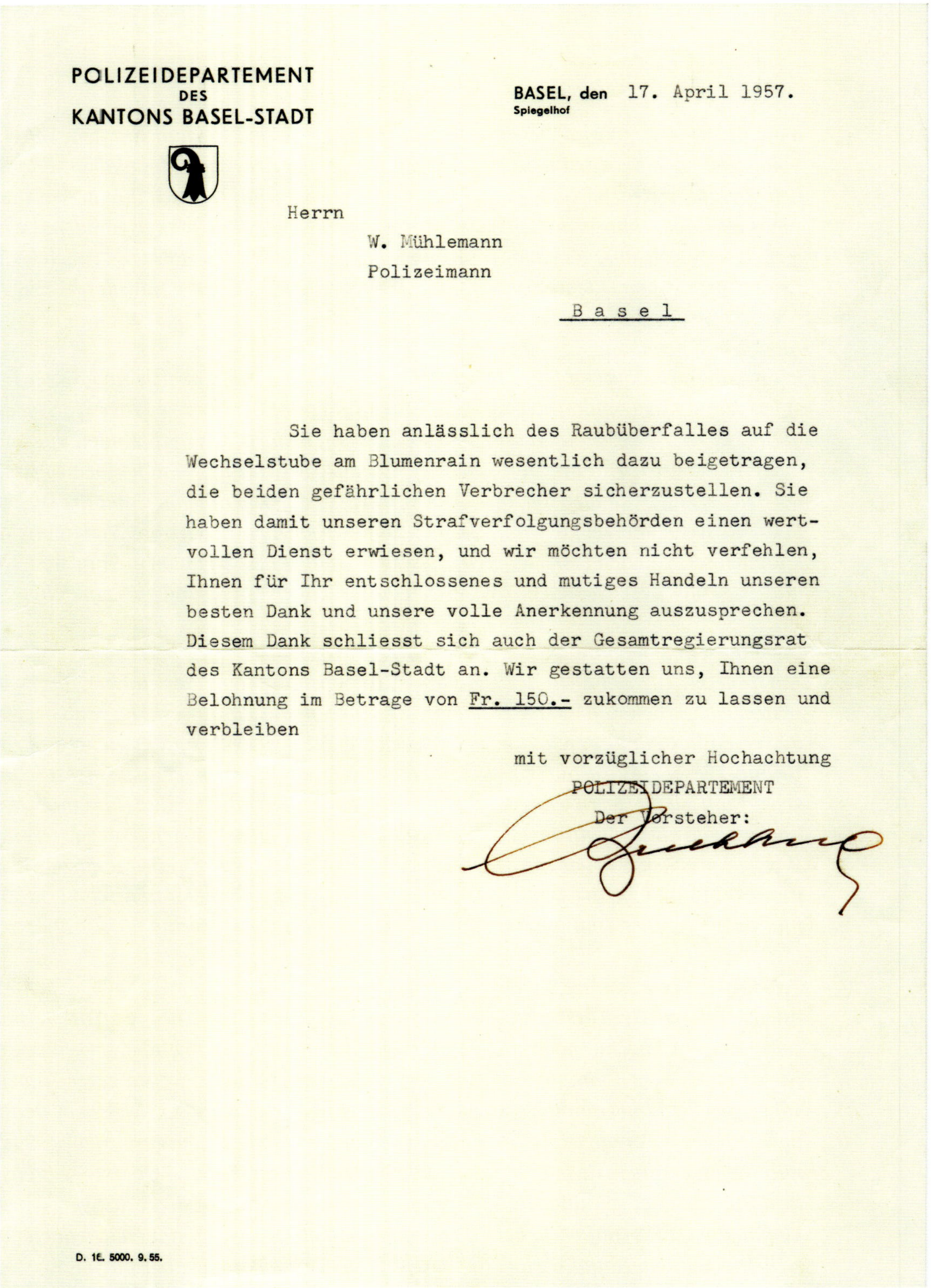

POLIZEIDEPARTEMENT
DES
KANTONS BASEL-STADT

BASEL, den 17. April 1957.
Spiegelhof

Herrn

W. Mühlemann
Polizeimann

B a s e l

Sie haben anlässlich des Raubüberfalles auf die Wechselstube am Blumenrain wesentlich dazu beigetragen, die beiden gefährlichen Verbrecher sicherzustellen. Sie haben damit unseren Strafverfolgungsbehörden einen wertvollen Dienst erwiesen, und wir möchten nicht verfehlen, Ihnen für Ihr entschlossenes und mutiges Handeln unseren besten Dank und unsere volle Anerkennung auszusprechen. Diesem Dank schliesst sich auch der Gesamtregierungsrat des Kantons Basel-Stadt an. Wir gestatten uns, Ihnen eine Belohnung im Betrage von Fr. 150.- zukommen zu lassen und verbleiben

mit vorzüglicher Hochachtung
POLIZEIDEPARTEMENT
Der Vorsteher:

D. 16. 5000. 9. 55.

Schreiben vom 17.04.1957 mit Belohnung an Polizeimann Willy Mühlemann

1947 Ein mysteriöser Todesfall

Am Mittwochvormittag des 3. Juli 1947 wurde das Kriminalkommissariat (Kriko) telefonisch vom Selbstmord einer Frau in Kenntnis gesetzt. Die Frau lebte in der Wohnung eines Schneidermeisters an der Hegenheimerstrasse. Die Beamten begaben sich an Ort und fanden in der Küche, auf dem Sofa liegend, die Leiche einer Frau. Die Leiche war in Blumen gebettet und wies am Kopf eine durchgehende Schusswunde auf. Die Tote lebte von ihrem Ehemann getrennt und unterhielt ein Verhältnis mit dem Schneidermeister, bei dem sie wohnte.

Schon nach den ersten Ermittlungen am Tatort war man sich einig, dass es sich hier um einen äusserst verdächtigen Fall handelte. Der Schneider gab an, die Frau habe sich in der Nacht von Montag auf Dienstag um zwei Uhr morgens den tödlichen Schuss selbst gegeben. Eigentümlicherweise unterliess es der Mann aber, die Polizei oder einen Arzt zu informieren, weil er sich angeblich nicht von der Frau trennen wollte. Da die ganze Sache unklar war und weitere Ermittlungen getätigt werden mussten, wurde der Schneider, obwohl er seine Unschuld beteuerte, in Untersuchungshaft genommen.

Unabhängig vom geschilderten Vorfall wurden am gleichen Morgen Polizei und Feuerwehr an den Altrheinweg gerufen. Besorgte Nachbarn hatten Meldung gemacht, dass sie von einer Wohnungsmieterin und ihren beiden Kindern seit über vierundzwanzig Stunden nichts mehr wahrgenommen hatten. Die Beamten drangen darauf

Lage der Toten, wie sie beim Eintreffen der Beamten angetroffen wurde. Aufnahme: 03.07.1947
Mit Pfeil bezeichnet das Einschussloch

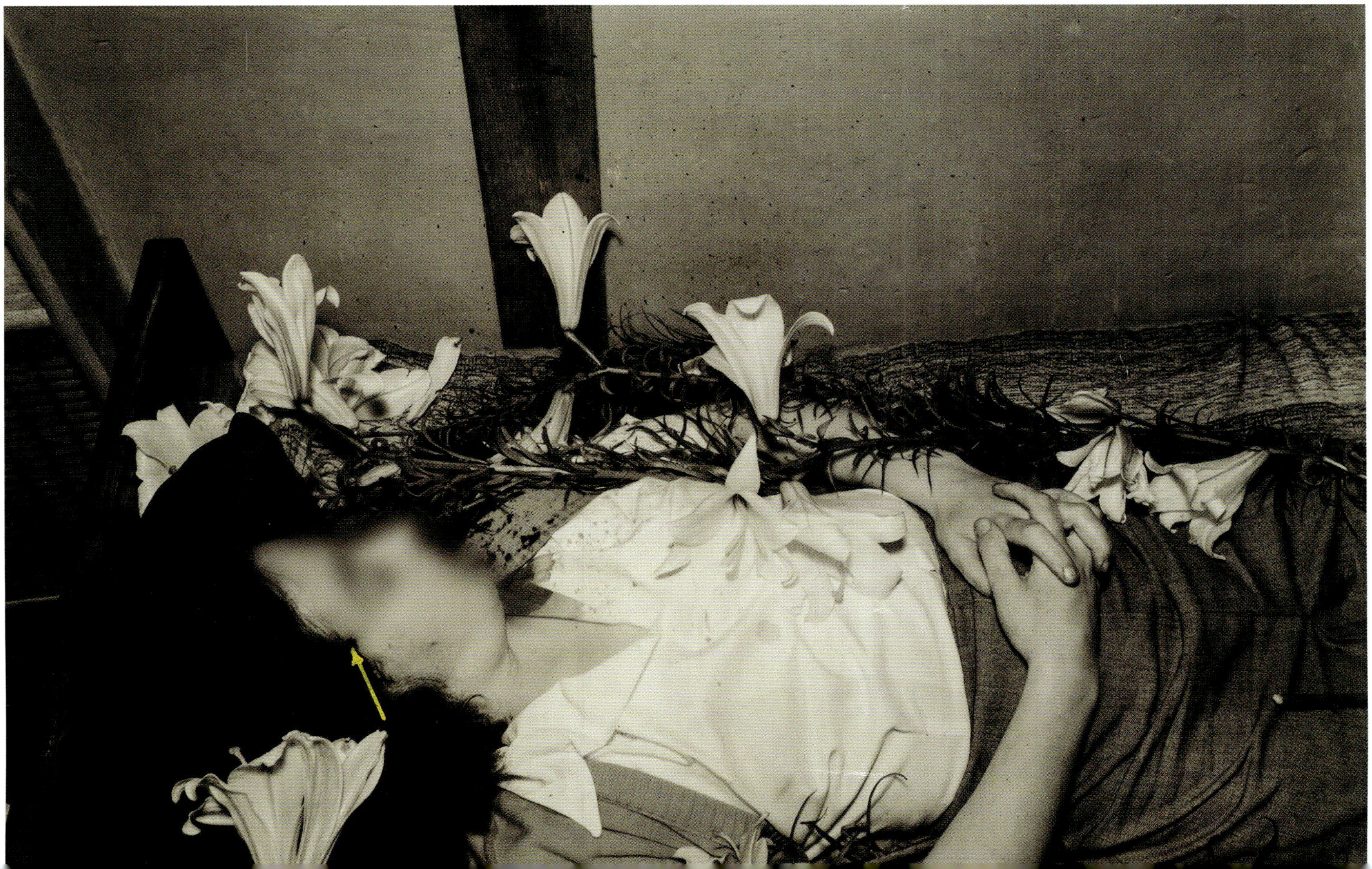

Blick in die Küche. Rechts das Sofa, auf welchem die Tote lag. Auf dem Tisch die Tatwaffe (Mit Pfeil bezeichnet). Aufnahme: 03.07.1947

in die Wohnung ein und fanden diese leer vor. Später wollte man erfahren haben, die Frau solle sich ferienhalber mit ihren beiden Kindern im Kanton Baselland aufhalten.

Diesem Vorfall wurde keine weitere Bedeutung beigemessen, bis das Kriko ermittelte, dass zwischen dem mysteriösen Tod der Frau und der leeren Wohnung im Altrheinweg ein Zusammenhang bestand. Bei der Toten handelte es sich nämlich um die Mutter der beiden Kinder. Der Schneider gab schliesslich zu, dass er die beiden Kinder nach dem Tod ihrer Mutter im Altrheinweg geholt und nach Oberwil gebracht habe. Dort habe er sie in die Obhut von Verwandten gegeben, ihnen aber nichts vom Tod ihrer Mutter erzählt.

In den darauffolgenden Wochen tätigte man beim Kriko mit der Tatwaffe Schiessversuche. In der Wohnung an der Hegenheimerstrasse wurde der Vorfall nochmals rekonstruiert. Man kam dabei zum Schluss, dass von Selbstmord nicht die Rede sein konnte. Zumindest aber wurde klar, dass sich der Tathergang nicht so abgespielt haben konnte, wie der verhaftete Liebhaber es glaubhaft machen wollte.

Gestützt auf die nachfolgenden Punkte erhob die Staatsanwaltschaft am 5. August 1948 gegen den Mann Anklage wegen Mordes. Schwerwiegende Gründe für den Verdacht, der Mann habe die Frau vorsätzlich getötet, waren:

1. *Dass er seit einigen Jahren ein Liebesverhältnis mit ihr unterhalten hatte.*
2. *Dass er mehrfach versucht hatte, sie von ihrem Ehemann zu lösen.*
3. *Dass er unter starker Eifersucht gegenüber ihrem Ehemann litt.*
4. *Dass sich die Frau oft äusserte, sie wolle sich von ihm, dem Schneidermeister, trennen, jedoch in finanzieller Abhängigkeit von ihm stand.*
5. *Dass er kurz vor ihrem Tod am 30. Juni 1947 eine starke Auseinandersetzung mit ihr hatte.*
6. *Dass er nach ihrem Tod weder die Polizei noch einen Arzt beizog.*

7. *Entscheidend waren das medizinische Gutachten und die durch verschiedene Versuche erhärtete Feststellung, dass die Abgabe des tödlichen Schusses aus einer Distanz von mindestens 30 cm erfolgt sein musste. Damit schien die Behauptung, die Frau habe sich selbst erschossen, widerlegt zu sein.*

Auf Anordnung des Strafgerichtspräsidenten wurden vor der gerichtlichen Beurteilung neue ergänzende Beweiserhebungen bezüglich der Schussdistanz vorgenommen.

Neue Versuche durch das gerichtsmedizinische Institut an der Universität Zürich ergaben, dass die Annahme, der Schuss sei aus einer Distanz von mindestens dreissig Zentimetern abgegeben worden, nicht aufrechterhalten werden konnte. Die Möglichkeit, der Schuss sei aus einer Entfernung von nur wenigen Zentimetern oder sogar mit leicht aufgelegter Waffe abgegeben worden, musste in Betracht gezogen werden. Hatte man früher angenommen, ein Selbstmord sei aus technischen Gründen ausgeschlossen, so konnte dies nach den neusten Erkenntnissen nicht mehr behauptet werden.

Da die übrigen Verdachtsgründe für eine Anklage nicht reichten und im Zweifelsfalle zugunsten des Angeklagten zu entscheiden ist, zog die Staatsanwaltschaft die Anklage zurück und das Verfahren wurde eingestellt.

Der Angeklagte wurde unmittelbar danach aus der Untersuchungshaft entlassen.

Teilansicht der Küche gegen das Atelier zu. Auf dem Tisch die Tatwaffe (Mit Pfeil bezeichnet). Mit Position a bezeichnet der Schrank, in welchem die Tatwaffe angeblich aufbewahrt worden war. Aufnahme: 03.07.1947

1947

Das schwerste Tramunglück in der Geschichte der BVB

Gesamtansicht der Unfallstelle auf dem Aeschenplatz von der Dachterrasse des Turmhauses aus gesehen. Aufnahme: 24.04.1947
a = Fahrtrichtung des Tramzuges der Linie 4
b = Fahrtrichtung des Tramzuges der Linie 12
c = Unfallendstellung des Tramzuges der Linie 4 mit abgerissenem, zweiten Anhängwagen
d = Unfallendstellung des Tramzuges der Linie 12
e = Unfallendstellung des an der Haltestelle zum Stillstand gekommenen Tramzuges der Linie 5

Ansicht der Unfallstelle aus der Anfahrtsrichtung des am Unfall beteiligten Tramzuges der Linie 12 (Aeschenvorstadt) gesehen. Aufnahme: 24.04.1947
a = Fahrtrichtung des Tramzuges der Linie 12
b = Fahrtrichtung der Tramzuges der Linie 4
c = Unfallendstellung des vom Motorwagen der Tramzuges der Linie 4 aus den Schienen geschobenen Anhängewagens des Tramzuges der Linie 12
d = Unfallendstellung des mit der Vorderachse entgleisten Motorwagens und des ersten Anhängewagens des Tramzuges der Linie 4
e = Am Unfall nicht beteiligter Motorwagen

Am Donnerstag, den 24. April 1947, um 06:30 Uhr, meldete Wachtmeister Krafft vom Polizeiposten Aeschen der Unfallgruppe über Notruf, dass sich auf dem Aeschenplatz ein schwerer Tramzusammenstoss ereignet habe.

Gleichzeitig forderte Wachtmeister Krafft einen Krankentransportwagen an, der sofort durch den Telefonisten der Hauptwache Spiegelhof, Polizeimann Schwärzel, requiriert wurde.

Die Unfallgruppe (UG) B rückte an die angegebene Unfallstelle aus. Beim Eintreffen bot sich den Polizisten der UG, die schon einiges gewohnt waren, ein grauenhaftes Bild. Sieben Tramwagen standen zum Teil entgleist und stark beschädigt auf der Kreuzung. Bei den Trams lagen und standen zahlreiche verletzte Personen, die aus verschiedenen Wunden bluteten. Einige der auf der Fahrbahn liegenden Personen schienen tot zu sein.

Schon vor dem Eintreffen der UG waren Personen dabei, Verletzte zu bergen. Mit einem Wagenheber wurde ein Tramwagen angehoben, um eine darunter liegende Person befreien zu können. Im Aeschenposten wurde unverzüglich eine Verbandsstation eingerichtet und telefonisch Ärzte an Ort gerufen. Die dortige Mannschaft und die sofort an Ort beorderten weiteren Polizisten sperrten die Unfallstelle ab.

Sofort nach dem Unglück trafen die ersten Krankentransportwagen ein, und brachten die am schwersten verletzten Personen ins Bürgerspital. Mit Fahrzeugen der ebenfalls requirierten Feuerwache wurden leichter verletzte Personen ins Spital gefahren.

Um den Abtransport der vielen leichtverletzten Personen zu beschleunigen, wurden sämtliche auf dem Centralbahnplatz stehenden Taxis requiriert.

Im Aeschenposten konnten einigen Verletzten durch die erschienenen Ärzte Notverbände angelegt werden, wonach auch diese Patienten ins Spital transportiert wurden.

Auf der Unfallstelle waren zwei Personen sofort getötet worden. Zwei weitere starben auf dem Transportweg und eine schwer verletzte Person in den nachfolgenden Stunden im Bürgerspital. Um 06:55 Uhr, fünfundzwanzig Minuten nach dem Unfall, befanden sich keine verletzten oder spitalbedürftigen Personen mehr auf der Unfallstelle.

Wachtmeister Tschopp, Chef der Unfallgruppe, der sofort vom Unfallgeschehen in Kenntnis gesetzt worden war, meldete den Vorfall an Polizei Oberleutnant Flisch, Chef

Ansicht der Unfallstelle aus Richtung St. Alban-Graben gesehen.

a = Unfallendstellung des Tramzuges der Linie 12
b = Unfallendstellung des Tramzuges der Linie 5
c = Unfallentstellung des Motorwagens und ersten Anhängewagens des Tramzuges der Linie 4
d = Unfallendstellung des zweiten Anhängewagens des Tramzuges der Linie 4
e = Haltestelle der Linie 12

der Verkehrsabteilung, und an Staatsanwaltssubstitut Dr. Lutz, Leiter des Unfalldezernates der Staatsanwaltschaft. Sie kamen, wie danach auch Regierungsrat Brechbühl, der Erste Staatsanwalt Dr. Bütschli und Polizeiinspektor Major Altenbach, von den BVB Direktor Dr. Miescher und Betriebsinspektor Moser, sowie die Herren Glück, Vorsteher Werkstätte und Depots, Zweidler, Betriebsassistent und Keller, Depotchef an Ort und wohnten der Tatbestandsaufnahme bei.

Die Opferzahlen

Eine am Unfalltag vorgenommene Zusammenstellung der Opfer ergab, dass fünf Personen gestorben und elf derart verletzt worden waren, dass sie in ärztlicher Behandlung bleiben mussten. Vierundzwanzig Personen wurden in der Chirurgischen Poliklinik ambulant behandelt. Acht Personen konnten durch die Ärzte im Aeschenposten ambulant behandelt werden. Nachträglich meldeten sich bei der Unfallgruppe und bei den BVB weitere verletzte Personen, so dass sich deren Zahl auf total vierundsechzig erhöhte.

Am 16. Mai meldete das Bürgerspital, das eine weitere Person an den Folgen der Unfallverletzungen verstorben sei. Somit waren insgesamt sechs Todesopfer zu beklagen.

Der Unfallhergang

Das tragische Unglück ereignete sich am frühen Morgen, als mit den ersten Tramkursen Arbeiter und Angestellte aus den Nachbarorten Basels, so aus Birsfelden, aus Binningen und aus dem Birseck, nach Basel fuhren, um an ihre Arbeitsstätten zu gelangen. Viele diese Personen stiegen auf dem Aeschenplatz um und warteten dort auf ihre entsprechende Tramverbindung. Zur gleichen Zeit, als der Tramzug der Linie 5 mit Fahrtrichtung Innerstadt in der Haltestelle stand, fuhr vom Centralbahnplatz herkommend ein Tramzug der Linie 4 (damals fuhr die Linie 4 von Binningen nach Kleinhüningen), bestehend aus einem Trammotorwagen und zwei Anhängewagen, den Aeschengraben abwärts Richtung Aeschenplatz.

Im Aeschengraben soll sich die Geschwindigkeit des fahrenden Tramzuges erhöht haben, da die Fahrbahn des Aeschengrabens ein Gefälle aufweist. Um die Geschwindigkeit beim Einfahren gegen den Aeschenplatz zu mässigen und dadurch den Tramzug in der Haltestelle normal zum Stillstand bringen zu können, will der Wagenführer die Strombremse mit der Schaltkurbel eingeschaltet haben. Gleich nach dem Einschalten der Strombremse bemerkte er aber, dass sich die Geschwindigkeit nicht verringerte, sondern sich eher noch erhöhte. Da er auch beim Schalten auf die weiteren Bremsstufen keine Bremswirkung feststellen konnte, leitete er eine Notbremsung ein. All diese Bremsversuche führten jedoch zu keinem Erfolg. In der Zwischenzeit erhöhte sich die Geschwindigkeit immer weiter, sodass der Tramzug bei der Einfahrt in die Linkskurve zum Aeschenplatz bereits eine beachtliche Geschwindigkeit hatte.

Passanten, die sich auf dem Aeschenplatz auf der Tramschutzinsel der Linie 4 oder in deren Nähe aufhielten, sowie Trampassagiere, die sich in dem an der Haltestelle der Linie 5 stehenden Tramzuges befanden, beobachteten den mit grosser Geschwin-

a = Trammotorwagen der Linie 12
b = Anhängewagen des Tramzuges der Linie 12
c = Trammotorwagen der Linie 4
d = Der nach dem Aufprall am Mast (Position e) stark beschädigte erste Anhängewagen des Tramzuges der Linie 4. Aufnahme: 24.04.1947

digkeit gegen den Aeschenplatz fahrenden Tramzug der Linie 4. Alle diese Personen waren sich einig, dass der Tramzug nicht mehr anhalten könne und dass sich demzufolge ein Unglück ereignen müsse. Viele Zeugen sahen seitlich neben dem Trammotorwagen Staubwolken aufsteigen. Auch sahen sie, wie der Wagenführer an der Schaltkurbel manipulierte.

Um dem bevorstehenden Unheil auszuweichen, flüchteten zahlreiche Personen in Richtung St. Jakobs-Strasse, in die Anlage des Aeschengrabens oder in Richtung St. Alban-Anlage. Die Geschwindigkeit des Tramzuges war nun derart hoch, dass sich das Weitere in Sekundenschnelle abspielte. Es gelang nicht mehr allen Personen, sich rechtzeitig in Sicherheit zu bringen. Auch gab es solche, die von der bestehenden Gefahr überrascht wurden.

Gleichzeitig, als der Tramzug der Linie 4 in die Linkskurve auf dem Aeschenplatz einfuhr, fuhr von der Aeschenvorstadt her ein Tramzug der Linie 12 (mit einem Anhängewagen) auf den Aeschenplatz ein.

Der Tramzug der Linie 4 neigte sich in der Linkskurve nach rechts, entgleiste und kollidierte frontal mit dem Anhängewagen des einfahrenden Tramzuges der Linie 12. Die Kollision war so stark, dass der Anhängewagen der Linie 12 mit beiden Achsen ebenfalls entgleiste und in seiner Fahrtrichtung nach links gedrückt wurde. Der Anhängewagen wäre umgekippt, wenn er nicht mit der rechten Seite des Untergestells am Motorwagen der Linie 4 hängen geblieben wäre. Nach der Kollision kamen die bei dieser Kollision beteiligten Tramwagen zum Stillstand.

Beide Anhängewagen der Linie 4 entgleisten ebenfalls. Der erste Anhängewagen kollidierte mit dem auf der Haltestelleninsel stehenden Masten wobei die hintere Perronseite total aufgerissen wurde. Der zweite Anhängewagen drehte sich über die Haltestelleninsel und stiess gegen den in der Haltestelle stehenden Tramzug der Linie 5.

Der hintere Anhängewagen der Linie 4

Der hinterste Anhängewagen dieses Tramzuges mit der Nr. 285 hatte Baujahr 1907 und war damals als offener Sommerwagen in Betrieb gesetzt worden. 1922 erfolgte dessen Umbau zu einem geschlossen Mitteleinstiegwagen. Solche Anhängewagen besassen einen Achsabstand von lediglich ein Meter achtzig und hatten dadurch eine sehr schlechte Laufeigenschaft, welche sich durch ihr stetiges «Schaukeln» bemerkbar machte. Dieser Umstand hat die Schwere des Unfalls erheblich mitbegünstigt, indem der Anhängewagen förmlich aus den Gleisen über den Haltestellenbereich geschleudert wurde und sich dabei um hundertachtzig Grad drehte. Die meisten Opfer waren daher auf der Haltestelle der Linie 4 zu beklagen.

Die Suche nach der Unfallursache

Der Motorwagen der Linie 4 wurde an Ort belassen, bis Herr Direktor Steiner vom Eidgenössischen Amt für Verkehr in Bern an der Unfallstelle eintraf.

Der Motorwagen wurde dann an einen anderen angekuppelt und ins Depot Wiesenplatz abgeschleppt. Auf der Fahrt dorthin wurden diverse Bremsversuche durchgeführt. Es konnten keine Unregelmässigkeiten festgestellt werden. Im Depot wurde der Motorwagen einer eingehenden Prüfung unterzogen. Sämtliche Kontakte am Motorstromkreis waren in Ordnung. Brandflecken oder Defekte irgendwelcher Art konnten keine festgestellt werden. Die Schienenbremse war ebenfalls in Ordnung. Die Widerstände wurden geprüft. Es konnten ebenfalls keine Defekte festgestellt werden. Die gesamte Bremseinrichtung des Motorwagens der Linie 4 war in Ordnung. Auch die beiden Anhängewagen wurden auf ihren Betriebszustand geprüft. Sie waren ebenfalls beide in technisch einwandfreiem Zustand.

Es konnte jedoch nicht ausgeschlossen werden, dass die Strombremse plötzlich doch bei der Fahrt im Aeschengraben durch einen Unterbruch im Bremsstromkreis ausgefallen war. Dazu gab es Hinweise auf einen Defekt an einem Kabelschuh, der nur zeitweise auftrat und dazu führte, dass die Strombremse bei den Bremsversuchen wieder funktionierte. Durch diese Erkenntnisse konnte dem Wagenführer kein schuldhaftes Verhalten vorgeworfen werden und er wurde vor Gericht von allen Anklagepunkten freigesprochen.

Um die Ausbildung der Wagenführer zu verbessern und auch Situationen wie der Ausfall der Strombremse zu üben, wurde später, auch im Hinblick auf den «Aeschenplatzunfall», ein Motorwagen zu einem Instruktionswagen umgebaut. Mit diesem Wagen konnte dann viele Defekte, so auch ein Versagen der Strombremse, simuliert werden.

1943 Grossbrand im unteren Kleinbasel

Basels grösster Brand seit 20 Jahren. Holzhandelsgeschäft an der Kleinhüningerstrasse niedergebrannt. Feuerwehr mit hunderten von freiwilligen Helfern im übermenschlichen Kampf gegen die Flammen. Erste Schätzungen ergeben einen Sachschaden von 1 ½ Millionen Franken: so die Schlagzeilen in den verschiedenen Basler Zeitungen.

In der Regel ist es so, dass ich den Stoff für meine Berichte aus verschiedenen Quellen «zusammensuchen» muss. Im nachstehenden Fall hatte ich Glück. Der damalige Zeitungsschreiber verstand es aus meiner Sicht hervorragend, einen packenden und sehr informativen Artikel über die Geschehnisse an der Kleinhüningerstrasse zu verfassen. Deshalb habe ich diesen wörtlich aus der «National-Zeitung» vom 13. August 1943 übernommen.

Ein sternenklarer Nachthimmel wölbte sich über der Stadt. Zahlreich waren die Passanten im Stadtinnern, die gegen halb 12 Uhr nach Hause strebten oder die letzten Tramkurse benützten, als plötzlich vom unteren Kleinbasel her ein gewaltig wachsender Feuerschein den Nachthimmel blutrot zu färben begann.

Der Zeiger der Uhr hatte eben 23.40 Uhr angezeigt, als in der Feuermeldezentrale des Lützelhofs das Telephon läutete und ein Anwohner der Kleinhüningerstrasse hastig meldete, dass auf dem Areal der Holzgrosshandlung und des Hobelwerkes Schmidt Söhne AG Feuer ausgebrochen sei. Im nächsten Augenblick schon lief eine weitere telephonische Benachrichtigung seitens der betroffenen Firma ein. Knapp eine Minute hat es gedauert, bis der erste Löschzug unserer Berufsfeuerwehr durch die Spalenvorstadt und über die Dreirosenbrücke dem Brandobjekt zujagte.

Unterwegs aber schon konnte man sich ein Bild vom Ausmass des Feuers machen: weithin sichtbar loderten die Flammen zum Himmel hinauf. Mehrere hundert Meter hoch wirbelten die Funkengarben durch die Luft, und bis in die Aussenquartiere der Stadt spiegelte sich der gewaltige Feuerschein. Genau zehn Minuten später war die gesamte dienstfreie Mannschaft unserer Feuerwache mit dem zweiten Alarmzug aufgeboten worden, und es dauerte nur wenige Minuten, bis die Löschmänner herbeigeeilt kamen und mit dem Löschzug der Brandstätte zurasten.

Mittlerweile waren von allen Seiten Schlauchleitungen gelegt worden, und schon nach wenigen Augenblicken prasselten die ersten Wasserstrahlen zischend in das Flammenmeer. Mitten auf dem 13'000 Quadratmeter messenden Areal, das einerseits von der Kleinhüningerstrasse und der Gätnerstrasse, anderseits von der Holderstrasse und der Inselstrasse begrenzt wird, das Hunderte von Bretterbeigen von 5–18 Meter Höhe aufwies, von Maschinenhallen, Hobelwerken, Sägereien und vier grossen Holzschuppen überbaut war, ist das Feuer ausgebrochen, nachdem zuvor noch der Nachtwächter seine gewohnte Runde gemacht hatte.

Beim Eintreffen der Löschzüge brannte die Garage bereits lichterloh, und mit ihr zusammen die nächstgelegenen Bretterbeigen. Geistesgegenwärtigen Arbeitern und Anwohnern war es gelungen, einen Anzahl Motorfahrzeuge in aller Eile und unter nicht geringen Gefahren ins Freie zu schaffen. Dagegen war es im Wüten des Feuers nicht mehr möglich, den

Blick auf das Brandareal von der Wiesenstrasse her. Im Vordergrund die Gärtnerstrasse, rechts die Inselstrasse. Aufnahme: 1943

Dieseltraktor und zwei Personenwagen zu retten. Sie sind als erste unter heftigem Getöse und anhaltendem Knallen ein Raub der Flammen geworden.

Eine ungeheure Hitze verbreitete sich alsbald über das gesamte Areal, und nur mit Mühe konnten die Löschmänner mit ihren Strahlrohren sich im Gewirr der brennenden Holz- und Bretterbeigen einen Weg bahnen. In der Zwischenzeit hatte sich die gesamte Anwohnerschaft hilfreich an die Arbeit gemacht: Stakentenzäune wurden umgerissen und Hunderte halfen, die nächstgelegenen Beigen abzutragen und an einen sicheren Ort zu schleppen. Männer, nur notdürftig bekleidet, hatten der Hitze und der aufstiebenden Funken wegen den Stahlhelm übergestülpt, Frauen, Burschen und Mädchen, alles griff tatkräftig zu.

Vom nahen Tramdepot kam das Personal herbeigeeilt, heimkehrende Grenzwächter und beurlaubte Wehrmänner halfen Schlauchleitungen legen, schlossen Hydranten an und kämpften beherzt mit dem gierig um sich greifenden Element. Immer weiter frass sich das Feuer in die gewaltigen Holzvorräte hinein. Die Feuerwache kämpfte einen aussichtslosen Kampf gegen ein erdrückendes Flammenmeer.

Um 00.20 Uhr werden sämtliche Alarmzüge der Kompagnien der Freiwilligen Feuerwehr aufgeboten. Die Zahl der freiwilligen Helfer wuchs ins Unermessliche. Alle verfügbaren Polizeimänner wurden nach der Brandstätte dirigiert und halfen da und dort mit. Eine unübersehbare Menge von Neugierigen und Schaulistigen, die zu Fuss, per Velo und mit den letzten Tramzügen herbeigeeilt waren, umlagerte die nächsten Strassenzüge. Die Polizei aber hatte leichte Arbeit: niemand wagte sich der unerträglichen Hitze wegen zu weit nach vorne. Uebermenschliches leisteten die Löschmänner; doch der Kampf war aussichtslos und ungleich. Man sah sich genötigt, auch eine dritte Motorspritze herbeizuholen, und die dritte und vierte Kompagnie der Feuerwehr aufzubieten.

Von überall her, selbst von Riehen, kamen die Pompiers herbeigeeilt, und aus einem Gewirr von Schlauchleitungen wurden unglaubliche Mengen von Wasser in das zischende und brodelnde Flammenmeer geschleudert. Doch nur ein ganz kleiner Teil der Holzvorräte wurde vom Feuer nicht erfasst.

An der Holderstrasse waren Hausbewohner eifrig bemüht, mit Gartenschläuchen die eigenen Hausfassaden zu bespritzen; ähnlich verfuhren die Bewohner der Inselstrasse, während die Feuerwehrleute gleichzeitig sich abmühten, ein Uebergreifen der Flammen auf die an der Gärtnerstrasse gelegene Aktienmühle und das auf der anderen Seite dieser Strasse liegende zweite Holzlager der Firma zu verhindern.

Nach 1 Uhr morgens hatte das Feuer trotz dem unentwegten Kampf an Ausdehnung eher noch zugenommen. Wie Riesenfackeln brannten die zwölf Meter hohen Bretterbeigen an der Holder- und an der Gärtnerstrasse, bis es den Löschmännern gelang, sie zum Einsturz zu bringen. Vorsorglicherweise hatte man sowohl an der Insel- als auch an der Gärtnerstrasse rechtzeitig den Tramstrom ausgeschaltet, denn alsbald begannen sich die Leitungsmaste unter der enormen Hitze zu biegen.

In der Zwischenzeit waren die Technischen Dienste und das ständig im Dienst stehende Detachement des Luftschutzbataillons aufgeboten worden, vor allem um die freiwilligen Helfer, die schweisstriefend stundenlang Bretterbeigen abgetragen und auf die Strasse geschleppt hatten, abzulösen oder zu unterstützen. Anderseits mussten die nach Tausenden zählenden schweren langen Bretter, die zum Teil nur auf die Fahrbahn geworfen worden waren, um den Trambetrieb am Freitagmorgen nicht zu behindern, weggeräumt werden und auf den Trottoiren wieder aufgeschichtet werden.

Zu dieser Zeit stand beinahe das ganze Areal in Flammen. Rund 5'000 Kubikmeter Holz waren dort aufgestapelt: vier Fünftel dürften ein Raub der Flammen geworden sein. Viele wertvolle Harthölzer, Linden- und Kirschbaumbretter, Parkettriemen, Fertigfabrikate für Bau- und Möbelzwecke, gewaltige Vorräte von kostbaren, heute kaum mehr zu ersetzenden Sperrplatten und Fournieren sind in den Flammen aufgegangen.

Stundenlang prasselten Wasserstrahlen in die Gluthitze, aber immer wieder stiess der Wind in die brennenden Bretterstösse. Tatkräftig half die Fabrikfeuerwehr der Ciba mit ihren Motorspritzen und dem Schlauchmaterial an den Löscharbeiten mit. Mitglieder der Rotkreuzkolonne und der Arbeiter-Samariterverein waren zur Stelle und behandelten kleinere Verletzungen und Brandwunden. Feuerwehrinspektor Weber und der Chef unserer Feuerwache, Hauptmann Muchenberger, gaben unermüdlich Befehl oder ergriffen, wo es

Blick auf das Brandareal von der Kleinhüningerstrasse her. Im Hintergrund das heute noch stehende Gebäude der Aktienmühle in der Gärtnerstrasse. Aufnahme: 1943

Einige der hoch aufgestapelten Bretter im Vollbrand. Aufnahme: 1943

sich als notwendig zeigte, selbst ein Strahlrohr. Der Vorsteher des Polizeidepartements und des Löschwesens Regierungsrat Brechbühl, der Erste Staatsanwalt Dr. Lützelschwab, der Chef des Kriminalkommissariats Staatsanwalt Dr. Huber, Kriminalkommissäre und Detektive, sowie sämtliche Polizeioffiziere waren zugegen.

Betriebsinspektor Moser von der Tramverwaltung erteilte die notwendigen Instruktionen bezüglich der langen Reihe von Tramwagen, die an der Gärtnerstrasse standen und nicht mehr ins Depot einfahren konnten. Beamte der Telephonverwaltung und des Elektrizitätswerkes sowie viele andere sahen zum Rechten.

Kurz nach halb 2 Uhr morgens hatte der Brand seinen Höhepunkt erreicht. Langsam begannen die Feuerwehrmänner Oberhand zu gewinnen, und eine halbe Stunde später konnte man ein sichtliches Nachlassen des Feuer konstatieren; es dauerte indessen noch genau eine Stunde, bis es niedergerungen war. Nur wenige Bretterbeigen sind vom Feuer unverzehrt geblieben; das ganze Areal bildet heute Morgen nur noch einen rauchenden Trümmerhaufen. Am wenigsten gelitten hat die der Kleinhüningerstrasse zugelegene Seite. Dort sind die Büroräumlichkeiten, einige kleinere Schuppen und Holzvorräte vom Feuer nicht erfasst worden.

Gegen 4 Uhr morgens konnte ein Teil der aufgebotenen Feuerwehrleute wieder entlassen werden; weitaus der grösste Teil der aufgebotenen Berufsfeuerwehr verblieb als Brandwache auf der Brandstätte und hatte bis zum Morgengrauen immer wieder aufglimmende Gluten zu löschen.

Kurz vor 5 Uhr ist dann der letzte Löschmann unserer Berufsfeuerwehr nach angestrengter Nachtarbeit nach dem Lützelhof zurückgekehrt.

Am Brandort selbst verblieben nur noch die Mannschaften der aufgebotenen freiwilligen Feuerwehrkompagnien und deren Alarmzüge. Sie haben aber nicht nur den ganzen Vormittag sondern auch bis spät in den Nachmittag hinein alle Hände voll zu tun gehabt, denn immer wieder vermochte der frische Morgenwind da und dort einen der grossen Holzkohlenhaufen, die an die Stelle der hohen Bretterbeigen getreten waren, zu entfachen. Trotz der enormen, gegen das Feuer geschleuderten Wassermassen waren die Glutherde nicht überall restlos ausgetilgt worden, so dass alle paar Augenblicke wieder ein Holz- oder Bretterstoss lichterloh zu brennen anfing. Bis zu Mittagstunde lag ein dichter Rauchschleier über der ausgedehnten Brandstätte, der sich erst verflüchtigte, als die vielen Brandherde nach und nach erledigt waren und ein warmer Ostwind über den Platz blies.

Angehörige der Technischen Dienste und das ständig im Dienst stehende Detachement unseres Luftschutzbataillons waren den ganzen Freitag über damit beschäftigt, die abgetragenen und auf die Fahrbahn der Inselstrasse gelegten Bretterbeigen wieder zurückzutragen und von neuem aufzuschichten. Schliesslich konnten die Fahrbahn und die Tramgeleise wieder freigemacht werden, so dass nach Abschluss der Revisionsarbeiten an den Fahroberleitungen und den gekrümmten Leitungsmasten der Tramverkehr durch die Gärtner- und durch die Inselstrasse wieder aufgenommen werden konnte, nachdem unzählige Tramzüge in der Brandnacht im Freien hatten «nächtigen» müssen.

Auch den ganzen Samstag über sind ununterbrochen drei Dutzend Feuerwehrleute der aufgebotenen freiwilligen Kompagnien mit weiteren Löscharbeiten beschäftigt gewesen.

Im Zusammenhang mit diesen Löscharbeiten, die auch am Sonntag nicht unterbrochen worden sind, ist es interessant zu erfahren, dass in der Brandnacht selbst 43 Schlauchleitungen an die Hydranten angeschlossen gewesen sind, die nach zuverlässigen Schätzungen bis zur Eindämmung des Riesenfeuers gegen 4 Uhr früh mittels der sieben grossen und kleinen Motorspritzen rund 4'000 Kubikmeter Wasser in das Flammenmeer geschleudert haben, ein Quantum, das aber bei einem täglichen Wasserbedarf von 70'000 Kubikmeter für unsere Stadt unsere Versorgung nicht zu beeinträchtigen vermochte. Von der Leitung der betroffenen Holzfirma erfährt man, dass der Betrieb infolge des enormen Schadens gezwungenermassen einen Unterbruch erleiden wird, dass man indessen das ganze Personal für das Sortieren des Holzmaterials und für die Aufräumungs- und Wiederinstandstellungsarbeiten weiter zu beschäftigen gedenkt.

Zur Ermittlung der Brandursache fand am Samstagvormittag auf der Brandstätte ein behördlicher Augenschein statt, an dem sich die Beamten des Kriminalkommissariats, der Feuerschau, des Elektrizitätswerkes und weiterer staatlicher Instanzen beteiligten.

Nach eingehenden Ermittlungen und vor allem auf Grund eines zuverlässigen Rapports des kontrollierenden Securitaswächters kam man zur Ueberzeugung, dass das Feuer seinen Ausgang entgegen den ersten Annahmen nicht in der Garage, sondern ausserhalb dieses Schuppens genommen hat, und dass demzufolge die Vermutung, das Feuer sei durch einen Kurzschluss in der Akkumulatorenanlage hervorgerufen worden, von der Hand gewiesen werden muss.

Der Securitaswächter rapportierte, dass er um 21.30 Uhr seinen ersten Rundgang durch das Areal gemacht habe. Der zweite Kontrollgang führte ihn um 23.27 Uhr durch den Lagerplatz. Bei dieser Gelegenheit hat er nichts Verdächtiges festzustellen vermocht. Er verliess dann gewohnheitsgemäss den Platz durch den Ausgang an der Gärtnerstrasse, übte seinen vorgeschriebenen Kontrollgang bei der Aktienmühle und dem zweiten Lagerplatz der Holzfirma auf der anderen Seite der Gärtnerstrasse aus, und kehrte sodann wenige Minuten später wieder durch das Lagerareal zurück. Plötzlich gewahrte er einen Licht- oder Feuerschein. Anfänglich glaubte er an ein unverdunkeltes Fenster. Als er jedoch näher kam, sah er, dass ausserhalb des genannten Schuppens ein Holzstoss lichterloh brannte. Auf dem schnellsten Weg eilte er zum nächsten Feuermelder, benachrichtigte auch den Abwart und gemeinsam versuchte man mit einer Schlauchleitung des Feuers Herr zu werden, das aber in wenigen Augenblicken bereits den Schuppen und eine Bretterbeige ergriffen hatte. Mit Windeseile verbreitete es sich im nächsten Moment aber schon auf die nächsten Bretterstösse.

Der amtliche Augenschein vermochte wohl den Verlauf des Brandes zu rekonstruieren, es gelang jedoch nicht, die unmittelbare Ursache festzustellen. Man weiss lediglich, dass um halb 10 Uhr von einem Angestellten ein Personenautomobil aus der Garage geholt werden musste. Ob der Feuerausbruch damit in Zusammenhang gebracht werden kann, wird die eingesetzte Untersuchung zeigen.

Der Präsident des Verwaltungsrates der Schmidt Söhne AG bezifferte den Wert des gesamten Holzlagers auf rund 2 ½ Millionen Franken. Nach seinen vorläufigen Schätzungen dürfte sich der angerichtete Schaden – gewaltige Holzvorräte sind durch das Wasser, durch das Abtragen und durch das Umstürzen der Beigen unbrauchbar geworden – zusammen mit demjenigen, der an den maschinellen und baulichen Einrichtungen verursacht worden ist, auf über anderthalb Millionen Franken belaufen.

Nach Ansicht zuständiger Stellen hat das Schadenfeuer auf dem Areal der Schmidt Söhne AG dasjenige der Petrolkellers in der Nacht vom 16. Zum 17. Juli 1935 und das auf dem Dreispitz am Abend des 23. August 1932 an Ausmass und Schaden um ein weites übertroffen. Es war somit Basels grösste Feuersbrunst seit dem Brand der Mustermesse am Bettag des Jahres 1923.

Doch Brandstiftung?

Nach mehreren Tagen der Ermittlung konnte mit grosser Wahrscheinlichkeit eine technische Brandursache ausgeschlossen werden. Aufgrund einer Zeugenaussage zur fraglichen Nacht dürfte Brandstiftung eher wahrscheinlich sein.

Kurz vor Ausbruch des Brandes konnte der Zeuge beobachten, wie ein Mann in der Inselstrasse aus dem Lagerareal über die Umzäunung kletterte, aufs Trottoir hinuntersprang und sich in Richtung Rheinhafen entfernte.

Durch die Kriminaltechnische Abteilung (KTA) konnten an der bezeichneten Stelle der Umzäunung frische Schuhabdruckspuren festgestellt werden. Anhand der dürftigen Personenbeschreibung dürfte es aber kaum möglich gewesen sein, den eventuellen Täter zu ermitteln.

Lattenzaun in der Inselstrasse mit Schuhabdruckspuren (Positionen g und f) des möglichen Brandstifters. Aufnahme: 1943

Rückmeldung einer Leserin zum Grossbrand in Kleinhüningen
Hin und wieder erhalte ich auf meine Artikel, damals wurde meine Geschichte vom Grossbrand auch in der «Kleinbasler Zeitung» veröffentlicht, Rückmeldungen, was mich natürlich sehr erfreut. In diesem Fall war es eine ältere Dame, die den Brand als zwölfjähriges Mädchen hautnah miterlebt hatte:

Diese Woche erhielt ich Ihre Zeitung und wurde beim Lesen der Seiten 22-23 plötzlich um 77 Jahre in meine Jugend versetzt. Diesen Brand habe ich als 12 jähriges Mädchen so nah erlebt wie es nur geht. Meine Eltern führten damals das Restaurant Eintracht an der Gärtnerstr./Ecke Holderstr. Das ist das Haus oben links auf dem Bild. Gegen Mitternacht wurden mein Bruder und ich von unserer Mutter geweckt: steht schnell auf und zieht euch gut an, denn wir wussten nicht ob wir ev. das Haus verlassen müssen. Zum Glück nicht, aber es stand uns eine Menge Arbeit bevor. Die Bilder mussten von den Wänden (Richtung Holderstr.) und die Möbel zurückgesetzt werden, denn die Mauern wurden ziemlich warm.

Das Restaurant mussten wir öffnen und Tee kochen für die Feuerwehrleute. Auch unser Telefon wurde von Feuerwehr und Polizei rege benutzt, auch einen Samariterposten wurde installiert. Sehr schwer war, dass unser Vater zu dieser Zeit im Aktivdienst im Tessin war und uns keine Hilfe sein konnte!

Ein ganzes Quartier im Flammeninferno zu erleben, das vergisst man nie, dass es der grösste Brand seiner Zeit in Basel war, das erfuhr ich nun durch Ihren Artikel.

1939

Heiratsschwindler ermordet sein Opfer

Karl Seiler, geboren 1899, Schreiner, geschieden, war ein der Basler Polizei wohlbekannter Verbrecher. Er war siebenmal vorbestraft. Seine erste Vorstrafe, zweieinhalb Jahre Zuchthaus, datierte aus dem Jahre 1919. Zum letzten Male wurde er im Herbst 1938, im Zusammenhang mit dem grossen Einbrecherprozess Hugentobler/Hermann und Konsorten, zu acht Monaten Gefängnis verurteilt. In Interlaken war noch ein Strafverfahren wegen Heiratsschwindels hängig.

Ein Heiratsschwindler sondergleichen

Bald nach Antritt jener Strafe musste er wegen tuberkulöser Erkrankung ins Bürgerspital verbracht werden, wo es ihm mithilfe seiner eigenen Schwester gelang, vom Spital aus neue Heiratsschwindeleien zu inszenieren. Seine Schwester gab für ihn Heiratsinserate auf, um neue Opfer ins Garn zu locken; tatsächlich gelang es ihm auch, noch während er im Spital lag, einem Mädchen 1600 Franken abzujagen und aus dem Spital zu entfliehen. Als er am 2. Januar in Schaffhausen wieder verhaftet wurde, konnten ihm noch 850 Franken abgenommen werden. Er wurde nach Basel spediert, als haftunfähig erklärt und wiederum im Spital interniert, wobei dieser Spitalaufenthalt aber nicht als Strafverbüssung betrachtet wurde. Das wusste er allerdings nicht, er glaubte sich vielmehr in Haft und entfloh zum zweiten Mal. Diesmal nach Arlesheim, wo er sich unter dem Namen Hans Hegener niederliess und von dort aus nach seiner bewährten Methode durch Heiratsschwindeleien neue Opfer suchte.

Auf eines seiner Lockinserate meldete sich das deutsche Dienstmädchen Julie Schabert, das damals in Basel in Stellung war und in der St. Alban-Anlage wohnte. Man weiss, dass sie bereits Anfang Februar ihr Sparguthaben bei einer Basler Bank zur Rückzahlung gekündet und anfangs März 3600 Franken abgehoben hatte.

Die nun folgende Darstellung des Mordfalles ist vorläufig eine Hypothese der Detektive, die den Tatbestand zu rekonstruieren versucht haben, wobei allerdings zu bemerken ist, dass die Mutmassungen durch eine ganze Reihe eindeutiger Indizien gestützt werden.

Man nimmt also an, dass Seiler am 3. März 1939 von seiner Braut Julie Schabert mindestens 3000 Franken bekommen hat. Man vermutet, dass er ihr gesagt hat, er könne ein Geschäft übernehmen und später hat er ihr offenbar erzählt, er habe im Tessin von einem Onkel ein Häuschen geerbt. Solche Geschichten hatte Fräulein Schabert damals gegenüber Freundinnen erzählt. Seiler hatte zu Beginn des Monats März über ganz erhebliche Geldmittel verfügt. Denn er hatte sich damals kostspielige Anschaffungen geleistet, unter anderem liess er sich für über 1000 Franken Kleider und Mäntel anfertigen und bezahlte diese bar. Dazu hatte er ein Dutzend Hemden und eine Menge Schuhe gekauft. Sein momentaner Reichtum erlaubte ihm auch, anderen Leuten Geld zu leihen.

Trotz der Bekanntschaft mit Fräulein Schabert liess er noch weitere Heiratsinserate laufen, korrespondierte mit einer ganzen Reihe von heiratslustigen Mädchen und hatte einer Frau auch tatsächlich 1900 Franken abgenommen. Ausserdem suchte er einen Chauffeur für Reisen in der Schweiz und das umliegende Ausland.

Als Grandseigneur in der Tessiner Villa
Am 20. März 1939 reiste er von Basel ins Tessin und blieb zwei Nächte in Ponte Tresa, wo er durch fürstliche Trinkgelder auffiel. Zwei Tage später mietete er gegenüber von Ponte Tresa, in Caslano, die einsam am See gelegene Villa Wallburga. Um zu dieser Villa zu gelangen, musste man ein Boot benützen, weil die Autostrasse nicht bis zur Villa führte. Am 25. März reiste Fräulein Schabert ebenfalls ins Tessin und logierte in der Villa von Seiler. Weil er im Tessin den feudalen Grandseigneur spielte und sich offenbar des schlichten Mädchens schämte, gab er sie als Geliebte seines zukünftigen Chauffeurs aus. Er sorgte peinlichst dafür, dass sie möglichst wenig mit andern Leuten in Kontakt kam. Wenn er jeweils die Villa verliess, löste er sogar die Telefondrähte, damit das Mädchen in seiner Abwesenheit völlig von der Aussenwelt abgeschnitten blieb.

Am 31. März 1939 traf ein zweites Dienstmädchen in der Villa des Herrn Hegener alias Seiler ein, dem er ebenfalls die Heirat versprochen hatte. Mit beiden Mädchen wohnte er bis zum 2. April 1939 in der Villa. Jenes zweite Mädchen aber war intelligent und umsichtig, was ihr vermutlich das Leben rettete. Sie hatte dem Herrn Bräutigam von Anfang an misstraut und sich keinen Rappen Geld entlocken lassen, obwohl er sich diesbezüglich alle Mühe gegeben hatte. Ausserdem hatte sie mit einer Freundin in Basel vereinbart, wenn sie nicht jeden Abend telefoniere, so solle diese sofort die Polizei alarmieren. Schliesslich verliess sie am Nachmittag des 2. April

Der Mörder Karl Seiler. Aufnahme: 19.04.1939

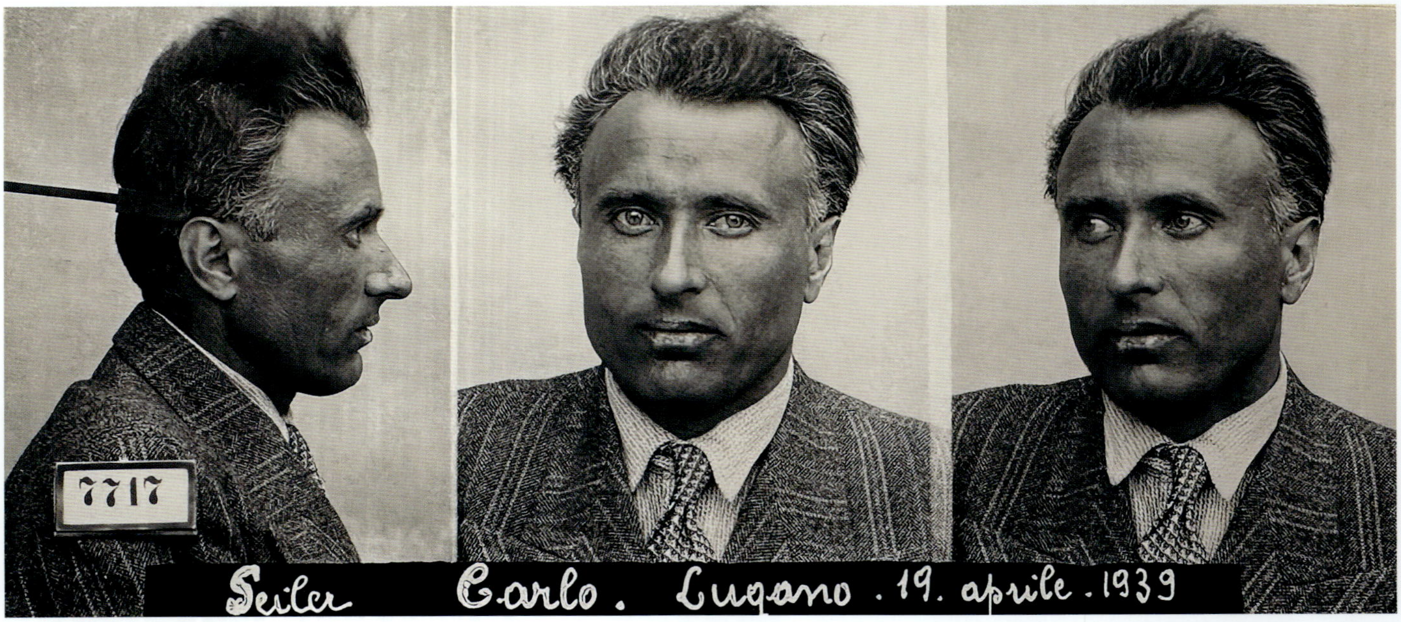

Rechts im Bild das Mordopfer Julie Schabert. Aufnahme: unbekannt

1939 die Villa. Sie verabschiedete sich von Fräulein Schabert und reiste zurück nach Basel.

An jenem Abend traf ein drittes Mädchen zu Besuch in der Villa ein, das Seiler mit allerlei Ausflüchten vom Betreten der Villa abzuhalten und in Ponte Tresa einzulogieren versucht hatte. Als es am Abend des nächsten Tages dann trotzdem in die Villa kam, war Julie Schabert verschwunden. Auch das dritte Mädchen zog es zu ihrem Glück bald vor, auf die Gesellschaft von Seiler zu verzichten und reiste ab.

Die Polizei nahm darum an, dass Seiler Julie Schabert am 2. April 1939, zwischen fünf und acht Uhr abends, als er mit ihm alleine war, in der Villa erschossen und ihre Leiche in den See geworfen hatte.

Man kommt dem Täter auf die Spur

Durch einen Funkspruch des Polizeipräsidiums Augsburg, worin Julie Schabert als von ihren Angehörigen vermisst gemeldet wurde, ist man am 14. April, also zwölf Tage nach der Tat, auf die Spur des Verbrechens gekommen. Die intensiven Nachforschungen, in ausgezeichneter Zusammenarbeit mit den Tessiner Behörden, führten auf die Spur des Herrn «Hans Hegener», der bei seiner Verhaftung in Lugano als Karl Seiler entlarvt wurde. Seiler bestritt jede Schuld und log mit einer Hartnäckigkeit sondergleichen, er log sogar, auch wenn man ihm gewisse Sachen schwarz auf weiss beweisen konnte. Zunächst hatte er irgendwelche intimere Beziehungen zu Fräulein Schabert glatt bestritten und erklärt, er habe sie nur als Dienstmädchen engagieren wollen. Man hat ihm aber eindeutig beweisen können, dass er das Mädchen geduzt und ihm am 15. März 1939 folgendes Telegramm nach Basel geschickt hatte: «Erwarte dich sofort, alles gut, Brief folgt.»

Am 30. März 1939, zwei Tage vor der Tat, hatte er in Lugano eine Pistole gekauft, was er jedoch vehement abstritt. Erst, als man ihm fünf Zeugen präsentierte, gab er den Kauf zu. Zugleich behauptete er, er habe die Waffen schon am nächsten Tag weggeworfen, was aber wiederum gelogen war. Denn ein Taxichauffeur, der wusste, dass Herr Hegener polizeilich gesucht wird und ihn am Tag der Verhaftung gefahren hatte, beobachtete

Der Tatort, die Villa Wallburga am Luganersee. Aufnahme: 1939

während der Fahrt im Rückspiegel jede Bewegung seines Fahrgastes und hatte dabei gesehen, wie er Fotos zerriss. Er sah auch, wie Hegener die zerrissenen Fotos zusammen mit einer Pistole aus dem Fenster warf. Der Chauffeur konnte die Stelle noch ganz genau bezeichnen.

Die vom Taxichauffeur bezeichnete Stelle wurde weiträumig abgesucht. Da die Wiese in der Zwischenzeit gemäht worden war, konnte die Waffe sofort entdeckt werden.

Ausserdem hatte man im Besitz des mutmasslichen Mörders verschiedene Sachen gefunden, die Fräulein Schabert gehörten. So hatte man durch die tadellose Mitarbeit der Thurgauer Polizei innert zwölf Stunden im Kanton Thurgau eine Damen-Uhr gefunden, die Seiler kurz zuvor einer dortigen Verwandten geschickt hatte. Diese Uhr, das konnte aufgrund der im Uhrdeckel eingekratzten Reparaturzeichen verschiedener Uhrmacher einwandfrei nachgewiesen werden, gehörte Fräulein Schabert. Auch andere Gegenstände, versilberte Löffel und Gabeln, ein Wäschekorb usw., die Fräulein Schabert gehörten, waren im Besitz von Seiler gefunden worden. Im Laufe der Untersuchung, die mit aussergewöhnlichem Eifer betrieben wurde, hatte sich Seiler in vernichtende Widersprüche verwickelt. Um die Polizei auf falsche Spuren zu locken, hatte er ein Paket Briefe nach Kanada geschickt, die ihm von dort aus nach Lugano retourniert werden sollten. Ausserdem hatte Seiler, zwecks Irreführung der Polizei, nach Arlesheim berichtet, Hans Hegener sei bei einem Autounfall im Tessin tödlich verunglückt.

Seiler hatte von seinen verschiedenen «Bräuten» insgesamt rund 7000 Franken bekommen. Bei seiner Verhaftung besass er noch zwei Franken.

Die von Seiler verwendete Tatwaffe, Pistole Marke Gecado Kaliber 6,35 mm. Aufnahme: 1939

Die Suche nach der Leiche

Im Einverständnis mit der Basler Staatsanwaltschaft wurde die Untersuchung vorläufig von der Luganeser Polizei weitergeführt. Da man den Verdacht hegte, Seiler könnte die Leiche der Schabert im Luganersee versenkt haben, begann man mit einer intensiven Suche im weiteren Uferbereich der Villa. Zwei mit der Suchaktion beauftragte Fischer fanden am 27. Mai 1939 die Leiche der Schabert. Seit Wochen waren die beiden damit beschäftigt, mit Fanggeräten und Schleppseilen den Seeboden abzukämmen. In einer Tiefe von dreissig Metern, zweihundert Meter von der Villa Wallburga entfernt, hatten sich die Fanghaken an einem Gegenstand festgehakt. Mit vereinten Kräften gelang es den beiden Fischern, ihn nach oben zu heben. Es war die in Säcke verpackte und mit Draht umwickelte Leiche der verschwundenen Julie. Die Leiche befand sich in einem mit zwei grossen Steinen beschwerten Sack. Die Steine waren mit Eisendraht an einander gebunden. Die Experten stellten fest, dass Fräulein Schabert zunächst mit einem Narkotikum betäubt und danach durch einen Kopfschuss getötet wurde. Obgleich sie im Verlaufe der Zeit von fast zwei Monaten arg in Verwesung übergegangen war, konnte die Leiche anhand des künstlichen Gebisses, von welchem ein Augsburger Zahnarzt eine genaue Zeichnung angefertigt hatte, einwandfrei identifiziert werden. Die Leiche war mit rund vierzig Kilo Steinen beschwert worden.

Auch die Reiseutensilien von Julie Schabert konnten gefunden werden. Seiler hatte stets behauptet, dass er sie in Ponte Tresa der Bahn übergeben habe, um sie der angeblich weggereisten Schabert nachzuschicken. In Wirklichkeit war er am 7. April in einer Gondel nach Ponte Tresa hinübergefahren und hatte dort die beiden Reisekörbe an die Adresse Heilsarmee Bern der Post übergeben. Als Absender hatte er Kleidersammelstelle Ponte Tresa angegeben. Die Heilsarmee in Bern hatte einen Teil der Kleider nach Zürich weitergegeben, während der Rest noch vorgefunden werden konnte. Sie erkundigte sich bei der Kleidersammelstelle Ponte Tresa, an wen der Reisekorb zu retournieren sei. Auf diese Weise gelang es auch, diesen letzten Punkt aufzuklären.

Seiler war über Pfingsten weiterhin vom Basler Kriminalkommissär Rosenberg im Gefängnis von Lugano einvernommen worden. Schlussendlich gab er zu, Julie Schabert getötet zu haben. In dem Fall musste der Gerichtsstand abgeklärt werden. Der Basler Regierungsrat hatte zu entscheiden, ob das weitere Verfahren durch die Basler oder die Tessiner Behörden übernommen werden sollte.

Aus dem Protokoll des Regierungsrats vom 30.06.1939:
Justizdepartement berichtet, das tessinische Justizdepartement habe angefragt, ob die baselstädtischen Behörden das Strafverfahren gegen Karl Seiler, von Basel, geboren 1899, we-

Zementsäcke und die Kleider des Opfers. Im Hintergrund Draht und Steine. Hilfsmittel, die Seiler zum Verpacken und Beschweren der Leiche verwendet hatte. Aufnahme: 1939

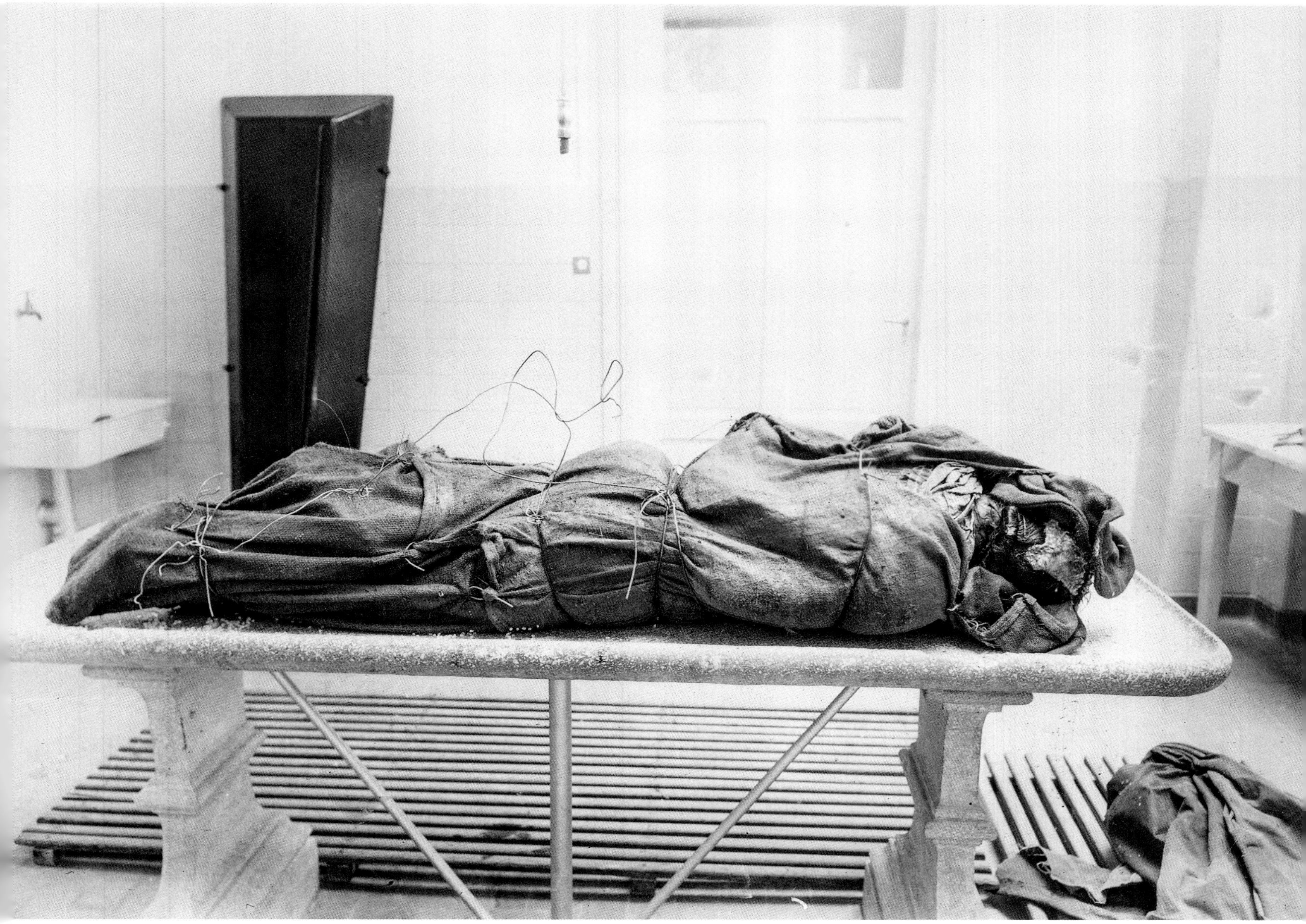

Die in Zementsäcke eingewickelte Leiche der Julie Schabert. Aufnahme: 1939

gen des im Kanton Tessin begangenen Mordes übernehmen wollten oder ob sie vorzögen, dass das Urteil von den Tessiner Behörden ausgesprochen werde.

Die Staatsanwaltschaft enthalte sich eines bestimmten Antrages, wobei sie allerdings der Meinung sei, dass prinzipiell die Auslieferung an den Tatortkanton am Platze wäre. Es spreche sich für die Auslieferung des Seiler an den Kanton Tessin aus. Es könne sich vorbehalten, dass der Genannte nach der Fällung des tessinischen Urteils hierhergeliefert werde, damit er sich wegen der Verbrechen verantworte, die er hier begangen haben solle. Es ersuche um die Ermächtigung, den tessinischen Behörden die Auslieferung Seilers zu bewilligen.

Zirkular vom 19. Juni 1939.

://: Wird das Justizdepartement ermächtigt, dem Justizdepartement des Kantons Tessin die Auslieferung des Karl Seiler zuzusichern.

Das Strafmass ist mir nicht bekannt.

Brutaler Überfall kurz vor Weihnachten

1938

Am Donnerstag, den 1. Dezember 1938, wenige Minuten vor Mittag, wurde an der Niederholzstrasse* in Riehen die Ehefrau des Kassiers einer Kleinbasler Bankfiliale überfallen. Frau Wolf* befand sich mit ihren beiden kleinen Buben im Wohnhaus, als zwei unbekannte Männer an der Haustüre klingelten. Als sie die Türe öffnete, betraten die beide das Haus, packten sie und forderten von ihr gebieterisch den Kassenschlüssel ihres Gatten. Als die Frau, die zu diesem Zeitpunkt mit ihren Knaben alleine zu Hause war, sich weigerte, diesem Ansinnen nachzukommen, hieben die Täter mit einem Gummiknüppel auf sie ein.

Der elfjährige Junge, der zusammen mit seinem vierjährigen Brüderchen Zeuge des Überfalls war, flüchtete durch ein Fenster auf die Strasse und rief verzweifelt um Hilfe. Sein kleiner Bruder Ursli* lief zur Nachbarin, Frau Oeschger, und rief: «Kemme Si, zwei Männer schlehn d'Mamme z'tot.»

Glück im Unglück

In diesem Moment richtete einer der beiden Strolche seine Pistole auf Frau Wolf und drückte ab. Die Frau erhielt einen Bauchschuss und brach zusammen. Auf den Hilferuf von Ursli bat Frau Oeschger den bei ihr arbeitenden Gärtner um Mithilfe. Beide gingen hinüber zum Hause der Familie Wolf. Sie sahen dort die Täter auf dem Boden bei ihrem blutenden Opfer knien. Als diese den Gärtner sahen, befahlen sie ihm mit vorgehaltener Waffe, die Hände hochzuhalten und flüchteten sofort aus dem Haus.

Unterdessen hatte man die Mannschaft des Riehener Polizeipostens benachrichtigt, welche kurze Zeit später an Ort erschien. Frau Wolf wurde in schwer verletztem Zustand durch den herbeigerufenen Krankentransportdienst ins Bürgerspital überführt. In der chirurgischen Abteilung des Spitals stellte man, ausser der schweren Bauchverletzung, eine Schädelfraktur fest, die von den Schlägen mit dem Gummiknüppel verursacht worden war. Allein schon der Schuss hätte tödlich sein können.

Wie es zur Verhaftung der Täter kam

Zwei Hausfrauen, die die beiden Täter aus dem Hause Wolf flüchten sahen, riefen den Einzüger des Gaswerks, Ernst Müller, herbei, der sich sogleich mit dem Velo auf die Verfolgung der Flüchtigen machte. Unterwegs trennten sich die Strolche. Kurze Zeit später hatte Müller den einen eingeholt und warf ihn zu Boden. Er musste jedoch wieder von ihm ablassen, weil der Räuber seine Waffe zog. Müller gelang es, an der Burgstrasse den Sohn des dort wohnhaften Installateurs Werner Friedlin zu bewegen, die Verfolgung mit ihm aufzunehmen. Friedlin folgte dem Gauner auf Umwegen, während Müller ihn nicht aus den Augen liess. Plötzlich tauchte Friedlin aus einem Nebensträsschen auf, stürzte sich auf den Flüchtigen und schlug ihn nieder. Im nächsten Augenblick schon kam ihm Müller zu Hilfe. Es gelang ihnen, den Burschen auf den Boden zu drücken, ihm die Waffe zu entreissen und ihn bis zum Eintreffen der Polizei festzuhalten.

Bis zur Verhaftung des zweiten Verbrechers verstrichen zwei Stunden. In der Zwischenzeit hatte die Polizeimannschaft ein dürftiges Signalement an die übrigen Polizeiposten und die Grenzübergangsstellen weitergegeben. Wenige Minuten vor vierzehn Uhr bemerkten Grenzwächter beim Zollamt an der Weilstrasse, wie ein sich verdächtig benehmender Bursche vom Sportplatz Riehen her über die Matten kam. Als er sich beobachtet sah, rannte er die Böschung zum Fluss Wiese hinunter, watete durch das seichte Wasser und versuchte auf der anderen Seite zu entkommen. Ein Grenzwächter verfolgte ihn auf dem gleichen Weg. Auf den Anruf des Beamten, dass er von der Schusswaffe Gebrauch machen werde, blieb der Bursche stehen. Er liess sich die Pistole abnehmen und wurde auf den Polizeiposten Riehen verbracht.

Dank der raschen Arbeit von Anwohnern, Polizei und Grenzwacht konnten die Organe des Kriminalkommissariats die weiteren Untersuchungen und die Identifizierung der beiden Räuber übernehmen. Bei den Tätern handelte es sich um zwei junge Elsässer, die allem Anschein nach mit der bestimmten Absicht nach Basel gekommen waren, Raubüberfälle zu verüben.

Erste Erkenntnisse zum Fall

Durch den Umstand, dass der ruchlose Überfall auf Frau Wolf vereitelt wurde, konnte ein grosser, in allen Einzelheiten ausgearbeiteter Banküberfall auf die Kleinbasler Volksbank-Filiale verhinderte werden. Obwohl der besorgniserregende Zustand der schwer verletzten Frau Wolf eine Einvernahme nicht sofort zuliess, hatte Kriminalkommissär Rosenberg, der mit dem Fall betraut worden war, bereits innert weniger Stunden die Hintergründe der Tat aufzuklären vermocht. Und so soll sich das Ganze zugetragen haben:

Schon vier Wochen vor den geschilderten Ereignissen planten die beiden aus Mulhouse stammenden Ganoven, der zweiunddreissig Jahre alte René Bandel, Kellner in Cafés mit Glückspielbetrieb und der Berufsspieler, der achtundzwanzig Jahre alte Eugen Konzett, die Filiale der Schweizerischen Volksbank am Claraplatz auszuplündern. Dazu wollten sie den Bankkassier in seiner Riehener Wohnung überfallen und ihm die Schlüssel zur Filiale abnehmen. Der eine sollte die Familie in Schach halten und der andere mit den Schlüsseln zur Bank fahren und den Kassenschrank ausrauben. Die Rollen wurden genau verteilt und am Dienstag, den 29. November, fuhren die beiden nach Basel. Am Mittwoch hatten sie den ganzen Tag das Gebiet in Riehen ausgekundschaftet und am Donnerstag waren sie zur Tat geschritten. Zu diesem Zweck hatten sie schussfertige Pistolen, an denen die Fabriknummern ausgefeilt waren, in die Taschen gesteckt. In einer Mappe trugen sie ein Seil sowie ein schwarzes Tuch mit.

Sie läuteten an der Haustüre, worauf Frau Wolf diese öffnete. Bandel und Konzett gaben vor, im Auftrag ihres Gatten Geld abgeben zu müssen. Frau Wolf liess die beiden eintreten, wonach Konzett im Esszimmer eine Quittung über vierzig Franken ausstellte. In diesem Augenblick packte Bandel die ahnungslose Frau, während sein Komplize versuchte, mit dem mitgebrachten Seil die Beine zu fesseln. Frau Wolf kam zu Fall und schrie laut um Hilfe. Dafür wurde sie durch Schläge mit dem Gummiknüppel auf den Kopf traktiert. Um sie einzuschüchtern, zog Bandel seine Pistole und im nächsten Augenblick schon krachte ein Schuss. Nach den Aussagen der beiden Räuber soll die Schussabgabe ohne Absicht erfolgt sein. Die Kugel traf aber unglücklicherweise die Frau in den Bauch. Die weiteren Abläufe wurden bereits oben geschildert und entsprechen auch den Aussagen der beiden Täter.

Obwohl die beiden im Lohnhof einem strengen Verhör unterzogen wurden, verlegte sich Bandel zuerst aufs Leugnen. Er verwickelte sich jedoch in immer stärkere Widersprüche. Konzett dagegen legte ein Geständnis ab. Aus diesem ging hervor, dass noch ein dritter und ein vierter Mann, der achtunddreissig Jahre alte A. Holl, ebenfalls in Mulhouse wohnhaft, der seit Jahren schon vom Glücksspiel und Zuhälterei lebte, sowie der zweiundvierzig Jahre alte Vertreter und Berufsspieler Paul Lüscher, ein in Basel wohnhafter Aargauer, mit im Bunde waren. Sogleich wurden deren Wohnungen überwacht. Lüscher konnte sofort verhaftet werden. Holl roch den Braten und

Filiale der Schweizerischen Volksbank Greifengasse 42/ Ecke Rebgasse. Aufnahme: ca. 1938 In den Parterre-Räumlichkeiten dieser Liegenschaft befand sich von 1853 bis 1861 der Polizeiposten Clara

verschwand auf Nimmerwiedersehen. Er blieb auch der Gerichtsverhandlung fern, Aufenthaltsort unbekannt.

Der eigentliche Kopf der Bande

Am 8. Mai 1939 mussten sich die vier Täter vor dem Strafgericht Basel-Stadt verantworten. Bandel behauptete, Lüscher habe den Plan erfunden. Er habe Lüscher in Basler Spielerkreisen kennengelernt. Später sei Lüscher öfters nach Mulhouse gekommen. Eines Tages schlug Lüscher vor, einen grösseren «Krampf» zu starten. Bandel selbst befand sich in schlimmen finanziellen Verhältnissen, er war Vater von vier Kindern und liess sich deshalb auf den Plan, eine Bank auszurauben, sofort ein. Schusswaffen habe man nur mitgenommen, um dem Kassier Angst zu machen. Weiter stritten sich Bandel und Konzett, wer nun die Frau geschlagen haben soll. Beide stritten die Tat ab. Klar war jedoch, und das gab Konzett zu, dass der Schuss aus seiner Pistole abgegeben wurde. Es sei aber sicher unabsichtlich geschehen. Lüscher bemühte sich, für die Tat ein Auto zu organisieren. Als ihm dies nicht gelang, mietete er für die vorgesehene Fahrt von Riehen nach Basel bis zum Claraplatz ein Fahrrad.

Auf die Frage des Richters, woher denn die mitgeführten Waffen stammen, meinte Bandel nur, diese seien Pfänder von Spielern gewesen. Die Aufgabe von Holl wäre gewesen, mit einem leeren Koffer vor der Bank bereitzustehen. Zusammen mit seinem von Riehen herkommenden Komplizen sollte er dann das Geld aus der Bank rauben.

Zur Person der Angeklagten

Bandel wurde als Halbwaise geboren. Sein Vater hatte sich das Leben genommen. Seine Mutter übernahm die väterliche Gärtnerei und hatte wenig Zeit zur Erziehung. Seine Kindheit verlebte Bandel grösstenteils mitten im Kriegsgebiet. Er verwahrloste früh und wurde in eine Erziehungsanstalt versorgt. Er riss nach Südfrankreich aus und wurde Kellner. Neben seinem Beruf lernte er an der Riviera auch das Glücksspiel kennen. Die Leidenschaft dazu hatte er nie wieder verloren. Einmal versuchte er, selbst ein Restaurant zu führen. Der Versuch endete im Konkurs. Seitdem glitt er immer mehr in eine schlimme Gesellschaft von Spielern, Zuhältern usw. ab, deren Einfluss er immer mehr verfiel. Er wurde wegen Betrugsversuch mit einem Jahr Gefängnis bedingt bestraft. In der damaligen Untersuchungshaft hatte er mehrere Selbstmordversuche unternommen. Zuletzt arbeitete er als Kellner in einem Café. Die Aussagen von seinem Chef und den dortigen Gästen über seine Person blieben undurchsichtig. Hartnäckig hielt sich das Gerücht, er sei der Boss einer berüchtigten, in Mulhouse und Basel wirkenden Spielerbande gewesen.

Konzett hatte die üblichen Schulen sowie die Handelsschule besucht. Nach dem Militärdienst arbeitete er als Buchhalter in Mulhouse. Dann wurde er Handelsreisender. 1937 und 1938 wurde er wegen einer Reihe von Delikten mit elfeinhalb Monaten Gefängnis bestraft. Im April wurde er entlassen. Seither hatte er sich als Zeitschriftenakquisiteur betätigt. Er bestritt, Berufsspieler zu sein.

Polizeimänner mit Patrouillenfahrzeug DKW F 8 vor dem Polizeiposten Riehen. Mit diesem Fahrzeug rückte die Mannschaft an den Tatort aus. Aufnahme: um 1945

Lüscher wurde in einem Waisenhaus erzogen. Seit sechs Jahren lebte er in Basel als Spieler. Er war in einer Spielergesellschaft Bankhalter. Einmal, so behauptete er, habe er mit Goldschmuggel von Frankreich nach Basel fünftausend Franken verdient. Recherchen bestätigten nur etwa ein Zehntel des Gewinns. Von anderer Seite wurde behauptet, er habe das Gold mit Kokainhandel verdient. Lüscher bestritt, je falsch gespielt zu haben. Er wohnte mit einem Freund zusammen, der aber zur Tatzeit unterwegs war und nachweislich nichts mit der Sache zu tun hatte. Lüscher war nur mit Bussen wegen verbotenen Spiels vorbestraft.

Holl hatte vor der Tat erzählt, er werde demnächst von der Bildfläche verschwinden. Er habe seine Koffer schon seit längerer Zeit gepackt. Sicher war, dass er schon einige Zeit vor der Tat mit Bandel und Konzett verkehrte. Er hatte einen schlimmen Leumund. Ob er vorbestraft war, konnte nicht eindeutig geklärt werden.

Das Urteil

Alle Angeklagten wurden des versuchten Raubes für schuldig erklärt. Bandel und Konzett wurden zu je fünf Jahren, Lüscher zu vier Jahren Zuchthaus verurteilt. Den Angeklagten wurde die Sicherheitshaft in ihre Strafe eingerechnet. Sie wurden überdies zu je zehn Jahren Ehrverlust nach Verbüssung der Strafe, zur Zahlung der Kosten unter Einschluss einer Urteilsgebühr von je hundert Franken und zur Zahlung einer Schadenssumme von vierhundertfünfzig Franken an den Bankkassier, unter ausdrücklichem Vorbehalt eines Nachklagerechts, verurteilt. Der Schadenersatzanspruch der Krankenkasse war auf den Zivilweg verwiesen worden. Beim Polizeidepartement wurde der Antrag auf Ausweisung von Bandel und Konzett gestellt.

*Namen und Adresse aus Datenschutzgründen geändert.

1938 Raubmord im Mansardenzimmer

Alfred Sutter, ein fünfzigjähriger Handelsvertreter mit Wohnsitz in Neuhausen/SH, war für eine Zürcher Suppenartikel-Firma tätig und kam jeden Monat für einige Tage geschäftlich nach Basel. In Basel traf sich der homosexuell veranlagte Sutter immer wieder mit Gleichgesinnten und wurde in diesen Kreisen als «Schaffhauser Frieda» bekannt. 1937 machte er erstmals mit seinem vierundzwanzigjährigen Mörder Gustav Schuhmacher Bekanntschaft. Die beiden fanden Gefallen aneinander und verkehrten bald auch intim. Jedes Mal, wenn Sutter nach Basel kam, besuchte er Schuhmacher in seinem möblierten Mansardenzimmer an der Steinentorstrasse 31. Gustav Schuhmacher, seit 1934 ununterbrochen in Basel wohnhaft, beging in dieser Zeit wiederholt Straftaten. Er wurde deshalb mehrfach zu Gefängnisstrafen verurteilt. Vom Mai 1935 bis Mai 1936 wurde er zwangsversorgt. Ab November 1937 arbeitete er, bis zu seiner Verhaftung im April 1938, in einer Basler Firma und erhielt dafür einen Wochenlohn von fünfzig Franken. Für das Mansardenzimmer musste er monatlich dreissig Franken bezahlen.

Ein teuflischer Plan

Nebst seiner Bekanntschaft mit homosexuellen Männern pflegte Schuhmacher auch dauernd Beziehungen zu Frauen. Seine Freundin Elisabeth, welche nach einer halb-

Der Raubmörder Gustav Schuhmacher. Aufnahme: 03.03.1937

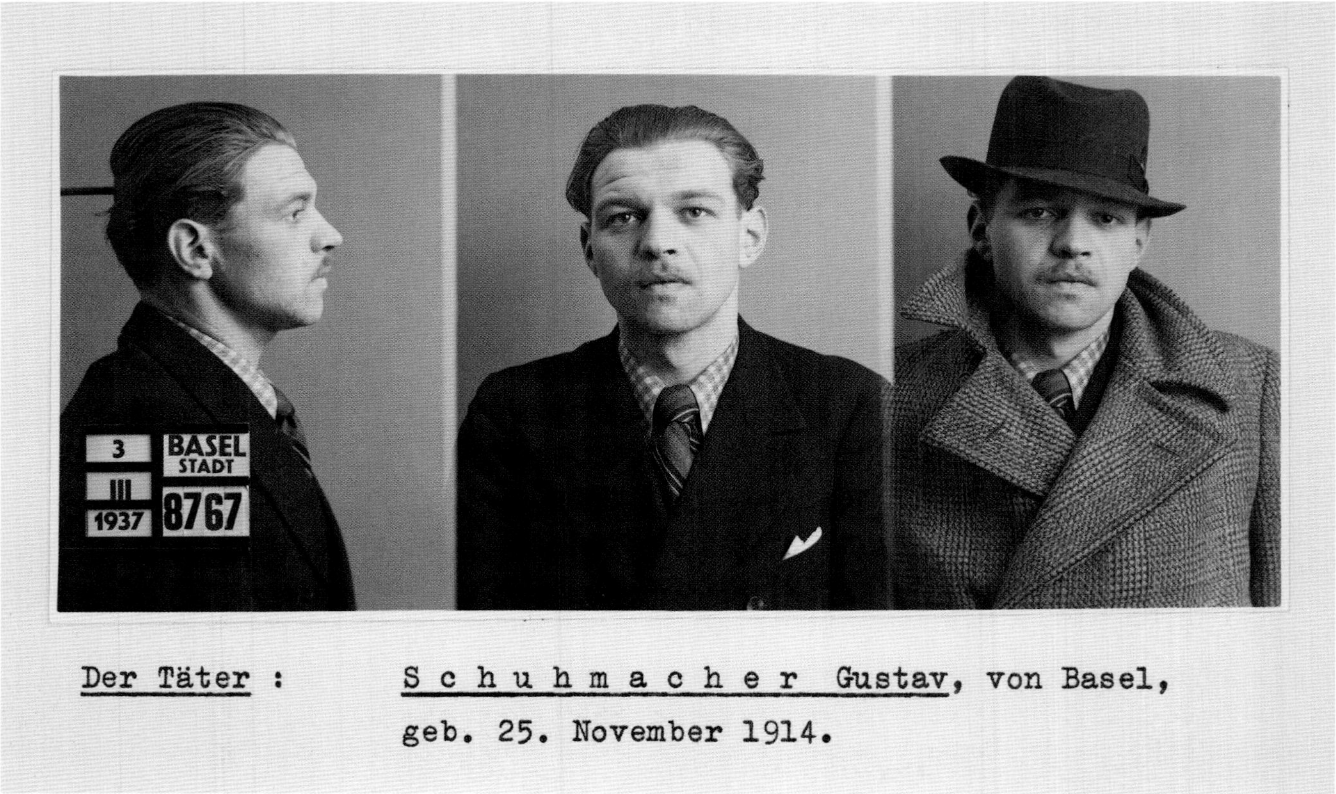

jährigen Strafverbüssung am 14. März 1938 aus der Zwangsarbeitsanstalt Schachen entlassen worden war, lernte er wenige Tage danach kennen.

Da Gustav und Elisabeth einen teuren Lebensstil pflegten, befanden sie sich permanent in finanziellen Schwierigkeiten. Mitunter ein Grund, warum Gustav vermehrt mit Homosexuellen Kontakte anknüpfte und sich für den Geschlechtsverkehr mit diesen bezahlen liess. Verschiedene andere Vorhaben, um an noch mehr Geld zu gelangen, schlugen fehl. Unter anderem konnten einige Einbruchspläne, die er mit Kollegen vorbereitet hatte, nicht realisiert werden.

Um trotzdem schnell und einfach an Geld zu gelangen, entschloss er sich, den ihm mittlerweile lästig gewordenen Sutter beim nächsten Treffen auszurauben und zu erschiessen. Schuhmacher wusste, dass Sutter als Handelsvertreter immer grössere Geldbeträge auf sich trug und die Tat sich deshalb lohnen würde.

Diniert und eiskalt abserviert

Am Dienstagabend, den 5. April 1938 trafen sich die beiden verabredungsgemäss. Bei diesem Treffen wollte Schuhmacher sein Vorhaben umsetzen. Er wollte Sutter mit einem Personenwagen aus der Stadt fahren, um ihn dann in einer einsamen Gegend erschiessen zu können. Schuhmacher war der Meinung, dass er mit der nachfolgenden Beseitigung der Leiche sämtliche Spuren der Tat auslöschen könne. Da es ihm aber nicht gelang, für diesen Abend ein Fahrzeug zu organisieren, musste er die Tat verschieben. Am nächsten Abend kamen die beiden wieder zusammen und nahmen im Café Wagner an der Steinenvorstadt 21 zusammen das Nachtessen ein. Danach besuchten sie eine Kinovorstellung. Nach dem Kino begaben sich beide ins Restaurant zum Steineneck an der Steinentorstrasse 40, assen eine kalte Platte und tranken dazu Bier. Natürlich alles auf Rechnung von Sutter.

Da Schuhmacher seinen Plan unbedingt an diesem Abend ausführen wollte, dazu aber wieder kein Fahrzeug auftreiben konnte, bat er Sutter, ihm in sein Zimmer zu folgen. Sutter, der zu Schuhmacher eine starke Zuneigung hatte, war mit diesem Vorschlag sofort ein-

Elisabeth, die Freundin von Schuhmacher.
Aufnahme: 14.09.1937

verstanden. Im Zimmer angekommen zog sich Sutter bis aufs Hemd aus und stellte sich mit dem Oberkörper nach unten gebeugt vor das Bett. In dieser Haltung sollte der Geschlechtsverkehr vollzogen werden. Schuhmacher stellte sich hinter Sutter, ergriff seine Melior-Pistole, die er ständig in schussbereitem Zustand auf sich trug, und gab auf dessen Hinterkopf einen Nahschuss ab. Die Schussverletzung führte zum sofortigen Tod von Sutter.

Verräterische Spuren

Die Leiche wickelte Schuhmacher in einen alten Militärmantel und legte sie in den Kleiderschrank, welchen er vorgängig ausgeräumt hatte. Dann durchsuchte er die Kleider und fand nebst diversen Gegenständen einen Geldbetrag von rund fünfhundert Franken. Schuhmacher beabsichtigte, die Leiche in der nächsten Nacht unauffällig zu entsorgen. Am darauffolgenden Morgen mietete er bei einer Autovermietung an der Gundeldingerstrasse einen Plymouth, für welchen er eine Kaution von hundert Franken hinterlegen musste. Er fuhr mit dem Wagen zu seiner Freundin Elisabeth und er-

Erste Rekonstruktion der Mordtat im Zimmer von Schuhmacher, nachgestellt durch die Detektive Burgdorfer (stehend) und Häfelfinger. Aufnahme: 1938

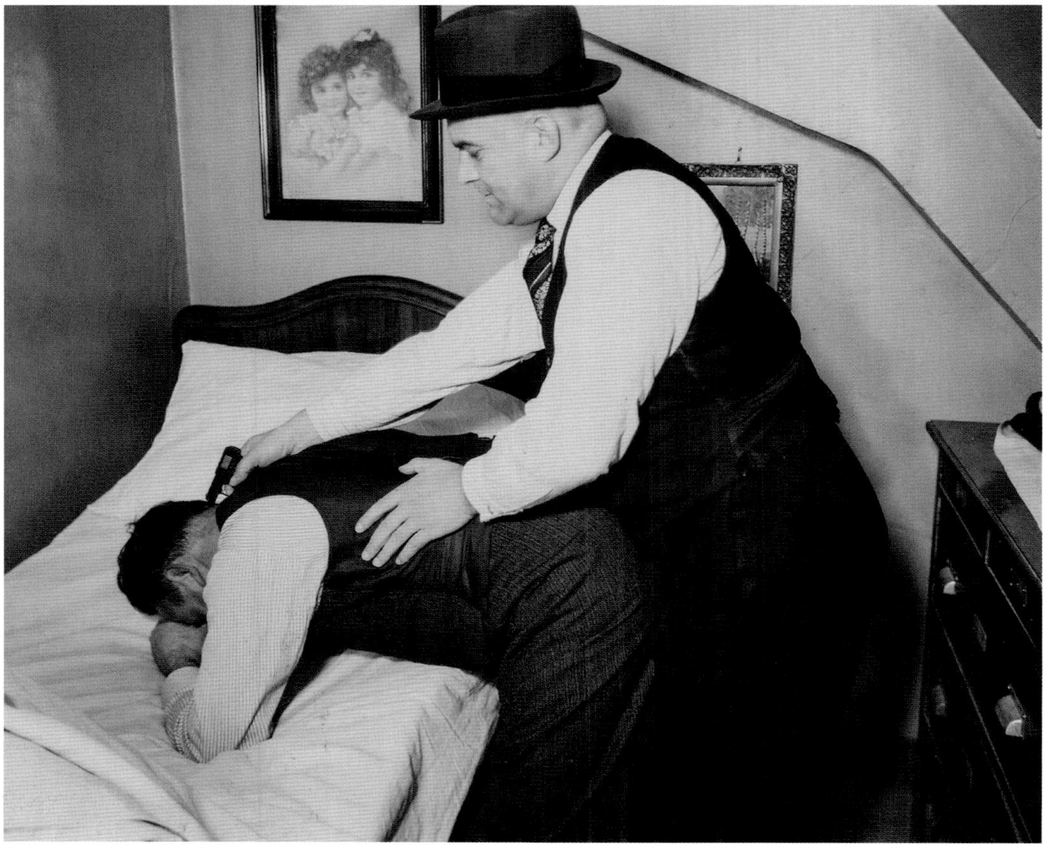

klärte ihr, dass er nach Zürich fahren müsse. Er habe dort etwas zu erledigen und lud sie zugleich zu dieser Fahrt ein. Elisabeth sagte zu und stieg in den Wagen. Von dort fuhren die beiden zur Eisenhandlung Schneeberger in der Gerbergasse. Schuhmacher kaufte sich die nötigen Gegenstände und Werkzeuge, um den Kleiderschrank in seinem Zimmer sicher verschliessen zu können.

Von der Gerbergasse fuhr er wieder zurück nach Hause in die Steinentorstrasse. Dort angekommen sah er von seinem Vorhaben ab, weil er sich unterdessen entschieden hatte, die Leiche soll schnell wie möglich zu entsorgen. Er bat Elisabeth, in der Wohnung der Zimmervermieterin auf ihn zu warten. Darauf begab er sich zur Firma Doetsch-Grether an der Steinentorsstrasse 23 und kaufte eine Holzkiste. Die Kiste trug er in sein Zimmer. Danach kaufte er Hammer und Nägel ein. Wieder zurück im Zimmer legte er die Leiche in die Kiste und nagelte diese zu.

Da er die Kiste mit ihrem schweren Inhalt nicht allein hinuntertragen konnte, begab er sich zu Fuss in die Kaffeehalle Ebner an der Steinenvorstadt 60, wo er zu verkehren pflegte. Er traf dort seinen Freund Jakob, der sofort bereit war, ihm zu helfen. Als die beiden die Kiste anhoben, lösten sich einige Bretter. Jakob ging auf Weisung von Schuhmacher nach unten und besorgte in einem Laden ein Hanfseil. Mit dem Seil sicherten die beiden die Kiste. Obwohl Schuhmacher die Kiste zusätzlich in eine Wolldecke eingewickelt hatte, tropfte aus dieser Blut und verschmutzte das Treppenhaus. Mit vereinten Kräften trugen sie die Kiste nach unten und hievten sie in den Wagen, nachdem sie aus diesem den rechten Vordersitz entfernt hatten.

Schuhmacher verabschiedete sich von Jakob, holte seine Freundin ab und fuhr mit ihr nach Zürich.

Alle Spuren verwischt?

Er beabsichtigte, die Leiche in der Nähe von Zürich in einem Wald zu vergraben. Die Kiste und die Kleider wollte er danach verbrennen. Um ca. zwölf Uhr trafen die beiden in Zürich ein. Dort kaufte sich Schuhmacher in einer Eisenhandlung einen Pickel und eine Schaufel. Danach fuhr er nach Schwamendingen und bei der Zie-

Zweite Rekonstruktion der Mordtat im Zimmer von Schuhmacher, nachgestellt durch die Detektive Burgdorfer (stehend) und Häfelfinger. Aufnahme: 1938

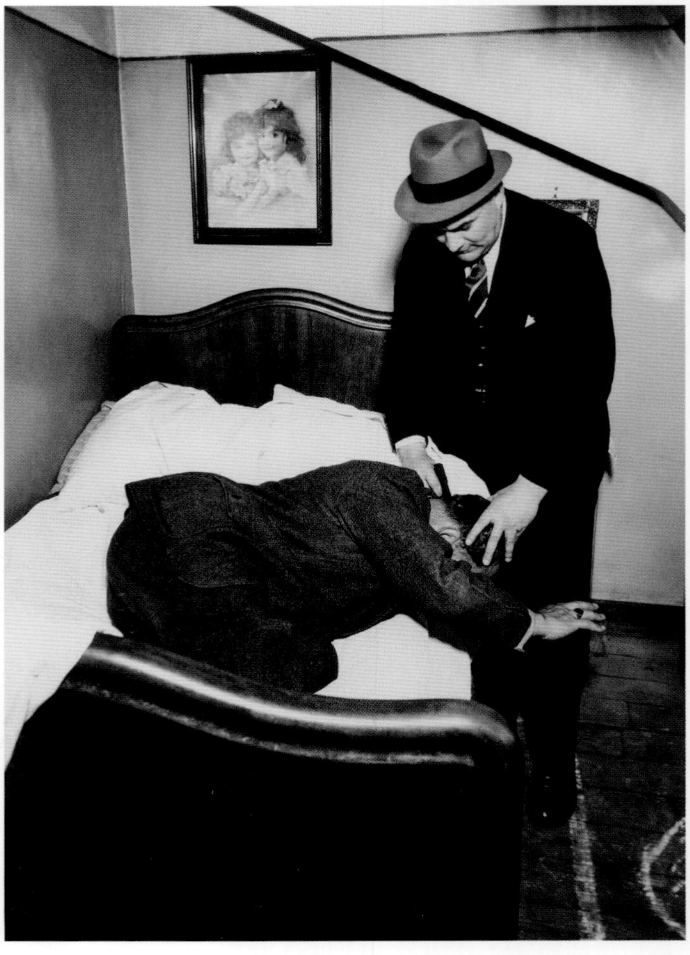

gelhütte vorbei in den zwischen Schwamendingen und Stettbach gelegenen Wald hinein. Wenige Meter neben dem Wagen hob er eine ca. ein Meter lange, fünfzig cm breite und ebenso tiefe Grube aus. Dann holte er die Kiste aus dem Fahrzeug, öffnete sie und entnahm ihr die Leiche. Nachdem er Sutter das Hemd ausgezogen hatte, legte er diesen in das ausgehobene Loch, schüttete es wieder zu und deckte es sorgfältig mit Laub ab. Elisabeth, die im Wagen sitzen geblieben war, schaute die ganze Zeit ihrem Pépé (Spitzname von Schuhmacher) bei der Arbeit zu.

Schuhmacher legte Hemd, Militärmantel und Wolldecke in die Kiste und verstaute diese mit dem Werkzeug wieder im Wagen. Nach der Fahrt zu einer Autogarage, wo er sich mehrere Kannen mit Benzin kaufte, fuhr er weiter Richtung Uitikon. Dort zweigte er in das östlich von Uitikon gelegene Tannholz ab und hielt in einer Waldlichtung an. Er lud die Kiste aus, übergoss sie mit Benzin und setzte sie in Brand. Als alles verbrannt war, ging die Fahrt zurück direkt in die Stadt Zürich. Auf dem Bahnhofplatz, im Café du Nord, nahmen die beiden das Mittagessen ein. Anschliessend ging Schuhmacher zum Coiffeur und kaufte seiner Elisabeth einen Hut und

Die Tatwaffe, Pistole Marke Melior Kaliber 6,35 mm
A = Kugel, welche den Tod von Sutter verursachte
B = Dazugehörige Patronenhülse
Aufnahme: 1938

Mietwagen, in welchem Schuhmacher die Leiche nach Zürich transportierte. Aufnahme: 1938

ein Kleid. Um ca. achtzehn Uhr fuhren die beiden zurück nach Basel. Auf der Fahrt erzählte Schuhmacher seiner Elisabeth alles und drohte ihr, wenn du mich verrätst, schiess ich dich zusammen. Kurz vor zwanzig Uhr trafen sie an der Steinentorstrasse 31 ein. Elisabeth verliess den Wagen und begab sich nach Hause. Schuhmacher ging nach oben und holte die in der Wohnung liegen gebliebenen Kleider und Gegenstände von Sutter.

Blutige Spur vergessen!

In der Zeit, als sich Schuhmacher in Zürich befand, hatte die Vermieterin, Frau Stader, das Mansardenzimmer betreten. Ihr kam das ganze Getue und Verhalten von Schuhmacher sehr verdächtig vor. Als sie dann im Zimmer das blutige Bett sah, machte sie der Polizei sofort telefonisch Meldung. Dies führte dazu, dass Detektiv Burgdorfer, der die Liegenschaft beobachtete, zu Schuhmacher trat, als dieser wieder in den Wagen einsteigen wollte. Er befahl ihm, mit nach oben zu kommen. Als er dort das blutige Bett sah, forderte er Schuhmacher auf, ihm in den Lohnhof zu folgen. Schuhmacher weigerte sich und nahm eine drohende Haltung ein. Detektiv Burgdorfer durchsuchte Schuhmacher nach Waffen und fand keine. Als er aber den auf der Kommode liegenden Mantel von Sutter durchsuchte, fand er in diesem die Tatwaffe. Im gleichen Moment, als der die Waffe an sich nehmen wollte, erhielt er von Schuhmacher einen Schlag ins Gesicht. Es kam zu einem längeren Handgemenge. Durch den dadurch entstandenen Lärm aufmerksam gemacht erschien Herr Stader, der Ehemann der Zimmervermieterin, und half Detektiv Burgdorfer. Schuhmacher konnte sich trotzdem losreissen und stürzte zusammen mit Stader die Treppe hinunter. Unten angekommen flüchtete er mit dem Wagen zum Wohnort seiner Freundin Elisabeth an die Hegenheimerstrasse 92. Er erzählte ihr alles und fasste den Entschluss, sich der Polizei zu stellen. Um aber den Verdacht des Raubmordes

Die freigelegte Leiche. Aufnahme: 1938 A. Waldweg B. Leiche des Sutter

von sich abzuwenden, wollte er die Gegenstände, die er von Sutter noch auf sich trug, in Sicherheit bringen. Er fuhr deshalb zu einem Freund in die Wasserstrasse. Er erzählte diesem in groben Zügen den Hergang der Tat und bat ihn, die Sachen bis zum Abschluss der polizeilichen Untersuchung aufzubewahren.

Sein Freund übernahm, nach anfänglichem Zögern, drei Ringe, eine Uhr, die Manschettenknöpfe, die Brille sowie Pickel und Schaufel. Er weigerte sich aber, Kleider und Schuhe an sich zu nehmen. Schuhmacher entsorgte diese kurzerhand im Rhein.

Um Mitternacht vom 7. auf den 8. April 1938 meldete sich Schuhmacher, mit dem Auto vorfahrend, bei der Polizei Hauptwache im Lohnhof. Er wurde sofort in Haft gesetzt. Am 8. April wurde die Leiche von Sutter ausgegraben und am 12. April auf dem Friedhof in Schaffhausen beigesetzt. Vom geraubten Geld konnten im Zimmer von Schuhmacher noch dreihundert Franken sichergestellt werden. Im Mantel von Sutter befand sich immer noch die Tatwaffe, mit fünf Patronen geladen. Auch die anderen Gegenstände kamen, bis auf wenige Ausnahmen, wieder zum Vorschein. Der zur Grabung verwendete Pickel wurde erst am 10. Januar 1939 gefunden und ebenfalls beschlagnahmt.

Am 22. März 1939 begann der Prozess im Mordfall Sutter:

Das psychiatrische Gutachten wird verlesen

Schuhmacher verkörpere das Bild einer primitiven Persönlichkeit mit starkem Triebleben und ausgeprägten egoistischen Gefühlen bei ungenügender Entwicklung der höheren, moralischen Persönlichkeit, verstärkt durch die besonderen Nuancen einer gesteigerten Erregbarkeit und Geltungssucht und der Neigung zur Pose, eine psychopathische Struktur, die zum Verbrechertum in starkem Mass disponiert. Ein Mord sei dem Angeklagten zuzutrauen. Seine abnorme Erregbarkeit kann bei einem wohlüberlegten und vorbereiteten Mord keine Rolle gespielt haben, weshalb der Angeklagte, falls das Gericht einen Mord als erwiesen annehmen sollte, als voll zurechnungsfähig erklärt werden muss.

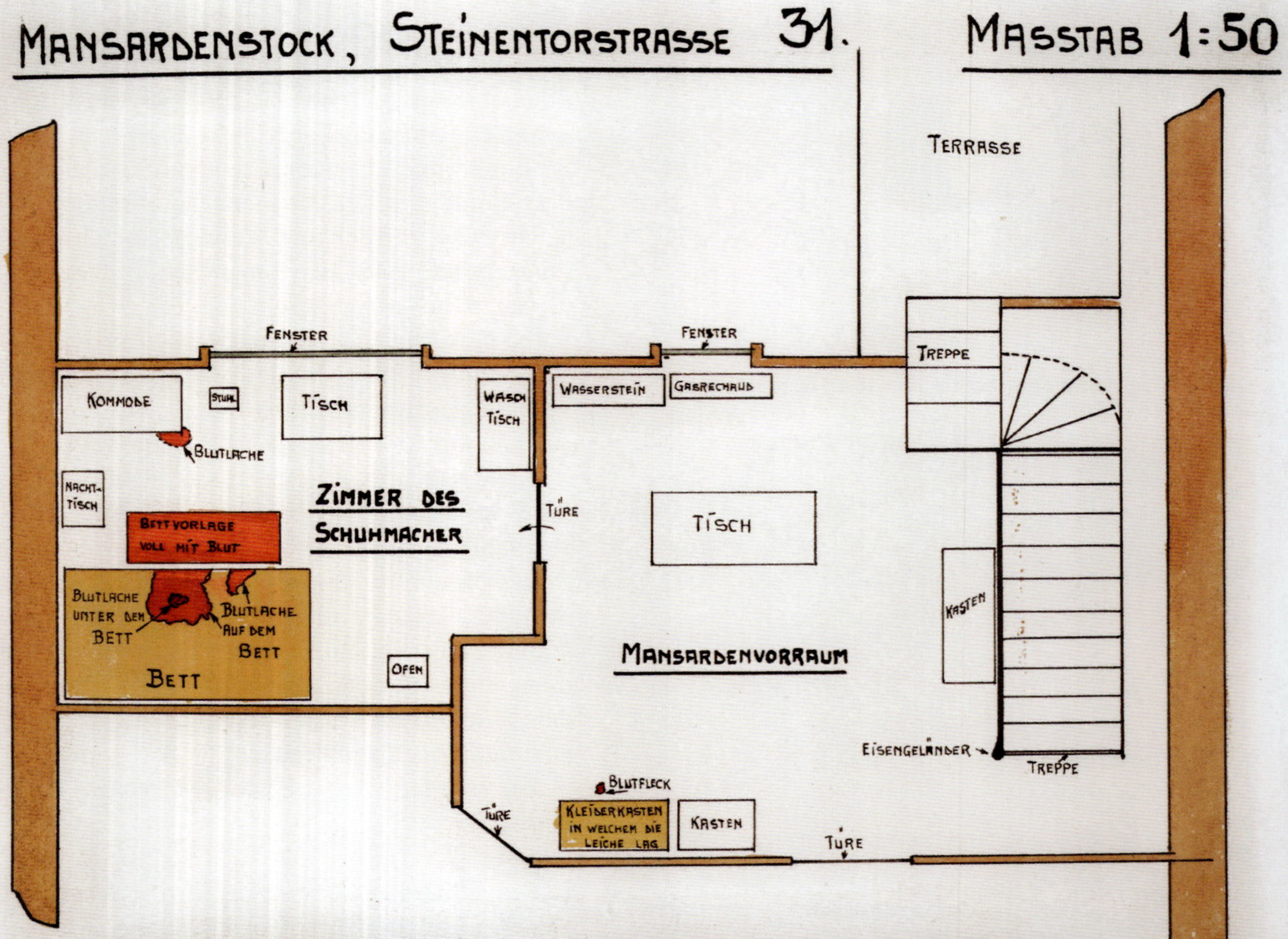

Das von Schuhmacher im 2. Stock (Mansarde) bewohnte Zimmer mit Votraum.

Pépé le Moko!

Schuhmacher hatte sich den Spitznamen Pépé zugelegt, weil ihm der Held des französischen Kriminalfilms «Pépé le Moko» aus dem Jahre 1937, dargestellt von Jean Gabin, offenbar ganz gewaltig imponiert hatte. Der Staatsanwalt hatte sich diesen Film in einer Privatvorführung zeigen lassen, um festzustellen, ob Schuhmacher eventuell die Mordidee aus diesem Film geschöpft hatte. Der Film gipfelt in einer Verherrlichung des Gentleman-Verbrechers «Pépé le Moko», der immer der Polizei geschickt entschlüpfen kann und sich den Frauen gegenüber ritterlich benimmt. Schuhmacher erklärte dazu: «Es gibt zwei Sorten Verbrecher: die Grossen, die man dekoriert – und die Kleinen, die man einsperrt», und empfahl dem Gerichts-Präsidenten, sich diesen Film ebenfalls anzuschauen.

Das Urteil

Am 27. März 1939, kurz vor zwölf Uhr mittags, wurde das Urteil verkündet: Schuhmacher wurde des Raubmordes schuldig erklärt und zu lebenslänglichem Zuchthaus verurteilt. Für den Fall einer vorzeitigen Entlassung wurde er während der Dauer von zehn Jahren in den bürgerlichen Ehren und Rechten eingestellt. Er trug die gesamten Prozesskosten mit Einschluss einer Urteilsgebühr von dreihundert Franken.

Weitere Verfahren

Weil Elisabeth, die Freundin von Schuhmacher, vor Gericht gelogen hatte, wurde gegen sie ein separates Verfahren wegen falschen Zeugnisses eingeleitet.

Sein Freund in der Wasserstrasse, welchem Schuhmacher einige Gegenstände von Sutter zur Aufbewahrung gab, bekam kalte Füsse, als er in den Zeitungen von der Mordsache las. Weil er befürchtete, in den Mordfall verwickelt zu werden, meldete er sich nicht bei der Polizei. Er verkaufte Uhr, Ringe und Manschettenknöpfe unter falschem Namen bei einem Pfandleiher. Gegen ihn wurde eine Strafuntersuchung wegen Hehlerei, eventuell Begünstigung, eingeleitet.

Schuhmachers Freund Jakob, der ihm half, die Kiste mit der Leiche Sutters im Treppenhaus herunterzutragen, erschien nicht zur Gerichtsverhandlung. Er hatte Angst, in den Fall hineingezogen zu werden. Er schrieb deshalb einen Brief ans Gericht, dass er für ein paar Tage ins Ausland verreist sei. Ob er später noch rechtlich belangt wurde, steht nicht in den Akten.

Plakat zum Film Pépé le Moko aus dem Jahr 1937

1937 Explosion in der Maschinenfabrik Burckhardt

Die Maschinenfabrik Burckhardt wurde 1848 zur Produktion von Maschinen für die Textilindustrie in Basel gegründet. 1883 kam die Entwicklung von Kolbenkompressoren hinzu. 1890 bezog die Firma ihren Standort im Geviert Dornacherstrasse-Bruderholzstrasse-Gundeldingerstrasse.

Nach dem Ersten Weltkrieg begann die Firma mit dem Bau von Hochdruckkompressoren bis tausend Atmosphären Druck. Diese fanden in der in- und ausländischen Grossindustrie, hauptsächlich in der Chemie, Verwendung. In der Regel wurden solche Hochdruckkompressoren dem Käufer ohne vorherige Betriebsprobe abgeliefert, weil die Zylinder regelmässig einer Wasserdruckprobe über das Anderthalbfache des maximalen Betriebsdruckes geprüft wurden.

Maschinen für die Sowjetunion

Mitte der Dreissigerjahre bestellte die Sowjetunion bei verschiedenen Firmen in der Schweiz Maschinen, weil die ausländische Konkurrenz mit Rüstungsaufträgen überhäuft war. So auch im Jahre 1936 bei der Firma Burckhardt. Auftragsgemäss begann man im Sommer 1937 mit dem Bau des bestellten Kompressors für die russische Ammoniakindustrie. Das Gerät musste für einen Ansaugdruck von achthundert Bar ge-

Aufnahme des Prüfstandes von Süden: 13. Defektes Schwungrad, 14. Kompressor mit Kolbenstange, 15. Luftkompressor, 16. Oberer Teil des Kompressorzylinders. Aufnahme: 1937

Aufnahme des Prüfstandes von oben. 17. Elektromotor, 18. Kompressor, 19. Schaltanlage, 20. Zwei Stahlflaschen, eine davon explodiert, 21. Abschrankung aus Holz, 22. Ölpumpe, 23. Defektes Schwungrad. Aufnahme: 1937

baut werden. Die Russen hatten bei der Auftragserteilung die Bedingung gestellt, dass die Zirkulationspumpe (Kompressor) vor der Ablieferung mit einem Druck von mindestens vierhundert Bar einer Laufprobe unterzogen werden musste.

Der Kompressor explodiert

Am Dienstag, den 28. September 1937 war es so weit. Der Bau des Kompressors war beendet und die Laufprobe stand an. Man startete die sehr grosse Maschine, alleine das Schwungrad hatte einen Durchmesser von vier Metern, und liess sie mit dem gewünschten Probedruck von vierhundert Bar laufen. Überwacht wurde das Ganze aus nächster Nähe von Technikern, Kontrolleuren, Monteuren und Schlossern.

Plötzlich gab es einen ohrenbetäubenden Knall. Um 16:06 Uhr explodierte der eineinhalb Meter lange Zylinder der Maschine. Eine riesige Stichflamme schoss empor. Das gewaltige Schwungrad der Maschine wurde vollkommen zerrissen und zentnerschwere Gusseisenstücke zwanzig Meter weit durch die Halle geschleudert. Sämtliche Maschinen wie Drehbänke, Kompressoren usw. wurden völlig zertrümmert. Sechs der herumstehenden Personen wurden sofort getötet, sieben schwer und fünfzehn leicht verletzt. Die gesamte Einrichtung der achtzig Meter langen und fünfzig Meter breiten Halle wurde vollkommen zerstört. Sämtliche Fensterscheiben barsten und das Dach wurde abgehoben.

Ein Ort des Grauens!

Den am Unfallort eintreffenden Rettungskräften bot sich ein grauenhafter Anblick. Durch den enormen Explosionsdruck waren den Angestellten, die um die Maschinen herumstanden, sämtliche Kleider vom Leibe gerissen worden. Die Toten waren bis zur Unkenntlichkeit verstümmelt, überall lagen Leichenteile herum. Eine Person brannte lichterloh und lag schreiend auf dem Boden.

Da der Explosionsknall weit herum hörbar war, kamen immer mehr Schaulustige an den Unglücksort. Die Polizei musste das Firmenareal weitläufig absperren, damit die Ermittlungsarbeiten ungestört ihren Lauf nehmen konnten.

Die Unfallursache

Nach intensiven Ermittlungen und unter Beiziehung von verschiedenen Experten war bald klar, dass es sich um eine Schmierölexplosion handelte.

Ein Zerreissen des Höchstdruckkompressor-Zylinders infolge zu hohen Drucks konnte mit Sicherheit ausgeschlossen werden, weil der verwendete Stahl um ein Vielfaches mehr hätte belastet werden können.

Explodierte Stahlflasche. Aufnahme: 1937

Aufnahme von erhöhter Stelle aus Westen. 24. Abschrankung zum Teil durchschlagen, 25. Kompressor, 26. Defektes Schwungrad. Aufnahme: 1937

Der Ausgangspunkt der Explosion konnte anhand der verbogenen Ventilteile einwandfrei in der Druckventilkammer gefunden werden. Dort dürfte sich ein Explosionsdruck von ca. zweitausend Atmosphären aufgebaut haben. Die erste, dort erfolgte Zündung hatte eine weitere innerhalb des Zylinders zur Folge.

Da der Zylinder mit Öl geschmiert werden musste, hatten sich unter Verwendung von Luft gefährliche Öldämpfe gebildet und schlussendlich entzündet. Was genau die Zündung verursachte, konnte nicht einwandfrei abgeklärt werden.

Mit der Verwendung von Stickstoff, anstelle von Luft, wäre eine Explosion verunmöglicht geworden.

Fahrlässige Tötung?

Nach all den Untersuchungen wurde Anklage wegen fahrlässiger Tötung gegen zwei leitende Ingenieure der Firma Burckhardt erhoben. Diese musste aber mangels Schuldbeweise eingestellt werden. Begründet wurde das Urteil mit der Tatsache, dass die Nichtverwendung von Stickstoff keine Fahrlässigkeit darstellte, weil die beiden Ingenieure nicht mit den wenig erforschten physikalisch-chemischen Zündungsbedingungen rechnen mussten. Im Weiteren wurden der Standort und die damit verbundenen Sicherheitsbedingungen des Probierstandes untersucht.

Im Fabrikgesetz fanden sich aber keine Bestimmungen über die Einrichtung von Räumlichkeiten zur Produktion von Höchstdruckkompressoren, weil zu jener Zeit erst mit dem Bau von solchen begonnen wurde.

Aufnahme des Prüfstandes von Süden: Oberer Teil des Kompressorzylinders, wurde rund 30 Meter vom Prüfstand weggeschleudert. Aufnahme: 1937

Vagabunden der übelsten Sorte

1936

Die beiden Vagabunden, der sechsunddreissigjährige Wilhelm Rüegg und der zweiundzwanzigjährige Otto Sommavilla, lernten sich am Sonntag, den 4. Oktober 1936, in der Küche des Volkshauses kennen. Beide liessen sich dort gratis verköstigen. Rüegg war zu diesem Zeitpunkt wegen verschiedener Einbrüche auf der Flucht vor der Polizei. Sommavilla wollte nach Spanien zu den Volksfronttruppen, besass aber keinen Rappen Reisegeld. An jenem Sonntagabend bettelten sie auf der Strasse und schliefen dann in einem Gartenhaus, welches sie zu diesem Zwecke aufbrachen.

Am Montag trieben sie sich planlos in der Stadt herum. Für ein weiteres Gratisessen gingen sie in das katholische Waisenhaus Vincentianum an der Socinstrasse. Sie übernachteten wieder im Gartenhaus beim Rankhofareal. Am Dienstag trafen sie sich mit einem dreiundsiebzigjährigen Gemüsehändler aus Binningen, der am Sonntag mit Sommavilla eine «Baizentour» gemacht hatte. Während der Sauftour hatte der Händler Sommavilla den Auftrag gegeben, für ihn ein Mädchen aufzutreiben. Er erkundigte sich nun am Dienstag, ob dieser etwas «Passendes» gefunden habe. Sommavilla versprach, am Abend mit einem Mädchen in Binningen vorbeizukommen.

Noch am selben Abend sprach er auf der Strasse, immer in Begleitung von Rüegg, die ihm vom Sehen her bekannte Lina Bannier. an. Er orientierte sie über die begehrlichen Wünsche des alten Händlers. Sie sagte zu, sofern die Bezahlung stimmen würde, und so gingen die drei zu Fuss nach Binningen. Während Lina sich mit dem alten Mann in der Küche «unterhielt», räumten die beiden im Wohnzimmer die Kommode aus und stahlen zwanzig Franken sowie eine Sackuhr mit Kette.

Auf dem Heimweg erzählte Lina den beiden, dass sie einen Vetter habe, dieser sei zwar ein «Dubeli», besitze aber viel Geld und sei leicht zu bestehlen. Man vereinbarte auf den nächsten Mittwoch ein Treffen, damit Lina die beiden über die Gewohnheiten ihres Vetters unterrichten konnte. Rüegg und Sommavilla nächtigten wieder in dem bereits erwähnten Gartenhaus.

Linas Instruktionen

Am Mittwoch, den 7. Oktober, morgens um elf Uhr, traf man sich in der vereinbarten Wirtschaft. Lina instruierte die beiden über die Gewohnheiten ihres Vetters Emil Grass. Dieser würde sich in seiner Freizeit als Amateurfotograf betätigen und deshalb mit seinem Freund, einem Coiffeurmeister, viel zusammen fotografieren. «Sagt ihm, dass ihr euch für seine Fotos interessiert, dann lässt er euch bestimmt in die Wohnung.» Lina gab eine genaue Schilderung der Wohnung ab. «In der obersten Kommodenschublade befinden sich in einem gelben Couvert 200 Franken. Ausserdem muss bestimmt noch irgendwo eine grosse Geldsumme vorhanden sein.» Die beiden trennten sich dann von Lina mit der Abmachung, sie abends um acht Uhr wieder an der Schifflände zu treffen.

Man schreitet zur Tat

Von der Schifflände gingen die drei zu Fuss zum Wohnort von Emil Grass an der Landskronstrasse 49. Lina zeigte den beiden die Parterrewohnung von Grass und

Der Raubmörder Wilhelm Rüegg. Aufnahme: 18.12.1936

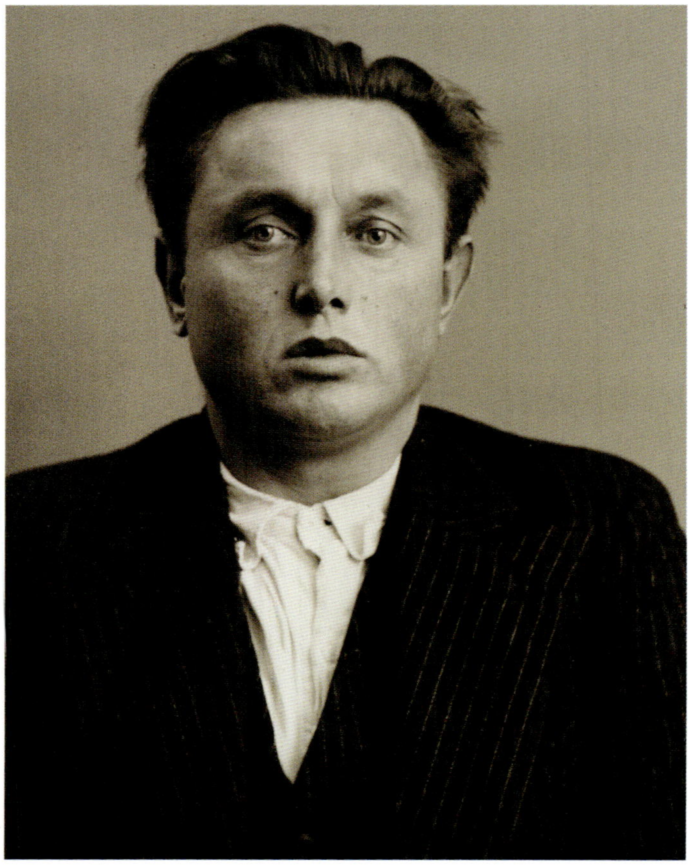

entfernte sich wieder. Sie wollte sich mit ihren beiden Komplizen nach geglückter Tat in der St. Johanns-Vorstadt treffen.

Dreimal mussten Rüegg und Sommavilla an der Hausglocke läuten, bis Emil Grass ihnen öffnete und sie nach ihrem Begehren fragte: «Ihr Freund, der Coiffeurmeister, gab uns Ihre Adresse, wir haben Interesse an Ihren fotografischen Arbeiten», sagte Rüegg. Nach kurzem Zögern liess Grass die beiden eintreten und führte sie ins Wohnzimmer, wo er ihnen seine Fotos zeigte. Dabei standen alle drei um den Tisch herum. Rüegg versuchte hinter dem Rücken von Grass eine Schublade der Kommode zu öffnen. Da sie verschlossen war, zog er etwas stärker. Der erhöhte Zug verursachte ein knarrendes Geräusch. Grass drehte sich auf dieses Geräusch hin um und erkannte die dunklen Absichten seiner Besucher. Er packte Rüegg am Kittel und zerrte ihn von der Kommode weg. Nun begann ein Ringen auf Leben und Tod. Rüegg drückte Grass auf sein Bett und würgte ihn während mehrerer Minuten. Sommavilla begab sich geistesgegenwärtig zur noch offenen Wohnungstür und verschloss diese. Auch schloss er die Wohnzimmertür und liess die Fensterrollläden herunter. Unterdessen hatte Rüegg den alten Mann bewusstlos gewürgt und drückte ihm ein Kissen aufs Gesicht. Sommavilla versuchte vergeblich, mit den herumliegenden Schlüsseln die Kommode zu öffnen. Rüegg befahl ihm deshalb: «Drück ihm das Kissen aufs Gesicht.» Sommavilla tat es.

Mit einem Meissel wuchtete Rüegg die Kommode auf und fand eine Blechbüchse mit achtundvierzig Franken. Während die beiden die Wohnung durchsuchten und sämtliche Behältnisse öffneten, klingelte es an der Wohnungstür. Der Freund von Grass, der Coiffeurmeister, stand vor der Haustür. Sofort löschten die beiden Ganoven das Licht und verhielten sich ruhig. Der Coiffeurmeister klopfte mehrmals an die Haustür und polterte im Vorgarten an die Rollläden. Als er sich wieder zurück zur Haustür begab, nutzten die beiden Täter die Chance und flüchteten aus einem Fenster. Der Coiffeurmeister und zwei junge Männer, die sich zufälligerweise in unmittelbarer Nähe aufhielten, beobachteten die Flucht und konnten so der Polizei ein erstes Signalement von den Räubern angeben. Nachdem die Täter verschwunden waren, begaben sie sich zum offen stehenden Fenster. Als sie die Unordnung im Zimmer sahen und Emil Grass auf ihr Rufen nicht antwortete, befürchteten sie das Schlimmste. Sofort eilten sie zum Polizeiposten St. Johann und informierten die dortigen Beamten. Am Tatort angekommen stiegen die Polizisten durchs Fenster in die Wohnung. Als sie das Licht anzündeten, bot sich ihnen ein grausiger Anblick. Emil Grass lag tot auf seinem Bett, auf dem Gesicht ein zerknittertes Kopfkissen. Sofort wurden das Kriminalkommissariat und der Gerichtsarzt verständigt.

Der Raubmörder Otto Sommavilla. Aufnahme: 18.12.1936

Auf der Flucht

In der St. Johanns-Vorstadt trafen Rüegg und Sommavilla ihre Komplizin und gaben ihr von der Beute dreizehn Franken. Sie verschwiegen aber, dass es mit Grass zu einem Kampf gekommen war. Nach dem gemeinsamen Besuch einer Wirtschaft verabschiedeten sie sich von Lina. Mit dem Tram fuhren sie zum Zollamt Lysbüchel und verschwanden über die Grenze. Sie marschierten nach Häsingen, wo sie in einem Wirtshaus schliefen und das gestohlene Geld wechselten. Am nächsten Morgen fuhren sie mit dem «Express Rouge», einer Buslinie, nach Mulhouse. Weiter ging die Fahrt per Autostopp in einem Lastwagen, mit Aufenthalt in Belfort, Besançon und Avignon, nach Marseille. Dort wollten die beiden in die Fremdenlegion eintreten.

Die Fahndung nach den Mordgesellen

Nach umfangreichen Abklärungen konnte Lina Bannier bereits tags darauf, am 8. Oktober, in Basel verhaftet werden. Die Suche nach den beiden Raubmördern gestaltete sich etwas schwieriger. Intensive Nachforschungen führten aber, auch dank den Aussagen von Lina Bannier, bald auf ihre Spur. Sommavilla konnte schon einen Tag nach der Tat und Rüegg einen Tag später als Täter ermittelt werden. Sofort wurden Steckbriefe erstellt und überall verteilt. Schon am Tag nach der Tat meldete sich auf die Signalemente in Zeitungsberichten hin ein Landarbeiter aus Häsingen im Kannenfeldposten. Er gab an, die beiden gesuchten Räuber in einem Wirtshaus in

Lina Bannier, die Begleiterin von Rüegg und Sommavilla. Aufnahme: 08.10.1936

Häsingen gesehen zu haben. Sofort begaben sich Basler Kriminalbeamte nach Frankreich zu dem Wirtepaar. Die beiden Wirtsleute erkannten ihre «Gäste» sofort anhand der Fotos auf den Steckbriefen und bemerkten dazu, dass einem der beiden an einer Hand zwei Finger fehlen würden, was bei Rüegg der Fall war. Zusammen mit den französischen Kollegen machte man sich auf die weitere Spur der Verbrecher. Als schliesslich bekannt wurde, dass Sommavilla in Marseille einen Stiefbruder hatte, wurde auf telegrafischem Weg die Marseiller Sureté (heute Police Nationale) davon orientiert.

Die Verhaftung

Am 14. Oktober, kurz vor zehn Uhr, stellten zwei patrouillierende Gendarmen im alten Hafen von Marseille bei der Kreuzung Rue Lejeune/Rue Capucine zwei verdächtige Personen fest. Die beiden unterhielten sich in einer für die Gendarmen unverständlichen Sprache. Zudem stimmte ihr Signalement mit jenem der Steckbriefe überein. Sie verlangten von den beiden die Ausweise. Rüegg wies sich mit einem gestohlenen Pass aus, der auf den Namen Wegmüller ausgestellt worden war. Aber schon nach kurzem Verhör gab sich Rüegg zu erkennen, denn Sommavilla hatte inzwischen die auf seinen Namen lautenden Schriften vorgezeigt. Ohne sich zu widersetzen oder einen Fluchtversuch zu unternehmen, liessen sich die beiden Mörder von den Gendarmen auf die Police Centrale abführen. Dort gestanden sie ihre Tat. Auf das Auslieferungsbegehren der Schweizer Behörden hin wurden sie am 14. Dezember 1936 der Genfer Polizei übergeben. Tags darauf kamen sie mit dem Zug in Basel an und wurden im Lohnhof «einquartiert».

Dem Trio wird der Prozess gemacht

Am Montag, den 24. Mai 1937, begann der Prozess gegen die drei Komplizen. Der Gerichtssaal war bis zum Bersten voll. Vor den Richter traten die Angeklagten:

Wilhelm Rüegg, von stämmiger, gesunder und starker Statur, Otto Sommavilla, von hagerer Gestalt, das Gesicht bleich, die Kleider schlotternd am Leib, besonders auffallend seine Glatze, und Lina Bannier.

Wilhelm Rüegg

Rüegg wuchs im Badischen auf. Sein Vater war Spinnereiarbeiter. Da der Vater oft die Arbeitsstelle wechselte, zog die Familie von Stadt zu Stadt. Rüegg arbeitete in jungen Jahren als Riemenschlosser in einer Munitionsfabrik. Bei einem Arbeitsunfall verlor er zwei Finger an der linken Hand. Er hatte fünfzehn Vorstrafen, vor allem Diebstähle, aber auch Raubüberfälle. Als Zwanzigjähriger verliess er das Elternhaus in Deutschland, kam in die Schweiz und wurde arbeitslos. Von da an ging es rapide bergab. In zwei Jahren wurde er nicht weniger als siebenmal bestraft. Rüegg war ein brutaler, jähzorniger Geselle. Vom Gerichtsarzt wurde Rüegg, aufgrund seiner Charakterabnormität, als Psychopath bezeichnet. Ihm wurde eine leichtgradig verminderte Zurechnungsfähigkeit zugebilligt.

Otto Sommavilla

Sommavilla kam in St. Gallen auf die Welt. Sein Vater war Maler. Nach der Schule machte er widerwillig eine Lehre als Coiffeur. Er wäre lieber Schuhmacher geworden. Er arbeitete bei verschiedenen Coiffeurmeistern, wurde aber immer wieder hinausgeworfen. Er bezeichnete sich als menschenscheu, deshalb war es ihm in seinem Beruf auch nie wohl. Als Zwanzigjähriger begann er sein Vagabundenleben. Er walzte durch halb Europa, wurde immer wieder von der Polizei aufgegriffen und über die Grenze abgeschoben. Er bettelte sich durch Länder, übernachtete in Obdachlosen-Asylen, in Wartesälen oder in Eisenbahnwagen. Er liebte sein trostloses, abwechslungsvolles Vagabundenleben. Während acht Monaten machte er freiwillig Dienst im italienischen Militär. Er wollte wissen, wie es in der Armee so zu- und hergeht. Am Ende desertierte er, weil er seiner antifaschistischen Gesinnung wegen schikaniert wurde. Fünf Wochen vor der Tat kam er nach einer abenteuerlichen Flucht zurück nach Basel. Wegen Landstreicherei, Betteln und Zechprellerei war er schon oft bestraft worden. Vom Gerichtsarzt wurde Sommavilla als klassischer Typus des haltlosen Psychopathen und Vagabunden eingestuft. Er erklärte ihn aber für voll zurechnungsfähig.

Das Mordopfer Emil Grass. Aufnahme: unbekannt

Lina Bannier
Lina wuchs in Oberwil/BL auf. Ihren Vater hatte sie nie gekannt. Im Waisenhaus wurde sie erzogen. Den Beruf einer Schneiderin erlernte sie im Theresianum Solothurn. Anderthalb Jahre vor der Tat zog sie nach Basel und lebte beim Vetter des getöteten Emil Grass. Sie bestritt energisch, jemals auf den Strich gegangen zu sein. Auf jeden Fall war sie diesbezüglich nie bestraft worden. Von der Nachbarschaft war zu erfahren, dass sie mit ihrem Geliebten im Konkubinat lebte. Trotzdem empfing sie zu jeder Tages- und Nachtzeit Herrenbesuche. Sie soll durch ihre Tätigkeit das ganze Haus in Verruf gebracht haben. Auch als Arbeiterin war man mit ihr nicht zufrieden – flüchtig und faul sei sie, so hiess es. Vom Gerichtsarzt wurde sie als leicht vermindert zurechnungsfähig erklärt.

Die Liegenschaft Landskronstrasse 29, wo die Mordtat geschah. H = Hauseingang. K = Fenster, aus welchem die beiden Täter flüchteten. Aufnahme: 1936

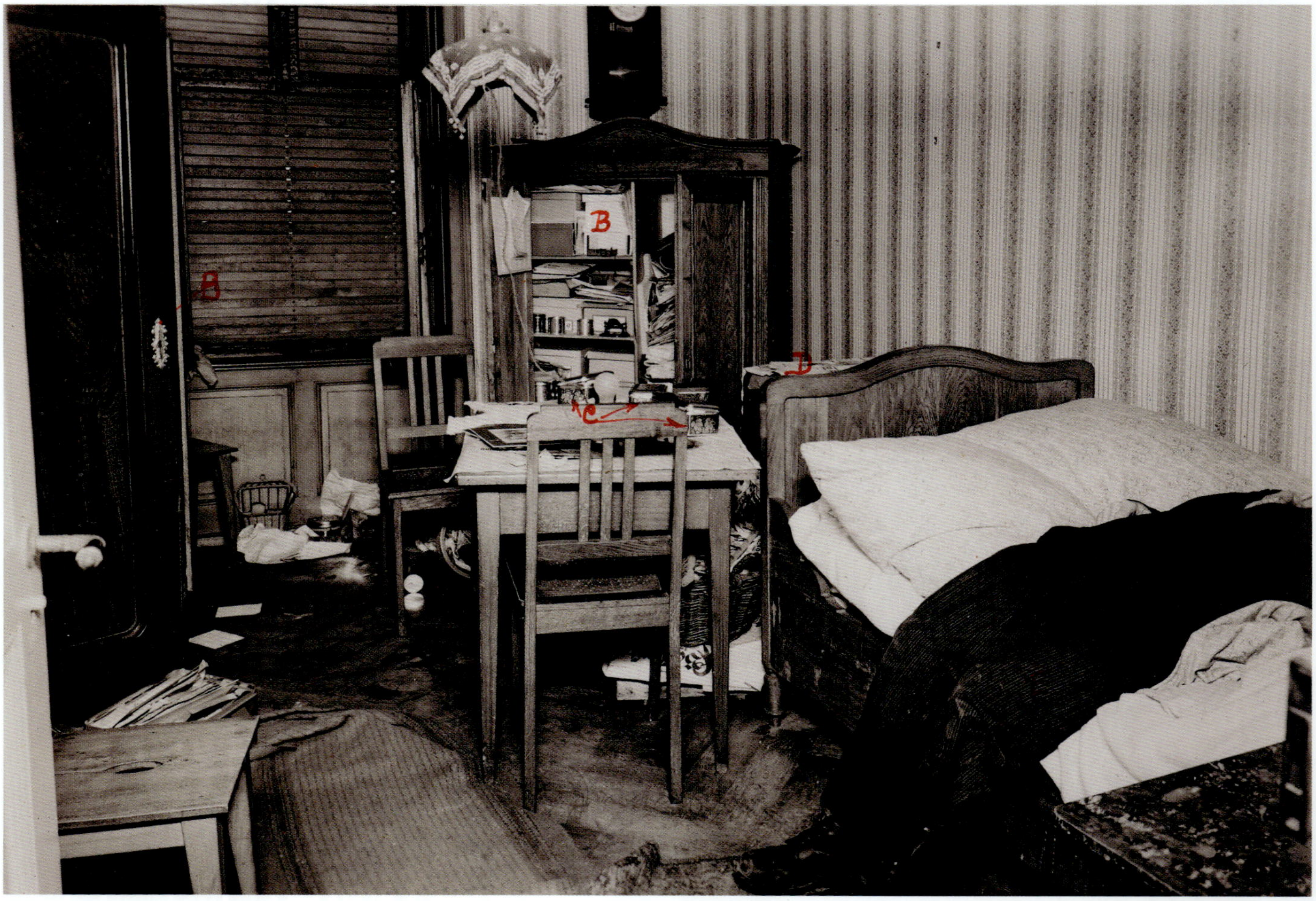

Wohnzimmer mit den aufgebrochenen und durchsuchten Behältnissen (Positionen A–D) Auf dem Bett liegend das Mordopfer Emil Grass. Aufnahme: 1936

Das Urteil

Rüegg und Sommavilla wurden des Raubes mit Todesfolge für schuldig erklärt. Rüegg wurde zu fünfzehn Jahren Zuchthaus und fünf Jahren Ehrverlust, Sommavilla zu zehn Jahren Zuchthaus und fünf Jahren Ehrverlust verurteilt. Lina Bannier wurde wegen Mittäterschaft zum einfachen Diebstahl mit sechs Wochen Gefängnis bestraft. Den Verurteilten Rüegg und Sommavilla wurde die Auslieferungs- und Sicherheitshaft in die Strafe eingerechnet. Gegenüber beiden wurde der Antrag auf Ausweisung gestellt. Bei Rüegg wurde zudem noch der Antrag auf dauernde Versorgung durch die Heimatgemeinde gestellt.

Rüegg nahm das Urteil gefasst entgegen, während Sommavilla hilflos weinte. Lina Bannier wurde relativ leicht bestraft, weil sie durch ihr sofortiges Geständnis die Fahndung nach den Räubern wesentlich unterstützt hatte. Für den Diebstahl beim Gemüsehändler in Binningen waren die drei ausserdem schon am 3. März 1937 durch das Kriminalgericht Liestal bestraft worden.

Die aufgebrochene Kommode. Position F = Durchsuchte Behältnisse.
Aufnahme: 1936

1936

Der tragische Tod eines anständigen Fräuleins

Gegen Ende Juni 1936 lernte der arbeitsscheue vierundzwanzigjährige Wilhelm Schmidt im Sonnenbad St. Margarethen die zweiunddreissigjährige Serviertochter Katharina Grebmaier kennen. Die Bekanntschaft führte gegen Ende Juli zu einer intimen Beziehung. Mehrmals trafen sich die beiden im Mansardenzimmer von Katharina an der Reichensteinerstrasse 20. Doch schon wenige Tage später zeigte sich Katharina gegenüber Wilhelm kühl und abweisend; sie versuchte, die Beziehung wieder aufzulösen. Wilhelm dagegen wollte das Verhältnis aufrechterhalten und überhäufte Katharina in der ersten Hälfte des Monats August mit mündlichen und schriftlichen Liebesbekenntnissen. Auch bat er sie mit einem Betrag von fünfzig Franken um finanzielle Unterstützung. Daneben machte er zu Katharina immer wieder die Bemerkung, dass er sich mit Selbstmordgedanken beschäftige. Katharina, welche Wilhelm schon einen Siegelring, ein Zigarrenetui und ein Zehnfranken-Goldstück geschenkt hatte, gab ihm am 10. August die verlangten fünfzig Franken in der Hoffnung, dass sie nun endlich von ihm in Ruhe gelassen würde.

Der Mörder Wilhelm Schmidt. Aufnahme: 19.08.1936

Das Mordopfer Katharina Grebmaier. Aufnahme: unbekannt

Erste Mordgedanken

Am Nachmittag des 14. August 1936, als Katharina einmal mehr die Bitte um ein Treffen abgeschlagen hatte, kaufte sich Wilhelm eine Pistole samt Munition. Er befasste sich schon damals mit dem Gedanken, Katharina zu töten, wenn sie das Verhältnis mit ihm nicht aufrechterhalten sollte. An diesem Nachmittag besuchte er nacheinander etwa zehn Wirtschaften und trank dort neun bis zehn Becher Bier, sechs Kaffee Crème und etwas mehr als eine halbe Flasche Wein.

In der Nacht auf den 15. August wartete er nach Wirtschaftsschluss vor der Liegenschaft Reichensteinerstrasse 20 auf Katharina. Im Hauseingang führte er mit ihr ein längeres Gespräch. Im Verlaufe des Gesprächs begann Katharina zu weinen. Gerührt durch ihr Verhalten nahm er seine Pistole hervor und übergab sie ihr mit dem Auftrag, diese zu entsorgen. Er trennte sich erst von ihr, nachdem sie ihm auf nächste Woche ein Treffen im Sonnenbad versprochen hatte.

Schon am 17. August trafen sich die beiden im Sonnenbad. Die erneuten Werbungen von Wilhelm liessen Katharina kalt, sie entfernte sich schliesslich zornig aus dem Sonnenbad. Wilhelm, der sich nun von seiner Geliebten verlassen sah, entschloss sich, am 18. August aus dem Leben zu scheiden. Dies aber erst, wenn es ihm nicht gelang, Katharina mit einem letzten Versuch umzustimmen.

Eine zweite Pistole

Da ihm für den erneuten Kauf einer Pistole die nötige Barschaft fehlte, versetzte Wilhelm sechs Silberlöffel aus dem Haushalt seiner Eltern sowie deren Radio. Mit dem Erlös erwarb er sich bei der Eisenhandlung Himmelsbach an der Klybeckstrasse 45 eine neue Selbstladepistole, Marke Union, Kaliber 6,35, samt sechs dazu passenden Patronen.

Am frühen Nachmittag fasste Wilhelm einen neuen Entschluss. Er wollte nicht nur sich selbst, sondern auch Katharina, falls sie sie seinem Verlangen nun endgültig nicht nachkäme, mit in den Tod nehmen. Den Nachmittag verbrachte Wilhelm im Sonnenbad. Von 19:00 bis 22:30 Uhr besuchte er in Binningen fünf Wirtschaften, wo er in Gesellschaft von Kollegen elf bis zwölf Becher Bier und zwei Kaffee Crème trank. Dabei liess er im Gespräch auch ab und zu die Bemerkung fallen, er habe die Absicht, Schluss zu machen. Konkret erklärte er im Restaurant Salmen, er werde heute Nacht Schluss machen, wenn er nicht fünfhundert Franken erhalte. Um 22:30 Uhr machte er sich zu Fuss auf den Rückweg in die Stadt und gab unterwegs einen Probeschuss in den Birsig ab.

Skrupellos erschossen

Am 18. August, gegen 23:00 Uhr traf er Katharina, welche an jenem Abend im Restaurant Dorenbach serviert hatte. Vor und im Hauseingang der Liegenschaft Reichensteinerstrasse 20 kam es zu einer heftigen verbalen Auseinandersetzung. Als Katharina erneut klar machte, dass sie von Wilhelm nichts mehr wissen wolle, führte dieser seinen gefassten Entschluss aus. Er zog eine Minute nach Mitternacht seine Pistole und gab hintereinander zwei Schüsse auf die vor ihm Stehende ab. Katharina wurden von beiden Kugeln getroffen, schrie auf, wankte einige Schritte zurück und brach im hinteren Teil des Hausganges zusammen. Wenige Minuten darauf, als sie von herbeigeeilten Nachbarn aufgehoben wurde, verschied sie. Wie eine spätere Untersuchung ergab, durchschlug eine der Kugeln Lunge und Herz, was zum raschen Tod des Opfers führte.

Nach der Tat

Wilhelm entfernte sich nach der Schussabgabe ruhigen Schrittes in Richtung Blauensteinerstrasse. Als er von den aufgeschreckten Anwohnern in der Reichensteinerstrasse über die Ursache der Detonationen und Schreie gefragte wurde, erklärte er gelassen, es sei ein Autoreifen geplatzt. Zugleich fragte er die Leute, wo man telefonieren könne. Dann bog er um die Ecke, rannte zur Margarethenstrasse und von dort auf den Margarethenhügel. Auf Umwegen begab er sich zu seinem Freund Fritz S. in die Dornacherstrasse. Diesem erzählte er kurz, was sich zugetragen hatte und dass Katharina geschrien habe «wie eine Sau». Danach begaben sich die beiden ins Bett. Weil sie aber noch nicht einschlafen konnten, unterhielten sie sich über «wichtigere» Dinge wie die Olympiade in Berlin und den Boxkampf Jack Sharkey gegen Joe Louis in Amerika. Um ca. 02:00 Uhr schliefen sie ein.

Am Vormittag des 19. August 1936 wurde Schmidt in der Frobenstrasse durch die Polizei angehalten und auf dem Lohnhof in Sicherheitshaft gesetzt. Im April 1937 kam der Mordfall vors Strafgericht.

Aus dem Leben eines Taugenichts

Wilhelm Schmidt wuchs zusammen mit seinem Stiefvater und seiner Mutter in Binningen auf. Er lebte mehrheitlich auf der Strasse, war ein fauler Schüler und hatte schlechte Zeugnisse. Eine Schriftsetzerlehre brach er ab. Seit 1930 war er praktisch arbeitslos. Zwischendurch arbeitete er als Ausläufer. Wegen eines Mädchens war er drei Tage zu spät in die Rekrutenschule eingerückt und deswegen bestraft worden. In diesem Zusammenhang wurde er psychiatrisch untersucht. Das Ergebnis war eine Entlassung wegen Dienstuntauglichkeit.

Da er das süsse Nichtstun liebte, hielt er sich im Sommer hauptsächlich im Sonnenbad St. Margarethen auf. Im Winter hörte er dem Grossen Rat zu, begab sich an Gerichtsverhandlungen oder machte mit Kollegen einen Jass. Mit fünf verheirateten Frauen, die er im Margarethenpark kennenlernte, pflegte er Beziehungen. Auch hatte er mit vielen Mädchen intime Verhältnisse.

Wohn- und Schlafzimmer von Katharina Grebmaier. Aufnahme: 1936

Hausgang der Liegenschaft Reichensteinerstrasse 20, wo die Mordtat geschah
a = Eingang zum Treppenhaus
b = Ort, wo die verstorbene Katharina Grebmaier zusammenbrach
c = Blutlache
d = Blumenstrauss
e = Wasser
f = Lage der gefundenen leeren Patronenhülse

Dagegen wurde Katharina Grebmaier von einem ehemaligen Liebhaber, von Bekannten und Gästen aus dem Restaurant Dorenbach als sehr anständig, sparsam, freundlich und lebenslustig bezeichnet. Sie sei eine sehr sympathische Person gewesen. Angeblich löste Katharina das Verhältnis mit Wilhelm auf, weil dieser aus ihrer Sicht ein Taugenichts war.

Schmidt wurde des Mordes für schuldig erklärt und zu lebenslänglichem Zuchthaus verurteilt, sowie zu fünf Jahren Ehrverlust nach Erstehung der Strafzeit. Gestützt auf das psychiatrische Gutachten wurden alle Milderungsgründe abgelehnt. Schmidt appellierte gegen das Urteil. Sein Freund Fritz S., bei dem er nach der Tat nächtigte, erhielt wegen falschen Zeugnisses (er wollte nicht in einen Mord mit einbezogen werden) drei Wochen Gefängnis.

Vor dem Appellationsgericht ging es um die Klärung der Frage, Mord oder Totschlag. Das Appellationsgericht folgte den Argumentationen der Verteidiger und verurteilte Schmidt, entgegen des erstinstanzlichen Urteils, nur wegen Totschlags zu 13,5 Jahren Haft.

1936

Das Hakenkreuz im Zweirappenstück

Beim Durchsichten des Materials aus dem ehemaligen Kriminalmuseum Basel-Stadt (1950–1982 am Heuberg 28) fand ich diese Fotografien, die zwei Zweirappenstücke im Vergleich zeigen. Da die Aufnahmen ohne Begleittext waren, konnte ich damit nicht sehr viel anfangen. Der Zufall wollte es dann, dass ich in den «Basler Nachrichten» vom 17.08.1936 einen entsprechenden Zeitungsartikel dazu finden konnte. Obwohl ich darüber keine Geschichte schreiben kann, wollte ich dem Leser diese seltene Aufnahme nicht vorenthalten. Leider hat das Zweirappenstück mit dem Hakenkreuz den Weg nicht in die Polizeihistorische Sammlung gefunden.

Schlechter Witz

Die Staatsanwaltschaft befasst sich zur Zeit mit der Feststellung der Urheberschaft falscher Zweirappenstücke, die täuschend gut nachgeahmt, jedoch an der veränderten Rückseite erkenntlich sind. Anstelle des Schweizerkreuzes, das sich im Mittelschild des Wappens befindet, haben die Fälscher des Hakenkreuz (!) geprägt, doch scheinen diejenigen, die die Falsifikate in den Umlauf gebracht haben und die man in den Reihen der Leonhardtschen «Nationalsozialistischen Schweizerischen Arbeiterpartei» vermutet, die Zeit des «Umbruchs» unserer Schweiz erst in vier Jahren zu erwarten; denn das gefälschte Zweirappenstück trägt die Jahreszahl «1940» (!). Von diesem Termin an soll also das Hakenkreuz das Schweizerwappen zieren! Da es sich aber immerhin um ein «Münzverbrechen handelt, das nach Bundesgesetz bestraft wird», befasst sich auch die Bundesanwaltschaft mit der Angelegenheit.

Echtes (1932) und falsches (1940) Zweirappenstück. Aufnahme: 1936

1936

Panizzi und Co. halten die Basler Polizei auf Trab

Am frühen Mittwochmorgen des 8. Juli 1936 betrat die Putzfrau der Firma Röthlisberger & Cie. (Kleiderfärberei und Chemische Waschanstalt) das Firmengebäude an der Bachlettenstrasse 37–39. Dabei bemerkte sie schon im Hauseingang weisse Schuhabdrücke, die in den Lager- und Verkaufsraum führten. Dort wurde ihr Verdacht, dass Einbrecher über Nacht ihr Unwesen getrieben hatten, bestätigt.

Sofort stieg die Putzfrau zu den im ersten Stock gelegenen Büroräumen hinauf. Beim Öffnen der Tür erblickte sie ein unbeschreibliches Durcheinander von Aktendossiers, Briefordnern und anderem Schubladeninhalt. Der links neben dem Fenster in einer Ecke stehende viereinhalb Zentner wiegende und feuersichere Kassenschrank war auf der Seite geknackt worden. Es gähnte ein riesiges Loch. Der Fussboden war über und über mit Kieselgur bedeckt, einer kreideähnlichen Masse, die sich als Isolierschicht zwischen den beiden Mantelwänden des Kassenschrankes befunden hatte. Auf einem Pult lagen ein schwerer Handbohrer und eine riesige Zange, die aus den im Hinterhaus gelegenen Werkstätten stammten, ferner eine kleine Stahlkassette, die aufgesprengt und zusammen mit einer kleinen, aufgeschnittenen Ledermappe ihres Inhalts beraubt worden war.

Ohne etwas zu berühren, verständigte die erschrockene Putzfrau den Geschäftsinhaber, der wiederum die Staatsanwaltschaft benachrichtigte. Eine Anzahl Detektive des Kriminalkommissariats und Beamte des Erkennungsdienstes (ED) nahmen sich unverzüglich der Sache an, versuchten den Weg abzuklären, den die Einbrecher genommen hatten, sicherten wertvolle Spuren, fotografierten und nahmen kurze Verhöre vor. Dabei stellte sich heraus, dass der Einbruchdiebstahl aller Wahrscheinlichkeit nach zwischen vier und sechs Uhr morgens verübt worden war, und zwar zu einer Zeit, in der sich die Täterschaft vor den Kontrollgängen des Securitaswächters sicher fühlte. Der Heizer, der in aller Frühe seinen Dienst antrat, hatte von dem frechen Einbruchdiebstahl nichts wahrgenommen.

Es schien sicher zu sein, dass die Einbrecher mit den Örtlichkeiten vertraut waren und dass sie passende Werkzeuge zum Knacken des schweren Kassenschrankes mitbrachten. Nachdem sie vorerst sämtliche übrigen Behältnisse und Schubladen durchsucht und bereits erhebliche Barbeträge erbeutet hatten, begannen sie den Kassenschrank zu knacken. Sie bohrten zu diesem Zweck vorerst einige Löcher in die Seitenwand, worauf sie vermutlich mit einem Geissfuss (Brecheisen) ein Stück der fünf Millimeter dicken, aus Flussstahl bestehenden Aussenmantelwand loszulösen vermochten. Nach dem Entfernen der feuersicheren Füllung stellte sich ihnen ein zweites Hindernis, der gleich dicke Innenmantel, entgegen. Aber auch dieser Widerstand wurde nach mühevoller Arbeit gebrochen, worauf die Einbrecher auf die Barschaften im Tresorfach stiessen, die sie sich aneigneten.

Nach einer genauen Überprüfung der Kassenbestände stand fest, dass der unerkannt entkommenen Täterschaft in den verschiedenen Magazin- und Büroräumlichkeiten, aus dem geknackten Kassenschrank, aus aufgebrochenen Kassetten, aufgeschlitzten Mäppchen und gewaltsam geöffneten Schubladen insgesamt 4316 Franken in die Hände fielen.

Büroraum mit aufgebrochenem Kassenschrank, auf dem Pult die schwere Handbohrmaschine. Aufnahme: 1936

Glücklicherweise waren Geldschrankknacker in unserer Stadt seltene Gäste und die Annalen unserer kriminellen Ereignisse verzeichneten in jenen Jahren erfreulicherweise nur zwei erfolgreiche Fälle. Das eine Mal handelte es sich um den bis heute noch nicht aufgeklärten Einbruchdiebstahl in die Arbeitslosenkasse, wobei der Kassenschrank erbrochen wurde und 48 000 Franken erbeutet wurden. Der zweite ähnliche Fall gelangte 1936 zur Aburteilung. Es handelte sich um den Einbruch in die Räume des französischen Konsulats, in dessen Verlauf den Geldschrankknackern einige Tausend Franken in die Hände gefallen waren.

Das Einbrecher-Sextett

Etwa einen Monat vor dem Einbruchdiebstahl bei der Firma Röthlisberger wurde eine gefährliche Einbrecherbande verhaftet, die aus den sechs in Saint-Louis und Hüningen unangemeldet sich aufhaltenden Italienern Luigi Sofra, Gino Napucci, Giuseppe Vecchi (der schöne Valentino), Angelo Mantovani, Romeo Bassent und Quinto Panizzi bestand. Sie wurden wegen den Einbruchdiebstählen in den Postfilialen St. Alban-Tor und Elisabethen sowie dem oben erwähnten im französischen Konsulat am 20. Juni 1936 vors Strafgericht gestellt.

Die ersten vier Berufseinbrecher erhielten Zuchthausstrafen von einem bis zwei Jahren, die beiden letzteren von fünf und vier Monaten. Die ganze Bande war seinerzeit in Brüssel, Marseille und Basel von der Polizei aufgegriffen und in den Lohnhof überführt worden. Da die Mitglieder sich beharrlich weigerten, die Fragen des Untersuchungsrichters zu beantworten, andauernd ihre Unschuld beteuerten und sich auf hartnäckiges Leugnen versteiften, musste das umfangreiche Belastungsmaterial in zäher Kleinarbeit durch die Detektive zusammengetragen werden. Es ist deshalb nicht verwunderlich, dass die Untersuchungshaft über ein Jahr dauerte. Während die ersten fünf zur Verbüssung der Strafe nach dem Zuchthaus verbracht wurden, setzte man den sechsten, Quinto Panizzi, dem die vier Monate der Untersuchungshaft voll angerechnet worden waren, auf freien Fuss und verwies ihn des Landes.

Panizzi an der Arbeit

Nach dem Einbruch in die Firma Röthlisberger hatte Detektivkorporal Rosenberg von der Staatsanwaltschaft den Auftrag erhalten, die Jagd nach den Einbrechern aufzunehmen. Unsere Beamten gingen nicht fehl in der Annahme, dass diese Einbrecherarbeit Panizzi zuzuschreiben sei, umso mehr, als man in Erfahrung gebracht hatte, dass er trotz behördlichem Einreiseverbot einige Tage zuvor wieder nach Basel gekommen war. Man hatte ferner eruiert, dass er sich auch in Lörrach und Genf aufgehalten hatte, um sich auf diese schlaue Weise sichere Alibis zu konstruieren. Der Polizei war ferner bekannt, dass er immer wieder bei internationalen Einbrecherbanden untertauchte und stets dort seine Hände im Spiel hatte, wo «ein Ding gedreht» wurde. Man erfuhr schliesslich auch, dass er in der Zwischenzeit an einem in Saint-Louis begangenen Einbruchdiebstahl beteiligt war, in dessen Verlauf mehr als ein halbes Dutzend wertvolle Fotoapparate entwendet wurden.

Panizzi in Genf gefasst

Im Verlauf der Untersuchung hatte man festgestellt, dass die in Basel niedergelassene Geliebte Panizzis plötzlich verschwunden war. Die Frau war im Zusammenhang mit der Verurteilung des italienischen Einbrechersextetts wegen Hehlerei zu einem Monat Gefängnis verurteilt worden. Die Beamten der Staatsanwaltschaft ermittelten jedoch schon nach wenigen Tagen den Aufenthalt der Geliebten und veranlassten die Genfer Behörden, bei ihrem Auftauchen in der Rhonestadt ein scharfes Auge auf sie zu richten, da sie annahmen, dass auch der Einbrecher Panizzi sich in ihrer nächsten Nähe aufhalten dürfte. Man hatte nicht falsch kalkuliert: Panizzi konnte von der Genfer Polizei überrascht, festgenommen und den Basler Behörden zugeführt werden. In der Zwischenzeit aber verschwand Panizzis Geliebte aus Genf; sie wurde in der Folge von den gesamten schweizerischen Polizeibehörden eifrig gesucht.

«Non so niente!» (Ich weiss von nichts!)

Im Lohnhof machte sich Detektivkorporal Rosenberg unverzüglich daran, seinen Mann in französischer und italienischer Sprache auszunehmen. Panizzi, der abge-

Ansicht der Einbruch-Liegenschaft mit Sitz der Firma Röthlisberger an der Bachlettenstrasse 37–39. Aufnahme: ca. 1938

feimte Verbrecher, hatte aber für alle Anschuldigungen nur ein freundliches Lächeln. «Ich weiss von nichts.» Nach seiner Ansicht war die Basler Polizei einer Mystifikation zum Opfer gefallen. Er berief sich auf seine geschaffenen Alibis, lügte überlegen und zuckte die Achseln. Doch mit bewunderungswürdiger Ruhe und Energie «zerpflückte» ihm der gewiefte Detektiv das Lügengebäude.

Sobald die flüchtige Hehlerin, die, wie es gerüchteweise hiess, einen Teil der Einbrecherbeute mit sich tragen sollte, und der Komplize in seiner Hand wären, würde er Panizzi mit einem sensationellen Trumpf aufwarten, der selbst diesen hartgesottenen Sünder aus der Ruhe bringen dürfte. Vorläufig muss dieser «Schlager» streng geheim gehalten werden.

Panizzi wird ausgeliefert

Obgleich Panizzi nun seit Wochen im Lohnhof sass, hatte er noch kein Geständnis abgelegt. Um ihm nun eine «Luft- und Kostveränderung» zu ermöglichen, entsprach unsere Staatsanwaltschaft dem Auslieferungsbegehren der französischen Polizei, da Panizzi kurz vor seiner Verhaftung in Saint-Louis an einem Einbruch in ein Fotogeschäft beteiligt war. Die damalige Diebesbeute, acht wertvolle Fotoapparate, konnte unsere Polizei in Basel beschlagnahmen. Wegen verbotenen Grenzübertritts hatte sich Panizzi vorerst vor dem Polizeirichter zu verantworten, worauf er nach Verbüssung dieser Strafe dem Mülhauser Untersuchungsrichter wegen des Einbruchdiebstahls in Saint-Louis zugeführt wurde. In der Zwischenzeit nahm die Basler Untersuchung ihren Fortgang, wobei man hoffte, seiner Komplizen habhaft zu werden.

Während sich Panizzi vor den französischen Behörden verantworten musste arbeiteten unsere Detektive weiter an dem Einbruch bei der Firma Röthlisberger. Schliesslich konnte der Fall wegen mangelnder Beweise nicht abgeschlossen werden.

Daneben konnte auch die Uniformpolizei ihre Erfolge verbuchen, wie uns ein Zeitungsbericht aus den «Basler Nachrichten» vom 28. Juni 1937 zeigt:

Auszeichnung tüchtiger Polizeimänner

Bei einer kürzlichen Verbrecherjagd im St. Albanquartier hat es sich gezeigt, wieviel davon abhängt, ob die Polizeimänner sozusagen nur mechanisch ihre nächtliche Patrouille abschreiten, oder ob sie es sich angelegen sein lassen, Gärten und Häuser und überhaupt das gesamte Quartier mit angespannter Aufmerksamkeit zu beobachten.

Der gute Griff, welcher der Polizei in jener Nacht gelungen ist, darf nämlich durchaus nicht auf einen blossen Zufall zurückgeführt werden, sondern er ist, wie aus den Rapporten hervorgeht, der Aufmerksamkeit, der Intelligenz und dem ebenso raschen wie gut überlegten Handeln des Patrouillenführers zu verdanken. Dieser vernahm weiter nichts als ein ganz leises Geräusch in einer der Liegenschaften, für dessen Ursache er keine «normale» Erklärung fand. Er gelangte zum Schluss, dass aller Wahrscheinlichkeit nach ein Einbrecher am Werke sei. Da die Möglichkeit zur Flucht durch die grossen und mit reichlichem Buschwerk ausgestatteten Gärten zu gross war, um zu zweien etwas unternehmen zu können, liess er vom St. Albanposten Verstärkung heranholen und die ganze

Liegenschaft umstellen. Erst jetzt wurde ins Haus eingedrungen. Dennoch gelang es dem gewandten Einbrecher, im Schatten der Bäume und Sträucher zu entkommen und sich sogar den Blicken seiner Verfolger zu entziehen. Weitere Mannschaften der nächst liegenden Posten wurden herangeholt, die den grossen Häuserblock Sevogelstrasse – Hardstrasse – St. Albananlage abriegelten, und bei der Verfolgung wurde stets auf die Aufrechterhaltung der rückwärtigen Verbindungen geachtet. Die Richtung des Flüchtigen war längere Zeit nur noch auf Grund seiner hinterlassenen Fussspuren zu erkennen. Durch dichtes Buschwerk, über Hecken und Mauern, selbst auf Bäume hinauf ging die wilde Jagd, bis der Verbrecher endlich auf dem Estrich einer Liegenschaft in der Hardstrasse aufgestöbert und festgenommen werden konnte.

Die unmittelbaren Vorgesetzten des Polizeimannes, dem das Hauptverdienst an der Ergreifung zukommt, haben sich in ihrem Rapport ausserordentlich lobend über dessen zweckmässiges, überlegtes und doch blitzschnelles Verhalten ausgesprochen, weshalb sich der Vorsteher des Polizeidepartements veranlasst sah, aus dem ihm zur Verfügung stehenden Fonds für besondere Leistungen den drei Hauptbeteiligten Belohnungen in Höhe von 100, 50 und 20 Franken zukommen zu lassen. Besondere Erwähnung verdient, dass der mit 100 Franken bedachte Patrouillenführer einer der erst vor kurzem engagierten Rekruten ist. Diese ‹Anfänger› haben sich übrigens auch schon bei anderen Gelegenheiten durch Eifer und Umsicht ausgezeichnet. So wurde der vor einigen Monaten am Aeschengraben festgenommene ‹Wiener Einbrecherkönig›, der seine Ueberbringung ins Spital und seine spätere Flucht als besondere Spezialität dadurch zu erzwingen versucht, dass er allerhand massive Gegenstände verschluckt und sich dann krank meldet, ebenfalls durch einen Rekruten gefasst. Auch die Festnahme eines dritten und nicht minder berüchtigten Einbrechers ist lediglich der guten Beobachtungsgabe und der Konsequenz eines ‹Jungen› zu verdanken.

Polizisten als Irrenwärter (Der schöne Valentino)
«National-Zeitung» vom 28.08.1936
Am 20. Juni 1936 verurteilte das Basler Strafgericht sechs italienische Berufseinbrecher wegen zahlreicher Einbruchdiebstähle zu schweren Zuchthausstrafen. Unter diesem Einbrechersextett befand sich auch der junge, stets elegant auftretende Giuseppe Vecchi, der bei einer gewissen Damenwelt unter dem Namen «der schöne Valentino» bekannt war.

Obgleich die Herren Einbrecher gegen das Urteil appellierten, wurden sie der Sicherheit halber nach der Spitalstrasse (Schällemätteli) *überführt. Dort begann nun «der schöne Valentino» plötzlich ein «wilder Mann» zu werden, weshalb man ihn zur Beobachtung nach der Friedmatt brachte.*

Um jedoch allfällige Fluchtpläne raschmöglichst verhindern zu können, wurde er fortgesetzt von einem Polizeimann bewacht. Dies ging aber Vecchi dermassen auf die Nerven, dass er immer dann zu toben und zu lärmen begann, wenn er eines Polizisten ansichtig wurde. Um nun diesen sonderbaren Patienten weniger auffallend, trotzdem aber intensiv beobachten zu können, versahen die Polizisten anschliessend ihren Überwachungsdienst in Kittel und Schürze der dortigen Pfleger.

Eine mörderische Liebesgeschichte

1936

Karl Felber lernte am 1. August 1935 während einer Paddelbootfahrt nach Augst/BL die neunzehnjährige Schneiderin Adelheid Lüthi kennen. Zwischen den beiden entwickelte sich in der Folge ein Liebesverhältnis. Karl war damals Hilfsarbeiter bei einer Basler Metallbaufirma. Sein Stiefvater war in derselben Firma Hauswart und wohnte auch dort.

Beziehung auf Lügen gebaut

Von Anfang an belog Karl seine Geliebte und deren Eltern bezüglich seiner Stellung im Geschäft und seines Einkommens. Im Dezember desselben Jahres wurde Karl wegen diverser Unregelmässigkeiten entlassen. Dies verschwieg er nicht nur seiner Geliebten und deren Angehörigen, sondern täuschte zudem vor, er müsse in qualifizierter Stellung viel Überzeitarbeit leisten und verdiene deshalb auch bedeutend mehr.

Um sich gegenüber der Familie Lüthi als wohlhabender Mann zu präsentieren, schenkte er Adelheid aus seinen letzten Mitteln an Weihnachten ein Paar Skier und zum Geburtstag ein goldenes Armband, das er zuvor seiner Mutter gestohlen hatte. Die Mutter hatte den Diebstahl bemerkt, aber keinen Strafantrag gestellt. Im Februar 1936 vereinbarte Karl mit Adelheid und ihrer Mutter, dass er mit seiner Geliebten gemeinsam in einer billigen Jugendherberge in Arosa einige Tage Winterferien verbringen dürfte. Dies, obwohl er dazu keine finanziellen Mittel besass. Um seine Geldnot zu verbergen, verschob er die Ferien um einige Tage unter der falschen Angabe, er müsse im Geschäft vorerst noch dringende Arbeiten erledigen.

Am 29. Februar 1936 löste Karl dann ein Sportbillett nach Arosa. Nach diesem Kauf blieb ihm noch eine Barschaft von zwei Franken. Dann begab er sich zur Familie Lüthi. Trotz seiner völligen Mittellosigkeit hielt Karl am vereinbarten Ferienplan fest und nahm ohne Widerspruch von der Mutter von Adelheid fünfzig Franken entgegen. Er sollte damit die Pensionsrechnung für die Tochter Adelheid in Arosa begleichen. Schon einige Tage vorher hatte er telefonisch in der Pension Soldanella ein Doppelschlafzimmer bestellt, ohne sich über den Preis zu erkundigen.

Am 1. März fuhr er mit dem Mädchen nach Arosa und sie bezogen dort das Zimmer. Er vereinbarte mit der Inhaberin, Frau X., einen Pensionspreis von achtzehn Franken. Seine Mittellosigkeit verschwieg er auch ihr wohl wissend. Vom 1. bis zum 8. März verbrachte das Paar gemeinsame Ferien in Arosa. Am Sonntag, den 8. März 1936 musste Adelheid wieder nach Basel zurückkehren. Karl erklärte an diesem Sonntag seiner Geliebten, wie auch der Frau X., er wolle noch zwei Tage bleiben, um sein zehntägiges Sportbillett voll ausnützen zu können. Dabei täuschte er erneut beide Frauen, indem er vorgab, er werde am Dienstag beide Rechnungen miteinander bezahlen. Der Angeklagte besass bereits zu diesem Zeitpunkt sozusagen keinerlei Mittel mehr. Die fünfzig Franken, die ihm die Mutter von Adelheid anvertraut hatte, hatte er für den Unterhalt auf der Hinreise und für die Ausgaben anlässlich von Touren und abendlicher Ausgänge beinahe aufgebraucht. Er hatte also über die fünfzig Franken rechtswidrig zu seinem eigenen Vorteil verfügt.

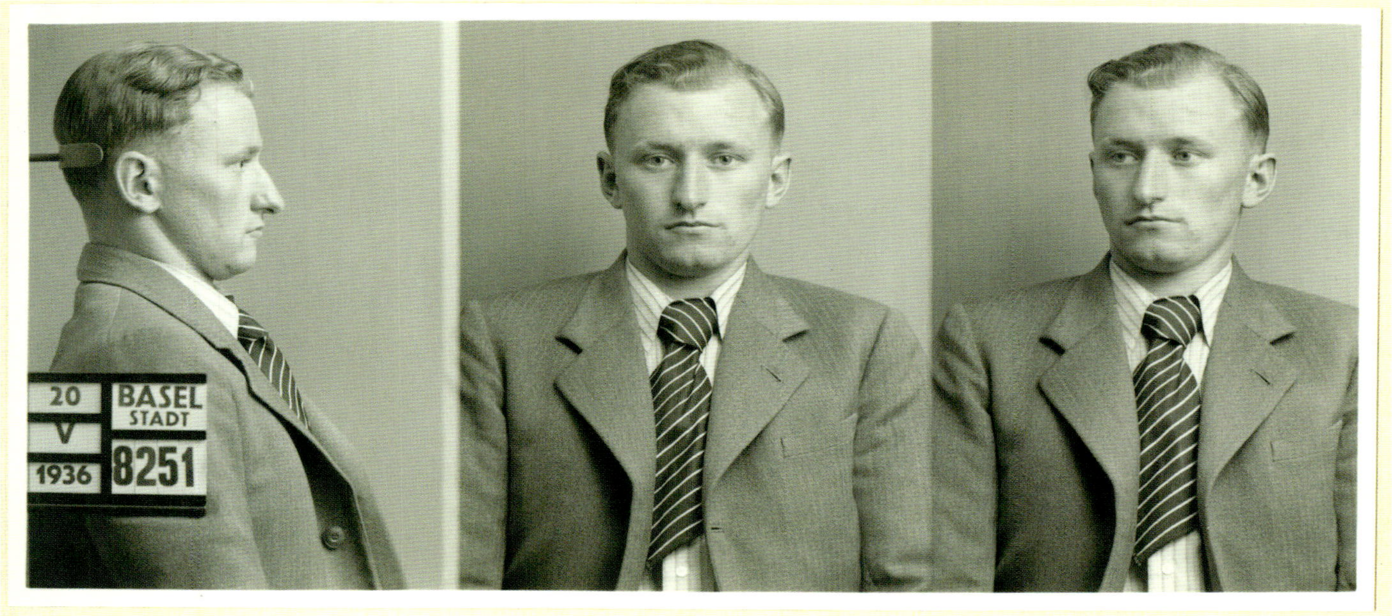

Der Mörder Karl Felber. Aufnahme: 20.05.1936

Beschaffung von Bargeld

Am 9. März 1936 begab sich Karl mit der aus Zürich stammenden Mitpensionärin Alice M. auf eine Skitour, um sich über deren Tourenpläne für den Dienstag zu orientieren. Er hatte von ihr gesprächsweise gehört, dass sie nie viel Geld mit auf die Touren nähme. Er konnte deshalb vermuten, dass sie ihr Bargeld im Zimmer aufbewahrte. Er erfuhr auch von ihr, dass sie für Dienstag, den 10. März wieder eine Tour geplant hatte. Er wartete deshalb am Dienstag, bis M. die Pension verlassen hatte. Danach schlich er in ihr Zimmer und entwendete dort ein braunledernes Näh-Necessaire. In diesem befanden sich hundertvierzig Franken und ein Retourbillett Arosa-Zürich im Wert von vierzehn Franken und fünfundachtzig Rappen. Um die Mittagszeit verliess Karl dann heimlich mit seinem Gepäck die Pension. Die Pensionsrechnung in der Höhe von hundertneunundsiebzig Franken und dreissig Rappen bezahlte er nicht. Er fuhr vorerst mit einem Taxi nach Chur und von dort mit dem Zug zurück nach Basel.

Chance zum Neuanfang

Während den Sportferien von Karl und Adelheid erfuhr die Mutter des Mädchens von Karls Mutter, dass Karl schon seit Langem arbeits- und mittellos sei. Am Dienstag erfuhr sie durch einen Telefonanruf von Frau X. aus der Pension in Arosa, dass Karl nach Begehung eines Diebstahles und ohne Bezahlung der Pensionskosten Arosa heimlich verlassen hatte. Nach dem Anruf begab sie sich mit ihrer Tochter Adelheid und Karls Mutter zum Bahnhof SBB. Trotz des Vorgefallenen wollten Mutter und Tochter dem Angeklagten die Möglichkeit zur Umkehr zu einem anständigen Leben ermöglichen. Deshalb bezahlte Frau Lüthi nicht nur die Pensionskosten ihrer Tochter Adelheid, sondern darüber hinaus auch diejenige von Karl. Auch beglich sie, um eine Anzeige bezüglich des Diebstahls zu verhindern, den gestohlenen Betrag von hundertvierzig Franken. Karl, der noch den grössten Teil des gestohlenen Geldes auf sich hatte, belog auch jetzt wieder seine Geliebte und deren Mutter. Entgegen der Wahrheit behauptete er, er habe das Geld schon verbraucht.

Karl war in seinen Lügengeschichten gefangen: Schon während der Reise nach Arosa war der Angeklagte durch seine fortgesetzten Lügereien in eine Situation gekommen, aus der er trotz des weitherzigen Entgegenkommens der Familie Lüthi keinen Ausweg mehr zu finden glaubte. Er begann deshalb mit dem Gedanken zu spielen, seine Geliebte und sich zu erschiessen. Kurz vor der Reise nach Arosa verschaffte er sich bei seinem Bekannten E. einen Revolver. Er hatte diesem vorgelogen, seine Schwester Mina sei durch den Hund seines Arbeitgebers gebissen worden und dieser müsse deshalb erschossen werden. Unmittelbar nach Erhalt gab er aber den Revolver wieder zurück. Von Arosa aus hatte er in den ersten Tagen einem weiteren Bekannten, W. in Basel, geschrieben, er möge ihm seinen Revolver senden, weil er die Gelegenheit habe, mit einem Jagdhüter auf die Jagd zu gehen. Auch diese Angaben waren erfunden. W. antwortete jedoch nicht auf das Schreiben von Karl.

Am Mittwoch, den 11. März 1936, kaufte sich der Angeklagte mit dem gestohlenen Geld in einer Eisenhandlung H. eine F.N. Selbstladepistole, Kaliber 6,35 und dazu sechs scharfe Patronen zum Preis von vierundzwanzig Franken zwanzig Rappen. Am selben Tag ging er mit seiner Geliebten spazieren. Im Solitude-Park zeigte er ihr die Waffe und eröffnete ihr, dass ihm sein Leben verleidet sei. Er wolle sich erschiessen, ob sie nicht mit ihm gehen wolle. Adelheid wehrte ab, tröstete ihn und erklärte, er und sie seien ihren Eltern etwas anderes schuldig, als derart aus dem Leben zu gehen. Karl nahm darauf von seinen Selbstmordgedanken wieder Abstand und versorgte die Pistole im Kasten seines Mansardenzimmers an der Murbacherstrasse 50. Dort wohnte er seit seiner Rückkehr aus Arosa, weil ihn sein Stiefvater aus der elterlichen Wohnung gewiesen hatte.

Ungewollte Schwangerschaft

Einige Tage später blieb die von Adelheid erwartete Periode aus. Sie war von Karl während des Aufenthaltes in Arosa oder vielleicht auch einige Tage vorher geschwängert worden. Karl und seine Geliebte wurden sich einig, die bestehende Schwangerschaft zu unterbrechen. Am Montag, den 23. und am Mittwoch den 25. März, begab sich Adelheid jeweils nach Feierabend zu Karl in dessen Mansarde. An beiden Abenden legte sich Adelheid auf Anweisung von Karl auf die Chaiselongue und stellte beide Beine hoch. Karl füllte die Klyso-Pumpe, mit der man Darmspülungen oder Einläufe vornehmen kann, mit zubereitetem Seifenwasser. Er führte sie in die Scheide ein, drückte sie möglichst weit nach hinten und spritzte den Inhalt ein. Beide Versuche, die Schwangerschaft so abzubrechen, misslangen. Am 3. und am 7. April suchte das Paar gemeinsam Dr. XY auf, um durch diesen Arzt eine Abtreibung vornehmen zu lassen. Dr. XY hatte eine Schwangerschaft festgestellt, wies aber eine Abtreibung zurück. Am Karfreitag, den 10. April, wollte Karl mit seiner Geliebten einen ganztägigen Ausflug machen. Vater Lüthi verbot aber seiner Tochter diesen Ausflug. So ging Adelheid nur nachmittags mit Karl spazieren. Schon an diesem Tage reifte bei Karl erneut der Entschluss, seine Geliebte zu erschiessen. Am Ostersamstag, den 11. April, ging Adelheid mit ihrer Mutter in die Stadt. Sie kaufte sich dort ein neues Kleid, einen neuen Hut und Stoff für einen Schal. Am gleichen Abend nähte sie noch bis spät in die Nacht. Am Vormittag des Ostersonntags ging sie mit ihrer Mutter in die Kirche und nachmittags ins Bürgerspital. Dort besuchten sie den kranken Bruder von Adelheid. Nach 14:00 Uhr war sie mit Karl in dessen Mansarde verabredet. Die beiden wollten von dort aus noch ein wenig spazieren gehen.

Karl hatte die am 11. März abends versorgte Pistole am 15. oder am 22. März wieder hervorgeholt und damit im Pelzmühletal (Duggingen/BL) Schiessversuche gemacht. Am 12. April 1936, Ostersonntagmorgen gegen 10:00 Uhr zog er sich in seiner Mansarde um, nahm die Pistole aus dem Kasten hervor, lud sie und steckte sie entsichert in die äussere rechte Jackentasche. Obwohl er von seiner Mutter zum Mittagessen eingeladen worden war, ging er nicht hin. Er ging stattdessen ruhelos bis gegen 13:00 Uhr im Quartier herum. Dann begab er sich in seine Mansarde zurück. Kurz vor 14:00 Uhr ging er auf die Strasse hinunter seiner Geliebten entgegen und kehrte mit dieser zu seiner Mansarde zurück. Im Treppenhaus trafen sie auf den Hausbesitzer, mit welchem sie noch einige Wort wechselten. Karl war beim Hinaufgehen fest entschlossen, das Mädchen zu erschiessen. Die Leiche wollte er danach beseitigen. Dabei mag er auch den Gedanken gehabt haben, sich später auch zu erschiessen. In der Mansarde klagte er dem Mädchen wieder sein Leid. Dieses tröstete ihn. Die beiden setzten sich zusammen auf die Chaiselongue. Dann stand Karl auf, tat so, als ob er weine, und stellte sich vor ein Tischchen. Adelheid ging auf ihn zu, um ihn zu trösten. Sie legte ihren rechten Arm um seine linke Schulter und um den Hals und lehnte ihren Kopf bei ihm an. In diesem Moment zog Karl die entsicherte Pistole aus seiner rechten Jackentasche und gab seiner Geliebten von schräg oben einen Schuss auf die linke Brustseite. Der Schuss wirkte sofort tödlich. Das Mädchen sank lautlos in sich zusammen und verstarb.

Nach der Mordtat begab sich Karl in den Keller und holte dort einen grossen, leeren Holzsack, kehrte in die Mansarde zurück und schob die Leiche in den Sack. Er band diesen zu und liess ihn in der Mansarde liegen. Darauf verliess er kurz vor 15:00 Uhr die Wohnung und begab sich zum Totentanz. Dort wartete er auf die Mutter von Adelheid, welche länger bei ihrem Sohn im Spital geblieben war und nun von diesem Besuch zurückkam. Er ging ihr nach, überholte sie auffällig in der Gerbergasse mit der Absicht, von ihr gesehen zu werden. Er erhoffte sich damit, später einen Alibinachweis erbringen zu können. Dann besuchte er eine Wirtschaft und kehrte wieder zu seiner Mansarde zurück. Im Treppenhaus traf er wieder auf den Hausbesitzer. Diesem gab er wahrheitswidrig an, Adelheid sei nach dem nachmittäglichen Besuch noch einmal ins Spital zu ihrem Bruder gegangen, dann aber nicht mehr zum Rendez-vous am Totentanz erschienen. Möglicherweise habe sie zu Hause wieder Streit gehabt und sei deshalb vielleicht fortgelaufen. Er könne sich aber auch vorstellen, dass es ihn spätabends noch besuche. Er würde deshalb gerne bei ihm, dem Hausbesitzer, in der Wohnung schlafen, damit er höre, wenn Adelheid allenfalls läutete. Der Hausbesitzer willigte ein. Nach diesem Gespräch begab sich Karl zu den Eltern von Adelheid und erzählte diesen die gleiche, unwahre Geschichte. Am Ostermontag trieb sich Karl in der Stadt und in den Wirtschaften herum.

Entledigung der Leiche

Am Dienstag, den 14. April 1936, morgens 07:00 Uhr trug Karl den Sack mit der Leiche seiner Freundin in den Hausgang. Dann holte er sein Fahrrad aus dem Keller,

Blick von der Eingangstür her ins Mansardenzimmer von Karl Felber. Aufnahme: 1936

band mit einem Draht einen Beschlagstock um den Sack und verlud diesen auf sein Fahrrad, indem er ihn über die Lenkstange legte. So schob er die Last auf die Dreirosenbrücke und warf die verpackte Leiche auf der Kleinbaslerseite kurz vor 08:00 Uhr in den Rhein. Danach kehrte er nach Hause zurück, versorgte das Fahrrad und begab sich in die elterliche Wohnung von Adelheid. Dort täuschte er, wie er es in der Folge täglich wiederholte, vor, wie sehr er unter dem rätselhaften Verschwinden seiner Geliebten leide. Er bot der Mutter von Adelheid sogar seine Begleitung an, falls diese bei der Polizei eine Vermisstmeldung aufgeben wollte. Am 15. April erstattete Frau Lüthi bei der Vormundschaftsbehörde Anzeige wegen des Verschwindens ihrer Tochter. Die Vormundschaftsbehörde leitete die Anzeige am gleichen Tage an das Polizei-Inspektorat weiter. Am 16. April wurde Adelheid Lüthi zur Fahndung ausgeschrieben.

Die Habseligkeiten der ermordeten Adelheid, ein Portemonnaie und eine Armbanduhr, im geschätzten Wert von dreiunddreissig Franken, eignete sich Karl rechtswidrig an. Den Schirm und die Hausschlüssel der Ermordeten versteckte er in der Wohnung des Hausbesitzers. Den Schal der Toten liess er in seiner Mansarde hängen. Das Handtäschchen mit den sich darin befindlichen Ausweisen und dem Taschentuch, sowie den Mantel und den Hut, verbrannte er in der Wohnstube des Hausbesitzers. Am 8. Mai 1936 übergab der Hausbesitzer Karl sieben Franken mit dem Auftrag, den Betrag seinem Sohn mit einer Postanweisung in den Militärdienst zu schicken. Karl verbrauchte davon zwei Franken für sich und überwies dem Sohn des Hausbesitzers fünf Franken. Die Postquittung fälschte er und übergab sie dem Hausbesitzer.
Am 18. Mai 1936 wurde die Leiche von Adelheid bei Hüningen/F aus dem Rhein gezogen, dabei löste sich der Sack und verschwand in den Fluten. Karl wurde aufgrund der sofort durchgeführten Ermittlungen am gleichen Abend angehalten, er trug dabei die

entsicherte Pistole, die Mordwaffe, auf sich. Er legte sofort ein Geständnis ab. Am 19. Mai wurde über ihn Sicherheitshaft verfügt, welche bis zum 26. Juli 1936 dauerte.

Die Obduktion der Leiche

Die gerichtsärztliche Sektion ergab, dass das Projektil sechs Zentimeter von der Mittellinie und vier Zentimeter über der linken Brustwarze in den Körper und durch den fünften Zwischenrippenraum eindrang. Danach hatte das Geschoss die rechte Herzkammer, den Herzbeutel, das Zwerchfell und den linken Leberlappen, vielleicht auch die linke Niere durchschlagen und war am dritten Lendenwirbel links seitlich stecken geblieben. Als Todesursache dürfte sich eine Verblutung aus der Herzgegend ergeben haben.

Einiges über die Person von Karl

Karl wurde als uneheliches Kind geboren. Er glaubte immer, sein Stiefvater sei sein richtiger Vater. Erst nach seiner Verhaftung wurde er darüber aufgeklärt. Er absolvierte mit durchschnittlichem Erfolg eine Lehre als Spengler.

Ein Kollege sagte über Karl: «Unterhaltung schätzte er mehr als Arbeit.» Und ein Mädchen, mit welchem er nach dem Mord ein Verhältnis suchte, nannte ihn einen «flotten Hirsch». Ein Paddelbootfahrer meinte: «Karl wechselte oft die Freundinnen und liess sie schnell wieder sitzen, keiner blieb er lange treu. Manchmal ging er mit zwei Mädchen zur gleichen Zeit. Er war ein grosser Aufschneider und Wichtigtuer. Auch konnte er rücksichtslos einem anderen sein Mädchen ausspannen. Hatte er genug von ihm, warf er es einfach weg.»

Vor Gericht äusserten sich die Eltern und Geschwister von Adelheid über Karl: Die Mutter sagte, Karl habe ihr keinen schlechten Eindruck gemacht. Der Vater empfand ihn zuerst noch als sympathisch, später hatte er Mühe mit ihm. Der Bruder hatte von Anfang an eine gefühlsmässige Abneigung gegen ihn.

Der Psychiater charakterisierte Karl so: ein höchst primitiver, egoistischer Mensch, intellektuell unterbegabt, aber mit starken vitalen Trieben. Seine hervorstechendsten Charakterzüge sind masslose Eitelkeit und krankhaft gesteigertes Geltungsbedürfnis. Vor allem aber hat er kein Gemüt. Er ist vollkommen unfähig, irgendeinem Menschen gegenüber tiefere Sympathie zu empfinden.

Das Urteil im Mordprozess

Karl wurde des Mordes für schuldig erklärt. Dazu kamen Betrug, Diebstahl und Bundesaktenfälschung. Er wurde zu lebenslänglichem Zuchthaus sowie zur Einstellung im Aktivbürgerrecht auf die Dauer von zehn Jahren für den Fall einer eventuellen vorzeitigen Entlassung verurteilt. Von der Anklage der versuchten Abtreibung wurde er freigesprochen. Er trug die Prozesskosten mit Einschluss einer Urteilsgebühr von dreihundert Franken.

Blick vom Fenster her ins Mansardenzimmer von Karl Felber. Aufnahme: 1936

1935

Mit dem Schmiedehammer erschlagen

Ernst Schweizer hatte seine Frau Josefa, ein aus Bayern stammendes Dienstmädchen, durch ein Zeitungsinserat kennengelernt. Sechs Monate später heirateten die beiden. Das Eheglück dauerte nur kurze Zeit, denn die beiden Eheleute, deren Charakter grundverschieden war, kamen offenbar nicht miteinander aus. Häusliche Streitigkeiten waren bald an der Tagesordnung. Schweizer tyrannisierte seine Frau, weil sie nach seiner Meinung faul, unsauber, vergnügungssüchtig und nicht sparsam war. Am 20. April 1933 wurde er Vater eines Knaben. Schon bald nach der Geburt des Kindes trat bei der Frau Frigidität (geringes sexuelles Verlangen) ein. Sie verweigerte ihm die Erfüllung ihrer ehelichen Pflichten. Schweizer stand diesem krankhaften Zustand seiner Frau verständnislos gegenüber. Er missdeutete ihn und vermutete, dass ihn seine Frau mit seinem eigenen Vater betrügen würde.

Der Mörder Ernst Schweizer. Aufnahme: 15.03.1935

Lügen haben kurze Beine

Infolge der ständigen Szenen und Vorwürfe zog sich die Frau mehr und mehr von ihm zurück und konzentrierte ihre ganze Liebe auf ihr Kind und ihren Hund. Speziell diese Hundeliebe empörte Schweizer masslos. Im Januar 1935 liess er den Hund in der Wasenmeisterei töten. Seiner Frau erzählte er, das Tier sei von einem Auto überfahren worden. Als sie dann erfuhr, dass er sie belogen hatte und der Hund in der Wasenmeisterei vergast worden war, wünschte sie ihm den gleichen Tod. Es kam deswegen zu einer starken verbalen Auseinandersetzung, die in Tätlichkeiten ausartete.

Zankapfel Kind

Noch am selben Abend suchte Schweizer seine Pistole, die er irgendwo in der Wohnung deponiert hatte. Die Frau ahnte eine drohende Gefahr und flüchtete zu ihren Schwiegereltern. Auf Veranlassung des Schwiegervaters wurde die Polizei beigezogen. Nach jener heftigen Auseinandersetzung dachten beide an eine Scheidung, wurden sich aber nicht einig, weil jeder das Kind für sich beanspruchte. Um ihren Mann gefügig zu machen, drohte sie mit einer Diebstahlsanzeige, denn Schweizer hatte früher einmal Werkzeug gestohlen und dies seiner Frau erzählt. Als Schweizer hörte, dass sie bereits seinen Eltern von dem Diebstahl erzählt hatte, fürchtete er, bei einem Scheidungsprozess sein abgöttisch geliebtes Kind zu verlieren.

Ein erster Mordversuch mit Gas

Schweizer versuchte in der Nacht des 30. Januars 1935 seine Frau durch Gas zu vergiften. Er liess den Gashahn in der Küche offen und das Gas strömte ins Schlafzimmer. Das Bettchen seines Kindes, das sonst immer im Schlafzimmer stand, hatte er vorgängig ins Wohnzimmer geschoben. Um eine Explosion zu verhindern, hatte er die elektrischen Sicherungen herausgeschraubt. Als aber seine Frau durch den Gasgeruch erwachte, tat er sehr bestürzt und führte sie ans offene Fenster.

Ein teuflischer Plan

Nach diesem mysteriösen Vorfall wurde das Zusammenleben immer unerträglicher. Seine Frau wurde ihm gegenüber launisch und unfreundlich. Auch behandelte sie ihn geringschätzig. Ein Zustand, der nicht mehr lange andauern konnte. Durch die ständigen Konflikte wuchs die Spannung mehr und mehr. Eine Entladung drängte sich geradezu auf. Schweizer fasste den festen Entschluss, seine Frau zu ermorden. Um aber nach dem Verschwinden seiner Frau nicht selbst des Mordes verdächtigt zu werden, heckte er einen raffinierten, ja teuflischen Plan aus. Er wollte der Polizei glaubhaft machen, seine Frau habe ihn vergiften wollen. Der Versuch sei jedoch misslungen, worauf seine Frau aus Furcht vor Strafe geflohen sei. Um dieses Märchen glaubhaft zu machen, kaufte er Rattengift. Er schüttete dieses in eine halb gefüllte Weinflasche, die er zum Znüni mit auf die Arbeit zu nehmen pflegte.

In der Mordnacht, am 8. März 1935, ging er zuerst in Kino. Kurz vor Mitternacht ging er nach Hause und legte sich halb ausgezogen ins Bett. Zwischen ein und zwei Uhr morgens schlug er dann mit einem schweren Schmiedehammer auf seine schla-

Tatwaffe. Hammer mit einem Gesamtgewicht von 1578 Gramm. Aufnahme: 1935

fende Frau ein. Nach einem ersten Schlag im Schlafzimmer schleppte er seine Frau in den Gang, wo er ihr noch zwei Schläge auf den Kopf gab, bis sie tot zusammenbrach.

Die Leiche wird entsorgt

Mit Stricken band er danach die Leiche zusammen und zwängte sie in einen Sack. In einen zweiten Sack steckte er ihre Kleider sowie zwei kleine blutverspritzte Teppiche und sein eigenes blutiges Hemd. Gründlich reinigte er dann in Schlafzimmer, Gang und Küche die blutbefleckten Böden, wobei ihm sein zweijähriges Kind weinend zuschaute. Den Sack mit der Leiche trug er hinunter in den Vorgarten. Weil aber Blut durch das poröse Sackgewebe durchsickerte, holte er im Keller noch zwei Säcke und stülpte sie darüber. Sein Plan war es, die Leiche im Rhein zu entsorgen. Deshalb packte er, um ein vorzeitiges Auftauchen des Sackes zu verhindern, noch ein fünfzehn Kilo schweres Eisenrad dazu. Mit seinem Fahrrad transportierte er die grausige Fracht auf die Dreirosenbrücke und warf sie von dort hinunter in den Rhein.

Kellerabteil von Ernst Schweizer. Aufnahme: 1935
w. Verschlossener Werkzeugschrank, in welchem sich die Tatwaffe befand
x. Stelle, von wo Schweizer die Säcke nahm, die er für das Einpacken der Leiche verwendete
x1. Zwischenraum in der Kellerdecke, wo Schweizer das Rattengift versteckt hatte

Der Mörder macht Anzeige bei Polizei

Nach der Entsorgung der Leiche kehrte er wieder heim. Sein Kind anvertraute er Hausbewohnern an mit der Begründung, seine Frau sei ihm mitten in der Nacht davongelaufen. Um vier Uhr morgens fuhr er mit dem Kleider-/Teppichsack zur Arbeit in die Fabrik, wo er als Heizer tätig war, und verbrannte die Sachen im Fabrikofen. Seine Arbeitszeit dauerte bis zwölf Uhr mittags. Und nun inszenierte er sein geplantes Ablenkungsmanöver. Um jeden Verdacht von sich zu lenken, erkundigte er sich am Nachmittag bei Verwandten und Bekannten nach dem Verbleib seiner Frau. Er erzählte überall, sie habe ihn vergiften wollen. Er aber habe dies bemerkt, hätte ihr alle Vorwürfe gemacht, worauf sie bei Nacht und Nebel das Haus verlassen habe. Das gleiche Märchen erzählte er am Abend, um 20:00 Uhr, im Polizeiposten Horburg. Er meldete das Verschwinden seiner Frau, deponierte dort die Flasche mit dem vergifteten Wein und stellte wegen diesem Giftmordversuch Strafantrag gegen seine eigene Frau.

Blick durch die Küche der Familie Schweizer in Richtung Wohnungs-/Eingangstür. Bei den bezeichneten Stellen versuchte Schweizer durch Reinigen das Blut des Mordopfers zu entfernen. Aufnahme: 1935

Wackeliges Lügenkonstrukt

Die Kriminalpolizei, welche den Polizeirapport am 9. März erhielt, misstraute dieser Geschichte von Anfang an. Schweizer wurde am folgenden Morgen in den Lohnhof vorgeladen. Dort verwickelte er sich in Widersprüche. Während seiner Einvernahme untersuchten Detektive die Wohnung. Sie entdeckten überall Blutspuren, worauf Schweizer verhaftet wurde. Schon zwei Tage später legte er ein Geständnis ab. Die Leiche wurde am 23. April in Lahr bei Offenburg geländet. Aus dem Sektionsprotokoll der Gerichtsmedizin ist zu entnehmen, dass der Tod von Josefa Schweizer durch eine schwere Schädel- und Gehirnzertrümmerung herbeigeführt wurde.

Im Zuge der Ermittlungen konnten Schweizer nebst der Mordtat noch zwei Werkzeugdiebstähle zur Last gelegt werden. Im April 1934 hatte er im Werkstatthof einer Rollladenfabrik eine Bank-Blechschere abgeschraubt und mitgenommen. Er hatte sich durch den Lattenzaun gezwängt und war so in den Hof der Firma gelangt.

Im Juli 1934, während der Nacht, hängte er am Gebäude einer Möbelfirma einen Rollladen aus, schlug die Fensterscheibe ein und holte eine auf dem Fenstersims liegende elektrische Handbohrmaschine heraus. Das gesamte Diebesgut hatte einen Wert von rund hundertzwanzig Franken.

20. Januar 1936: Mord oder Totschlag?

Der Staatsanwalt wollte den Beweis führen, dass Schweizer seine Frau nach wohlüberlegtem und geschickt vorbereitetem Plan kaltblütig ermordet hatte. Mord wird in Basel mit lebenslänglichem Zuchthaus bestraft. Diese schwere Anklage hatte Schweizer von Anfang an bestritten und seine Tat als impulsive Affekthandlung (Totschlag) darzustellen versucht. In diesem Prozess stellte sich also die Frage: Mord oder Totschlag?

Die Verhandlung beginnt

Der Zutritt zum Zuschauerraum wurde nur gegen besondere Eintrittskarten gestattet. Diese konnten, solange Vorrat, bei der Kanzlei des Strafgerichts bezogen werden.

Ein Assistenzarzt der Friedmatt musste die Verhandlung als psychiatrischer Experte begleiten. Der Angeklagte wurde hereingeführt. Ein kleiner, schmächtiger Mann mit beinahe kindlichem Körperbau. Sein Gesicht war schmal und sehr blass. Ansonsten waren keine besonderen Merkmale feststellbar. Der Mann sah nicht so aus, wie man sich einen Mörder vorzustellen pflegte. Ernst Schweizer war in Lauwil/BL bei Pflegeeltern aufgewachsen und erzogen worden. Sein Vater hatte die Familie verlassen, weshalb er und seine Geschwister schon kurz nach der Geburt bei fremden Leuten verdingt werden mussten. Später arbeitete er teils als Knecht, teils als Hilfsarbeiter in Uhrenfabriken und anderen Firmen der Metallbranche. Er kam dann nach Basel, wo er nach längerer Arbeitslosigkeit bei der Industriegesellschaft für Schappe (Florettspinnerei) eine Stelle als Heizer fand.

Blick ins Schlafzimmer der Familie Schweizer. Aufnahme: 1935
I. Bett von Josefa Schweizer
II. Bett von Ernst Schweizer
III. Kinderbett
Positionen a. bis e.: Blut vom Mordopfer

Anklage lautet auf Mord

Zunächst wurden Leumundsberichte verlesen. Was man über den Angeklagten sagte: «Sehr guter Familienvater, ruhig, freundlich, solid. Sein Vorarbeiter bemerkt: Schweizer war ein halbwegs guter, aber eigensinniger Arbeiter, der sich nur ungern belehren liess. Hausbewohner schilderten ihn als fleissigen, tüchtigen, sparsamen Mann. Andere Leute sagen: Er ist aufgeregt und leicht reizbar, hinterlistig und hat einmal seine Frau zum Haus hinausgejagt. Eigenes, verschlossenes Wesen, nicht zuverlässig, nervös, jähzornig, mittelmässiger Arbeiter. So reden seine Arbeitskollegen und frühere Arbeitgeber über ihn.»

Dann kam die Beziehung zwischen den Eheleuten zum Gespräch.

«Erlaube meiner Frau Freizeit jeden anderen Sonntag und jeden anderen Dienstagabend.» Diesen seltsamen Erlaubnisschein hatte der Haustyrann Schweizer seiner Frau schriftlich ausgestellt. Er wollte nämlich den Verkehr zwischen seiner Frau und ihrer Schwester auf ein Minimum beschränken. Ihrer Schwester hatte Frau Schweizer damals einen erschütternden Brief geschrieben:

«Ich habe ein wahres Hundeleben. Mein Mann behandelt mich wie ein Hund. Er hat ein Gesicht wie ein Teufel und lacht, wenn er sieht, wie ich langsam zugrunde gehe. Er verbietet mir, mit anderen Leuten zu reden. Ich darf nicht einmal das Fenster öffnen oder die Zeitung lesen ohne seine Erlaubnis. Ich gehe langsam kaputt. Wenn es so weiter geht, nehme ich Gift. Wenn ich einmal tot bin, so seid gewiss, dass ich erlöst bin von meinem Höllenleben. Ich habe Angst, dass er auch mich einmal ins Schlachthaus führen wird wie schon meinen Hund. Nie werde ich ihm das vergessen, diesem Schuft. Schon zwei Tage habe ich nichts gegessen, weil er mir kein Geld gibt. Ich kann es nicht mehr ertragen, ich werde noch verrückt. Am besten, Gashahn auf und fertig. Was soll ich machen. Gib mir einen Rat.»

Das psychiatrische Gutachten

Schweizer stammte aus einer trostlosen, psychopathischen Familie, in welcher häufig sogenannte Blutsverbrechen vorkamen. Schon sein Urgrossvater soll sich an Kindern vergangen haben. Sein eigener Vater verbüsste drei Jahre Zuchthaus wegen Blutschande. Mit diesem verhängnisvollen Erbgut, das in den Diebstählen und dem tyrannischen Wesen immer wieder durchbrach, stand ein Kräftepaar von positiven und negativen Strömungen diametral gegenüber. Fleiss und Ehrgeiz als positive, Vaterhass und Zuchthauskomplex als negative Komponente. Er hasste seinen Vater, der Schande über ihn und die Familie gebracht hatte. Er wollte nicht werden wie er und hatte deshalb eine krankhafte Angst vor dem Zuchthaus. Eine gute Intelligenz hätte regulierend in dieses Kräftespiel einwirken können. Bei Schweizer aber war eine ausgesprochene Intelligenzschwäche zu konstatieren. Zusammenfassend kann gesagt werden, der Angeklagte ist ein erheblich schwer belasteter, intellektuell unterbegabter Psychopath. Seine freie Willensbestimmung war nicht in vollem Mass vorhanden und seine Zurechnungsfähigkeit in mittlerem Grad vermindert.

Die Diebstähle

Um den chronologischen Verlauf der Dinge zu wahren, wurden die Diebstähle zuerst behandelt. Schweizer hatte bedeutend mehr Werkzeuge gestohlen als in der Anklageschrift aufgezählt werden. Er hatte dazu folgendes Motiv: Schweizer wollte nach Feierabend auf eigene Rechnung arbeiten. Er wollte sich mit diesen Arbeiten einen Nebenverdienst aufbauen. Um dieses Ziel zu erreichen, brauchte er Werkzeuge. In der Fabrik verdiente er zu wenig, er wollte es aber zu etwas bringen. Um dieses ehrgeizige Ziel zu erreichen, stahl er einfach zusammen, was er brauchte. Die elektrische Handbohrmaschine hatte er aber entwendet, um sie zu verkaufen. Er steckte damals tief in Schulden.

Da in der Mehrzahl der Fälle kein Strafantrag gestellt wurde, konnte Schweizer auch nicht im entsprechenden Mass dafür belangt werden.

Nach einem langen Verhandlungstag erhielt der Angeklagte das Schlusswort: Mit tränenerstickter Stimme schluchzte er:

«Ich habe meine Frau nie töten wollen. Ich bereue so furchtbar und möchte Tag und Nacht schuften, um gutzumachen, was ich getan habe. Ich bitte Sie um Ihre Hilfe, um mich vor dieser schrecklichen Zuchthausstrafe zu bewahren. Ich bitte Sie um ein mildes Urteil.»

Schuldig des Mordes – lebenslängliches Zuchthaus

Punkt 18:15 Uhr, gleichentags, nach mehr als dreistündiger Beratung, betritt das Gericht den Saal. Der Angeklagte wird hereingeführt und hört stehend das Urteil an, das der Gerichtsschreiber unter atemloser Stille verliest:

«Der Angeklagte Ernst Schweizer wird schuldig erklärt des Mordes und verurteilt zu lebenslänglichem Zuchthaus und zu zehn Jahren Ehrverlust. Er trägt die Prozesskosten mit Einschluss einer Urteilsgebühr von 400 Franken.»

Vollkommen gefasst, mit absoluter Ruhe, hört der Angeklagte den Urteilsspruch. Die Verteidigung wird gegen das Urteil vermutlich Berufung einlegen. Das Urteil wurde nicht mündlich begründet. Doch ergab sich aus dem Urteilsspruch, dass das Gericht den einzigen gesetzlichen Milderungsgrund bei Mord, die verminderte Zurechnungsfähigkeit, abgelehnt hatte.

Polizeiposten Horburg, in welchem Ernst Schweizer Anzeige gegen seine Ehefrau erstattete. Aufnahme: März 1966

1934

Eine Hochstaplerin der Extraklasse

Im April 2023 wurde mir ein Zeitungsbericht aus der «National-Zeitung» vom 18.10.1934 mit dem Titel: «Als Kavaliere empfehlen sich…!» zugetragen. Beim Durchlesen dachte ich sofort, toll geschrieben. Heiter und spannend zugleich. Damals verstanden es die Zeitungsredaktoren eben, solche Geschehnisse unterhaltsam und gut lesbar auf Papier zu bringen. Kommt dazu, dass der Artikel inhaltlich im Vergleich mit den Gerichtsakten, ausser einigen humorvollen Ausschmückungen, der Wahrheit entspricht. Also, warum daran etwas ändern? Lesen Sie selbst!

Die vermeintlich millionenschwere Dame von Welt, Besitzerin von Gütern und Autos: So wollten es ihre Liebhaber glauben

Akademiker und Offiziere

Im Mittelpunkt steht eine Frau. Und um sie herum kreisen die Männer. Vor allem Akademiker und Offiziere. Sie hat vielleicht fünfzig, vielleicht aber auch hundert Liebhaber in ihren Netzen gefangen. Nie suchte sie die Abenteuer nur für eine Nacht - wochen- und monatelang oft blieben die Männer bei ihr. Man kann es nicht begreifen, dass sich ein gebildeter Mann monatelang für diese langweilige Frau begeistern kann. Denn sie ist weder elegant, noch schön, sie hat nicht Geld noch Gut, tausend Frauen sind hübscher und reizvoller als sie. Es gibt wohl nur eine Erklärung für ihren tristen Erfolg: Liebe ist eben Geschmacksache - und darüber kann man nicht streiten.

Diese 30jährige Frau muss sich heute als bessere Dirne titulieren lassen. Sie stammt aus einer alten, sehr guten Basler Familie, sie war das verwöhnte und verhätschelte Töchterchen eines reichen Papas. In ihrer Jugend starb der Vater. Man drückt dem siebzehnjährigen Backfisch das väterliche Erbteil in die Hand: 17'000 Franken. «Ich kannte doch den Wert des Geldes nicht, mit beiden Händen hab' ich es zum Fenster hinausgeworfen.» Die Mama ist eine schwache Frau - und so lebt das Fräulein Tochter ihr eigenes Leben. Als Couleurdame flirtet sie mit Studenten - seit jener Zeit datiert ihre Vorliebe für Akademiker.

Wer lügt – betrügt!

Mit Offizieren und jungen Juristen reist sie in der Schweiz herum, verlobt sich mit einem Chemiker, die Verlobung kracht auseinander. Bitter beklagt sie sich über ihren Bruder, der an all ihrem Elend schuld sein soll. Sie sucht die Schuld überhaupt immer anderswo, nur nicht bei sich selbst. Auch in ihrer Ehe mit einem Kaufmann hat sie Schiffbruch erlitten - «Die Schwiegermutter war schuld.» Item: Die Ehe wird 1931 geschieden, das Kind dem Vater zugesprochen. Und nun geht es rapide bergab. Das leichtsinnige Geschöpf hat nichts gelernt, es findet keine Stelle. Und so flattert es von einem Liebhaber zum andern, und schmarotzt sich so durchs Leben. «Ihre Spezialität war die Lüge.» Wer lügt - betrügt. Vormundschaftsbehörde, Polizei und Staatsanwalt müssen sich mit dieser bodenlos leichtsinnigen Dame beschäftigen. Schon drei Mal ist sie bestraft worden. Schon wiederholt hat man ihr die Versorgung angedroht. Das Gutachten der Friedmatt (heute Universitäre Psychiatrische Klink) *besagt lakonisch: Moralisch defekte, leicht schwachsinnige Psychopathin mit hysterischen Zügen, vermindert zurechnungsfähig, weder Strafen noch Versorgung werden viel nützen.*

In der Rolle einer reichen Erbin

Vor zwei Jahren lernte sie einen jungen Dr. phil. kennen. Er betreibt heute ein Handelsgeschäft. Ihm gegenüber hat sie die Rolle der reichen Erbin gespielt, worauf er prompt angebissen hat. «Mein Vermögen werd' ich in dein Geschäft stecken», verspricht sie ihm - worauf er plötzlich in heisser Liebe entbrennt. Zärtliche Briefe schreibt er seiner «Allerliebsten», verbringt vier Wochen lang glückliche Ferien mit ihr im Schwarzwald, feiert Verlobung - und als die geliebte Braut dann entlarvt wird und als Fräulein Habenichts vor ihm steht, da ist die grosse Liebe auf einmal spurlos verschwunden. Un der ehedem so verliebte Bräutigam entpuppt sich als ziemlich schäbiger Kavalier: «Ich hab' ihr auf Grund ihrer Schwindeleien

350 Franken geliehen, und ausserdem hat sie ihre Hotelrechnung von 300 Franken im Schwarzwald nicht bezahlen können. Ergo bin ich betrogen. Überhaupt: Nur auf ihr Drängen hab ich mich verlobt, und zu jenen Ferien hat sie mich überredet. Im übrigen wünsche ich an jene unangenehme Affäre nicht mehr erinnert zu werden, weil ich jetzt bereits anderweitig verlobt bin. Und zur Gerichtsverhandlung kann ich ebenfalls nicht erscheinen, denn ich muss verreisen.» So redet und schreibt er heute. Aber die Richter sind mit dem Staatsanwalt einig: Wer mit seiner Geliebten in die Ferien geht, soll bezahlen - das ist Kavalierspflicht. Ergo wird die Frau in Sachen Hotelrechnung freigesprochen.

500 Franken gepumpt

Ein Fräulein vom Amt hat ihr 500 Franken gepumpt. Es wusste um ihre Not und half aus Mitleid. Immerhin rechnete es mit der versprochenen Rückzahlung. Man darf nicht versprechen, was man nicht halten kann. Darum liegt in diesem Fall Betrug vor.

Gastspiel bei einem Chemiker

Bei einem Chemiker hat sie sechs Wochen lang gegessen und gewohnt. Und ausserdem hat sie vom ihm 50 und von seinem Dienstmädchen 20 Franken gepumpt. «Ich verlange von ihr 170 Franken für Kost und Logis. Betrogen bin ich nicht, aber geschädigt.» Sagt er. Es gibt eine niedliche Überraschung: «Wie kann er von mir Zimmermiete verlangen, wo ich doch dauernd in seinem Bett geschlafen habe?!» Auch dieser feine Kavalier geniert sich offenbar, er streitet rundweg alles ab. Worauf die Tribüne geräumt wird. Und unter Ausschluss der Öffentlichkeit hat er dann seinen «Irrtum» berichtigt! Wahrscheinlich blüht ihm nun eine Untersuchung wegen falschen Zeugnisses. «Sie war seine Geliebte, nicht seine Pensionärin», entscheidet das Gericht. Ergo: Freispruch. Sie hat ihm übrigens ihr «halbes Vermögen» vermacht und ihr Testament besiegelt mit den Worten: «Geschrieben bei vollem Verstand»! Und ausserdem wollte sie mit ihm - weil er nämlich die Heirat versprochen hatte - nach New York dampfen. Zu diesem Zweck bestellte man bei einem Reisebüro zwei Schiffsbilletts - und bei der Gelegenheit pumpte sie den Bürochef erfolgreich um 20 Franken an. «Wenn dieser Chemiker, dem ich später gründlich meine Meinung gesagt habe, nicht mit ihr gekommen wäre, hätte ich diese Bestellung nie akzeptiert.» erklärte der Chef. Im übrigen hat die Firma die bestellten Billetts noch rechtzeitig verwenden können, sodass sie nicht geschädigt ist.

En passant beklagt sich die Angeklagte über die Behandlung, durch den Untersuchungsrichter; u.a. hatte er ihr, entgegen den Bestimmungen der Prozessordnung, den Beistand eines Verteidigers verweigert, sodass die Staatsanwaltschaft intervenieren musste.

Patientin bei einem Basler Arzt

Und nun der letzte rätselvolle Fall: Ihr merkwürdiges Verhältnis zu einem jungen Basler Arzt. Sie war seine Patientin, er hat ihren Katarrh und ihr nervöses Leiden behandelt - und dafür hat er sich von ihr Sachen im Wert von rund 2'400 Franken schenken lassen! «Unsere Beziehung hielt sich immer im Rahmen», betont sie. Man hat sich nicht mal geduzt. Es ist ihr vollkommen gelungen, diesen jungen Mediziner, der offenbar kein grosser Menschen-

kenner ist, zu bluffen: Sie hat die Rolle der reichen Dame von Welt so geschickt gespielt, dass er ihr blind geglaubt und vertraut hat.
In ihrem bescheidenen Mantel und ihrem grauen Hütchen gleicht sie zwar eher irgend einer kleinen Verkäuferin, denn einer millionenschweren Erbin. Aber Item, er hat ihr geglaubt, dass sie zur Hautevolée gehört, dass sie bekannte Basler Damen zu ihren intimen Freundinnen zählt, dass sie Autos besitzt - und nächstens nach Westindien fliegen wird! Sie hat diesen Arzt mit Geschenken geradezu überschüttet: Jeden Tag bekam er Bücher und Blumen - der arme Blumenverkäufer auf dem Markt wartet heute noch auf sein Geld. Dann hat sie ihm vor allem Perserteppiche gespendet. Raffiniert hat sie in so manchem Basler Geschäft die Rolle der ehrbaren Frau Doktor gespielt und eine Auswahlsendung für ihren Gatten bestellt. Die Regie hat geklappt, ihre Hochstapeleien sind geglückt. Warum soll schliesslich ein Warenhaus nicht dem Herrn Doktor X. ein paar Perser zur Auswahl senden? Was riskiert man schon? Wird die Rechnung nicht bezahlt, holt man die Teppiche halt wieder ab. Der Herr Doktor bekommt also zuerst einen Hamadan für 500 Franken. Ein paar Tage später einen Kirman für 1'150 Franken. Ein drittes Spezialgeschäft schickt einen kleineren Teppich für 150 Franken nebst Gummiunterlagen. Und der Herr Doktor lässt sich gedankenlos diese splendiden Geschenke gefallen. «Ich war restlos überzeugt, dass sie Millionärin ist, die sich solche Extravaganzen leisten kann.» Und das Motiv dieser Geschenke? Ich hoffte, dass er mich heiraten würde. «Ich habe mich so nach einem eigenen Heim gesehnt...» «Sie mussten doch fühlen und sehen, dass diese Frau verliebt ist, dass sie diese wertvollen Dinge dem Mann - und nicht dem Arzt schenkt», kritisiert der Staatsanwalt das eigentümliche Verhalten des Arztes. «Ich habe ihr klipp und klar gesagt, dass nichts zu machen ist», verteidigt sich der Mediziner. Nun: Der Schwindel kam natürlich in dem Moment aus, als die Verkäufer dem Arzt die Rechnungen präsentierten. Den Hamadan hat er behalten und bezahlt, die beiden anderen Teppiche zurückgegeben. Doch damit ist die Liste der Geschenke nicht erschöpft. Er bekam auch Pyjamas, Hemden und Krawatten. Und er zog diese Sachen auch an. Grosse Frage: Wer bezahlt? Der Herr Doktor ist bereit, diese Sachen zum Selbstkostenpreis zu übernehmen! Im Gerichtssaal wird zwischen ihm und der Verkäuferin nach allen Regeln der Kunst um den Preis gemarktet, sodass dem Verteidiger die boshafte Bemerkung entschlüpft: «Sind wir eigentlich auf der Messe?» Der Handel wird immerhin perfekt: Der Herr Doktor wird 60 Franken bezahlen, statt 95!

In der Mustermesse stellte sich die «Frau Doktor» dem Verkäufer einer Zürcher Firma als Innenarchitektin vor: «Ich muss die Wohnung des Herrn Dr. X. einrichten. Darf ich um ihren Besuch bitten?» Der Verkäufer kommt - und in Gegenwart der Herrn Doktor wir der Teppich Kauf besprochen. Der Arzt wählt sogar höchst persönlich die Farbe aus! dieser handgewobene Teppich musste extra hergestellt werden, er kostet 450 Franken.

Und wer bezahlt? Es ist schon komisch: als der Teppich bestellt wurde, waren versammelt: Arzt, «Innenarchitektin» und Verkäufer. Der Arzt dachte: sie bezahlt den Teppich. Der Verkäufer dachte: selbstverständlich bezahlt ihn der Herr Doktor. Und die «Innenarchitektin» stand stumm, mit Herzklopfen dazwischen. Alles schien so natürlich, dass man über die Bezahlung gar nicht redete! Und dabei hätte eine kleine Frage die Situation geklärt. In diesem Fall erkannten die Richter ebenfalls auf Freispruch: Die Angeklagte durfte wohl an-

nehmen, dass der Arzt im Notfall den Teppich selbst bezahlen würde. - Bleibt noch ein Gemälde zu erwähnen: Porträt einer Dame. Die unglückliche «Braut» hat es einrahmen lassen und dem Herrn Doktor geschenkt. Der Rahmen kostete 20 Franken, und weil ihn niemand bezahlen will, muss ihn der Verkäufer wohl oder übel wieder zurücknehmen. Ein letztes Detail: Der Arzt selbst hat Strafanzeige gegen seine Patientin erstattet und damit den Stein ins Rollen gebracht!

Acht Monate Gefängnis

Juristisch liegt der Fall ziemlich klar: Die Angeklagte hat die Geschäftsleute über ihre finanzielle Situation und gesellschaftliche Stellung getäuscht und darum betrogen. Denn die bestellten Waren wurden für «Frau Doktor» oder «im Auftrage des Herrn Doktor» geliefert. «Wenn wir gewusst hätten», sagen die Verkäufer einstimmig, «nicht einen Rappen hätten wir dieser bettelarmen Frau kreditiert.» Natürlich ist der Schaden nicht gross, doch spielt das nur eine strafmildernde Rolle: Betrug bleibt es gleichwohl.

«Eine Hochstaplerin, die sich seit zehn Jahren durchs Leben schwindelt und auf Kosten ihrer vielen guten Freunde lebt, die hemmungslos betrügt, um sich mit dem Geld neue Liebhaber kaufen zu können...» So charakterisiert der Staatsanwalt diese Frau. Die Betrugssumme bezifferte sich zu Beginn der Verhandlung auf 4'000 Franken. Der Richter reduzierte dann - wie bereits vermerkt - durch Freisprüche in einzelnen Fällen diese Summe auf 2'700 Franken. Und dafür bekommt die Angeklagte acht Monate Gefängnis. Man wir ausserdem noch den Antrag auf Versorgung stellen, weil sie gemeingefährlich ist.

Ihr Bruder hat versichert, dass er sich nun seiner gefallenen Schwester annehmen werde. Immerhin ein schwacher Lichtblick.

Ja, liebe Lesende, und wenn Sie nun gedacht haben, die Sache hätte damit ein Ende, dann liegen Sie komplett falsch: Die «Basler Nachrichten» vom 16. November 1939 widmeten der feinen Damen die nachfolgenden Zeilen:

Muttertränen am Grab eines erfundenen Kindes

Die jetzt 35jährige Frau ist eine geborene Abenteurerin. Wenn sie in Fahrt ist, hat sie offenbar auch heute noch auf Männer, vor allem auf Akademiker, eine grosse Anziehungskraft. Der 36jährige Coiffeur, der diesmal ihr Opfer geworden ist, ist schon ein deutliches Zeichen für zunehmendes Alter und Abstieg. Vor Gericht ist sie die vielfach vorbestrafte raffinierte Betrügerin, die nachgerade unter der Last aller der Folgen ihres Abenteuerdaseins gebeugt, den Eindruck der armen Sünderin macht. In der nüchternen Amtssprache ist sie eine arbeitsscheue, übelbeleumdete Person, die nach dem diesmaligen Urteil zum dritten Mal zwangsversorgt wird. Der Psychiater diagnostiziert auf haltlose Psychopathin, die in mittlerem Grade vermindert zurechnungsfähig ist.

Ende 1937 kam die Angeklagte nach einjähriger Versorgung in einer Zwangsarbeitsanstalt nach Basel, wo sie bei ihrer Mutter, der Witwe eines angesehenen Bürgers, Aufnahme fand. Bald lernte sie einen jungen Akademiker kennen, mit dem sie sich verlobte, aber offen-

Welchen Perser nehme ich nun: den Hamadan oder den Kirman?

bar waren die Schatten ihres Vorlebens zu schwer, und das Verhältnis löste sich wieder. In dieser Zeit befreundete sie sich mit einer Frau, der sie das Leid der sich lösenden Verlobung erzählte, aber nebenbei allerhand erfundenes aus ihrem Vorleben. Sie sei geschieden- das stimmte noch. Aber ausserdem habe sie von einem steinreichen Mann ein Kind, von dem sie eine monatliche Rente beziehe und von bei der Heirat ein ansehnliches Vermögen bekomme. Dieser Mann habe eine reiche Schwester, die ebenso wenig wie er selbst existierte, aber trotzdem der Freundin oft telephonierte und Briefe schrieb, wobei diese aufgefordert wurde, der «Elsbeth» - so nannte sich die Angeklagte - über momentane Schwierigkeiten hinaus zu helfen, was man ihr grosszügig vergelten werde. Auch nach Indien wollte Elsbeth reisen, und sie liess sich deshalb tatsächlich gegen Typhus impfen, obwohl der Reiseplan so wenig wahr war wie alles andere.

Im August 1938 ging Elsbeth mit der Freundin und deren Mann nach Locarno in die Ferien. Die Schwester des reichen Mannes hatte sie dahin eingeladen, aber weil es sie nicht gab, musste die Freundin die ganze Zeche selbst bezahlen. Elsbeth fand dort auf dem Friedhof auch ein Grab mit passenden Initialen, wo ihr und des reichen Mannes Kind begraben war, und in tiefem Mutterschmerz legte sie im Beisein der Freundin dort Blumen nieder. Bald darauf liess sie den reichen Mann selbst sterben und betete für den toten Freund in der Kirche ein Vaterunser.

Bald darauf heiratete die Schwester des toten reichen Mannes einen Professor und sah Elsbeth mit ihrer Freundin von einem Café aus über die Strasse gehen. Sie war entsetzt, wie unelegant die beiden aussahen und forderte beide auf, sich auf ihre Kosten in einem Warenhaus neu einzukleiden. Da machte Elsbeth, da ja die Frau Professor nicht wie vor inexistent blieb, trügerische Zahlungsversprechungen. Die Kleider wurden geliefert. Dieser Betrag ist natürlich ebenso ertrogen wie die mehr als 1'000 Franken, die ihr die Freundin im Lauf der Zeit gegeben hat, weil sie an ihre Märchen glaubte. Sie sei ja schon langsam misstrauisch geworden, sagt sie heute, aber sie habe Angst vor ihrem Mann gehabt, der sie gewarnt hatte, und sich deshalb bis zuletzt selbst in den Glauben an alle die Schwindeleien hineingesteigert habe.

Im gleichen Sommer 1938 suchte Elsbeth per Inserat als «distinguierte unabhängige Dame» Freundschaft und fand den eingangs erwähnten Coiffeur. Sie war selbst vermögend, liess auch wieder die reichen Freunde spielen und telephonierte als die Frau Professor, wenn sie ihrer einen Überredungsgabe nicht mehr genügend zutraute. In diesem Fall ertrog sie 550 Franken und unterschlug überdies noch 40 Franken.

Mitte November 1938 wurde Elsbeth der Boden in Basel zu heiss. Tatsächlich war sie schon zur Fahndung ausgeschrieben, aber sie verschwand über die Grenze in die badische Nachbarschaft, wo sie schon nach einem knappen Monat einige Herren so weit hineingelegt hatte, dass es reichte, sie im März 1939 zu sieben Monaten Gefängnis zu verurteilen. Danach wurde sie in Basel in Haft gesetzt. Das Strafgericht verurteilte sie zu weiteren zehn Monaten Gefängnis.

Der weitere Lebenslauf der Dame ist mir nicht bekannt. Ich nehme aber an, dass sie ihrem «Beruf» treu blieb und die Behörden weiterhin auf Trab hielt.

1932 Einbruch in die staatliche Arbeitslosenkasse

In der Nacht vom 28. auf den 29. Januar 1932 erhielt die staatliche Arbeitslosenkasse am Claraplatz 4 ungebetenen Besuch. Die Täter stiegen vom Garten der Schettyhäuser in das Haus der Arbeitslosenkasse ein. An einem Bäumchen kletterten sie empor, gelangten auf eine Mauer und konnten von dort aus eine Gitterstange vor einem Fenster im ersten Stock herauswuchten. Sie schlugen die Fensterscheibe ein, öffneten den Fensterflügel und gelangten so ins Innere der Liegenschaft. Der dortige Kassenschrank bot den Einbrechern nur ein minimales Hindernis. Das altertümliche Objekt, ein mit Stahlblech überzogener Holzschrank, wurde von ihnen angebohrt, eingesägt, und mit starken Stemmeisen aufgesprengt. Ihre Arbeit wurde fürstlich belohnt. Im Schrank lag eine Summe von 48 000 Franken, die sich aus 5000 Fünffrankenstücken, zahlreichen Rollen von Zwei- und Einfrankenstücken sowie diversen Banknoten zusammensetzte. Somit mussten sie insgesamt 85 Kilogramm Silbergeld abtransportieren.

Den für die Kasse verantwortlichen Beamten war es kaum zu verzeihen, dass sie nicht schon längst den Einbau eines moderneren Stahlschrankes forderten. Man hätte nicht tage- und nächtelang solche Summen in einem Schrank lassen sollen, der einem halbwegs ausgerüsteten Einbrecher kaum Widerstand entgegensetzte. Dem Erfolg der Einbrecher war zudem eine weitere Nachlässigkeit zuzuschreiben. Einige Tage zuvor hatte einer der Angestellten seinen Schlüssel zum Kassenbüro verloren. Man liess den Schlosser kommen und dieser musste ein neues Schloss einsetzen. Die verantwortlichen Beamten, die schon früher Schlüssel zum Büro hatten, erhielten nun neue, zum neuen Schloss passende Schlüssel. Aber man hatte vergessen, auch dem Securitas-Wächter, der allabendlich seine Runde durch die Räumlichkeiten machte, einen Schlüssel zu geben! So konnte der Wächter seinen vorgeschriebenen Kontrollgang nicht ausführen und schrieb deshalb einen Rapport, der dem Büro lei-

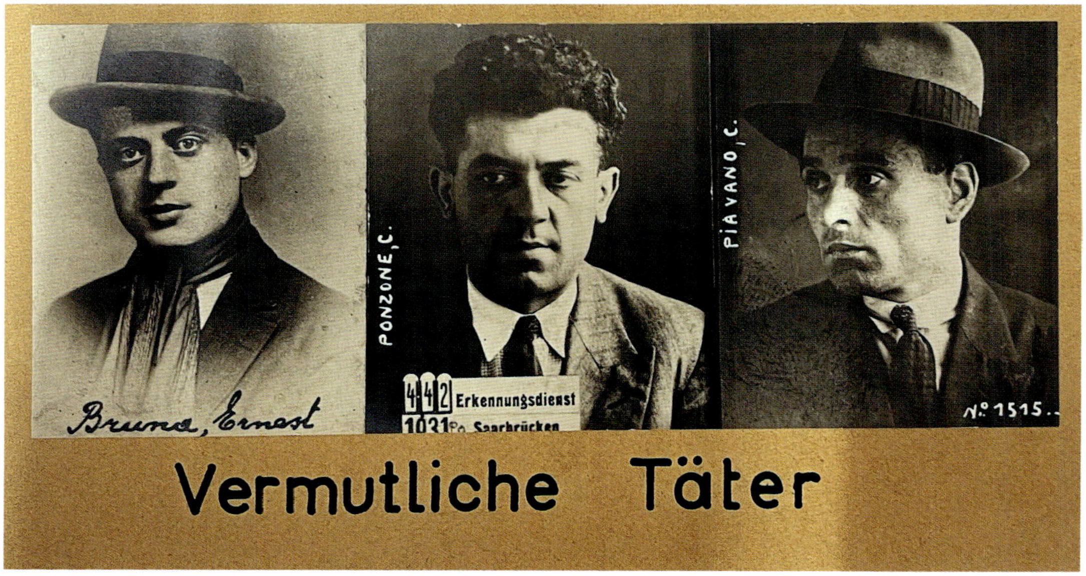

Vermutliche Täter.
Aufnahme: unbekannt.
Im Besitze der PhS,
Inventar-Nr. 1104

Am Tatort aufgefundene Werkzeuge, die zum Einbruch und Öffnen des Kassenschrankes verwendet wurden.
Aufnahme: 15.06.2023.
Im Besitze der PhS, Inventar-Nr. 1104.
Die nachfolgenden Werkzeuge 1 bis 6 (ausser 3) können miteinander verschraubt werden.

1. Verlängerungshebel
2. Verlängerung
3. Abgebogenes Brecheisen
4. Spitzeisen
5. Kombiniertes Brech-, Hebe- und Schneideisen
6. Brecheisen
7. Neun selbst angefertigte Dietriche
8. Cliquetheber
9. Kombizange
10. Schraubenzieher
11. Handbohrwinde

der erst am Freitagmorgen – nach dem Einbruch – zugestellt wurde. In der Nacht des Einbruchs hätte der Wächter allerdings auch mit einem Schlüssel nicht in das Büro eintreten können, denn die Diebe hatten die innere Glastüre von innen verriegelt. Aber der Wächter hätte ohne Zweifel die Verriegelung der zweiten Tür festgestellt, und die Polizei benachrichtigt. Als am Freitagmorgen die Angestellten ins Büro wollten, konnten sie wohl die äussere, nicht aber die innere Tür öffnen und wussten nun gleich, dass während der Nacht Besuch da gewesen war. Es musste ein Schlosser geholt werden, der eine der Glasscheiben eindrückte und danach die Riegel zurückschob. Dann erst sahen die Angestellten die ganze Bescherung.

Die Beamten des Kriminalkommissariats fanden bei der Untersuchung der Räumlichkeiten und auf den Werkzeugen, welche die Einbrecher zurückliessen, weder Fingerabdrücke noch sonstige Spuren, die zur Ermittlung der Täter hätten führen können.

Die Art, wie beim Einbruch in die staatliche Arbeitslosenkasse der zwar alte, aber immerhin mit fünf Millimeter dickem Eisenblech beschlagene Geldschrank aufgebrochen wurde, und noch mehr die sauber gearbeiteten Dietriche und Werkzeuge, die die Einbrecher mit sich führten und hernach in einem Laubhaufen versteckten, verrieten, dass die Täter geübte Metallarbeiter, Mechaniker oder Schlosser waren.

Zwischenzeitlich konnte die Polizei in Erfahrung bringen, dass am Freitag früh, also am Morgen nach dem Einbruch, zwei Männer mit dem ersten nach Mulhouse fahrenden Zug Basel verliessen.

Grund für diese Information waren die Beobachtungen einer Serviertochter aus dem Bahnhofbuffet. Diese bediente am 27. und am 29. Januar morgens nach vier Uhr, als gerade das Buffet geöffnet worden war, zwei Unbekannte, die Kaffee tranken. Am 29. morgens – der Morgen nach dem Einbruch – fiel der Serviertochter das merkwürdige Benehmen der Fremden auf. Sie beobachtete, wie umständlich sich die beiden beim Ablegen und Anziehen ihrer schweren Mäntel gegenseitig helfen mussten. Sie erkundigten sich dann bei ihr nach dem Elsässerbahnhof und dem ersten Zug. Die Serviertochter war der Meinung, dass die Beobachteten sicher Ausländer seien; beide hätten das Alter von fünfunddreissig bis vierzig Jahren und seien hundertfünfundsechzig bis hundertsiebzig Zentimeter gross. Der eine sei schlank, mit schwarzen Haaren und mit Scheitel auf der linken Seite; er habe schöne weisse Zähne und spreche gebrochen Hochdeutsch. Der andere habe eine auffallende Glatze, schlechte Zähne, sei glattrasiert und besitze eine gesunde, kräftige Statur.

Möglich sei, dass die Verdächtigten hier in einem Hotel genächtigt haben und es wäre der Untersuchung dienlich, so die Polizei, wenn der Pensionsinhaber oder der Hotelier, der die beiden bewirtete, nähere Angaben machen würde.

Als weiterer Zeuge meldete sich ein Taxichauffeur aus dem Elsass. Dieser hatte früh am Freitagmorgen beim Bahnhof Mulhouse zwei männliche Fahrgäste, die ihm den Auftrag gaben, sie nach Belfort zu fahren. Unterwegs aber änderten sie ihre Absicht und befahlen ihm plötzlich, den Weg nach Strassburg zu nehmen. In Strassburg liessen sie auf offener Strasse anhalten, stiegen aus, bezahlten mit achtzig Schweizer Franken und entfernten sich eiligen Schrittes.

Der Chauffeur schilderte die beiden als fünfunddreissig- bis vierzigjährige Männer, hundertfünfundsiebzig bis hundertachtzig Zentimeter gross, beide glattrasiert, mit runden, vollen Gesichtern und braunem Teint. Gesprochen hätten sie in französischer Sprache, ihre Unterhaltung führten sie aber in einem schlechten Hochdeutsch. Ihre Bekleidung habe aus dunklen Mänteln und dunklen Hüten bestanden.

Falls es sich bei den Fahrgästen um die Einbrecher handelte, muss angenommen werden, dass sie das schwere Silbergeld irgendwo in Basel zurückgelassen haben.

Leider ist mir nicht bekannt, ob die Täter irgendwann gefasst und zur Rechenschaft gezogen werden konnten.

Pikantes Detail:
Die Arbeitslosenkasse war gegen Diebstahl nicht versichert, der Schaden ging somit zu Lasten des Steuerzahlers.

Rechts im Bild die ehemalige staatliche Arbeitslosenkasse Claraplatz 4. Links die Schettyhäuser. Das Gebäude Claraplatz 4 wurde ursprünglich für die Polizei erbaut und diente als Polizeiposten Clara von 1861 bis 1918. Aufnahme: um 1945

1931 Mit der Gaspistole von Kommandant Müller

Nachstehender Fall stand am 26. Februar 1932 vor Appellationsgericht, weil der Angeklagte, Detektiv Korporal Karl Stehlin, mit dem Urteil des Strafgerichts vom 7. Januar 1932 – Amtsmissbrauch und fahrlässiger Körperverletzung – nicht einverstanden war.

In der Nacht vom 26. auf den 27. Juni 1931 verfolgte Detektiv Karl Stehlin dienstlich die Dirne Trefzer den Petersberg hinauf. Dabei wurde er auf zwei vor der Liegenschaft Petersberg 25 stehende Burschen aufmerksam, weil diese lachten. Offensichtlich amüsierten sich diese über die mitternächtliche Szene, Freier verfolgt Dirne. Stehlin ging auf die Burschen zu, wies sich als Detektiv aus und verlangte ihre Namen. Von Schaub, einem der beiden Burschen, wurde er sofort als Detektiv erkannt. Schaub gab ihm bereitwillig seinen und auch den Namen seines Kollegen Jäggin an. Als Stehlin den Namen Jäggin hörte, erinnerte er sich sofort an einen Vorfall vor vierzehn Tagen. Damals waren die Brüder Jäggin aus dem Kanton Basel-Stadt nach Liestal abgeschoben worden. Er hielt diesen Umstand dem Jäggin vor, worauf dieser vorgab, es betreffe nur seinen Bruder.

Blick auf den Petersberg (heute Standort Spiegelhof). Im Vordergrund die Spiegelgasse. Aufnahme: um 1936

Stehlin wusste von der polizeilichen Weisung, dass Abgeschobene, die vor Ablauf von drei Monaten zurückkommen, angehalten und dem Journal zugeführt werden mussten. Zugleich war ihnen eine Verzeigung wegen verbotener Rückkehr zu eröffnen. Er informierte Jäggin darüber und fasste ihn dabei am Arm, damit er ihm die Schliesszange anlegen konnte. Jäggin riss sich los und trat an die Hausmauer zurück. Mit den Worten «Mache Sie kaini Aaständ» trat er wieder mit der Schliesszange auf Jäggin zu. Nun wurde er von Schaub am Arm ergriffen und zurückgehalten. So ging das Spiel weiter, immer hin und her, bis einer der beiden Burschen den Arm erhob. Welcher der beiden, weiss Stehlin im Nachhinein nicht mehr. Für Stehlin sah es aber aus, wie wenn dieser zum Schlag ausholen würde. Dadurch fühlte er sich bedroht. Mit dem Wissen, dass die Brüder Jäggin bei jeder Anhaltung der Polizei Widerstand leisten, zog er seine Gaspistole. Zugleich machte er nochmals eine dreimalige Aufforderung an Jäggin, er solle ihn auf den Posten begleiten – was dieser ignorierte.

Stehlin richtete die Waffe aus einer Distanz von ca. sechzig bis achtzig Zentimetern schräg von unten her gegen die Brust von Jäggin und drückte ab. Auf den Schuss hin stöhnte Jäggin auf und fiel zu Boden. Stehlin wollte den auf dem Boden liegenden Jäggin wieder auf die Beine stellen. Dies gelang ihm aber alleine nicht, Schaub verweigerte seine Hilfe. Erst mit Unterstützung eines Passanten gelang es, Jäggin auf den nahe gelegenen Rathausposten zu bringen.

Die Herkunft der Gaspistole

Im Frühjahr 1931 hatte Stehlin die Gaspistole von Polizeikommandant Müller erhalten. Dazu erhielt er die Weisung, wenn sich einer renitent erweise, könne die Pistole, die eine ungefährliche Sache sei und deren Geschoss den Gegner lediglich «e bitzeli dubelig und sturm macht», eingesetzt werden.

In Wahrheit aber hatte die Gaspistole den Jäggin am linken Auge verletzt, woraus ein Sehverlust von neunzig Prozent resultierte.

Die Entscheidung des Gerichts

Bei der Entscheidung der Frage, ob seitens des Detektiv Koporal Stehlin eine fahrlässige Körperverletzung vorlag, musste davon ausgegangen werden, dass die vom Polizeiinspektor gegebenen Instruktionen durchaus ungenügend waren. Bei der Übergabe der Waffe erfolgte bloss der Rat des Gebrauchs in einem gelegentlichen Fall von Renitenz. Wie die Handhabung der Gaspistole zu geschehen hatte, wie es mit den Vorschriften über den Waffengebrauch steht usw., darüber wurde kein Wort gesprochen.

Stehlin war bloss einmal bei Schiessversuchen auf ca. fünf bis sechs Meter Distanz dabei gewesen. Im Gegensatz zu seinem Arbeitskollegen Detektiv Korporal Vollenweider hatte Stehlin auch kein Prospekt der Herstellerfirma zu dieser Gaspistole erhalten. Dazu kam, dass sich Stehlin auch darauf berufen konnte, dass Vollenweider seinen Kollegen erzählt hatte, dass ein Gebrauch der Waffe aus zwei Meter Distanz bei einer praktischen Anwendung völlig wirkungslos sei.

Der vom Gericht vorgenommene Augenschein unter Vornahme von Schiessproben hatte mit Sicherheit ergeben, dass das Resultat daraus zur Aufmerksamkeit hätte mahnen müssen. Denn die relativ starke Feuerwirkung konnte nicht übersehen werden: Ein Blatt Papier wurde auf eine Distanz von fünfzig Zentimetern teilweise durchlöchert.

Bei der Strafzumessung berücksichtigte das Gericht, dass Stehlin einen äusserst guten privaten und dienstlichen Leumund hatte. In Anerkennung seiner guten Leistungen war der Angeklagte im Frühjahr 1931 zum Detektiv Korporal befördert worden. Dazu kam, dass es sich um einen geringen Grad von Fahrlässigkeit handelte. Obwohl die durch die Fahrlässigkeit des Angeklagten herbeigeführte Verletzung von schwerer Natur war, erschien eine niedrige Geldbusse am Platze. Ausserdem konnte unter Berücksichtigung aller Umstände, die für den Angeklagten sprachen, die bedingte Verurteilung zur Anwendung kommen.

Detektiv Korporal Stehelin wurde schlussendlich der fahrlässigen Körperverletzung für schuldig erklärt und musste eine Geldbusse von dreissig Franken entrichten. Von der Anklage des Amtsmissbrauchs wurde er freigesprochen.

Die beiden erwähnten Detektive Stehlin und Vollenweider schieden nur wenige Jahre nach dem oben geschilderten Vorfall aus dem Leben. Detektiv Korporal Jakob Vollenweider wurde am 20. Januar 1934 in der Sperrstrasse durch die beiden Raubmörder Sandweg und Velte erschossen. Detektiv Karl Stehlin verstarb am 2. Mai 1937 infolge einer Hirnhautentzündung.
Am 4. Mai 1937 erschien in den «Basler Nachrichten» sein Nachruf:

Der am letzten Sonntag um 3 Uhr morgens nach genau einwöchiger Krankheit verschiedene Detektiv Korporal Karl Stehlin-Granacher wurde am 20. Februar 1893 in Basel geboren.

Seine Eltern stammten aus Biel-Benken. Er lernte zuerst den Kaufmännischen Beruf und wurde dann am 3. Mai 1915 als Polizeimann für das hiesige Polizeikorps engagiert.

Da er sich von Anfang an durch seine grosse Intelligenz, Zuverlässigkeit und Arbeitsfreude auszeichnete, wurde er schon zwei Jahre später, kaum 24jährig, ausgezogen und zum Detektiv befördert. Seine Vorgesetzten hatten mit dieser Auszeichnung einen guten Griff getan. Karl Stehlin rechtfertigte das in ihn gesetzte Vertrauen auch weiterhin und wurde einer der fähigsten Beamten der Fahndungsabteilung des Polizeiinspektorats. Auch im Korps stand er dank seinem bescheidenen, zuvorkommenden Wesen und seiner Hilfsbereitschaft in hohem Ansehen. Er war unter seinen Kollegen sehr beliebt.

Am 1. Mai 1931 erfolgte seine Beförderung zum Detektivkorporal. Aber schon vorher wurde er auf Grund seiner erprobten Zuverlässigkeit öfters der Bundesanwaltschaft zugeteilt, um während der Völkerbundversammlung und anderer internationaler Tagungen die hohen ausländischen Delegierten und Staatsmänner zu überwachen. In menschlicher wie auch in beruflicher Hinsicht galt er als Vorbild. Die Fahndungsabteilung und das ganze Polizeikorps verliert in ihm, der nur eine alter von 44 Jahren erreichen sollte, einen der tüchtigsten Beamten.

Detektiv Korporal Karl Stehlin. Aufnahme: 1931–1937

Vor Jahren entdeckte ich beim Recherchieren in den Zeitungen einen Artikel mit dem Titel: Erinnerungen an den alten Petersberg. Passt doch bestens zur Geschichte von Detektiv Stehlin, so dachte ich mir. Der Text gibt uns einen aufklärenden Einblick in den Ort des Geschehens.

Erinnerungen an den alten Petersberg

«Herrgott, Sakra!» würde unser Schang ausrufen, wenn er heute seine alte Heimat, den Petersberg, wiedersehen könnte und anstelle der winkligen, romantischen alten Häuser mit ihren grauen schmutzigen Fassaden den nüchternen Betonkoloss des Polizeiverwaltungsgebäudes und der Oekk mit ihren langen Reihen kalter Fenster finden müsste! «Herrgott, Sakra!» würde er schimpfen und wütend seine schwere Faust, die so manchem «Schugger» zu einem unfreiwilligen Spitalaufenthalt verholfen hat, wie einen Vorschlaghammer schwingen! Der alte Petersberg ist nicht mehr! Und unser Schang, der Held unserer Bubenzeit, kommt nicht mehr! Er zog als kaum 20jähriger Hüne in den Krieg und fiel 1917 als bayrischer Totenkopfhusar in Flandern...

Und nun liegen die Millionen der Kantonalbank auf demselben Fleck Erde, wo einst bittere Armut sich in düsteren Wohnungen verkroch. Und die Heilige Hermandad hat ihren Sitz dahin verlegt, wo ehemals der starke Schang und der Gusti Keller die «Landjäger» nach Noten abschwarteten und von wo dem guten Papa Leu zu Klosterfiechten seine «anhänglichsten» jungen Freunde zugewiesen wurden! Und wo Krankheit und Schmutz in dumpfen Räumen hauste, wo mangels einer Kanalisation alle Jahre «d'Dampfgüllepumpi» ihre Frühlingsdüfte verbreitete, dort hat nun eine der hervorragendsten Einrichtungen zur Hebung der Volksgesundheit, die Oekk, Quartier bezogen! O, alte Bubenherrlichkeit, wohin bist Du entschwunden!?

Damals, vor dem ersten Weltkrieg, waren Börse und «Meerkatz» noch Neubauten, die hell von den übrigen Häusern abstachen. Wo der «Blumenhof» steht und die Buchdruckerei Wittwer, waren freie Bauplätze, auf welchen wir 8 bis 15jährige «Rölleli- und Seggelischigge» - unser «Klassenbewusstsein» hinderte gemeinsame Spiele und Streiche keineswegs - unsere Wigwams aufschlugen und gegen die Rümelins- und Andreasplatzbuben das Kriegsbeil ausgruben. Und wenn wir dann, mit «blutigen» Keulen und selbstgeschnitzten, harthölzernen Schwertern, mit erbeuteten Bohnenstecken und zerschlagenen Köpfen siegreich heimkehrten, dann hielt uns die gute Frau Markstalder am untern Blumenrain, zwischen Äpfel-, Birnen- und Orangenkörben thronend, angefaultes Obst als lockende Belohnung bereit.

Am mittleren Petersberg standen damals noch Häuser, deren oberstes, die «Tannenburg», eine schauerliche Italienerbeiz war. Und der alte «Sämi» lebte noch und der Kaminfegermeister Degen schritt mit Leiter, Sonne, Schultereisen und Stossbesen, pünktlich wie ein Chronometer abends 7 Uhr, wenn wir Eile hatten, uns vor der Heimkehr der «Grossen», nach Hause zu trotten, durch die Spiegelgasse. Und sein Namensvetter, der Landjäger Degen, steckte uns noch heimlich die Bälle und Frösche und Kracher zu, die «Tschugger» wegen unseres lärmenden Spiels abgenommen hatten, ehe sie in die «Meerkatz» einschwenkten.

Damals gab es noch spannende Rattenjagden rings um die «Tannenburg» und in den alten, tiefen Kellern des mittleren Petersberg, wo Spinnetze das Tageslicht verdunkelten und geheimnisvoll, an gewissen Stellen der Kellergewölbe, das Rauschen des Birsig zu vernehmen war, Gespenster und ungehobene Schätze. Katzen wagten sich längst nicht mehr in die Tiefe der dunklen Kellergewölbe hinunter, denn was von Hasen und dem Hunde, das gilt von Ratten und der Katze; viele Ratten sind der Katze Tod! Uns war das Betreten dieser halbzerfallenen, nur noch zum Teil bewohnbaren Häuser und Keller natürlich verboten. Aber so am Sonntagmorgen, wenn Eltern und Geschwister mit dem Gesangbuch unterm Arm nach der Peterskirche strebten - da hielt es schwer, den Verlockungen einer Rattenjagd zu widerstehen! Ungefährlich war die Sache keineswegs, das hat der «Spitz», dem von einer Ratte eine Sehne durchgebissen wurde, zu seinem Leidwesen erfahren, aber spannend! Das kalte Gruseln lief einem den Buckel hinunter, wenn wir unser Drei, Vier mit flackerndem, unsicherem Kerzenlicht in die unbekannten Tiefen stiegen, wo man nicht einmal mehr den Schritt der auf der Strasse gehenden Passanten hörte und wo es stickig, dumpf und finster war, wie in einer Totengruft. Man musste sich lange erst an die Dunkelheit gewöhnen, man stolperte über Lumpenhaufen, verfaulte Bretter, modrige Kisten und vergessene Stühle. Wie Geisterhände griffen einem kalte Spinngewebe ins Gesicht und die langen unruhigen Schatten, die das Kerzenlicht warf, kamen und entfernten sich wie langbeinige Gespenster. Man durfte dann schon gar nicht mehr daran denken, was uns das Miggi Niklaus erzählt hatte, dass nämlich in einem der zweistöckigen Keller ein Schatz vergraben sei, der von einem fünfjährigen Kind behütet werde...Dem Kind sei der Kopf auf dem langen Hals zu schwer geworden, darum trage es ihn unter dem linken Arm...Und wenn man dann gar noch an die Mordgeschichte dachte, die um die Jahrhundertwende in der «Tannenburg» geschehen sein sollte, dann hielt man es einfach nicht mehr aus, dann musste man nach der halboffenen Kellertür fliegen!

In der Regel hatten wir aber gar keine Zeit zu solchen Überlegungen. Die Ratten regten sich, huschten da und dort, wie kleine Schattenflecke vorüber und zogen uns ganz in den Bann des Jagdeifers. Mit Stecken und Knüppeln wurden die Viecher in die Kloakenröhren getrieben, die in der Spiegelgasse oder am unteren Petersberg ihren Ausfluss hatten und dann stiessen wir feuchtes Packpapier oder schmutzige Lappen, die am Kerzenlicht angebrannt wurden, in die Löcher. Draussen nahmen inzwischen unsere Kameraden mit allerlei Mordinstrumenten vor den Auslaufrohren Aufstellung. Und nun ging die schaurige Sonntagsjagd los! Die Langschwänze, vor dem Rauch und dem Feuer flüchtend, huschten über die Strasse oder suchten in einem Fensterloch Zuflucht. Wir, mit Hallo hinter den Tieren her! Mit der Zeit entwickelten wir eine solche Geschicklichkeit, dass wir die bissigen Nager, in die Enge eines Fensterloches getrieben, mit blossen Händen und schnellem Genickgriff «fischten» und sie so, glückstrahlend, unserer Sammlung einverleibten. Der Genickgriff gegenüber Mäusen erfordert nur Geschicklichkeit, gegenüber Ratten aber ausserdem Flinkheit und höllischen Mut, denn Ratten beissen und zwar tief und fest, wie wir ehemalige Rattenfänger vom Petersberg fast ohne Ausnahme aus eigener Erfahrung merken konnten. Die langschwänzigen Vierbeiner wurden dann in leeren Konfitürengläsern aufbewahrt und im Winkel zwischen Meerkatz und Börse zu Jedermanns Ergötzen ausgestellt. Sie döselten dort mit der Zeit an der Sonne friedlich ins Jenseits hinüber.

Als der alte Häuserblock am mittleren Petersberg abgerissen wurde, fiel einem Maurerparlier, einem Italiener, ein zentnerschwerer Stein auf die Schulter. Der Mann schlug wie tot zu Boden. Lange Zeit blieb er, von Neugierigen umstanden, in einer grossen Blutlache liegen. Schliesslich nahm sich einer seiner Kameraden um den Mann an, schleifte ihn auf einen zweirädrigen Handkarren und führte ihn über das holprige Pflaster nach dem nahen Bürgerspital. Gestorben ist der Verunfallte dennoch nicht.

Ehe die «Tannenburg» niedergerissen wurde, stahlen wir dem Wirt sämtliche leere Weinflaschen. Ein Lumpensammler gab uns für je zwei Stück einen runden Halbbatzen. Als wir ihm die Flaschen aber gleich dutzendweise herbeischleppten und er wohl auch über deren illegale Herkunft etwas vermuten mochte, sank der Preis rasch unter pari. Das aus dem Flaschenverkauf gelöste Geld reichte zur Bestreitung unvermeidlicher Auslagen zur Herstellung einer Fasnachtslaterne aus. Auf der von flackerndem Kerzenlicht erhellten Leinwand hatten wir zur bildlichen Darstellung die Verse gemalt:

«O Tannenburg, o Wanzeburg, wo ahne bisch du gange? Jetz muess drno die ganzi Stadt die Rattebruet go fange! De Tschingge in dr Tanneburg hän d Wäntele nit gschadet, jetz aber muess die ganzi Stadt sich grazze und go bade!»

1930 Im Kommunisten-Tempel flogen die Fäuste

Blick durch die Webergasse von der Unteren Rebgasse her. In der rechten Häuserzeile, das dunkle Gebäude mit dem Hund davor, die Liegenschaft 23. Aufnahme: um 1938

Am Ostersonntag, den 19. April 1930, morgens etwa um elf Uhr erhielt Polizeimann Eugen Wehrli einen folgenschweren Auftrag: Er musste den im Lohnhof in Strafhaft befindlichen Umberto Morfino zu Fuss in seine Wohnung an der Webergasse 23 begleiten, damit dieser seine Habseligkeiten einpacken könne. Polizeimann Wehrli war in Zivil unterwegs. Nach Erledigung seines Auftrages machte er sich mit Morfino auf den Rückweg zum Lohnhof. Dazu wollte er von der Webergasse her via Rebgasse zum Claraplatz gehen. Als er mit Morfino in der Nähe des Restaurants zum Bläsitor vorbeikam, geriet Morfino mit dort stehenden Italienern ins Gespräch. Das Restaurant befand sich damals an der Untere Rebgasse 24, Ecke Klingentalstrasse, und war auch Sitz kommunistischer Organisationen. Die Italiener packten Morfino schliesslich und zogen ihn mit sich in die Wirtschaft. Polizeimann Wehrli folgte. In der Wirtschaft umringten noch mehr Personen Morfino und schafften ihn trotz des Widerspruches von Polizeimann Wehrli durch die Hintertüre aus dem Lokal. Polizeimann Wehrli verliess darauf das Gebäude und telefonierte um Hilfe nach dem Lohnhof.

Etwa um elf Uhr zwanzig erschienen die uniformierten Polizeimänner Friedrich Strub und Walter Walser zur Verstärkung vor dem Restaurant zum Bläsitor. Strub und Walser betraten darauf mit Wehrli das Haus, um nach Morfino zu suchen. Im zweiten Stock trafen sie auf zwei Personen, die Polizeimann Wehrli sofort wieder als Mittäter erkannte und die zu den Personen gehörten, welche ihn und Morfino im Restaurant umringt hatten.

Die drei Polizeimänner nahmen die beiden, Luigi Mazzucchelli und eine nicht mehr feststellbare Person, fest und gingen mit ihnen die Treppe hinab ins Parterre. Im Hauseingang trafen sie auf Hans Bruppacher, einen Bekannten von Mazzucchelli. Bruppacher fasste Mazzucchelli am Ärmel und fragte: «Kolleg, wo wotsch ane?» Mazzucchelli deutete auf die uniformierten Polizeimänner. Bruppacher riss darauf Polizeimann Strub an der Pelerine auf die Seite und rief: «Genosse, uff si, nämmet si, das gits nit, hauet si zämme!» Alsbald waren die drei Polizeimänner von nicht mehr feststellbaren Personen im Hausgang umringt und wurden voneinander ge-

Die Kommunisten im Handgemenge mit der Polizei

trennt. Die beiden Festgenommen nutzten die Gelegenheit und rannten durch die hintere Wirtshaustür davon. Polizeimann Strub verfolgte Mazzucchelli durch den Hof in die Klingentalstrasse und packte ihn dort am Kragen. Sofort scharte sich eine Volksmenge um Strub, fasste ihn, und es fielen Rufe: «Schlagt ihn tot!» Strub wurde von hinten umgerissen und fiel zusammen mit Mazzucchelli zu Boden. Mazzucchelli kam gleich wieder auf die Füsse und gab Strub einen Fusstritt ins Gesicht. Strub konnte sich wieder erheben und fasste Mazzucchelli neuerdings an.

Aus der Volksmenge trat ein Mann heraus, wie sich später herausstellte Josef Wernli, und stellte Polizeimann Strub von hinten einen Fusshaken, sodass dieser neuerdings stürzte. Die Menge fiel über ihn her und misshandelte ihn. Insbesondere versetzte ihm Josef Wernli Tritte und Faustschläge an den Kopf. In der Faust hielt er ein geschlossenes Messer, um seine Schläge zu intensivieren. Während er so Strub misshandelte, rief er: «Verrecke muesch!»

Jetzt erschien mittels eines Autos polizeiliche Verstärkung. Unter Führung von Polizeikorporal Mühlethaler und mit Anwendung von Gummiknüppeln gelang es, den am Boden liegenden Polizeimann Strub zu befreien und Mazzucchelli festzunehmen. Unterdessen hatte der im Hausgang abgedrängte Polizeimann Walser zur Verteidigung seinen Säbel gezogen. Bruppacher schlug ihm mit der Faust auf die linke Backe und rief: «Schlöhnd en z'tot!» Zugleich packte Bruppacher den Säbel von Walser. Auch andere Personen griffen Walser an. Zwischenzeitlich war es Polizeimann Wehrli gelungen, bis zur Haustüre vorzudringen und diese aufzureissen. Von der polizeilichen Verstärkungsmannschaft drang Polizeimann Bär in den Hausgang und befreite Walser. Darauf nahmen die drei Bruppacher fest.

Polizeimann Strub erlitt infolge der Misshandlungen eine Risswunde am rechten untern Augenlid, Schürfungen der rechten Gesichtshälfte, Blutungen aus der Schleimhaut der Unterlippe und aus dem Zahnfleisch des Oberkiefers, eine Verstauchung des linken Daumens und Schürfungen am rechten Handrücken, ferner eine leichte Ge-

Blick aus der Klybeckstrasse auf das Restaurant zum Bläsitor. Aufnahme: um 1930

hirnerschütterung. Die Verwundungen heilten, dagegen blieb noch eine nervöse Erregbarkeit zurück.

Polizeimann Walser erlitt eine Quetschung der Oberlippe. Ferner wurden ihm die Augengläser zerbrochen. Seine Polizeimütze ging verloren. Umberto Morfino entkam. Luigi Mazzucchelli, Josef Wernli und Hans Bruppacher wurden auf den Lohnhof geführt und in Untersuchungshaft gesetzt.

Noch gleichentags, so war in den «Basler Nachrichten» zu lesen, erschien um halb fünf Uhr nachmittags Polizeileutnant Brühlhardt mit dem Überfallkommando vor dem Restaurant Bläsitor. Von den Autos stiegen achtzehn Polizeimänner, die das kommunistische Arbeiterheim (Restaurant Bläsitor) unverzüglich belagerten. Niemand durfte mehr ein- und ausgehen. Das ganze Haus wurde gründlich von oben bis unten durchsucht. Die Polizisten verhafteten sechs Personen, welche im Verdacht standen, an den Angriffen auf die erste Patrouille beteiligt gewesen zu sein und somit Morfino zur Flucht verholfen hatten. Während diesem Vorfall hatte sich in den umliegenden Gassen eine sehr grosse Menschenmenge angesammelt, die zum Teil tätlich zu werden drohte.

Als die Beamten nach durchgeführter Razzia abziehen wollten, nahm die Menge eine drohende Haltung ein, worauf die Polizisten wiederholt vom Gummiknüppel Gebrauch machen mussten.

Bei der späteren Gerichtsverhandlung bestritten Mazzucchelli, Wernli und Bruppacher ihre Taten. Sie konnten sich damit aber nicht durchsetzen, weil die Aussagen der an Ort gewesenen Zeugen, insbesondere der beteiligten Polizisten, schwer wiegten.

Erschwerend waren auch die Vorstrafen der verhafteten Personen: Hans Bruppacher hatte eine Vorstrafe wegen Mordversuchs und war nicht gut beleumdet. Er war als Rädelsführer der ganzen Auflehnung gegen die Polizei anzusehen, denn er hatte durch sein Eingreifen das allgemeine Signal für die Ausschreitungen der Menge gegenüber den Polizeimännern gegeben. Dies, ohne dass es seitens der Polizei Provokationen gegeben hätte. Das Verhalten von Bruppacher grenzte an Aufreizung zum Aufruhr.

Der mitbeteiligte Polizeimann Walter Walser. Aufnahme: um 1930

Luigi Mazzucchelli war weniger schwer belastet und kriminell nicht vorbestraft. Sein Vorgehen gegenüber den Polizeibeamten zeugte aber von einer rohen Gesinnung.

Josef Wernli war dagegen äusserst schlecht beleumdet und vielfach vorbestraft. Er hatte bereits längere Gefängnis- und Zuchthausstrafen verbüsst. Zudem war er wiederholt wegen Körperverletzungen vorbestraft. Er war auch in stärkerem Masse als die andern an der Misshandlung der Polizei beteiligt gewesen. Er hatte in roher Weise einen von einer Übermacht überfallenen und wehrlos am Boden liegenden Polizeimann feige misshandelt.

Hans Bruppacher und Josef Wernli wurden zu je sechs Monaten und Luigi Mazzucchelli zu sechs Wochen Gefängnis verurteilt. Zudem wurde dem Polizeidepartement die Ausweisung der drei Personen beantragt.

Das ehemalige Restaurant zum Bläsitor, später Restaurant Kaserne, Ecke Untere Rebgasse/ Klingentalstrasse. Aufnahme: 1955

1924-2008

Tram-Fälle – umgestürzte Trams

Am 1. April 2008 ereignete sich bei der Markthalle eine heftige Kollision zwischen einem BVB-Tramzug und einem Reisecar. Im darauffolgenden Artikel der «Basler Zeitung» wurde ein Foto des auf der Seite liegenden Trammotorwagens abgebildet. Unter dem Foto war zu lesen: «Am Boden zerstört. Das erste Tram in der Geschichte der BVB, das aus dem Gleis gekippt wurde.» Dass diese Aussage nicht stimmten konnte, wusste ich von Mitarbeitern der ehemaligen Unfallgruppe (UG). Wenn sie in ihren Erinnerungen schwelgten, gehörte auch die Unfallgeschichte vom umgestürzten Trammotorwagen 601, dem Tatzelwurm, dazu.

Ich recherchierte und fand letztlich in der über hundertjährigen Geschichte der BVB einige «gefallene Drämmli», denen ich nun einige Zeilen und Fotos widmen möchte. (Aufzählung ohne Anspruch auf Vollständigkeit)

Ostersonntag, 20. April 1924, 14:50 Uhr

Ein mit fünf Personen besetztes Auto fuhr von der Dornacherstrasse in die Thiersteinerallee. Zur gleichen Zeit nahte vom Bruderholz her ein Tramzug der Linie 15. Der Personenwagenlenker sah das Tram im letzten Moment und versuchte, vor diesem durchzufahren. Es reichte jedoch nicht mehr, worauf beide Fahrzeuge kollidierten. Der Personenwagen drehte sich um 180 Grad und wurde auf das Trottoir geschleudert, wo er beschädigt stehen blieb. Schlimmer erging es dem Trammotorwagen. Durch das plötzliche Abbremsen und durch die nachfolgende Kollision mit dem Auto fuhr der Anhängewagen gegen das Heck des Motorwagens auf. Der Motorwagen wurde dadurch nach rechts gedrückt und kam schliesslich auf der Seite liegend zum Stillstand.

Alle sechs Fahrgäste kamen mit leichten Schnittwunden davon. Der Wagenführer wurde schwerer verletzt und musste aus seinem Führerstand befreit werden.

Mittwoch, 26. Mai 1954, 21:47 Uhr

Wie üblich wurde am Mittwochabend bei der Abstellanlage Jakobsberg der dort abgestellte Anhängewagen an den Trammotorwagen der damaligen Linie 5 angekuppelt. Danach ging die Fahrt weiter den Jakobsberg abwärts. Aus ungeklärten Gründen konnte der Wagenführer den Tramzug im starken Gefälle nicht genügend abbremsen und fuhr mit grosser Geschwindigkeit in die Reinacherstrasse. Bei der Einfahrt in die dortige Linkskurve sprang der Tramzug aus den Schienen. Der Motorwagen krachte mit grosser Wucht in eine Hauswand und blieb stark beschädigt stehen. Der Anhängewagen war schon kurz nach der Entgleisung auf die Seite gekippt. Er wurde vom Motorwagen mitgeschleift und kollidierte ebenfalls mit der Hauswand. Glücklicherweise war der Tramzug nur schwach besetzt: Fünf Personen wurde durch das Unglück mittelschwer verletzt.

Montag, 13. Oktober 1958, kurz vor 12:00 Uhr

Eine Dampflok mit rund 20 Güterwagen fuhr vom Hafen St. Johann durch die Schiffmühlestrasse in Richtung Hüningerstrasse. Unmittelbar vor der Landesgrenze kreuzen sich die Geleise von Hafenbahn und Tram. Ein Rangierarbeiter sah den zugleich aus Richtung Elsass herannahenden BVB Tramzug der Linie 5. Er gab deshalb mit seiner roten Fahne dem

Mittwoch, 26. Mai 1954, 21:47 Uhr

Montag, 13. Oktober 1958, kurz vor 12:00 Uhr

Lokführer das Zeichen, er solle die Fahrt verlangsamen. Obwohl der Lokführer eine Bremsung einleitete, reichte die noch vorhandene Distanz nicht aus, um den Zug zum Stillstand zu bringen. Die rund 450 Tonnen schweren Güterwagen schoben die Lok weiter, was zu einer fatalen Kollision mit dem Anhängewagen des Tramzuges führte. Die Lok schob den umgestürzten Anhängewagen ca. fünf Meter weiter und fuhr gleichzeitig auf diesen auf. Dadurch wurde der Führerstand der Lok rund einen Meter angehoben. Glücklicherweise befand sich im Anhängewagen nur ein BVB-Billeteur, welcher zwar verletzt wurde, sich aber selber befreien konnte. Am Anhängewagen entstand erheblicher Sachschaden.

Donnerstag, 6. August 1959,13:30 Uhr

Am Donnerstag entgleiste auf der Kreuzung Schwarzwaldallee/ Schönaustrasse der Motorwagen Nr. 252 der BVB. Beim Befahren der dortigen Linkskurve entgleiste das Tram und kam auf der Seite liegend zum Stillstand. Zwei BVB Angestellte und fünf Fahrgäste wurden dabei leicht verletzt.

Als Unfallursache zog man ein zu schnelles Befahren der Kurve oder ein durch die Baustelle verschmutztes Tramgeleise in Betracht.

Nur drei dieser ultraleichten Motorwagen, welche den Übernamen Bugatti erhielten, kamen 1952 bei den BVB in Betrieb. Diese Fahrzeuge waren so konstruiert, dass sie nur ohne Anhängewagen verkehren konnten. Ihr Einsatz war für die damalige Ringlinie 2 vorgesehen, welche im Jahre 1966 aufgehoben wurde. Später setzte man sie noch ausserhalb der Hauptverkehrszeiten auf den Linien 2 und 7 ein. 1978 wurden alle drei verschrottet. Leider blieb uns keines der formschönen Fahrzeuge erhalten.

Donnerstag, 6. August 1959, 13:30 Uhr

Donnerstag, 6. August 1959, 13:30 Uhr

Montag, 28. Dezember 1964,15:26 Uhr
Wieder bekam ein Wagenführer Probleme mit dem Abbremsen seines Tramzuges auf der Fahrt in Richtung Jakobsberg. Vor der Einfahrt in die Rechtskurve beim Hechtliacker wurde sein Gefährt immer schneller. Infolge der zu hohen Geschwindigkeit entgleiste der Anhängewagen in der Rechtskurve und fiel auf die Seite. Von den vier Insassen wurde eine Person verletzt. Der Anhängewagen konnte wieder repariert werden

Sonntag, 25. September 1966, nach 06:00 Uhr
Und wieder war es am Jakobsberg: Wagenführer und Billeteuse waren damit beschäftigt, in der Abstellanlage den Anhängewagen abzukuppeln. Nachdem dieser vom Motorwagen getrennt war, fuhr der Wagenführer einige Meter nach vorne. Aus irgend einem Grund verzögerte sich der Arbeitsablauf. Der Wagenführer stieg deshalb aus und eilte seiner Kollegin zu Hilfe. Während die beiden mit der weiteren Arbeit beschäftigt waren, begann der Motorwagen, weil sich die Bremsen lösten, langsam anzurollen. Im Gefälle gegen die Reinachstrasse zu beschleunigte er zunehmend. Als die beiden BVB-Mitarbeiter dies bemerkten, rannten sie dem Motorwagen hinterher, konnten ihn aber nicht mehr rechtzeitig erreichen. In rasanter Fahrt fuhr er gegen die Linkskurve in der Reinachstrasse. Dort neigte sich der Motorwagen nach rechts, sprang aus den Schienen und kam zu Fall. Auf der rechten Seite liegend rutschte er weiter über die Strasse und kollidierte mit der dortigen Liegenschaft. Vier Fahrgäste sassen während dieser «Höllenfahrt» im Trammotorwagen. Sie wurden zum Glück nur leicht verletzt und konnten nach ambulanter Behandlung wieder aus dem Spital entlassen werden. Am Fahrzeug entstand Totalschaden.

Sonntag, 25. September 1966, nach 06:00 Uhr

Montag, 5. Juni 1967, 22:25 Uhr

Acht Monate später legte sich der Gelenkwagen 601 auf die Seite. Das Tram fuhr von der Mittleren Brücke her gegen den Claraplatz zu. Ausgangs Greifengasse wollte der Wagenführer weiter geradeaus zur Haltestelle Claraplatz fahren. Aus ungeklärten Gründen war die Weiche falsch gestellt, weshalb der Gelenkwagen nach links in Richtung Untere Rebgasse abbog. Mit einer Geschwindigkeit von rund 30 km/h war das Tram für die Kurvenfahrt viel zu schnell. Er stürzte nach rechts und kam auf der Seite liegend zum Stillstand. Von den 50 Fahrgästen wurden sechs leicht verletzt. Der Wagenführer erlitt einen Schock. Nach seiner Reparatur konnte das Fahrzeug wieder im Linienbetrieb eingesetzt werden.

Die BVB hatte nur zwei dieser Trammotorwagen. Sie wurden 1961 und 1962 in Betrieb gesetzt und waren die ersten Gelenkmotorwagen in Basel. Gebaut wurden sie durch die Schweizerische Industrie-Gesellschaft (SIG). Die Fahrzeuge blieben Prototypen und konnten sich nicht durchsetzen. Dazu kam, dass sie vor allem in den ersten Jahren sehr störungsanfällig waren. Beim Publikum wurden sie gerne als «Tazzelwurm» und beim Personal als «SIG» bezeichnet. Nach ihrer Ablieferung kamen sie auf der Linie 6 zum Einsatz. Weil es auf dieser Strecke, und auch auf anderen Gleisanlagen mit starken Kurvenüberhöhungen, zu Entgleisungen kam, konnten sie auf solchen Linien nicht mehr eingesetzt werden. So sah man sie nur noch auf den Linien 1, 4 und 7 und später noch auf der Linie 8.

Der Wagen 601 verunfallte 1991 am Schützenhaus schwer und wurde abgebrochen. Sein Zwillingsbruder mit der Nr. 602 fand später noch als Partywagen Verwendung. Beim Brand des Tramdepots Wiesenplatz 2004 erlitt das Fahrzeug Totalschaden.

Montag, 5. Juni 1967, 22:25 Uhr

Dienstag, 6. Dezember 1977, kurz vor Mittag

Am St. Nikolaustag kam es auf dem Voltaplatz zum Kräftemessen zwischen einem Sattelschlepper und einem BVB Tramzug. Der Lastwagenchauffeur übersah den von links aus Richtung St. Johanns-Tor kommenden 15er und kollidierte mit ihm. Der Motorwagen fiel durch die Wucht des Zusammenpralls auf die linke Seite. Die drei Trampassagiere und der Wagenführer kamen ohne Verletzungen davon. Jedoch entstand ein beträchtlicher Sachschaden von ca. CHF 60‘000.-.

Dienstag, 1. April 2008, 15:16 Uhr

Ein Tramzug der Linie 16 fuhr die Innere Margarethenstrasse aufwärts gegen die Verzweigung Viaduktstrasse zu. Oben angelangt kamen von links her zwei Reisecars, die dem Tramzug die Vorfahrt nahmen. Der erste Car hatte Glück und raste knapp vor Tram durch. Dem zweiten Car reichte es nicht mehr. Der Trammotowagen kollidierte frontal mit dessen rechter Fahrzeugseite. Der Motorwagen blieb im Car hängen und wurde durch dessen Fahrbewegung nach rechts gezogen, aus den Schienen gerissen und kam auf der Seite liegend zum Stillstand.

Der Wagenführer erlitt einen Schock und sieben der achtzehn Fahrgäste zogen sich leichte Verletzungen zu. Der Car war zum Glück nur mit dem Chauffeur besetzt, dieser blieb unverletzt. An Trammotorwagen und Car entstand erheblicher Sachschaden.

Dienstag, 1. April 2008, 15:16 Uhr

16
Bruderholz
457
SRK + MÄRTLAADE
112

Oberaufseher Reinhard Käser

1924

Einmal im Jahr treffen sich die ehemaligen Offiziere der II. Kompanie des Basler Füsilier Bataillons 99. Der Anlass hat jeweils einen kulturellen Hintergrund und endet mit einem gemütlichen Zusammensein. Im Jahr 2011 besuchten die neun Herren im Alter zwischen dreiundsiebzig und einundneunzig Jahren die Einsatzzentrale und das Polizeimuseum der Kantonspolizei Basel-Stadt im Spiegelhof. Im Gespräch erfuhr ich vom ältesten Teilnehmer, Herrn Käser, dass sein Vater ehemals Oberaufseher im Schällemätteli war. Da Fotos aus früheren Zeiten sehr rar sind, fragte ich Herrn Käser danach. Er bejahte meine Frage und schon eine Woche später trafen wir uns am Wohnort von Herrn Käser.

Die Vollzugsanstalt Schällemätteli wurde 1864 erbaut. Mit dem Abbruch im Jahre 2007 verschwand eine Basler Legende. Das Gefängnis hatte über hundertvierzig Jahre auch unsere Polizistinnen und Polizisten auf Trab gehalten. Ein Teil dieser Arbeit wurde durch den Oberaufseher Reinhard Käser beeinflusst. Lassen wir nun Herrn Käser über seinen Vater erzählen:

Mein Vater Reinhard Käser wurde 1892 im aargauischen Oberflachs geboren. Dort wuchs er zusammen mit elf Geschwistern auf. Seine Eltern hatten einen kleinen Landwirtschaftsbetrieb. Dessen Vater war gelernter Schuh- und Stiefelmacher und arbeitete als Heimarbeiter für die Schuhfabrik Veltheim. Mein Vater hatte schon immer grosse Freude an der Näherei. Nach Schulende fing er in eine Schneiderlehre an, welche er dank seines grossen Talentes mit Bravour abschloss.

Während des Ersten Weltkrieges, im Jahre 1915, wurde die Schweizer Armee neu uniformiert. Die alten blauen Uniformen mussten den neuen feldgrauen Platz machen. Reinhard Käser wurde von der KTA (Kriegstechnische Abteilung) Bern dank seines Berufes und seiner guten Zeugnisse zum Stellvertreter des Ateliercheﬀs einer Militärschneiderei in Sursee ernannt. Dort lernte er meine Mutter Frieda Locher kennen. 1916 übernahm er als Atelierchef die Militärschneiderei in Engelberg. Er leitete dort einen Betrieb in dem gegen 100 Schneiderinnen und Schneider arbeiteten. Die guten Berufszeugnisse der KTA verhalfen meinem Vater zu einem neuen Arbeitsplatz. Am 1. Juli 1924 trat er die Stelle als Schneidermeister in der Kantonalen Strafanstalt Basel, Schällemätteli, an. Meine Mutter und wir drei Kinder folgten ihm bald nach. Im Langen Loh bezog die Familie ein Reiheneinfamilienhaus.

1933 wurde Reinhard Käser zum Werkmeister der Schneiderei im Schällemätteli und im Dezember 1938 zum Oberaufseher befördert. Da der Oberaufseher damals im Gefängnis wohnen musste, bezog die Familie die Liegenschaft an der Ecke Spitalstrasse/Pestalozzistrasse. Bis zu seinem Tod im Jahre 1949 amtete mein Vater, Reinhard Käser, als Oberaufseher. Während der Zeit des zweiten Weltkrieges hatte sich seine Arbeit ständig angehäuft. Die Anzahl der Insassen stieg von 70 auf 160. Die Arbeit nahm stetig zu. In den Kriegsjahren wurde meinem Vater auch noch der Anstaltsluftschutz übertragen und so musste er manche Nacht bei Fliegeralarm mit seinen Arbeitskollegen die Anstalt aufsuchen.

Mein Vater erzählte mir auch hin und wieder ein Geschehnis aus seiner Arbeit.

Oberaufseher Reinhard Käser. Aufnahme: 1939

Aufseher im Schällemätteli. Links aussen Reinhard Käser. Aufnahme: um 1930

Einmal musste er im Krieg einen Landesverräter zu dessen Erschiessung begleiten. Der Gefangenenwagen der Polizei holte den Mann im Schällemätteli ab. Die Fahrt führte nach Allschwil zu einem Bauernhof hinter dem Schiessstand Allschwilerweiher. Hinter dem Bauernhof hatte es eine Senke, in welcher der Landesverräter durch das Militär erschossen wurde.

Ein anderes Mal musste mein Vater einen Insassen wegen eines Vergehens im Arrestlokal einsperren (Disziplinarstrafe). Das Arrestlokal befand sich im Keller. Es war üblich, dass der Gefangene während zwei bis vier Tagen dort blieb. Das Essen bestand am ersten Tag aus Wasser und Brot. Am zweiten Tag gab es normales Essen. Am dritten Tag wieder Wasser und Brot. So blieb es abwechselnd bis der Täter die Strafe verbüsst hatte und wieder nach oben in seine Zelle kam. Nur der Oberaufseher durfte im Arrest das Essen abgeben. Oft tobten die Bestraften und schlugen in der Zelle alles kurz und klein. Von der hölzernen Pritsche und dem Stuhl in der Zelle blieben oft nur einzelne Holzstücke übrig. Damit die Schreie, der im Keller Tobenden nicht nach aussen dringen konnten, musste das Oberlicht der Arrestzelle mit Decken und Kissen abgedeckt werden. Eines Tages öffnete mein Vater die Arrestzelle und wollte nach einem Gefangenen schauen. Dieser schlug ihm jedoch sofort ein Holzteil der zerlegten Pritsche ins Gesicht und verletzte ihn schwer.

Damals, als Jugendlicher verlebte ich eine spannende Zeit im Schällemätteli. Wir hatten dort eine tolle Wohnung und viel Platz. Leider durfte man im Gefängnis nicht fotografieren. Darum sind Fotos aus diesem Bereich sehr selten. Gerne stelle ich für ihren Bericht die wenigen vorhandenen Fotos zu Verfügung.

In die Schällemätteli-Umfassungsmauer eingebaute Eckliegenschaft Spitalstrasse/ Pestalozzistrasse. Im 1. Stock die Wohnung von Oberaufseher Reinhard Käser. Aufnahme: um 1940

Man bekommt Geld
Man gibt den Kranken
Man bekommt wenn arbeitet
Achtung Polizei
Alleinstehende Frau mit Diener schaft
Achtung vor Hunde
Dieses Dorf nicht betreten
Der Besitzer ruft Polizei
Alarm! sofort weg
Standhaft bleiben nicht nach geben
Kein Geld aber zu essen
Sehr günstiges Haus man bekommt viel
Reich u. Grosszügig

Nachtlager
Besitzer ängstlich
Gar nichts zu machen
Hausbewohner werden böse
Die Frau lässt sich erweichen
Man darf nicht nachlassen
Es gibt zu essen
Man kann übernachten
Hausbesitzer sack grob
Sehr mitleidige Frau

Liste mit Bettler- oder Gaunerzinken. Wurde bei einem Insassen im Schällemätteli sichergestellt (1924–1949).
Oft fand man in früheren Zeiten an Scheunen, Tür und Tor geheimnisvolle, von unbeholfener Hand geschriebene Kreidezeichen. Vielerorts wussten die Einwohner mit diesen Schnörkeln nichts anzufangen und hielten sie für das Gekritzel von Kindern. In Wirklichkeit handelte es sich um Bettler- oder Gaunerzinken, damals bei uns auch Zigeunerzinken genannt. Es war eine eigenwillige, nur den Galgenvögeln landauf landab geläufige Zeichensprache. Sie gab Aufschluss über die jeweiligen Bewohner und was von ihnen zu erwarten war.

Korbflechterei im Schällemätteli. Aufnahme: um 1950

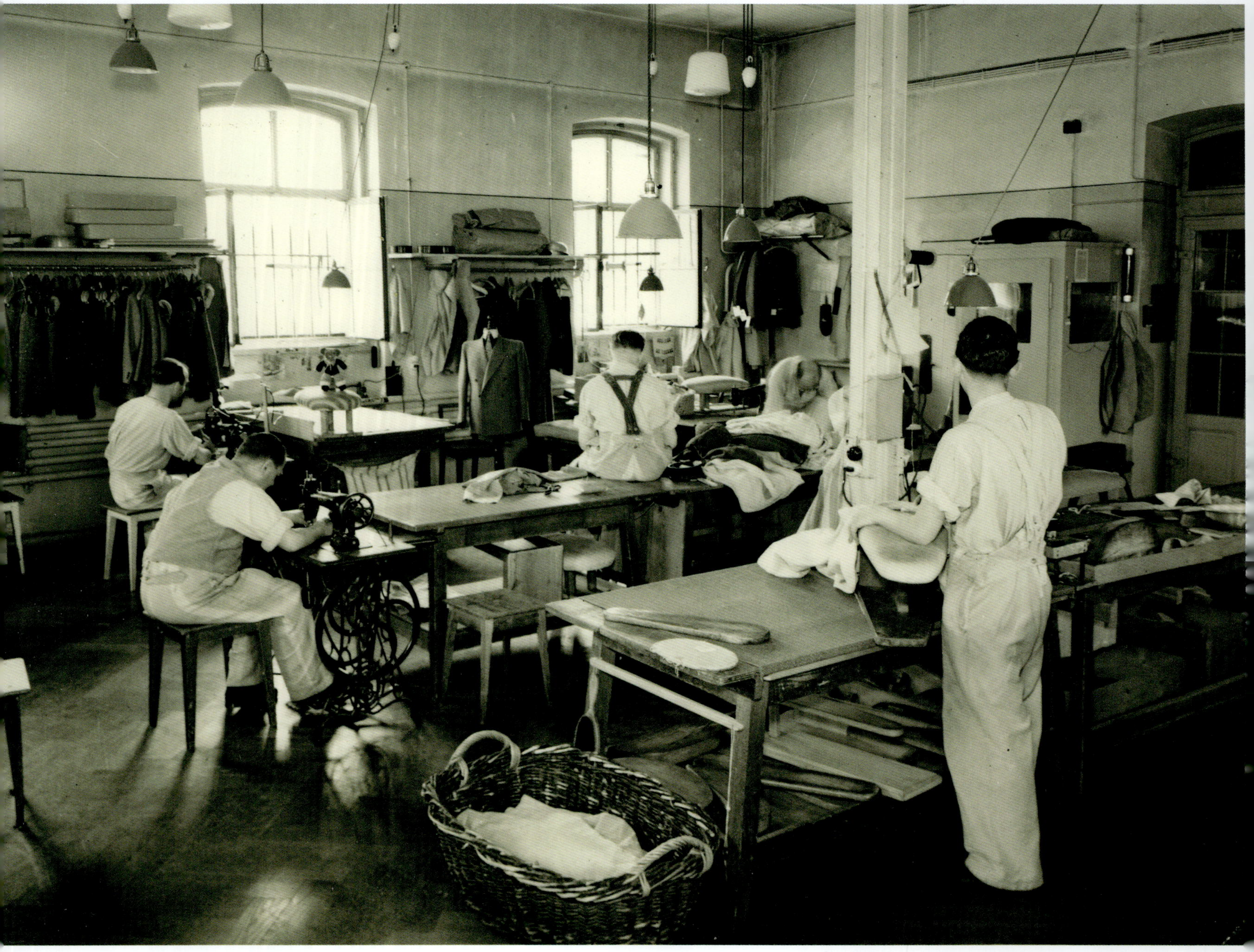

Schneiderei im Schällemätteli. Aufnahme: um 1950

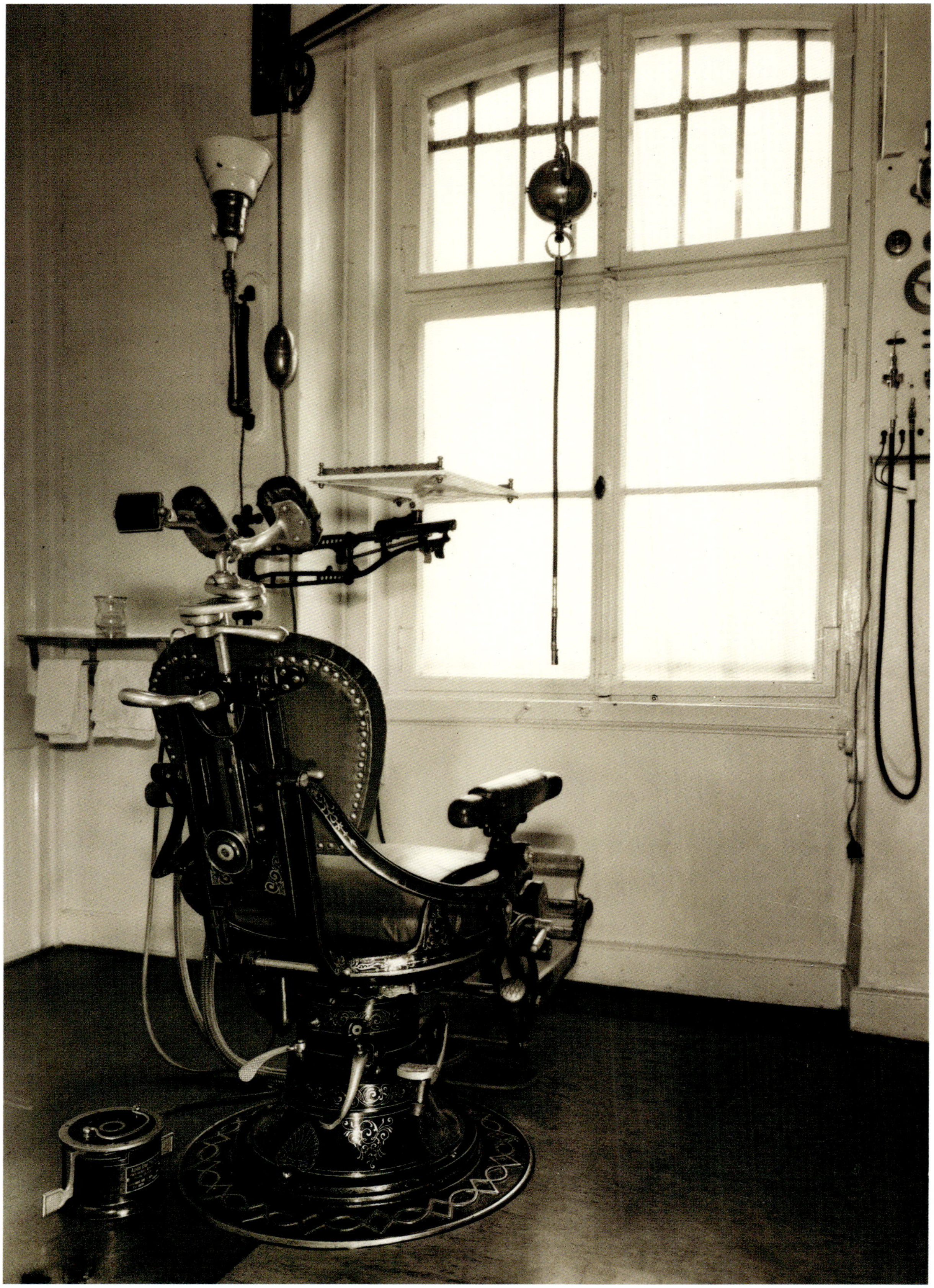

Behandlungsstuhl im Sanitätszimmer des Schällemätteli. Aufnahme: um 1950

Zelleneinrichtung im Schällemätteli. Aufnahme: um 1950

Das Stehgitter im Schällemätteli

Die Polizeihistorische Sammlung verfügt über eine ansehnliche Menge von Exponaten aus dem Schällemätteli. Darunter befinden sich ein Essnapf mit Zellenmesser, eine Zwangsjacke und verbotenerweise selbstgefertigte Gegenstände wie Waffen, Tabakpfeifen, Schachspiele, Jasskarten, Gemälde, Schlüssel und einiges mehr. Herausragend ist sicher das Stehgitter für Arreststrafen. Über die Anwendung dieser Disziplinarstrafe fand ich im Staatsarchiv Basel-Stadt nachfolgende Schreiben:

Nr. 235 lärmte in der Tapeziererei, als ich gerade dazu kam. Er hatte den Gefangenen im Holzschopf gegenüber Grimassen gemacht, so dass sie lachten. Meister Wiss ging zu ihm und fragte, ob er nichts zu tun habe, worauf Nr. 235 einen grossen Krach machte und zu Wiss sagte, er solle ihm am Arsch lecken. Als ich bemerkte, so tue man nicht, schrie er vor allen, noch lauter, vom schlechten Fressen, der schlechten Ordnung, Halunken und dergleichen, dass ich ihn mitnahm und in den Arrest setzte. Dort musste er sich untersuchen lassen, wozu drei Mann nötig waren. Er hatte schon einmal eine ähnliche Szene aufgeführt.
Direktor D. Widmer, Schällemätteli 17. Juli 1917

Nr. 235 erhielt für sein fehlbares Verhalten 18 Stunden Dunkelarrest mit Einschliessung im Stehgitter. In diesen 18 Stunden schaute niemand nach Nr. 235. Nr. 235 blieb in dieser Zeit ohne Wasser und Nahrung und musste seine Notdurft im Stehgitter verrichten.

Damals, als wir im Jahre 2000 vom Schällemätteli das Stehgitter in die Polizeihistorische Sammlung aufnehmen durften, hatte ich noch keine Kenntnisse über diese Art von Arreststrafe. Die dazu gefundenen Akten aus dem Staatsarchiv waren für mich sehr aufschlussreich. Leider fand ich keinen Vermerk, in welcher Arrestzelle sich das Stehgitter im Schällemätteli befunden hatte.

Zurück zu Nr. 235. Nr. 235 beschwerte sich schriftlich beim Justizdirektor über die Arreststrafe in der Stehzelle. Eine Untersuchung wurde eingeleitet. Vom Vorsteher des Justizdepartements wurden bei anderen Strafanstalten in der Schweiz Erkundigungen eingezogen über die Anwendung von Zwangsmittel für renitente Gefangene. Hier eine Übersicht der Antworten aus dem Jahre 1917:

St. Gallen

«Gefangene, die toben und sich durch kein anderes Mittel zur Arbeit zwingen lassen, werden krummgeschlossen. Drei bis vier Stunden lang (manchmal auch länger). Wenn sie ihre Notdurft verrichten müssen, lässt man sie frei. Aber natürlich nur einmal. Es ist ein einziges Mal vorgekommen, dass ein Landjäger geholt wurde, um einen Widerspenstigen zu prügeln. Dieses Mittel wurde aber wegen seiner Bedenklichkeit nie wieder angewendet. Im Reglement keine Vorschrift über das Krummschliessen.»

Witzwil
«Das Stehgitter haben wir nicht aus Basel, sondern aus Amerika, wo ich es in einem der grössten und besteingerichteten Jugendgefängnissen sah. In unserem Reglement ist es auch nicht vorgesehen. Angewendet wurde es in der kurzen Zeit, seitdem wir es haben, erst einmal.»

Regensdorf
«Wir verwenden gegen widerspenstige Gefangene ausschliesslich die Zwangsjacke, durch welche die Arme auf den Rücken geschnürt werden. Anwendung auf ein bis zwei Stunden genügt (unschädlich, erzeugt aber nach anderweitigen Auskünften heftige Schmerzen nach der Befreiung). Der so gefesselte Gefangene bleibt bei der Arbeit der übrigen gegenwärtig. Die Zwangsjacke wird ihm abgenommen, sobald er erklärt, er wolle arbeiten.»

Lenzburg
«Wir wenden ausschliesslich den Arrest (ev. Dunkelarrest) an. Im Arrest erhält der Gefangene nur täglich zwei Portionen Suppe. Arrest bis auf 14 Tage. Ich habe einmal eine Duscheinrichtung gemacht, (ähnlich wie ein Stehgitter, nur mit Wasserstrahlen), diese musste aber infolge einer Reklamation im Grossen Rat wieder beseitigt werden. Die Arrestanten werden alle zwei bis drei Tage vom Arzt besucht. Bin ganz gegen Fesselung und ähnliche Zwangsmittel.»

Es war also von Anstalt zu Anstalt verschieden, welche Strafen im Arrest angewendet wurden. Auch die Stehzelle im Schällemätteli wird im Reglement von 1911 nie erwähnt (auch nicht seit Bestehen des Schällemätteli). Dort steht lediglich unter Disziplinarstrafen, welches die zulässigen Strafmittel gewesen sind:

1. *Verweis*
2. *Wasser und Brot, auf jeden dritten Tag bis auf vier Wochen*
3. *Entziehung der Lektüre bis auf drei Monate*
4. *Entziehung der Bewegung im Freien bis vierzehn Tage*
5. *Entziehung der Arbeit bis auf acht Tage*
6. *Verbot, Briefe zu schreiben und Besuche zu empfangen, bis auf drei Monate*
7. *Entzug des Verdienstanteils*
8. *Versetzung in Einzelhaft*
9. *Einfacher und geschärfter Arrest bis auf einen Monat*
10. *Anlegung von Ketten*

Die Strafe im Stehgitter wurde als Beispiel vom 1. Januar 1916 bis zum Vorfall mit Nr. 235 neun Mal angewendet. In der Regel maximal zwölf Stunden. War der Gefangene nach dieser Zeitspanne immer noch nicht einsichtig, so bekam er eine «zweite Portion».

In der Beantwortung der Beschwerde von Nr. 235 an den Justizdirektor erwähnte der damalige Direktor neun Beispiele, welche für einen Arrest in der Stehlzelle sprechen. Eines dieser Beispiele:

«Elsässer, ein kräftiger Lümmel, 22 Jahre alt, konnte im Lohnhof nicht in den Wagen verbracht werden. Zwei Polizisten brachten ihn zu Fuss hierher mit Anwendung der Springkette. Um ihn zu gewinnen, gaben sie ihm Zigaretten und sagten zu ihm, es gehe ins Krankenhaus. Als sie ihm hier die Ketten abnahmen, fluchte, lärmte und schimpfte er wie ein Rasender. Er wollte sich darauf nicht einkleiden lassen, drohte mit seinen starken Fäusten und forderte den Oberaufseher zum Zweikampf auf. Dieser liess ihn zwei Stunden allein, damit er sich beruhigte. Es ging aber nachher nicht besser. Drei Mann hatten zu tun, um ihn in den Arrest zu bringen. Er schlug, kratzte, biss und kam deshalb ins Gitter. Nach 12 Stunden war er verständig und nachher hat er sich während der ganzen Strafzeit tadellos aufgeführt. Er blieb auch gesund. Ich sage daher: Es gibt kein wirksameres und auch kein humaneres Strafmittel für diese Kraftmenschen als das Stehgitter.»

Auf eine schriftliche Anfrage im Jahre 1946, ob denn die Stehzelle im Schällemätteli noch benutzt werde, antwortete der damalige Direktor:

«Es war Ende der zwanziger Jahre, als ich das Stehgitter von der Arrestzelle ins hauseigene Museum dislozierte, da ich dieses mittelalterliche Möbel mit dem modernen Strafvollzug nicht mehr vereinbaren konnte.»

**Stehgitter aus dem Schällemätteli: Höhe 202 cm, Breite 51 cm, Tiefe 43 cm. Gestellte Aufnahme mit meiner Person im Lager der PhS. Aufnahme: Photo Basilisk AG Basel
Im Besitze der PhS, Inventar-Nr. 1546**

1922–1940

Sechs Kurzgeschichten aus dem Polizeialltag

1922: Polizei-Ohrfeige vor dem Strafgericht

Polizeimann Marquis folgte am 9. November 1922, abends um neunzehn Uhr, mit dem Dienstfahrrad in der Spitalstrasse dem auf dem Velo heimkehrenden Mechanikermeister Wilhelm Schweizer. Grund dafür war, weil Schweizer seine Ehefrau auf dem Velo mitführte.

Polizeimann Marquis forderte die beiden auf abzusteigen, da es verboten sei, dass zwei Personen auf demselben Velo fahren. Nachdem Schweizer abgestiegen war, verlangte Marquis dessen Velonummer und während Schweizer sein Fahrrad so kehrte, dass der Polizeimann die Nummer beleuchtet sehen konnte, erhielt er von Marquis eine heftige Ohrfeige. Frau Schweizer sprang darauf mit ihrem Schirm fuchtelnd zwischen die beiden, um weitere Tätlichkeiten zu vermeiden, was Polizeimann Marquis veranlasste, blankzuziehen (er zog seinen Säbel).

Schweizer begab sich nach dem Vorfall auf den Polizeiposten St. Johann und machte gegen Marquis Anzeige. Marquis schrieb eine Verzeigung gegen Schweizer nach § 129 des Polizeistrafgesetzes und gegen Frau Schweizer eine wegen Widersetzlichkeit.

Polizeimann Marquis schlägt zu

Während die Untersuchung gegen Frau Schweizer wegen mangelnden Beweises des Tatbestandes dahingestellt wurde, ist der Angeklagte wegen seiner Tätlichkeit gegenüber Wilhelm Schweizer des Amtsmissbrauchs beschuldigt. Der Angeklagte bestritt die Anklage und will dem Schweizer keine Ohrfeige versetzt, sondern ihn nur in Befürchtung eines tätlichen Angriffs zurückgestossen haben, da Schweizer beim Umkehren seines Velos heftig mit seinem eigenen Velo zusammengestossen sei. Die Verhandlung hatte die Unrichtigkeit der Darstellung des Angeklagten ergeben, weil nicht nur Schweizer und dessen Ehefrau, sondern auch noch mehrere andere Zeugen die Tatsache bestätigten, dass Schweizer vom Angeklagten in dem Moment eine schallende Ohrfeige erhielt, während dem er in gebückter Haltung sein Nummernschild dem Angeklagten zukehrte. Dass Schweizer dabei an das Velo des Polizeimannes gestossen sei, war zwar von niemandem gesehen worden, wurde jedoch von Schweizer als möglich erklärt.

Aus den Angaben der Eheleute Schweizer und der Passanten, die sämtlich zu ungunsten des Polizeimanns aussagten, ging hervor, dass die Situation den Angeklagten keineswegs zu Tätlichkeiten gegen Schweizer berechtigte, weder zum Versetzen einer Ohrfeige noch zu einem Stosse, da von einem berechtigten Angriff desselben nicht die Rede sein kann; auch das Blankziehen gegenüber der mit dem Schirm fuchtelnden Frau Schweizer bestätigte den vom Vorgesetzten des Angeklagten erwähnten Übereifer desselben. Der Angeklagte sei, selbst wenn man nach seiner eigenen Darstellung bloss einen Stoss als bewiesen annehmen wollte, entschieden zu weit gegangen. Andererseits sei die Behauptung von Frau Schweizer, der Angeklagte sei angetrunken gewesen und habe nach Alkohol gerochen, nicht nur nicht bewiesen, sondern durch die gemachten Erhebungen widerlegt worden.

Der Angeklagte war nicht vorbestraft und sein Leumund sehr gut. Der Fall war als leichter zu bezeichnen.

Urteil vom 9. Dezember 1922
Josef Marquis wurde des Amtsmissbrauchs schuldig erklärt und nach § 175 des Strafgesetzes verurteilt zu fünf Franken Busse, eventuell ein Tag Gefängnis und zur Bezahlung der Prozesskosten mit Einschluss einer Urteilsgebühr von zehn Franken.

1936: Nachtlärm im Arrestlokal

«Basler Nachrichten» vom 19./20.09.1936
Ein Radiomechaniker, der in Birsfelden wohnte, hatte bei einem Kunden einen Apparat zur Reparatur geholt und vorne auf sein Velo geschnallt. In einer Wirtschaft hatte er sich versäumt und fuhr ohne Licht gegen 1 Uhr am Polizeiposten am Badischen Bahnhof vorbei. Zwei Polizisten sahen ihn, und er kam ihnen wegen des grossen Paketes verdächtig vor. Einer bestieg sein Velo und hetzte dem Mann nach. Kurz vor der Eisenbahnbrücke holte er ihn ein und wollte ihn anhalten. Der Mann wies sich mit einer Geschäftskarte aus und erzählte,

wieso er zu dem Apparat komme. Deshalb habe er es nicht nötig, auf den Posten zu folgen. Der misstrauische Polizist aber beharrte darauf und nahm einfach des andern Velo mit sich, um ihn so hinter sich her zu ziehen. Auf diese Weise brachte er den verdächtigen Man tatsächlich auf den Posten. Bis dahin hatte der Mechaniker eine gehörige Dosis Wut in sich aufgespeichert, so dass es bei der Protokollführung zu einem Krach kam. Da den Polizeimännern die Situation noch nicht klar genug war, da sie vor allem auch eine Sicherheit für die fällige Busse wegen Fahrens ohne Beleuchtung von dem im basellandschaftlichen «Ausland» Wohnhaften haben wollten, forderten sie ihn auf, entweder 20 Franken zu deponieren oder aber das Velo zurückzulassen. Der Mechaniker aber wollte nicht zu Fuss heimgehen und erklärte, wenn man ihm sein Rad nicht gebe, werde er einfach das erstbeste von der Strasse nehmen und damit nach Hause fahren. Tatsächlich sprang er ins Freie und erwischte ausgerechnet das Velo, mit dem er vorher verfolgt worden war. Es gelang ihm aber nicht, es zu besteigen. Schon hatte ihn der Polizeimann am Rock und hielt ihn fest. Nun entspann sich eine regelrechte Balgerei, deren Heftigkeit dadurch nicht gemildert wurde, dass ein Hund, der mit seinem Herrn des Weges kam, seine bissige Antipathie gegen die Situation gerecht gegen beide Parteien verteilte und beider Hosen zerriss. Schliesslich wurde der Widerspenstige überwältigt und in das Arrestlokal gesperrt. Dort aber vollführte er mit dem Abortdeckel einen derartigen Höllenlärm, dass die Polizisten Angst vor Reklamationen aus dem nahen Hotel bekamen. Aus einem unerfindlichen Grund verzichteten sie darauf, nun den Häftling in den Lohnhof oder in die Polizeikaserne (Claraposten) zu verbringen, wo man für solche Kunden schallsichere Zellen hat. Vielmehr liess man den Burschen nun mitsamt seinem Velo laufen.

Der Radiomechaniker wird verfolgt

Als man am nächsten Tag nachsah, mit wem denn eigentlich die Hermandad den nächtlichen Strauss auszufechten hatte, sah man, dass es sich um einen bereits sechzehnfach vorbestraften Jungen handelte, der in Deutschland geboren und aufgewachsen ist und erst 1918 in seine basellandschaftliche Heimat fand. Man machte bei ihm eine Haussuchung und sah sich das Velo, das er benutzte, näher an. Dabei entdeckte man, dass ein grosser Teil dieses Velos zu einem Vehikel gehört, das im April dieses Jahres gestohlen wurde. Schliesslich musste der Angeklagte zugeben, den Diebstahl ausgeführt zu haben. Er will den Rest der Bestandteile in den Rhein geworfen haben.

Wegen des Diebstahls und der Widersetzlichkeit wird der Mann nun insgesamt zu zwei Monaten Gefängnis verurteilt.

1937: Häftling boxt Polizisten nieder

«Basler Nachrichten» vom 05.05.1937
Das Basler Strafgericht hat in den letzten Monaten über zehn Fälle von Widersetzlichkeit gegen Polizeimänner und andere Funktionäre des Staates aburteilen müssen. In der Presse wurde mehrmals darauf hingewiesen, dass dieses Delikt nur noch mit Gefängnisstrafe geahndet werde.

Am Dienstag hatte sich das Gericht mit einem besonders gravierenden Fall zu beschäftigen. In der Urteilsbegründung berief sich der Präsident auf die Berichterstattung der Presse, durch die jeder Raufbold oder Jähzornige hätte gewarnt sein können. Diese Widersetzlichkeit müsse ein für allemal unterdrückt werden, weshalb auch in Zukunft abschreckende Strafen zu gewärtigen seien.

Der heutige Angeklagte ist ein 24-jähriger Plattenleger, der allerdings in den letzten Jahren nur noch ganz ausnahmsweise gearbeitet hat. Vor mehr als fünf Jahren wurde er wegen schweren Diebstahls zu drei Monaten Gefängnis bedingt verurteilt, so dass nun diese Strafe als erloschen gilt. Seither wurde er noch öfters wegen Skandals und Körperverletzung gebüsst – in den letzten Monaten nicht weniger als dreimal! Die Leumundserhebungen lauten übereinstimmend miserabel: er lasse sich von seiner Geliebten aushalten, die nachts in Wirt-

Ein wuchtiger Schlag in die Gegend des Kehlkopfes …

… und im Nu war der hinterlistige Angreifer auf und davon

schaften und Gassen Kleinbasels ihrem zweifelhaften Erwerb nachgehe. Zum Dank dafür schlage er sie manchmal blutig! Und nun der Tatbestand:

In der Samstagnacht vom 27. auf den 28. Februar, gegen 1 Uhr früh, vernahm ein Polizeiwachtmeister, der von einem ausserdienstlichen Anlass heimkehren wollte und Zivilkleider trug, in der Nähe des Claraplatzes ein heftiges Schreien und Lärmen. Menschen sammelten sich an. Näher tretend war er Zeuge eines ausserordentlich rohen Vorfalles. Ein jüngerer Bursche misshandelte ein Mädchen und versetzte ihm als Abschluss des Disputs noch einen heftigen Fusstritt, so dass es gellend aufschrie. Empört sprang der Wachtmeister hinzu, laut rufend: «Halt! Polizei!» Gleichzeitig wies er seinen Ausweis vor. Er forderte den Flegel samt der Misshandelten auf, ihm auf den Posten zu folgen. Es waren der Angeklagte und dessen Geliebte. Dieser leistete nicht den geringsten Widerstand. Anstandslos, korrekt sogar – wir folgen der Schilderung des Wachtmeisters – schickten sich beide an, dem Beamten auf den Claraposten zu folgen.

Da alles glatt von sich zu gehen schien, glaubte er, um ja den Vorschriften über korrektes und höfliches Benehmen Genüge zu leisten, von weiteren Vorsichtsmassnahmen absehen zu können. Nur als der aufgeregte Bursche dem Mädchen drohte, ihm «den Ranzen aufzuschlitzen» zu wollen, trennte er sie auseinander und hiess das eine links, den anderen rechts neben sich herzugehen. Plötzlich, unweit vom Posten, huschte etwas wie ein schwarzer Schatten blitzschnell vor ihm auf: ein wuchtiger Schlag in die Gegend des Kehlkopfes – und im Nu war der hinterlistige Angreifer auf und davon. Der Wachtmeister war zunächst einige Sekunden lang völlig sturm und benommen. Er raffte sich jedoch auf: «Den muss ich haben!», sagte er sich, und setzte ihm als guter Läufer nach. «Hebet-en, hebet-en!» rief er, da der Bursche bereits einen beträchtlichen Vorsprung erreicht hatte. Aus einer Gruppe älterer Herren, die in der Richtung der wilden Flucht herumstanden, lösten sich tatsächlich die zwei Tapfersten los und machten Miene, den Lauf des Flüchtlings aufzuhalten. Dieser hob jedoch zum Schlage aus; der Hieb streifte indessen nur den Kopf eines der Männer und schlug ihm noch die Pfeife aus dem Mund. Am Eingang zum Dolderweg hielt der Rohling, der inzwischen von seinem Verfolger fast eingeholt war, plötzlich inne und setzte sich in Verteidigungspositur. Dem Beamten kam es darauf an, auf alle Fälle eine weitere Flucht in den Dolderweg, der der Polizei durch seine Schlupfwinkel wohl bekannt ist, zu verhüten. Er schlug seinem Angreifer kurzerhand den Schirm über den Kopf, so dass der Hohlgriff zerbrach. Das hatte nicht die mindeste Wirkung. Darauf die unheilvolle Drohung: «Wenn Sie jetzt nicht augenblicklich folgen, mache ich von der Schusswaffe Gebrauch.» Das endlich nützte! Zahm und ängstlich geworden, liess er sich am Ärmel fassen und auf den Posten führen.

Beim Wachtmeister stellten sich völlige Heiserkeit und heftige Halsschmerzen ein. Er war 10 Tage lang dienstunfähig. Seine Entschädigungsforderung beträgt 194 Fr. zuzüglich 15 Fr. für den zerbrochenen Schirm.

Präsident: «Anerkennen Sie diese Forderung?» Angeklagter: «Nein, denn ich besitze keinen Beweis dafür, dass die Verletzung von mir stammt!» In diesem frechen Ton antwortet er auch auf die übrigen Fragen des Präsidenten: «Was sagen Sie zu der Darstellung des Wachtmeisters?» – «Sie glauben ihm ja doch alles!» Präsident: «Antworten Sie nicht so frech!

Wie soll die Verletzung anders entstanden sein?» – «Es kann auch vom Daumen sein; ich hatte die Faust nicht geballt.» Es wird ihm darauf sein Geständnis in der Voruntersuchung vorgehalten: er habe den «Stoss» wuchtig geführt, um seinen Zweck zu erreichen, - die Flucht! Schliesslich lässt er sich doch herbei, die Entschädigungsforderung gelten zu lassen; aber bezahlen könne er sie nicht!

Der Staatsanwalt beantragte 2 Monate Gefängnis unbedingt. Der Angeklagte musste als früheres Mitglied eines Boxklubs wissen, wie gefährlich die Wirkung des Faustschlages sein konnte. Mildernde Umstände kommen gar nicht infrage.

Das Gericht ging über diesen Antrag noch hinaus und verurteilte ihn zu 3 Monaten Gefängnis unbedingt, zur Bezahlung der Entschädigungsforderung und der Kosten und beantragte überdies beim Polizeidepartement die Ausweisung des aus dem Kanton Zürich stammenden Angeklagten (Die als Zeugin anwesende «Geliebte», die vom Verurteilten doch jahrelang schändlich ausgenützt und misshandelt worden war, bricht bei Verlesung dieses Spruches in heftiges, anhaltendes Schluchzen aus. Trostlos blickt sie dem Angeklagten, der sogleich abgeführt wird, nach).

Aus der Urteilsbegründung ist noch zu erwähnen, dass es sich hier nach Auffassung des Gerichtes um einen der schwersten Fälle von Widersetzlichkeit handelt. Es war ein feiger, hinterlistiger Angriff auf den unvorbereiteten Wachtmeister. Dem Täter mangelt es auch heute noch an jeder Einsicht und Reue. Die Ausweisung erscheint im Hinblick auf seine Vorstrafen und aus sittenpolizeilichen Gründen als notwendig.

1937: Der rasende Liebhaber und der Polizeimann

«Basler Nachrichten» vom 01.09.1937

Er hatte, was man so nennt, eine Wut im Bauch. Es musste etwas geschehen, irgendein Krach musste her. Um aber so recht gewalttätig werden zu können, musste er erst die gehörige Portion Alkohol zu sich nehmen. Drei Bier und drei Schnäpse genügten. Dann fing er mit der Wirtin an. Sie gebe der Serviertochter, seiner Braut, nicht genug zu essen. Zum Donnerwetter, wenn eine den ganzen Tag arbeiten muss ...! Die Wirtin protestierte, und die Braut sekundierte. Was, widersprechen tut sie auch noch, wenn ich doch sage, sie bekommt nicht genug zu essen. Jetzt war es bald so weit. Er beschimpfte seine Braut, wofür er eine Ohrfeige bekam. Und nun gings los. Er zerrte das Mädchen brutal an den Haaren zu Boden, dann nahm er einen Stuhl, schwang ihn über dem Kopf und wollte ihn auf die immer noch am Boden Liegende niedersausen lassen. Ein Gast konnte den Schlag abfangen. Den zweiten ihr zugedachten Schlag mit einem Henkelglas

Drei Gäste helfen, den rasenden Liebhaber zu bändigen

konnte die Serviertochter selbst abfangen. Der Tobende demolierte noch einiges Inventar und verzog sich dann. Die Wirtin avisierte den Polizeiposten. Bevor noch ein Polizist erschienen war, telefonierte der rasende Bursche, er werde wiederkommen und alles kurz und klein schlagen. Als er kam, sass der Polizeimann – allerdings in Zivil – schon in der Wirtschaft. Er legitimierte sich und wollte den Raufbold zur Ruhe weisen. Aber schon wälzten sich beide am Boden. Drei Gäste halfen, den Angeklagten wenigstens so weit zu bändigen, dass er mit dem Messer, das er offen im Sack trug und herausnehmen konnte, kein Unheil anrichtete. Dann aber konnte er sich befreien und dem Polizisten einen Tritt ans Knie versetzen, dass er unter den Tisch flog. Eine wilde Jagd setzte ein, Gäste flohen in den ersten Stock, der wütende Bursche verfolgte den Polizisten mit einem Zweiliterhumpen und wollte ihn offenbar an dessen Kopf zerschlagen. Schliesslich aber entfloh er auf dem Dienstvelo des Polizeimanns mitsamt dem Humpen, und der Friede war wieder hergestellt.

Das war am Nachmittag des 21. Juli. Am nächsten Tag, als er seinen Rausch ausgeschlafen hatte, wurde der Bursche durch die Polizei angehalten und in Sicherheitshaft gesetzt. Der Gerichtsarzt hat ihn untersucht, weil der Verdacht nahe lag, er habe die Delikte in einem pathologischen Rauschzustand begangen, zumal er kategorisch erklärt, nichts mehr davon zu wissen. Das sei aber nicht anzunehmen. Immerhin sei er sehr impulsiv veranlagt (mit seinen blonden Locken und dem eigenartig gesenkten Kopf macht er den Eindruck eines jungen Munis) und unter Alkoholeinwirkung sei er leicht vermindert zurechnungsfähig für derartige typische Affektverbrechen. Der Staatsanwalt glaubte deshalb, dass fünf Wochen Gefängnis als Sühne genügen. Das Gericht dagegen verurteilte den 1913 geborenen, aus dem Baselland stammenden Hilfsarbeiter wegen Widersetzlichkeit und versuchter Körperverletzung mit gefährlichem Instrument, sowie wegen widerrechtlichen Gebrauchmachens von einem Velo zu zwei Monaten Gefängnis unter Einrechnung der Sicherheitshaft.

Der Angeklagte ist 1933 wegen Diebstahls vorbestraft worden. Und wenn sein Leumund als Arbeiter auch gut ist, so gilt er doch als gewalttätig, so dass viele Leute Angst vor ihm haben. Er wusste, dass er alkoholintolerant ist, hat aber gerade, um in den Zustand sinnloser Wut zu kommen, mehr getrunken, als er vertragen kann. Beim Polizeidepartement wird der Antrag auf Ausweisung des Beurteilten gestellt.

Der Staat reagiert strenger und schneller als ein Frauenherz. Die Braut hat den Beurteilten aus dem ihren nicht ausgewiesen. Sie hat schon längst vergessen und verziehen, dass er sie ohne Dazwischentreten jenes Gastes möglicherweise totgeschlagen hätte. Sie setzt sich – gleich wird er wieder abgeführt werden – neben ihn und glättet die Falten grollenden Unmuts aus seiner Stirn.

1938: Wenn man einen Polizisten entführt

«National-Zeitung» vom 29./30.10.1938
An einem der letzten Tage fuhren zwei junge Männer, die aus dem Gebiet des Kantons Basel-Stadt ausgewiesen sind, in einem Personenauto mit baselstädtischem Polizeischild über den Centralbahnplatz. Ein junger Polizeimann, der dort seinen Dienst versah und der in der

letzten Zeit verschiedene erfolgreiche Fahndungsaktionen ausgeführt hatte, gewahrte die beiden in dem an ihm vorbeiflitzenden Auto. Rasch entschlossen nahm er die Hilfe eines anderen Automobilisten in Anspruch und machte sich auf die Verfolgung der beiden jungen Männer, die sich scheinbar keinen Deut um die erlassene Ausweisungsverfügung kümmerten. In der Hochstrasse konnten sie eingeholt und zum Anhalten veranlasst werden. Mit der Aufforderung, nach dem nahen Gundeldingerposten an der Bruderholzstrassse zu fahren, nahm der Polizist im Fond des Autos Platz. Kaum war jedoch das Auto in die Bruderholzstrasse eingebogen, als dessen Lenker ein wildes Tempo anschlug, durch die Münchensteinerstrasse raste und unbekümmert um die Drohungen des Polizisten nach dem Ruchfeld sauste. Erst in der Nähe der Spiegelfabrik, im Quartier Neue Welt, konnten die beiden Ausreisser zum Anhalten bewogen werden.

Kaum war das Auto zum Stehen gekommen, als der eine der beiden jungen Männer Reissaus nahm, verfolgt vom Polizisten. Der Zufall wollte es, dass in diesem Augenblick ein anderer Basler Polizist in Zivil auf einem Spaziergang des Weges kam, und zwar eben in dem Augenblick, als der Flüchtling wieder eingeholt worden war und die beiden gemeinsam Miene machten, sich auf ihren Verfolger zu stürzen. Mit der schussbereiten Pistole in der Hand konnte dieser schliesslich die Angreifer in Schach halten. Sie wurden darauf nach dem Polizeiposten Ruchfeld übergeführt. Daraufhin setzte sich der dortige Polizist mit dem Statthalteramt Arlesheim in Verbindung, das jedoch die Freilassung der beiden verfügte, umso mehr, da nach der Ansicht des letzteren kein strafbarer Tatbestand, weder Entführung noch Freiheitsberaubung, sondern lediglich eine Nötigung vorlag. Auf den Protest des Basler Polizisten hin, der sich auch mit dem Polizei-Inspektorat in Verbindung gesetzt hatte, wurden die beiden Ausreisser für einige Stunden inhaftiert, später aber wieder freigelassen. Erst hernach stellte man fest, dass der eine der beiden von der Zürcher Polizei gesucht wird.

Wohl in Anerkennung der aufmerksamen Dienstausübung ist der pflichteifrige Basler Polizist zum Detektiv befördert worden. Unsere Staatsanwaltschaft aber hat inzwischen die Akten dem Statthalteramt Arlesheim zugehen lassen, das voraussichtlich nunmehr ein Verfahren durchführen wird.

Der «entführte» Polizeimann auf dem Rücksitz

Die Nachbarn im Gespräch mit dem rabiaten Ehemann

1940: Ein Polizist hat Schwierigkeiten – rabiater Ehemann vor Strafgericht

«National-Zeitung» vom 17.09.1940
«Hilfe! Hilfe! Lass mich los! Ich bekomme keine Luft mehr!», ertönte es an einem Juni-Morgen aus einer Parterre-Wohnung im Kannenfeld-Quartier. Dazwischen hörte man das aufgeregte Schreien eines Mannes, dann wieder die verzweifelten Schreie einer Frau, die in den höchsten Tönen markerschütternd um Hilfe rief.

Die Hausbewohner waren schon allerlei eheliche Auseinandersetzungen aus dem Parterre-Logis gewohnt. Aber diesmal ging es doch über das Mass des Erträglichen hinaus. Die Nachbarin, die das andere Parterre-Logis bewohnte, konnte jedenfalls den Lärm nicht mehr

Der rabiate Ehemann geht auf den Polizisten los

anhören. Deshalb ging sie hinüber und läutete an der Logistür. Als der Ehemann nach einiger Zeit öffnete, wollte sie ihn zur Verträglichkeit ermahnen. Aber er liess sie nicht zu Wort kommen.

«In meiner Wohnung hat meine Frau still zu sein, sonst bekommt sie eins aufs Maul! Und Ihnen geht es genau so, wenn Sie sich in meine Privatangelegenheiten einmischen!» Und wütend wurde die Tür zugeschlagen, worauf alsbald der Lärm in der Wohnung weiterging.

Die Nachbarin liess sich jedoch nicht abschrecken und schickte zum Polizeiposten. Der Polizist, der nun eilends per Velo an Ort und Stelle eintraf, musste jedoch lange läuten und klopfen, bevor ihm der Ehemann aufmachte. «Wo ist Ihre Frau?», fragte der Beamte. – «Warum, was ist mir ihr?» – «Ich muss sie sehen!», erwiderte der Polizist und stiess die Tür zum Schlafzimmer auf, von wo er gellende Hilferufe gehört hatte. Dort fand er die Ehefrau auf dem Boden kauernd; sie blutete aus dem Munde, der elfjährige Sohn hielt sie umklammert, und beide schrien, dass es selbst dem an allerlei eheliche Szenen gewöhnten Polizeimann durch Mark und Bein ging. Als die Frau den Polizisten sah, rief sie: «Bleiben Sie da! Bleiben Sie da! Lassen Sie mich nicht mit meinem Mann allein!» Das konnte der Polizist nun freilich nicht. Aber er wollte zunächst einen Arzt zuziehen, da er nicht wissen konnte, wie schwerer Natur die Verletzungen der Frau waren.

Also musste zuerst der Ehemann vom Schauplatze entfernt werden. «Kommen Sie mit auf den Posten, dann hole ich einen Arzt», sagte der Polizist. – «Nicht mit Ihnen!», antwortete der Ehemann. – «Machen Sie keine Dummheiten, ziehen Sie sich an und kommen Sie mit!», mahnte der Polizist noch einmal und legte dem Ehemann die Hand auf die Schulter. Im gleichen Augenblick sprang ihm dieser an den Hals, würgte ihn an der Krawatte und versetzte ihm eine währschafte Ohrfeige.

Das liess sich der Beamte allerdings nicht gefallen. Er setzte sich energisch zur Wehr, und bald musste der Ehemann erkennen, dass ihm der Polizist an Körperkräften überlegen war. «Ich habe ihn an die Wand gedrückt, bis er zum Verstand kam», erzählte der Polizeimann, und wenn man seine untersetzte, kräftige Figur ansieht, dann glaubte man gerne, dass der Ehemann seinen «Widerstand gegen die Staatsgewalt» bald aufgegeben hat. Jedenfalls folgte er nun brav und sittsam zum Polizeiposten.

Trotzdem muss er jetzt vor Strafgericht als Angeklagter erscheinen. Die Anklage wirft ihm «Widersetzlichkeit» vor. Und wenn auch die erschienenen Zeugen im Wesentlichen übereinstimmend den Tatbestand der Anklageschrift bestätigten, so leugnet der Angeklagte doch rundweg.

«Der Polizist hat mich zuerst geschlagen», behauptet er. «Er hatte kein Recht, mich auf den Posten zu führen!» – «Hatten Sie denn keinen Streit mit Ihrer Frau?», will der Präsident wissen. «Nein! Nur ein Disputat!» – «Weshalb?» – «Das weiss ich nicht mehr. Wegen einer Kleinigkeit.» – «Warum hat Ihre Frau so um Hilfe gerufen?» – «Sie ist halt nervenleidend!» – «Warum hat Sie denn aus dem Mund geblutet?» – «Wahrscheinlich vom Schreien!» – «Haben Sie sie nicht auf den Mund geschlagen?» – «Nein, ich habe ihr nur den Mund mit dem Nastuch zugehalten.» – «Was sagen Sie zu den Aussagen der Zeugen?» – «Das ist alles Quatsch, Herr Präsident; die Zeugen lügen!»

Die Frau des Angeklagten ist nicht zur Verhandlung erschienen. Dagegen schrieb sie einen Brief, der offenbar unter dem Einfluss ihres Ehemannes zustande gekommen ist: der Polizist sei im Unrecht. Aber da sie nicht selbst dazu steht und die Gründe erklärt, stellt das Gericht nicht darauf ab. Der Ehemann ist kein unbeschriebenes Blatt mehr: Der 44-jährige Kaufmann, der sich als selbstständiger Gewerbetreibender mit allerlei Gelegenheitsgeschäften schlecht und recht durchbringt, musste wegen Vermögensdelikten bereits zu zwei längeren Freiheitsstrafen verurteilt werden. Eine gewisse psychopathische Veranlagung, die schon früher festgestellt wurde, mag seine Zurechnungsfähigkeit im Augenblick höchster Erregung ein wenig einschränken.

Deshalb geht das Gericht mit seinem Urteil unter den Antrag des Staatsanwalts, der zwei Wochen Gefängnis beantragt hatte. Aber mit einer unbedingten Gefängnisstrafe von acht Tagen muss der Angeklagte seine Tätlichkeiten büssen. Wogegen das Gericht feststellt, dass der Polizist sich absolut korrekt und einwandfrei verhalten hat.

Die grosse Zaubervorstellung

1906

Schrecklicher Unglücksfall in der Bierhalle zum Storchen. Die grosse Zaubervorstellung endete mit dem Tod des Künstlers. Er wurde mit der eigenen Pistole durch einen Zuschauer erschossen. Sofort nach Bekanntwerden des Unglückes wurde die Polizei in das Hotel Storchen aufgeboten. Detektiv Wagner war für die Tatbestandsaufnahme zuständig.

Er verfasste folgenden Rapport:

Heute Mittwoch 24. Januar 1906 Abends ca. um 10 1/4 Uhr wurde der Zauberkünstler Wilhelm Blumenfeld (Bloomfield) in der Restauration des Hotels Storchen durch einen Pistolenschuss, der von dem Studenten Nordmann abgegeben wurde, getötet.

Der Sachverhalt ist folgender:
Wilhelm Blumenfeld gab heute Abend mit seinem Sohn William Blumenfeld in obgenannter Wirtschaft Vorstellungen. Anfänglich spielte der Sohn und später der Vater. Dieser fabrizierte z.B. in 6 oder 8 Gläsern Wein, Milch etc. Er liess dann auch zwei Ringe verschwinden. Schliesslich nahm er eine Pistole zur Hand, dann eine Pulverbüchse nebst Zündkapseln. Hierauf zeigte er dem Publikum ein Kügelchen, unter dem Vorwande, er wolle die Kugel im Munde auffangen, ohne dass er irgendwie verletzt werde. Blumenfeld schüttete dann etwas Pulver in einen Teller, präsentierte dieses Pulver, reichte es noch einem Herrn dar, ergriff hierauf die Pistole, schüttete das Pulver in den Lauf und rief seinem Sohn zu «Ladstock». Der Sohn suchte nach dem Ladstock, fand ihn aber nicht. Vater Blumenfeld nahm die Kugel, legte diese in den Lauf und fertigte dann aus einem Stück Papier einen Pfropfen an, den er ebenfalls in den Lauf steckte. Sohn Blumenfeld überbrachte einen hölzernen Ladstock. Der Vater stopfte fest und rief: «Wer will schiessen.»

Es meldete sich niemand trotz dreimaliger Aufforderung von Seite des W. Blumenfeld. Zuletzt wandte sich Blumenfeld an Nordmann, der mit mehreren Herren zunächst bei der Bühne sass. Nordmann wollte nicht darauf eingehen. Er wurde aber von Blumenfeld wiederholt dazu aufgefordert und willigte dann ein. Blumenfeld begleitete den Studenten auf die Bühne, mit der Bemerkung: «Jetzt wird der Herr schiessen.» Hierauf ersuchte Blumenfeld den Nordmann, er möge sich jetzt mit der Schiesswaffe nur entfernen und dann direkt auf seinen Mund zielen.

In einer Entfernung von etwa 8–10 Meter drückte Nordmann los und die Kugel traf den Wilhelm Blumenfeld ins rechte Auge und drang offenbar ins Gehirn. Der Tod erfolgte ganz kurz darauf. Wie der Sohn Blumenfeld nachher erklärlich machte, war sein Vater in der Meinung gewesen, es hätte sich die Kugel bei der Übergabe der Waffe an Nordmann nicht mehr im Lauf befunden. Die Kugel werde nämlich stets mittelst einer Kapsel wieder herausgenommen und nun müsse aber diese Kapsel das Kügelchen nicht erfasst haben.

Den Nordmann habe ich um 10 1/2 Uhr abends dort in der Restauration zum Storchen angehalten und im Lohnhof vorläufig in Arrest gesetzt, trotzdem ihn jedenfalls keine grosse Schuld trifft. Wilhelm Blumenfeld wurde auf Anordnung des Herrn Lieutenant Binder ins Vesalianum verbracht. Ein Arzt wurde sofort herbeigerufen, dessen Name ich hier noch nicht angeben kann.

In der Bierhalle zum Storchen fand die Grosse Zauber-Vorstellung statt. Aufnahme: ca. 1925

Die beiden armen Kerle, der Student Theodor Nordmann und der Sohn des Zauberers, verbrachten die Nacht in einer Zelle des Lohnhofes. Am nächsten Tag wurde sie Herrn Dr. Wille zur Einvernahme vorgeführt.

Die Befragung von Nordmann:
Ich bestreite, dass mich ein Verschulden trifft. Ich bin am Mittwoch 24. Januar abends 9 3/4 Uhr in die Bierhalle des Hotels Storchen am Fischmarkt gegangen mit dem Lehrer Herzog, Schweizergasse 38. Die Bierhalle ist das Local der Studentenverbindung Rheno-Basilea, deshalb bin ich gerade in diese Wirtschaft gegangen. Ich bin nämlich Mitglied der betreffenden Studentenverbindung.

Da gerade eine Zaubervorstellung war, setzten wir uns nicht an den Stammtisch, sondern an den Tisch der mittleren Tischreihe, welcher zunächst der Eingangstüre, vom Fischmarkt aus, gelegen ist. Der ältere Zauberkünstler machte verschiedene Künste. Er wollte z.B. zeigen, dass er Jedermann Geld aus dem Ärmel schütteln könne. Er wandte sich an mich und

Links, hinter dem Fischmarkt-Brunnen, das Hotel zum Storchen. Aufnahme: um 1910

zeigte das Kunststück an mir. Etwas später erklärte er, er wolle eine Pistole laden und das Geschoss mit dem Mund auffangen.

Ich beobachtete, dass der ältere Zauberkünstler selbst lud. Beim Laden frug er nach dem Ladstock. Beide Zauberkünstler suchten nach demselben. Da sie den Ladstock nicht fanden, nahm der ältere der Zauberkünstler einen Pfeiffenröhr und stopfte mit diesem den Lauf. Als geladen war, forderte er die Anwesenden auf, es möchte irgend Jemand hervortreten und die Pistole abdrücken. Da sich niemand meldete, so rief er mir. Ich begab mich an einen Tisch zunächst dem Podium; der ältere Zauberkünstler übergab mir die Pistole. Dann hiess er mich, mich von ihm zu entfernen, bis ich 8–10 m entfernt war. Ich musste den Schuss von meinem Stammtisch aus, der sich rechts von der Eingangstüre am Fischmarkt befindet, abgeben. Das Podium, auf welchem der Zauberkünstler stand, befand sich an der entgegengesetzten Wand, gegenüber dem Buffet. Ich musste somit über das Publikum hinüberschiessen. Da ich nichts vom Schiessen verstand, musste mir der Zauberkünstler zurufen, ich solle zuerst den Hahnen der Pistole öffnen. Als ich den Schuss abgegeben hatte, stiess der Zauberkünstler einen Schrei aus und fiel um. Aus dem rechten Auge floss eine rote Flüssigkeit. Wir glaubten zuerst, der Mann mache Spass. Das Publicum lachte deshalb, bis einer rief, der Mann sei tot.

Was weiter geschehen ist, weiss ich nicht. Es trifft mich kein Verschulden, da ich nur nach den Weisungen des Zauberkünstlers handelte; ich durfte annehmen, dass die Manipulation mit der Pistole ganz ungefährlich sei. Ich bemerkte noch, dass der Büchsenmacher Preiswerk, wohnhaft an der Kaufhausgasse, anwesend war und sich als Zeuge anerboten hatte.

Nordmann hatte im Gang zu warten, bis das Verhör mit dem Sohn Blumenfeld beendigt war.

Es erscheint auf Veranlassung William Blumenfeld, von High Wycombe, England, Zauberkünstler, wohnhaft obere Rebgasse 68, ledig, geb. 18. Juli 1881 in Brighton, Aufenthalter, nicht vorbestraft, und gibt auf Befragen an:

Mein Vater, der Zauberkünstler ist, hatte gestern Mittwoch 24. Januar abends in der Bierhalle des Hotel zum Storchen eine Zaubervorstellung gegeben; ich hatte als Gehülfe mitzuwirken. Das Kunststück, anlässlich dessen mein Vater verunglückte, nennt man den Wilhelm Tell Schuss. Dasselbe besteht darin, dass die scheinbar mit einer Bleikugel geladene Pistole auf den Zauberkünstler abgeschossen wird und dass derselbe scheinbar das Geschoss mit dem Mund auffängt. In Wirklichkeit wird die Pistole blind geladen schon vor der Vorstellung; in der Vorstellung wird die Bleikugel nebst Pulver und Papier in eine besondere im Laufe befindliche Röhre gestopft. Vor Abgabe des Schusses wird die Röhre mit der Bleikugel unbemerkt entfernt, so dass nur ein blinder Schuss aus der Pistole abgegeben wird.

Noch vor Abgabe des Schusses nimmt der Zauberer eine andere Bleikugel in den Mund, um dieselbe dem Publicum als die abgeschossene und aufgefangene Kugel zu zeigen. Gestern Abend hatte mein Vater die Pistole bereits zu Hause blind geladen indem er eine Kapsel unter den Hahn legte und einen Becher voll Pulver und Papier in den Lauf stopfte. In der Vorstellung wurde vor dem Publicum noch einmal scheinbar geladen, indem eine Bleikugel, etwas Pulver und Papier in die Pistole gestopft wurde. Damit die Bleikugel in der besonderen Röhre blieb und nicht in den Lauf rutschte, wurde die Röhre bereits vor der Vorstellung unten mit Papier verstopft. Mein Vater fand nun den gewöhnlich zum Stopfen verwendeten Ladstock nicht; trotz eifrigem Suchen kam derselbe nicht zum Vorschein. Mein Vater verwendete nun zum Stopfen einen hölzernen Stock, der zum Schliessen des Korbes, in dem wir unsere Utensilien haben, dient. Mein Vater hatte nun jedenfalls so stark gestopft, dass die Bleikugel nicht mehr in der Röhre blieb, sondern in den Lauf der Pistole geriet. Als dann der Schuss abgegeben wurde, wurde mein Vater getroffen durch die Bleikugel. Den Studenten trifft keine Schuld; ich finde nur, er hätte nicht direkt an die Stirne schiessen sollen. Ich selbst habe bei dem Kunststück in keiner Weise mitgewirkt.

Theodor Nordmann wurde vormittags um 11:20 Uhr entlassen.

Der Gerichtsarzt schloss sein Gutachten mit den Worten:
Als Todesursache ergibt sich eine Schussverletzung des Gehirns. Die Verletzung ist absolut tödlich und der Tod ist sofort eingetreten.

Beschluss der Staatsanwaltschaft des Kantons Basel-Stadt vom 26. Januar 1906:
In der Anzeigesache gegen den Studenten Theodor Nordmann betreffend fährlässige Tötung wird die Einstellung des Verfahrens verfügt wegen Fehlens des Tatbestandes, beziehungsweise Beweises der Unschuld.

Natürlich war das Geschehnis auch Thema in den Zeitungen. Die «National-Zeitung» schrieb am 26. Januar 1906 ausführlich über das Unglück. Nach Schilderung des Sachverhalts fügte die Zeitung in einem zweiten Abschnitt noch nachfolgende Bemerkung an:

Wir erinnern daran, dass vor mehreren Jahren ein anderer Zauberkünstler, der sich «Professor Brendolini» nennt und gerade jetzt wieder in Basel sich produziert, bei einer ähnlichen Zaubervorführung eine Verwundung erlitt, indem ihm ein Stück Steinkohle in den Unterkiefer geschossen wurde. Dieser Vorfall ereignete sich allerdings nicht hier, sondern im Auslande. Es ist zu erwarten, dass der unglückliche Vorfall dazu führen wird, dass die Produktionen derartiger «Kunststücke» ein Ende nehmen werden.

Zeitungsinserat aus der «National-Zeitung» vom 24.01.1906

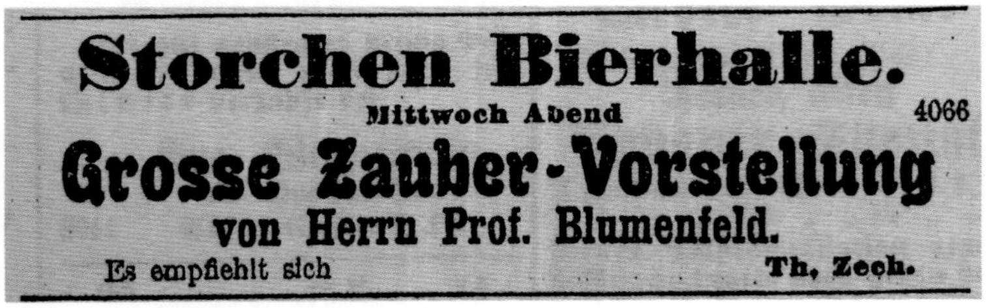

1900 Skelettfunde in der Güterstrasse

Aus dem Polizeirapport vom Montag, den 2. Juli 1900:
Auf die heute Abend um 5 ¾ Uhr erfolgte Anzeige durch einen Mann des Gundoldingerpostens, dass an der Güterstrasse bei der Ausgrabung eines Fundamentes 1 Skelett zum Vorschein gekommen sei, begab sich der Unterzeichnete an Ort und Stelle unter Bezug des Physikus Hr. Dr. Streckeisen. Die Ausgrabungen haben stattgefunden hinten im Hof des Neubaues Güterstrasse 246, welche dem Baumeister Fritz gehört. Es wird dort im hintern Theile des Hofes ein Fundament ausgegraben.

Bei Ankunft des Unterzeichneten waren ausgegraben 1 Schädelknochen, 1 theil des Beckenknochens, 1 Stück des Unterkiefers, Theile des Ober- und Unterschenkels. Die Knochen waren bereits ziemlich weich. Der Arbeiter Fritz Grunder, bei Baumeister Fritz angestellt, wohnhaft in Mönchenstein, gibt an, sie hätten bereits mit dem Ausgraben der Knochen um 3 Uhr begonnen.

Er zeigte dann die Stelle, wo sie gelegen haben. Dieselbe befindet sich circa 4 m von der hintern Wand des Magazins des Levy, welche den Hof abschliesst. Circa 60 cm von dem westlichen Gartenhag, welcher die Liegenschaften 244 und 246 von einander trennt, und 1,20 m unter der Erdoberfläche. Der Kopf soll gegen Norden und die Beine gegen Süden gelegen haben. Es seien nicht mehr Knochen als die erwähnten gefunden worden. Dieselben waren in einem derartigen Zustand, dass es nicht möglich war zu unterscheiden, ob sie von einem Manne oder einem Weibe herrührten.

Es sind dann durch den Unterzeichneten weitere Ausgrabungen veranlasst worden. Es zeigte sich, dass ein weiteres Skelett daselbst lag. Der Kopf lag ungefähr an derselben Stelle, wo die bereits erwähnten Knochen lagen. Der Rumpf und die Beine waren aber gegen Westen gerichtet. Die Beine reichten bis unter den Garten der Liegenschaft Güterstrasse 244. Durch sorgfältiges Ausgraben konnte constatirt werden, dass hier nicht nur Knochenteile eingegraben worden sind sondern, dass ein Mensch begraben wurde.

Die Ausgrabung wurde bis zum Beckenknochen vorgenommen. Es zeigte sich, dass derselbe einem männlichen Individuum angehörte. Dieses Skelett lag nur 1,15 m unter dem Boden und circa 4 m von der Wand des Hauses des Levy entfernt. Um 8 Uhr wurde mit der Ausgrabung aufgehört. Die Knochen sind auf den Lohnhof geführt worden, Auslage Franken 5,40. Der Physikus konnte nur constatiren, dass das Skelett mindestens 10 Jahre dort gelegen haben müsse.

Mittwoch, den 4. Juli 1900
Herr Dr. Streckeisen hat heute noch einmal Rücksprache genommen betreffend den gefunden Skeletten. Er ist der Meinung, dass dieselben 30–40 Jahre mindestens dort gelegen haben müssen.

Die Knochen der Skelette werden Herrn Dr. Streckeisen in Verwahrung gegeben.

Freitag, den 6. Juli 1900
Erkundigungen bei dem Grundbuchgeometer Hr. Matzinger haben ergeben, dass der Gartenhang unter welchem das eine Skelett lag, im Jahre 1877 errichtet worden ist. Vor 1877 war Eigenthümer des Grundstückes Eckenstein-Schröter.

Es ist also sehr wahrscheinlich, dass die Skelette bereits vor dem Jahr 1877 dort begraben worden sind. Es ist demgemäss anzunehmen, dass die That verjährt ist, falls eine verbrecherische Handlung vorliegen sollte.

Eines der ausgegrabenen Skelette

1878 Schusswaffengebrauch mit dem Landjägergewehr

Seit bald dreiunddreissig Jahren wühle ich mich nun durch die geschichtlichen Aktenberge im Staatsarchiv Basel-Stadt. In dieser Zeit habe ich so manches gefunden und auf viele Fragen Antworten erhalten. So suchte ich auch immer wieder nach einem Schusswaffengebrauch mit dem Landjägergewehr. Ich dachte mir, es kann doch nicht sein, dass diese Waffen im täglichen Polizeidienst nie zum Einsatz kamen. Das doppelläufige Landjägergewehr gehörte ja, nebst dem Säbel, von 1874 bis ca. 1910 zur Korpsbewaffnung. Eine Pistole wurde erst im Jahre 1910 eingeführt.

Der Zufall wollte es, dass ich in Akten über Mordfälle (!) fündig wurde. Ein Schreiben vom 12. März 1878 an den Regierungsrat erwähnte in wenigen Zeilen einen Vaganten-Transport mit Schusswaffengebrauch. Landjäger Johann Kamber, welcher damals auf den flüchtigen Vaganten schoss, wurde nach seiner Schussabgabe sofort verhaftet, und es wurde eine Untersuchung gegen ihn eingeleitet. Wie die Geschichte für ihn ausgegangen ist, erzählt uns das folgende Urteil des Strafgerichts vom 27. März 1878.

Urteil des Strafgerichts vom 27. März 1878

In Sachen Johann Kamber von Hägendorf (Solothurn), 21 Jahre alt, ledig, Landjäger, durch Beschluss der Überweisungsbehörde vom 18. März 1878 wegen fahrlässiger Tödtung dem Strafgerichte zur Beurtheilung überwiesen, ward nach stattgehabter Untersuchung, nach Anhörung des Antrags des Staatsanwalts und nach der durch Herrn Dr. Grüninger für den Angeklagten vorgetragenen Vertheidigung in Erwägung:

Landjäger Caspar Suter und Johann Kamber begleiten dreizehn Vaganten an die badische Grenze

Landjäger Johann Kamber bei der Schussabgabe

Es habe sich ergeben, der Angeklagte, welcher längere Zeit Mitglied eines Schiessvereins in Rickenbach/SO gewesen war, trat Anfang December vorigen Jahres beim hiesigen Polizeicorps ein. Er wohnte noch zwei Stunden eines Kurses über Handhabung des Polizeistrafgesetzes bei, ein neuer Theoriekurs sollte nächsten April beginnen.

Beim Antritt seines Dienstes übergab ihm der Feldwebel verschiedene Gesetze und Verordnungen mit der Weisung, sie gelegentlich durchzulesen, so namentlich ein Exemplar des Straf- und Polizeistrafgesetzes, eine Verordnung betreffend die Befugnisse der Polizeimannschaft und andere mehr. Eine besondere Weisung worauf hauptsächlich das Augenmerk zu richten sei, wurde nicht ertheilt.

Anfangs März dieses Jahres wurde dem Angeklagten von seinen Vorgesetzten ein doppelläufiger Karabiner (Sauerbrey Gewehr) übergeben, dessen rechter Lauf zur Ladung mit Schrot, der linke für Ladung mit Kugeln eingerichtet war.

Der Angeklagte erhielt Auftrag, denselben, und zwar geladen bei Transporten von Vaganten mitzunehmen, die Munition wurde von der Polizei geliefert, der Schrot war Nr. 1. Die Vaganten pflegten nämlich, nachdem sie ihre polizeiliche Haft erstanden, nicht etwa an bestimmte Gensdarmerieposten geliefert, sondern einfach an die Grenze geführt zu werden, wobei sie sich oft störrisch und beleidigend gegen die escortierenden Landjäger benahmen, auch häufig am nämlichen Tag in den hiesigen Kanton zurückkehrten.

Die erwähnte Verordnung über die Befugnisse der Polizeimannschaft enthält in Paragraph 7 die deutliche Vorschrift, dass bei Flucht von Gefangenen nur geschossen werden darf, wenn es gefährliche Gefangene, Mörder u.s.w. sind, und nach dem Ruf: «Halt oder ich gebe Feuer!»

Dem Angeklagten wurde indess bei Übergabe des Karabiners keine diesfällige Instruction ertheilt, er auch nicht auf eine Vorschrift verwiesen.

Montag den 11. März 1878 nachmittags hatte er mit Landjäger Caspar Suter 13 Vaganten an die badische Grenze beim Neuhaus zu begleiten; es war dies sein dritter Transport. Er hatte auftragsgemäss seinen geladenen Karabiner bei sich, Suter war blos mit dem Säbel bewaffnet. An der Grenze wurden die Vaganten entlassen, jenseits zeigten sich die badischen Gensdarmen. Zwei der Vaganten, worunter Ernst Friedrich Sonder von Bockenheim, Deserteur der deutschen Armee, wegen frechen Bettels und Widersetzlichkeit in Zofingen aufgegriffen und hierher geliefert, suchten auf Schweizerboden zu entrinnen.

Der Angeklagte packte den Sonder und hiebei fiel ihm der übergehängte Karabiner von der Schulter auf die Arme. Sonder riss sich los und sprang davon; der Angeklagte fragte rasch den Suter, was er machen solle, und nach dem er als dessen Antwort glaubte verstanden zu haben «schiess ihn nieder!» fiel aus seinem Gewehr auf die Distanz von 10–15 Schritten der Schuss mit Schrotladung auf den Sonder. Von den 41 Körnern trafen 36 in die rechte Rückenseite, Sonder stürzte zu Boden, wurde in den Spital verbracht und starb gleich nachher an Verblutung aus der vielfach verletzten rechten Lunge, aus der Leber und der Pfortader.

Der Angeklagte behauptet, er habe in dem Augenblick, als der Schuss losgegangen, noch nicht schiessen, sondern das Gewehr zuerst tiefer senken, auf die Füsse zielen und erst dann losdrücken wollen, er habe den Finger an dem Drücker gehabt und der Schuss sei, weil der Drücker zu leicht nachgab, ohne seinen Willen einen Moment zu früh los gegangen.

Möglich ist zwar, dass der Angeklagte in dem betreffenden Augenblick wo er Schoss, auch wirklich schiessen wollte, aber ohne an Tödtung zu denken, und ohne ein bestimmtes Ziel ins Auge zu fassen, nur in der Absicht, den Sonder irgendwo am Körper zu verwunden und so seine Flucht zu verhindern. Indess ist die Aussage des Angeklagten, der als geübter Schütze mit der richtigen Schiessweise vertraut war, wahrscheinlich richtig.

Landjäger Suter behauptet, nicht «schiess ihn nieder», sondern «schiess nicht» gerufen zu haben und seine Behauptung wird einigermassen durch ein Gespräch unterstützt, das er einige Tage vorher mit dem Angeklagten über das Schiessen auf Vaganten hatte; doch war auch in jenem Gespräch nicht deutlich gesagt, dass dies unbedingt verboten sei, in jedem Fall verdient die Äusserung des Angeklagten Glauben, er habe, vielleicht irrthümlich, den Ruf des Suter in der von ihm behaupteten Weise verstanden. Ebenso ist seine Versicherung, er habe von der obenerwähnten Verordnung über die Befugnisse der Polizeimannschaft damals noch keine Kenntnis genommen, durch nichts widerlegt.

Der tödlich getroffene Ernst Friedrich Sonder

Die Landjäger links und rechts auf dem Bild halten je ein Sauerbrey-Gewehr (Karabiner oder auch Landjägergewehr genannt) in den Händen, wie es bei Johann Kamber Verwendung fand. Am Gurt gut sichtbar die dazugehörige Patronentasche. Aufnahme: 1880

Eine fahrlässige Verletzung oder Tödtung ist nicht vorhanden. Der Angeklagte wollte schiessen, wollte verletzen. Der eingetretene Erfolg, soweit er sich auf die Verwundung beschränkt, lag in seiner bestimmten Absicht. Von diesem Standpunkt wäre bloss die Frage, ob er sich einer absichtlichen Tödtung nach Paragraph 101, oder einer absichtlichen Körperverletzung mit tödtlichem Ausgang nach Paragraph 111 des Strafgesetzes schuldig gemacht habe, und müsste nach dem Obengesagten das Letztere angenommen werden.

Dagegen ist zu untersuchen, ob der Angeklagte sich zu dieser absichtlichen Körperverletzung in guten Treuen für berechtigt halten konnte und ob daraus seine Straflosigkeit zu folgern ist. Beides ist zu bejahen. Das Nichtlesen jener Verordnung mag vielleicht von Seiten der vorgesetzten Behörde als eine Nachlässigkeit des Angeklagten angesehen werden und es muss ihrem Ermessen anheimgestellt bleiben, ob sie eine Disciplinarstrafe für angemessen erachtet oder nicht.

Vom Standpunkt des Strafrichters aus kann das Nichtlesen und demnach Nichtkennen jener Verordnung nicht einem bewussten Entgegenhandeln gleichgestellt und unter den vorliegenden Umständen nicht zur Schuld angerechnet werden, da der Angeklagte noch ein Neuling im Dienst war, auf einen spätern Theoriekurs verwiesen und auf jene Verordnung nicht besonders aufmerksam gemacht wurde.

Seine Handlung vom 11. März ist daher so zu beurtheilen, als ob keine diesfällige specielle Verordnung bestanden hätte und er auf die eigenen Beurtheilung der Sachlage angewiesen gewesen wäre. Hier fällt ins Gewicht, dass er einen ganzen Trupp Vaganten zu begleiten hatte, die im Gehorsam zu erhalten, an der Flucht zu hindern und über die Grenze zu bringen in seinem speziellen Auftrag lag. Auf Weisung seines Vorgesetzten hatte er ein geladenes Gewehr bei sich, ohne irgend eine Instruction über die Fälle, wann es zu gebrauchen sei, und seiner Auffassung nach nicht zum blossen Spiel.

Bei der Flucht eines oder mehrerer Vaganten auf der offenen Strasse wusste er sich ohne Möglichkeit ihrer wieder habhaft zu werden, dazu kam die freilich missverstandene Äusserung und Ermunterung seines Kameraden. So konnte er bei dem ihm aufgenöthigten raschen Entschluss wohl in guten Treuen der Meinung sein, er dürfe den Entweichenden durch eine Verwundung an der Flucht hindern. Unter diesen Umständen, wo das Bewusstsein der Begehung einer rechtswidrigen That fehlte und keine spezielle Vorschrift des Strafgesetzes verletzt wurde, fehlte auch der verbrecherische Wille und es erscheint die Bestrafung dieser That als eines Verbrechens unstatthaft.

Es sei demnach der Angeklagte keiner strafbaren Handlung schuldig, jedoch habe er die Anhebung der Untersuchung gegen sich verschuldet, Erkannt: Es wird Johann Kamber freigesprochen, jedoch zur Bezahlung der Processkosten mit Einschluss einer Urtheilsgebühr von Fr. 10 verurtheilt.

Das Urtheil soll vollständig im Kantonsblatt veröffentlicht werden.

Als Zeugen waren zur Gerichtsverhandlung Landjäger Suter, Major Hoffmann (Polizeikommandant) *und Feldweibel Schelling geladen.*

Johann Kamber hatte Prozesskosten von insgesamt CHF 91.85 zu entrichten.

Zur Begleichung der Summe wurden ihm vom 1. April bis 15. August 1878 pro Soldtag (Zahltag) *CHF 10.- abgezogen.*

Genau ein Jahr nach dem Vorfall musste sich Johann Kamber wegen einer Lungenentzündung krank melden. Er erholte sich nicht mehr davon und verstarb am 30. Juli 1879 bei seinem Stiefvater in Rickenbach/SO.

Stiftzünder- oder Lefaucheuxpatronen, wie sie zur damaligen Zeit Verwendung fanden. Aufnahme: 02.08.2023. Im Besitze der PhS, Inventar-Nr. 0550 IZ.

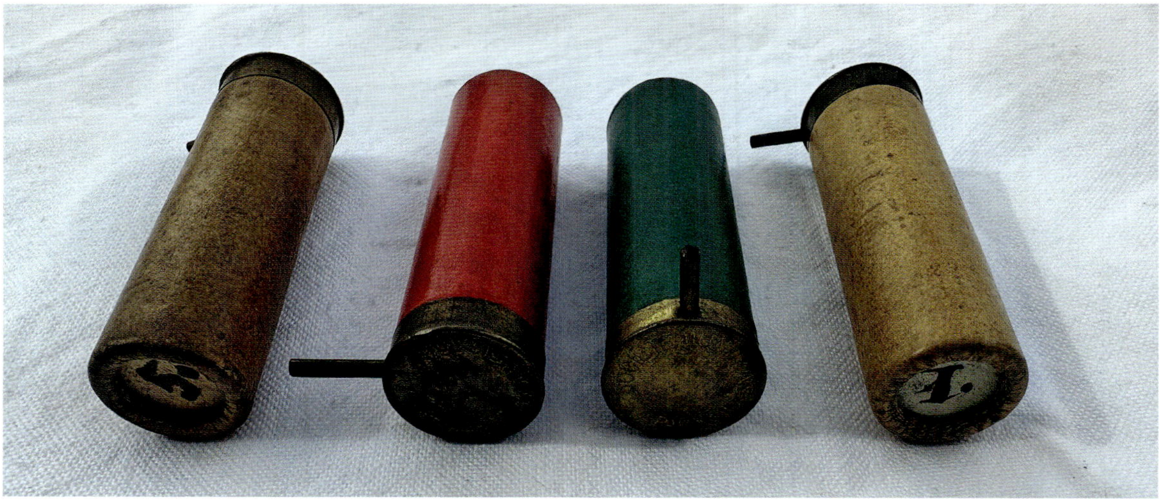

Von Bauernfängern und Wechselfälschern

1874

Unter der Inventar-Nr. 0610 C archiviert die Polizeihistorische Sammlung Basel-Stadt die Bände I bis IV mit vierhundert Fotografien von Verbrechern aus den Jahren 1874 bis 1901. Ältere basel-städtische Aufnahmen von Verbrechern sind uns nicht bekannt. Die Fotos, mit ihren dazugehörigen Beschreibungen, geben dem Leser einen Einblick in den damals ersten polizeilichen Fahndungsbehelf mit Fotografien.

Es folgt das Vorwort im Originaltext aus dem Band I zu den Fotos 1 bis 100 der Jahre 1874 bis 1879:

Jeder Kriminalpolizei ist aus Erfahrung bekannt, dass Gewohnheitsverbrecher nach Strafestehung und Ausweisung zu ihrem künftigen Operationsgebiete mit Vorliebe wieder den Schauplatz ihrer früheren verbrecherischen Thätigkeit erwählen. Um nun einerseits den Polizeiorganen die Verfolgung solcher Personen zu erleichtern, anderseits aber im Verkehr mit auswärtigen Behörden zur Feststellung der Identität dort angehaltener, hier schon bestrafter Individuen beizutragen, ist mit der vorliegenden Sammlung sicherheitsgefährlicher, meist rückfälliger Personen im Jahr 1874 begonnen worden. Jedem Bild ist ein aus den Akten geschöpfter kurzer Text beigefügt, welcher eine Personalbeschreibung, ein Verzeichnis der Vorstrafen und eventuell auch die verbrecherische Spezialität des betreffenden Individuums enthält. In den beigegebenen 3 Registern sind sämmtliche im Text vorkommende Personennamen, auch Spitznamen und Namen von Complicen verzeichnet.

Unter der Abkürzung «Bd.» ist der Band des Basler Polizei-Anzeigers verstanden. (Die Schaffung des Basler Polizei-Anzeigers erfolgte im Jahre 1862).

Die mit beträchtlichen Kosten angelegte Sammlung wird bei fleissiger Benützung durch die Polizeiorgane, welchen dieselbe hiemit angelegentlich empfohlen wird, zur Vermehrung der Rechtssicherheit in unserem Kantone nicht unwesentlich beitragen.

Polizei-Departement Basel-Stadt.

Als verbrecherische Tätigkeiten werden in den Büchern aufgeführt: Bauernfänger, Einbrecher, Falschmünzer, Gasthofdiebe, Hochstapler, Kassendiebe, Kirchendiebe, Kleiderdiebe, Ladendiebe, Maurergeschirrdiebe, Opferstockdiebe, Stalldiebe, Taschendiebe, Überzieherdiebe, Viehdiebe, Waschdiebe und Wechselfälscher.

Die sechs Personen, welche hier abgebildet und beschrieben sind, wurden rein zufällig ausgewählt. Sie stehen für alle vierhundert Gesinnungsgenossen aus den Bänden I bis IV und repräsentieren die beschriebenen Tätigkeitsbereiche dieser Gewohnheitsverbrecher in bester Art und Weise.

Bachmann Johann Jakob von Schönenberg, Zürcher Bezirks Horgen, Knecht, auch Pflästerer, geb. im Juni 1835, 5' 6" 1"', mittlere Statur, braune Haare, längliches, volles Gesicht, hohe Stirne, braungraue Augen, lange gerade Nase, kleiner Mund, Zähne vorn vollständig, rundes Kinn, röthlich-brauner Schnur- und Kinnbart, Glatze auf dem Vorderkopf, Wunden am rechten Unterschenkel, Zürcher Dialect.

Am 20. Juli 1861 zu Basel wegen Betrugs 2 Monat Einsperrung; 14. April 1862 zu Horgen wegen Betrugs 1½ Jahre Gefängnis; 23. December 1863 zu Zürich wegen Betrugs 2 Jahre Gefängnis; 20. Januar 1866 zu Zürich wegen Diebstahls 3 Jahre Gefängnis; 6. Februar 1869 zu Basel wegen Betrugs 15 Monat Zuchthaus; 4. März 1874 zu Basel wegen Unterschlagung 15 Monate Gefängnis.

Verübt seine Betrügereien immer auf gleiche Weise, indem er Waren, als: Caffee, Zucker u.s.w. auf den Namen seiner angeblichen Dienstherrschaft verlangt.

Basel, im Juni 1874

Böhny Maria Josefa von Amden, Bezirks Gaster, St. Gallen, geb. am 5. Mai 1835, Näherin und Hausiererin mit Parfümerien, 5' 4", geringe Statur, schwarze, vorn aufgerollte Haare, breite Stirne, graue Augen, spitze, lange Nase, mittlerer Mund, mangelhafte Zähne, spitzes Kinn, schmales blasses eingefallenes Gesicht, trägt goldene Ohrbehänge.

Strafen: Im September 1855 und am 8. October 1857 zu St. Gallen wegen Diebstahls 2½ Jahre und 3½ Jahre Zuchthaus, 26. Mai 1863 zu Basel wegen Betrugs 2 Jahre Zuchthaus, dann in Zürich Zuchthaus, 18. November 1872 vom Obergericht Appenzell wegen Diebstahls 6 Monate Zuchthaus, 21. Mai 1874 zu Basel wegen mehrerer Einschleichdiebstähle 18 Monate Zuchthaus. Ist eine gewandte Diebin.

Ihre Mutter, Maria Josefa Böhny, geb. Reichenbach, wohnt in der Linde, Bezirk Schlatt, Appenzell i.R.

Basel, im Juni 1874

Schimpf Carl von Altenstadt, Elsass, früher Polytechniker und Ingenieur, jetzt ohne bestimmten Beruf, 25 Jahre alt, 5' 5", Gesicht länglich, Haare dunkelbraun, starke Augenbrauen, Stirne nieder, Nase lang, Mund klein, Kinn rund mit Grübchen, Bart schwarz, Sprache deutsch und etwas französisch, am linken Zeigefinger das vordere Glied etwas steif, am rechten Hinterarm kleine Geburtswarze, auffallend grosse Impfnarben.

8. Februar 1865 in Basel wegen Widerspenstigkeit zu 24 stündigem Gefängnis, 8. Mai 1869 wegen Einbruchdiebstahls zu 5 Jahr Zuchthaus und 8 Jahr Verweisung, vom 9. Mai 1874 an, verurtheilt.

Diese Verweisung hat Schimpf bereits übertreten und treibt sich in der Nähe von Basel, z.B. Mülhausen herum. Da er offenbar nur Gelegenheit zu Verbrechen aussucht, soll stets auf ihn vigilirt werden.

Basel, im Juli 1874

Schimpf Carl

Zybach Peter

Zybach Peter von Brünigen, Bern Bezirks Oberhasle, geb. im October 1837. Schneider und Conditor, ledig, ref., 5' 4" 7"', gering, schwarze Haare, schmales blasses Gesicht, niedere gefurchte Stirn, braune matte Augen, scheuer Blick, dünne etwas eingedrückte Nase, mittlerer Mund, gute Zähne, rundes Kinn, schwarzer Vollbart, gebückte Haltung, Fussspitze einwärts drehend, Bernerdialekt, Geburtswarze an der linken Wange, kleine Narbe oberhalb der linken Augenbraue. Trägt Stahlbrille.

Berüchtigter Dieb. Strafen: 25. August 1857 in Bern wegen Diebstahl 1 Jahr Zuchthaus, 10. Juni 1859 ebenda wegen Diebstahl 2 Jahr Ketten, 19. Februar 1862 ebenda wegen Diebstahl 2 Jahre Ketten, 16. Dezember 1862 ebenda wegen Brandstiftung, Diebstahl und Fälschung 12 Jahre Ketten, 10. April 1875 hier wegen Diebstahl und Sachbeschädigung 1 Jahr Zuchthaus.

Wird nach Straferstehung von hier wegen eines zu Chaux-de-Fonds verübten Diebstahls nach Neuchatel ausgeliefert.

Hier und in Chaux-de-Fonds bestahl er Zimmergenossen und liess sich dann an einem Leintuch ins Freie hinab.

Im Juni 1875

Wolf geb. Taupitz Johanna Juliana von Dresden, geb. in Schandau 26. Juni 1813, reformiert, Wittwe des Maurers August Wolf, 5' 8", mager, schwarze mit grau vermischte Haare, schmales Gesicht, flache gefurchte Stirn, graue grosse Augen, lange Nase, sehr mangelhafte Zähne, spitzes Kinn, gebückte Haltung, deutscher Dialekt; runde gelbe Ohrbehänge.

In Dresden 8 Mal wegen Markt- und Taschendiebstahls bestraft, hier 25. März 1876 wegen Taschendiebstahls (bei Anlass der Fastnacht) mit 1jährigem Zuchthaus.

Basel, März 1876

Chapuis Louis Francois von Brüssel, geb. 6. Februar 1816, katholisch, Foulardhändler, Hausierer, 5' 1" 7"', mittlere Statur, schwarze mit grau vermischte Haare, längliches markirtes Gesicht, dunkler Teint, ovale Stirn, schwarze starke Augbrauen, braun-graue Augen, lange Nase, gelbe Zähne, oben rechts 1 Lücke, breites Kinn mit Grübchen, grauer rasirter Bart, gebückte Haltung, spricht französisch.

Begeht Taschendiebstahl auf Märkten und Messen, steht in Verbindung mit andern Taschendieben, so Johann Montaldo, Jean Piseni, Laura Käch, Beihälterin des Montaldo.

Wurde hier 25. März 1876 wegen Taschendiebstahl mit 4wöchigem Gefängnis bestraft und war im December 1876 hier in Untersuchungs-Haft. Nannte sich in Zürich «Franz Lambert aus Lüttich.»

Basel, März 1876

Raufhändel in Bettingen

1869

Aus dem Bericht der Polizeidirektion:

Sonntags 13. *Juni* 1869 *gegen Abend kamen die Brüder Anton Motsch,* 29 *Jahre alt, und Raimund Motsch, er* 27 *Jahre alt, beide ledig, von Rietberg* (Deutschland), *mit ihrem Knecht, Alois Kiefer, nach Bettingen, wo sie in der untern Wirthschaft einkehrten und 2 Maass Wein auskegelten; um die Feierabendstunde verliessen dieselben diese Wirthschaft und trafen bei der Dorflinde mit dem Gesangverein von Bettingen zusammen, der dort bei einem Fässchen Bier versammelt war, und wurden eingeladen mitzutrinken. Als es anfieng zu regnen begab sich eine Anzahl dieser Leute, und die Rietberger mit ihnen, in die obere, Bertschmannsche Wirthschaft, wo wieder Wein getrunken und wohl bis nach 1 Uhr übersessen wurde, weil sie, wie die andern Theilnehmer nachher aussagten, wegen des strömenden Regens nicht nach Hause gehen mochten. - In dieser Wirthschaft fand bereits einiger Wortwechsel zwischen den beiden Partheien statt und Alois Kiefer soll dem Jacob Bertschmann bereits eine Ohrfeige versetzt haben, welche derselbe erwiederte. - Als der Wirth nach 1 Uhr endlich Feierabend machte, giengen sie mit einander fort und zwar soll Frey, nach seiner Aussage, mit Anton Motsch einige Schritte vorausgegangen sein; bei den letzten Häusern, nach dem alten Chrischona Strässli, scheint es zum ersten Schlagen gekommen sein, indem Frey behauptet, dort von Anton Motsch, ohne weitere Veranlassung, einen Stich in die Brust erhalten zu haben, worauf die Andern auf seinen Ruf, er sei verwundet, herbei geeilt seien und dann die weitern Verwundungen an Senn und Bertschmann stattgehabt haben. Nach der Aussage der Bettinger sollen sich nämlich die Rietberger etwa 100 Schritte weiter gegen die herbeieilenden Bettinger wieder gestellt haben und dort erhielt auch Samuel Senn seine tiefe Verwundung in die Brust, nach welcher er noch einige Schritte zurückschwankte und dann zu Boden fiel wo er nach einigen Sekunden verschied. Auch der dritte Verwundete, Jacob Bertschmann, erhielt dort seinen Messerstich in den Hinterkörper.*

Der getödtete Senn war 24 Jahre alt, ledig, ohne Eltern, wohnte bei einem ältern Bruder. Jacob Frey ist 26 Jahre alt, Trompeter bei der Artillerie und wohnt bei seiner Mutter deren Stütze er ist. - Jacob Bertschmann ist 20 Jahre alt, und wohnt bei seinen Eltern Jacob Bertschmann-Vogt.

Ueber die Art und Weise wie der Streit entstanden und von wem er begonnen wurde, herrscht noch keine Klarheit; Anton Motsch, der allem nach alle drei Verwundeten allein gestochen hat, soll ein Raufbold sein und für welchen sein Vater schon ein Mal 1'000 Gulden Entschädigung habe zahlen müssen; anderseits aber lässt sich auch vermuthen, dass die Bettinger nach alter Dorfunsitte die Schlägerei veranlasst und die fortgehenden Rietberger ausserhalb des Dorfes verfolgt hatten, welche Vermuthung namentlich auch durch den Umstand unterstüzt wird, dass Anton Motsch eine Bekanntschaft mit einem Bettinger Mädchen hatte.

Auf die gestern Morgens (14. Juni) *vom Landjäger Posten Riehen erhaltene Anzeige über diesen Vorfall begab sich Herrr Hauptmann Hoffmann* (Polizeikommandant) *mit dem Physikus und dem Adjutant Haller* (Polizei Unteroffizier) *sofort nach Bettingen um die nöthigen Aufnahmen und weitere zu machen und die entsprechenden Vorkehrungen zu treffen*

Anton Motsch wehrt mit seinem Messer den Angriff von Jacob Frey ab

und der Unterzeichnete folgte ihnen um 10 Uhr nach. - Der Physikus verordnete, dass die beiden Verwundeten Nachmittags nach Basel in den Spital verbracht werden, was dann auch in passender Weise ausgeführt wurde.

Was die Rietberger anbetrifft, so stellte sich Anton Motsch, nach dem ihm berichtet worden, dass Senn seiner Verwundung erlegen sei, gestern Morgen bei dem Bürgermeisteramt Wyhlen, wo er angab, aus Nothwehr das Messer gezogen und gestochen zu haben, weil er von fünf bis sechs Gegnern angefallen worden sei. - Er wurde von dem dort stationierten Gentdarmen, der bereits von dem Posten Riehen von dem Vorfall benachrichtigt war, sofort verhaftet und auch später die beiden andern, worauf alle drei nach Lörrach ins Amtsgefängnis abgeführt wurden. - Das Messer, dessen sich Anton Motsch bediente, wurde ebenfalls beigebracht; es ist ein grosses Zusammenlegmesser, mit starker Klinge. - Nachmittags 3 Uhr fand die Obduction des Getödteten durch die grosse Wundschau statt, wobei sich ausser der Hauptwunde an der Brust noch sechs andere Stiche vorfanden. -

Der Unterzeichnete begab sich, nach dem der Transport der Verwundeten nach Basel besorgt war, mit Herrn Hauptmann Hoffmann noch nach Lörrach um sich mit der dortigen competenten Gerichtsbehörde ins Einvernehmen zu setzen; die weitere Untersuchung wird dort geführt und die Sache seiner Zeit an das Schwurgericht gewiesen werden. Die vorliegenden Akten werden daher nach Eingang des Berichts der Wundschau und nach Vervollständigung derselben ebenfalls nach Lörrach gesandt werden.

Laut heutigem Bericht hat sich die Verwundung des Jacob Frey nachträglich als eine leichtere, als anfänglich geglaubt wurde, herausgestellt, sodass keine Gefahr mehr für denselben zu erwarten ist.

Aus dem Protokoll des Kleinen Rates vom 20. Oktober 1869:

Die Polizeidirektion Basel erhielt vom Gericht in Freiburg/D die Meldung, dass die Gebrüder Motsch am 1. Oktober 1669 wegen Notwehr frei gesprochen wurden.

1820 Schiessübung im Lützelhof

Am 18. Oktober 1820 gegen ein Uhr nachmittags wurde der Zimmergeselle Michel Kling von Strassburg, welcher bei Baumeister Barth in Arbeit stand, erschossen.

Kling war von seinem Wohnort her auf dem Weg zur Arbeit und musste dabei am Lützelhof (heute Sitz der Berufsfeuerwehr Basel-Stadt) vorbeigehen. Genau in diesem Moment krachte ein Flintenschuss. Die Kugel drang durch das dortige Gartentor hinaus und traf den jungen Mann so unglücklich, dass er noch etwa vier Schritte weit gehen konnte und danach bei der Ecke Fröschgasse (heute Schützenmattstrasse) tot zusammenbrach.

Was war geschehen? Rittmeister Franz Landerer, welcher seine Jagdflinte im Garten ausprobieren wollte, hatte aus diesem Grund an seinem Gartentor eine Zielscheibe angebracht. In der irrigen Meinung, Scheibe und Holz des Tores sei dick genug, um eine Kugel aufzuhalten, gab er einen Schuss ab. Unmittelbar darauf vernahm er einen Schrei. Sofort eilte er nach draussen und sah einen Mann, im Bereiche der dortigen Ringmauer, in seinem Blute auf dem Boden liegend. Landerer bemerkte sofort, dass er die Person mit seinem Schuss getötet hatte.

Kurz darauf erschien die Polizei an Ort und begleitete den Unglücksschützen zum Spalenturm (Auch Spalenschwibbogen, stand eingangs Spalenberg), wo er in Gewahrsam gesetzt wurde.

Am Morgen des nachfolgenden Tages wurden der Sohn des Büchsenmachers Jeremias Pfannenschmid, welcher bei der Schussabgabe zugegen war und ein Nachbar, der Landerer half, den Toten in den Garten zu tragen, einvernommen.

Nach Abschluss der Wundschau wurde die Leiche in einem Sarg ins Spital getragen und dort zum Abholen bereitgestellt. Das Wanderbuch wurde dem Sarg beigelegt und die Effekten zuhanden der Eltern in Verwahrung genommen.

Die nachfolgende Untersuchung des ganzen Vorfalls zeigte klar, und davon war man überzeugt, dass dieser Zufallstreffer zu den unerhört unglücklichsten gehöre. Landerer könne bloss Unvorsichtigkeit zur Last gelegt werden.

Die Verwandtschaft des in Gewahrsam befindlichen Franz Landerer bat bald um dessen Freilassung. Grund dafür war der gesundheitliche Zustand von dessen Gattin. Diese, welche ohnehin schon an Herzschwäche litt, war durch den Vorfall derart angegriffen worden, dass sie nun seit geraumer Zeit das Bett hüten musste. Weil nebst der Gattin durch die Abwesenheit von Landerer vieles leiden würde, entschloss man sich, den Gewahrsam in Hausarrest umzuwandeln.

Die weitere Untersuchung des Falles war Sache des Kriminalgerichts, welches am 8. November 1820 folgendes Urteil sprach:

Franz Landerer werden alle durch den unglücklichen Vorfall entstandenen Kosten auferlegt. Dazu muss er als weitere Strafe zweihundert Franken ans Waisenhaus und fünfzig Franken in die Krankenlade der Zimmerleute bezahlen. Zudem darf er im Militärdienst vier Jahre lang keine Waffe gebrauchen. Seine Jagdflinte wird obrigkeitlich konfisziert, der Hausarrest gegen ihn aufgehoben. Jeremias Pfannenschmid bezahlt seine Kosten und erhält das Missfallen des Tribunals.

Rittmeister Franz Landerer beim Ausprobieren seiner Jagdflinte

1819 Die letzten Hinrichtungen in Basel

Die Geschichte von Xavery Hermann, Ferdinand Deisler, Jacob Feller und Joseph Studer liest sich wie das Einmaleins des Schwerverbrechens. Die Verbrecher wurden aufgrund ihrer ruchlosen Taten durch das Kriminalgericht Basel am 14. Juli 1819 teils zum Tode, teils zur Kettenstrafe verurteilt.

Xavery Hermann

Lebenslauf des Xavery Hermann

Geboren in Colmar, Frankreich, dreissig Jahre alt, angehalten den 11. März 1818, verurteilt zum Tod durch das Schwert.

Sein Vater, Anton Hermann, wohnte über lange Zeit in Basel. Er ernährte seine Familie durch Taglöhnerei und Holzspalten. Er war hier unter dem Namen «Holzhauer» bekannt. Er starb vor ungefähr einem Jahr in einer Arrestzelle. Seine noch lebende zweite Frau Sekunda, ledige Straubhardt, die Stiefmutter von Xavery Hermann, war von Laufenburg gebürtig. Der Verstorbene hatte fünf Kinder, einen Sohn und vier Töchter, die alle nur sehr spärlich den Schulunterricht besuchten. Die Folgen ihrer schlechten Erziehung wurden schon früh sichtbar. Weder an Arbeit noch an ein häusliches Leben gewohnt, arteten sie immer weiter aus und frönten bald den scheusslichsten Lastern. Jegliche Art von Diebstählen, Unterschlagungen, Räubereien und Sonstiges waren bald an der Tagesordnung.

Xavery Hermanns Schwester Rosina, zum Beispiel, machte sich schon als Mädchen mehrerer Diebstähle schuldig. Sie konnte sich zwar einmal durch Flucht einer Verhaftung entziehen, wurde schliesslich doch festgenommen und dem Richter vorgeführt. Mit Strafurteil vom 20. November 1799 wurde sie zu einem Jahr Zuchthaus mit strenger Arbeit verurteilt. In der Folge verheiratete sie sich mit Julius Leber von Unteralpfen aus dem Schwarzwalde, der sich aber bald wieder von ihr trennte.

Xavery Hermann, welcher hier geboren wurde und aufwuchs, erlernte den Beruf eines Gärtners und verheiratete sich mit Katharina Gerring von Buchheim bei Freiburg/D. Er lebte sieben Jahre mit ihr zusammen und hatte einen Sohn. Sein Schwiegervater hiess Simon Fischer, seine Schwiegermutter Marianne Oberriedin. Nach der Eheschliessung wohnte er mit seiner Familie vor dem

Bläsi-Tor. Als seine Schwiegereltern nach Egg, einem abgelegenen Ort in der Nähe von Benken, auf französischen Boden, zogen, folgte er ihnen im November 1817 nach.

Sie bewohnten das sogenannte Egg-Gut. Ein Gehöft, welches Rosina für ihn und die Eltern gekauft hatte und für einen Räuberhauptmann wie geschaffen war. Bald war das Vermögen, welches seine Frau in die Ehe brachte, aufgebraucht. Zuerst ging er noch einer geregelten Arbeit nach. Doch schon bald langweilte ihn das tägliche Einerlei und er suchte Zerstreuung bei Wein- und Spielgelagen. Wenn er auf «Beute» aus ging, blieb er oft tagelang weg. In dieser Zeit hatte er das Bedürfnis, sich jemandem anzuschliessen und fand in Deisler, Feller und Studer treue Galgenbrüder.

Hermann hatte den Ruf eines herzhaften, unverzagten Spitzbuben und war bei Gefahr immer an vorderster Front. Er trug immer eine Tasche mit ausgelesenen Diebeswerkzeugen auf sich. Schon früh hatte ihn sein Vater im Gewerbe der Diebereien und anderer Gräueltaten unterrichtet. Sie reisten damals, unter der Maske eines Krämers, durch ganz Frankreich und begingen gemeinschaftlich viele Diebstähle. Er war zweifelsohne ein Fachmann auf diesem Gebiet, was seine Galgenbrüder anerkannten. Sie vertrauten ihm bedingungslos.

Er jedoch liess keine Gelegenheit aus, sie zu betrügen. Nie, oder nur selten, hielt er ein Versprechen ein. Nie hätte es seine Habsucht zugelassen, ehrlich mit ihnen zu teilen. Oft nahm er den ganzen Raub unter dem Vorwand mit, ihn zu versilbern, um jedem dann den ihm gebührenden Betrag bar auszubezahlen. Aber immer fiel die Sache entweder unverhältnismässig aus oder wurde bisweilen ganz vergessen.

Hermann wurde schliesslich am 11. März 1818 im Dorf Flüh, während er in einem Restaurant mit dem Maire von Leimen eine Flasche Wein trank, verhaftet und nach Basel gebracht. In den ersten Verhören leugnete er alle Taten, die ihm vorgehalten wurden. Er bestand lange darauf, immer alleine unterwegs gewesen zu sein. Kameraden habe er nie gehabt, war stets seine Antwort. Erst nach wochenlangen Verhören gestanden schliesslich Hermann und seine Begleiter ihre Zusammengehörigkeit.

Ferdinand Deisler

Lebenslauf von Ferdinand Deisler

Geboren in Inzlingen, Deutschland, dreissig Jahre alt, angehalten den 13. Oktober 1817, verurteilt zum Tod durch das Schwert.

Der Vater von Ferdinand war der Leinweber Joseph Deisler von Inzlingen. Die ganze Familie bestand aus schlechten Menschen, da die verbrecherischen Eltern ihre Kinder zu gefährlichen Bösewichten erzogen. Vor allem die Mutter führte ihren Sohn zum Schlechten. Als Knabe zeigte er Anlagen zu einem guten Menschen, unterschied schon früh Recht von Unrecht. Diese positive Entwicklung dürfte auf den damaligen Schul- und Religionsunterricht zurückzuführen sein. Doch seine schändliche Mutter überredete ihn bald zu kleinen Diebstählen und Feldfreveleien. Sie redete ihrem Sohn ein, es sei keine Sünde, zu stehlen, wenn es niemand wissen und sehen würde. Obwohl der Knabe an der Richtigkeit dieser Taten zweifelte, brachte die Mutter, mit ihrem unbändigen Hang zu Diebereien, den Sohn schliesslich auf die schiefe Bahn. Sie überredete ihn mit allen möglichen Versprechungen zu Verbrechen, zuerst zu Traubendiebstählen, die ihm bei Erfolg zum Beispiel einen neuen Hut einbringen sollten. Der Junge wurde durch diese Vorspiegelungen zur Tat ermuntert und holte aus einem Weinberg die verlangten Trauben. Es gelang ihm, viele zu stehlen, ohne entdeckt zu werden. Nach vollbrachter Tat brachte er die Trauben der Mutter und klagte dabei, er habe Angst gehabt, erwischt zu werden. Auch sei es Sünde gewesen, zu stehlen. Die Mutter kümmerte das nicht. Sie trug die Trauben auf den Markt und verkaufte sie dort für gutes Geld. Bei ihrer Rückkehr sagte sie zu ihrem Sohn, sie habe ihm keinen Hut kaufen können, da der Ertrag der Trauben zu klein gewesen sei. Er müsse noch mehr Trauben holen, dann würde das Geld für einen neuen Hut reichen. Sie wusste ihr Kind stets zu manipulieren, bis es schliesslich über die Jahre zu einem professionellen Dieb heranwuchs.

Der Vater bildete 1807 mit seiner Familie, der Ehefrau und Mutter Franziska Deisler-Meyer, seinen Kindern Johannes, Ferdinand, Anna (verheiratete Keller), ihrem Mann Bernhard Keller und Franz Josef Moser, dem unteren Müller von Inzlingen, eine regelrechte Gaunerbande. Schliesslich konnte die ganze Bande in Basel verhaftet werden. Mit kriminalgerichtlichem Urteil vom 9. Januar 1808 wurde jedes Mitglied für die diversen Einbrüche und Diebereien, je nach Umfang der Mittäterschaft, mehr oder weniger bestraft. Ferdinand Deisler wurde an den Pranger gestellt, mit Ruten geschlagen, gebrandmarkt und bei höherer Strafe im Widerhandlungsfall auf zwanzig Jahre aus der gesamten Eidgenossenschaft verbannt.

Nach Verbüssung der Strafe liess er sich auf der neuen Strasse nach Saint-Louis, auf französischem Boden, nieder. Er ging aber keiner geregelten Arbeit nach, sondern beschäftigte sich hauptsächlich mit der Contrebande (Schmuggel) und Diebereien.

Im Jahre 1817, in der Nacht vom 25. auf den 26. Juli, wurde bei den Brüdern Stähelin in der Streitgasse, bei Herrn Bleiler in der gleichen Gasse und bei Herrn Georg Meyer, im Spalenturm, eingebrochen. Gestohlen wurden bei Herrn Meyer etwa zwanzig Louis d'or.

Deisler wurde wegen zufällig hier in Basel gemachter Aussagen höchst verdächtigt, die Einbrüche verübt zu haben. Am 13. Oktober 1817 wurde er in seiner Wohnung festgenommen. Dort konnten die zwanzig Louis d'or, wie sie der bestohlene Georg Meyer beschrieben hatte, in einem Schrank versteckt aufgefunden werden. Deisler wurde nach Altkirch überführt und von dort an die Basler Behörden ausgeliefert.

Unterdessen wurden Hermann und Feller festgenommen. Die beiden sagten aus, dass Deisler bei all ihren Schandtaten mitgewirkt habe. Diese hatte zur Folge, dass die Akten Deisler vom Appellationsgericht wieder zurück an das Kriminalgericht überwiesen wurden. Nachdem Deisler endlich seine Bekanntschaft mit Feller, Hermann und Studer, nebst seinen vergangenen Verbrechen, eingestanden hatte, wollte er auch nicht mehr gegen sein Urteil appellieren.

Deisler erwähnte noch in seinem Geständnis, dass er eigentlich Anna Maria Bach, die Stiefschwester des in Colmar mit dem Schwert hingerichteten Joseph Bach, heiraten wollte. Anna Maria stammte aus einer Familie, die es ebenfalls in die Klasse der grossen Verbrecher geschafft hatte. Deisler hatte deshalb gute Verbindungen zur Familie Bach und trieb sich oft mit Joseph Bach im Lande herum.

Lebenslauf von Jacob Feller, genannt Diebold

Geboren in Sondernach, Frankreich, vierundzwanzig Jahre alt, angehalten den 3. März 1818, verurteilt zum Tod durch das Schwert.

Der Vater von Jacob, Thiebold Feller, stammte aus Sondernach, Frankreich, und wohnte in Binningen. Er war bekannt für seine Viehkuren, die er beherrschte und gute Dienste leistete. Leider hatte er eine grosse Vorliebe für den Alkohol, welchen er in rauen Mengen genoss. Eine Folge davon war, dass er äusserst schlecht für seine acht Kinder sorgte. Seine Unmässigkeit kostete ihn schliesslich vor etwa sechs Jahren das Leben. Verbrechen sind von ihm keine bekannt.

Seine Frau, Anna Feller-Walliser von Reigoldswil, zog nach seinem Tod mit ihren Kindern, weil die Familie im Dorf nicht mehr geduldet wurde, von Binningen weg.

Jacob Feller

Richtschwert

Einer von Jacobs Brüdern beschäftigte sich mit Diebesgeschäften und zog im Land herum. Sein Verbleib ist unbekannt. Ein anderer ging zur Armee und eine seiner Schwestern wurde hier wegen Diebstahls bestraft und des Landes verwiesen. Über die anderen Geschwister ist nichts bekannt.

Jacob machte sich schon mit zwölf Jahren eines Unzuchtverbrechens schuldig. Er wurde deshalb im Jahre 1808 mit einer Zuchthausstrafe belegt. Nach Verbüssung der Strafe nahm ihn die Familie wieder bei sich auf. Seine Arbeitsscheue und sein Hang zu einem ungebundenen Leben bewogen ihn aber dazu, das Elternhaus zu verlassen. Er trat als Soldat in die Standestruppe ein. Vor ungefähr drei Jahren hatte er sich mit Susanna Decrousaz, von Diessen bei Neustadt, Deutschland, verheiratet.

Bei seinem Schwiegervater, Jakob Decrousaz, lernte er den Strumpfausbreiter-Beruf. Diesen Beruf übte er aber nur in der Taglöhnerei aus. Dadurch war er ungebunden und konnte seiner Lieblingsbeschäftigung, den Diebereien, nachgehen. Dazu dienten ihm Mäuse zu vergiften und Hühneraugen auszuschneiden als willkommene Gelegenheiten. Bei diesen Arbeiten spähte er die Orte aus, die sich für seine Beutegänge am besten eigneten. Dieses Vorgehen zog aber bald den Verdacht auf ihn und die Landjäger fassten ihn ins Auge.

Am 28. August 1817 wurde er wegen verschiedener Betrügereien verhaftet und mit seiner Frau aus dem Kanton verwiesen. Schon im gleichen Jahr, am 4. November, wurde er wegen Landstreicherei und Kantonsübertretung erneut verhaftet. Nach einigen Tagen entliess man ihn unter erneuter Auflage, das Kantonsgebiet nicht mehr zu betreten. Schon am 27. November griff man ihn wieder auf und sperrte ihn wegen dieser erneuten Kantonsübertretung ein. Durch einen gewaltsamen Ausbruch konnte er sich aber der Haft entziehen.

Am 31. Januar 1818 machte der Bote von Aesch die Anzeige, dass seine Schwester Maria Stöcklin, während sie nachmittags von Aesch nach Basel unterwegs war, von zwei Männern angegriffen wurde. Unter vielen Misshandlungen wurde ihr alles geraubt, was sie bei sich getragen hatte. Am 1. Februar 1818 wurde Frau Stöcklin auf dem Zentralpolizeibüro (damals in der Freien Strasse) zur Sache befragt. Oberstleutnant Wieland verfügte darauf, dass alle verdächtigen Burschen, welche angetroffen würden, sofort anzuhalten und wohlverwahrt im Polizeibüro vorgeführt werden müssten.

Schliesslich konnte Feller am 3. März 1818 durch Landjäger Stöcklin, wegen Kantonsübertretung in der Nähe von Burgfelden, angehalten werden. Rund eine halbe Stunde widersetzte er sich der Anhaltung durch den Landjäger und zog dabei sein Messer. Stöcklin konnte ihn schliesslich zu Boden werfen und mithilfe eines Bürgers dingfest machen. Auf dem Transport in die Stadt versuchte er einige Male zu entfliehen. Er wurde der Maria Stöcklin gegenübergestellt. Diese bezeichnete ihn aber nicht als Täter. Sie sei damals so erschrocken und betäubt gewesen, dass sie sich nicht mehr an die Gesichter der Räuber erinnern könne. Feller leugnete, wie von ihm gewohnt, den ganzen Vorfall. Schlussendlich sollte er einmal mehr an die Grenze geführt werden.

Glücklicherweise meldete sich zu dieser Zeit eine gewisse Anna Maria Schweizer von Hofstetten mit der Anzeige, sie sei vor einigen Wochen, auf dem Weg von Basel nach Hegenheim, von zwei Männern angegriffen und beraubt worden. Einer der beiden könnte der verhaftete Feller sein. Feller wurde sofort einem neuen Verhör unterzogen. Auch hier bestritt er die Tat. Erst als ihm die beraubte Anna Maria Schweizer vorgestellt wurde, gestand er diesen Strassenraub mit der Behauptung, sein damaliger Begleiter sei ein Franzose gewesen, dessen Name er nicht kenne. Er gestand erst nach längerem Verhör, dass sein Begleiter Xavery Hermann gewesen sei.

Hermann war ja, wie bereits oben erwähnt, am 11. März 1818 verhaftet worden. Nun gab es kein Halten mehr für Feller. Er erwähnte als weiteren Begleiter auch Ferdinand Deisler. Er gab zu, mit Deisler im Jahre 1817, in der Nacht vom 25. auf den 26. Juli, die Einbrüche bei Stähelin, Bleiler und Georg Meyer verübt zu haben (siehe oben). Mit keinem Wort wurde aber der vierte Kamerad, Joseph Studer, erwähnt.

In den weiteren Verhören liess Feller kein Mittel unbenutzt, die Untersuchungen zu erschweren. Er leugnete, gestand, widerrief, gab falsche Umstände an. Immer wieder unternahm er die vergeblichen Versuche, aus der Haft zu entfliehen. Er zersprengte Mahlschlösser und zerschnitt Ketten. Gegen Ende der Untersuchungen bezeugte er seine tiefe Reue, und sah ein, eine schwere Strafe verdient zu haben, bat jedoch um Gnade.

Lebenslauf von Joseph Studer

Geboren in Ober Hagental, Frankreich, einundvierzig Jahre alt, angehalten den 10. März 1818, verurteilt zur Brandmarkung und vierundzwanzigjähriger Kettenstrafe.

Die Eltern von Joseph waren schon vor einiger Zeit verstorben. Sie hatten ihr eigenes Haus in Ober Hagental und der Ertrag ihrer Felder sicherte ihren Lebensunterhalt. Aber ein böser Geist trieb den Vater zu ungerechten Handlungen und brachte ihn in den Kerker. Sein Haus stand allem weggeworfenen Gesindel Tag und Nacht offen. Es war der Aufenthalt und die Herberge von Dieben und Gaunern. Wieder und wieder wurde es von den französischen Gendarmen durchsucht. Aber immer wussten sich die Bösewichte mit Feinheit aus der Angelegenheit zu ziehen. In einer solchen Schule von Nichtswürdigen aufgewachsen, wurde Joseph für sittliche Grundsätze und Handlungen immer unempfänglicher. Zu einem lasterhaften, verdorbenen Menschen hingegen wurde er täglich geschickter. Immer mehr huldigte er den Ansichten seiner nächsten Umgebung. Vergiftet von diesem Otterngezücht, wagte er den ersten Schritt und so den zweiten und dritten. Er konnte nicht wieder zurückkehren, denn unaufhaltsam zieht die Sünde den Schuldigen näher und näher zum Abgrund. Er sieht ihn zwar, doch es ist zu spät, ihm auszuweichen.

Von Joseph Studers Jugendjahren ist nichts bekannt. Nach der zweiten Verheiratung seines Vaters verliess er das elterliche Haus. Er arbeitete hier und dort bei Landleuten. Seine unstete Lebensart führte ihn unter anderem in die Arme einer Witwe in Nieder Hagental. Diese stellte ihn als Knecht ein und nahm ihn in der Folge zum Mann und Stiefvater ihrer zwei Kinder. Studer zeugte mit ihr ebenfalls zwei Kinder.

Er und seine Geschwister waren von je her in der ganzen Gemeinde Ober Hagental als Verbrecher verrufen. Fehlte es Studer für die Meisterschaft in Schlechtigkei-

Joseph Studer

ten, reichten seine eigenen Schlauheiten nicht aus, wusste seine Frau Rat und Anleitung. Diese nichtswürdige Person beschleunigte vollends seine ausgemachte Ruchlosigkeit und sein Verderben. Sie selbst sass schon vor neunzehn Jahren in hiesiger Gefangenschaft. Mit Urteil vom 25. Oktober 1800 wurde sie wegen betrügerischen Verkaufs verurteilt. Damals verkaufte sie ihr anvertraute Seide mit diebischem Gewinn. Sie erhielt, mit Rücksicht auf ihr noch säugendes Kind, eine milde Strafe. Es wurde ihr auf neun Jahre verboten, eidgenössischen Boden zu betreten. Im Weiteren hatte sie für den Ersatz des Fehlenden zu sorgen und die Prozesskosten zu begleichen.

Studer hat zwei Brüder und drei Schwestern: Klaus, der seine Missetaten auf den Galeeren büsst. Baptist, der ebenfalls in einem durchaus nachteiligen Lichte steht. Magdalena, die in Frankreich wegen Diebereien im Zuchthaus gewesen ist und zurzeit in Altkirch eine Strafe absitzt. Theresia, welche das gleiche Schicksal teilt. Anna Maria, verheiratete Graincourt, eine ausgefeimte Diebin. Sie hat drei Söhne: Joseph, Niklaus und Baptist. Joseph ist auf der Galeere. Niklaus und Baptist, welche auch schon in Gefängnissen sassen, ziehen als Landstreicher herum. Die Familie kann mit Recht als eine förmliche Diebesbande angesehen werden.

Joseph Studer selbst ist im ganzen oberrheinischen Departement als Verbrecher berüchtigt. Eine Bezeichnung, die er absolut verdient. Wäre seine Auslieferung nach Basel nicht begehrt worden, so würde auch er als Galeerensklave seine Strafen absitzen.

Grund dafür war ein Diebstahl in der Nacht vom 3. auf den 4. Juli 1817 bei der Witwe Degen in Oberwil. Der dort stationierte Landjäger vermutete sofort Studer als den möglichen Täter. Er ging verkleidet mit der bestohlenen Witwe und einem französischen Gendarmen nach Ober Hagental. In der Behausung von Studer fand er die gestohlenen Gegenstände, welche die Witwe Degen sofort als ihr Eigentum bezeichnen konnte.

Studer wurde am 10. März 1818 festgenommen, nach Altkirch abgeführt und von dort an die Basler Behörden ausgeliefert. Am 14. März 1818 wurde er an das Kriminalgericht überwiesen. Studer leugnete zuerst die Tat in

Oberwil. Es sei alles erfunden und gelogen. Die Effekten seien sein Eigentum. Nach längerem Verhör gestand er schliesslich diese und viele andere Verbrechen ein. Im Gefängnis hatte Studer nur einen Gedanken: Wie kann ich der Polizei entfliehen. Es ging fast keine Woche vorbei, ohne dass er ein oder zwei Mahlschlösser aufsprengte und sich seiner Ketten zu entledigen versuchte. Er hatte eine ganz besondere, fast unbegreifliche Geschicklichkeit, die festesten Mahlschlösser aufzumachen. Nur durch die Wachsamkeit der Polizei und des Turmwächters gelang es, sämtliche Fluchtpläne von Studer zu vereiteln.

Die verübten Verbrechen

Die vier Verbrecher standen teils gemeinschaftlich, oder zu zweit und zu dritt in Verbindung, um im Kanton ihren Frevel auszuführen. Nur Hermann hatte allen Schandtaten persönlich beigewohnt, was bei den Untersuchungen gestanden worden war. Den Akten zufolge ist keiner, ausser ihm, unbegleitet von den Übrigen, oder wenigstens nur von einem, auf Diebestour ausgegangen.

Aus diesem Grunde wurden die begangenen Verbrechen nicht nach deren Zeitfolge, sondern nach Zusammensetzung der Täter aufgeführt.

- Hermann alleine, 35 Verbrechen
- Hermann und Deisler, 16 Verbrechen
- Hermann und Feller, 14 Verbrechen
- Hermann, Deisler und Studer, 2 Verbrechen
- Hermann, Deisler und Feller, 8 Verbrechen
- Hermann, Feller und Studer, 9 Verbrechen
- Hermann, Deisler, Feller und Studer, 15 Verbrechen

Ausserhalb des Kantons tätigten Hermann und Deisler zusammen ein Verbrechen und Feller alleine eine Betrügerei. Insgesamt verübten die vier 101 Verbrechen mit einer Schadensumme von insgesamt 20 649 Franken. Unter den Verbrechen sind eine Mordtat, zwei ausgeführte und zwei versuchte Brandstiftungen, zwei ausgeführte und eine versuchte Beraubung und Mordanschläge, 70 ausgeführte und 23 versuchte Einbrüche und Diebstähle. Nachfolgend einige der übelsten Schandtaten der vier Verbrecher:

Brandstiftung im Wirtshause zum schwarzen Bär, in der Nacht vom 18./19. Januar 1816

Nach acht Uhr ging das Feuer in einer zu diesem Wirtshause gehörenden Scheune an der Utengasse auf. Dieses griff augenblicklich so schrecklich um sich, dass nicht nur diese, sondern auch die beiden daran stossenden Stallungen des Herrn Haufer, zum rothen Löwen, förmlich hätten ein Raub der Flammen werden können.

Nach vielen ausgesagten Unwahrheiten und nachdem Deisler lange seine Teilnahme nicht eingestehen wollte, bekannten sich schliesslich beide Bösewichte zu dieser

Tat. Ihre Absicht war wiederum der Diebstahl gewesen. Hermann war auch hier wieder der Anstifter gewesen, der zu seinem Zwecke die bequeme Gelegenheit erspähte.

Hermann erklärte sich über die Art, wie diese Brandstiftung vollzogen worden war: Er sei eines Tages in diesem Wirtshaus gewesen und in den Stall gegangen. Dort habe er gesehen, es sei möglich, hier Feuer anzulegen und so kam ihm der Gedanke, nicht zu säumen. Er informierte Deisler sogleich, was er im Schilde führte. Schon im Hausgange habe Hermann Feuer angeschlagen und sei mit den Brandmaterialien in den Stall geeilt. Dort habe er den Zunder ins Stroh geworfen und sich dann fortgemacht. Mit Deisler habe er sich im Schafgässlein wieder getroffen. An der Ecke des Gässchens haben sie sich postiert und bald danach Feuerlärm gehört. Während die Flammen aufloderten, war Hermann zur Brandstätte gelaufen und bot seine Hilfe an. Er nahm, während Deisler im St. Clarahof auf ihn wartete, von Finninger ein Paket Wäsche in Empfang. Aber statt es seinem Auftrage gemäss ins Wirtshaus zum rothen Löwen zu tragen, unterschlug er es.

Deisler habe im sogenannten Rumpel bis zur Öffnung des Bläsi-Tors gewartet. Mit seinem erhaltenen Anteil des Raubes sei er dann nach Märkt gefahren, wo er sich über den Rhein setzen liess und nach Hause begab.

Hermann gibt weiter an, dass sein Vater seinen Anteil der geraubten Effekten verkauft und ihm den Erlös von sechs Neutaler zugestellt habe. Deisler will seinen Anteil einem unbekannten Juden von Kirchen (heute Efringen-Kirchen) für neun Livres verkauft haben.

Versuchte Brandstiftung im hiesigen Bürgerspital im April 1816

Dieser grässliche Versuch ist vom Spitalgässchen her durch das sieben Schuhe hohe, ziemlich schwach vergitterte Holzhauslicht (Oberlicht) geschehen. Der Täter muss mittels einer Leiter, oder Ähnlichem, seinen Brandstoff in das Holzhaus eingelegt haben. Eingelagert sind dort achtunddreissig Klafter Brennholz, achttausend Holzwellen und ziemlich viel Stroh. In unmittelbarer Nähe befindet sich auch ein grosses Salzmagazin. Nicht ohne Schaudern kann man dem Gedanken Raum geben, wie furchtbar und entsetzlich die Folgen gewesen wären.

Die Untersuchung hat ergeben, dass das Brandstoffpaket, bestehend aus Schwefelhölzern, Brandschnitten und einem mit Löschpapier umwickelten Schwamm, sich zwar entzündet hatte, aber zum Glück bald wieder erloschen war.

Erst nach vielen lügenhaften Aussagen gestand Hermann, er habe den ersten Gedanken zu dieser Brandstiftung gehabt. Obwohl man sich über das, was im Spital zu gewinnen werden sei, keine Gedanken machte, habe man doch angenommen, Geld sei sicher zu finden.

Hermann und Deisler kamen gegen Abend von Burgfelden her durch das Spalen-Tor in die Stadt. Den Brandstoff trugen sie bei sich. Auf dem St. Martins Kirchhof haben sie die verschiedenen Brandstoffteile mit einer Schnur zusammengebunden. Von dort gingen sie in die Gegend des Salzmagazins beim Barfüsserplatz und beredeten das weitere Vorgehen. Man einigte sich darauf, dass Deisler in der Nähe des

Das Wirtshaus zum schwarzen Bär brennt lichterloh

Salzmagazins bleiben sollte, um zu beobachten, wenn jemand käme. Hermann eilte in das Spitalgässchen und öffnete mithilfe eines falschen Schlüssels eine der dortigen Hintertüren zum Spitalhof. Da er aber von dort aus nichts mit Erfolg ausrichten konnte, kehrte er wieder zu Deisler zurück. Sie nahmen einen in der Nähe stehenden Stuhl und stellten ihn an die Spitalmauer. Auf der Stuhllehne stehend zündete Deisler den Brandstoff und legte ihn durch das Holzhauslicht auf einen Holzstapel. Darauf warteten die beiden, etwa eine halbe Stunde, vergebens ihren Erfolg ab.

Brandstiftung an der Rheingasse, in der Nacht vom 27./28. Juni 1816

Der Feuerstoff wurde zwischen elf und zwölf Uhr hineingelegt. Xavery Hermann sagte darüber Folgendes: Er habe bisweilen in diesem Hause beim Rheinzoller Langmesser getrunken. Dabei habe er wahrgenommen, dass diese Leute Geld besässen. Er sei deshalb auf den Gedanken gekommen, dort Feuer zu legen.

Mit einem falschen Schlüssel habe er die Hoftür neben dem Hause geöffnet und die angezündeten Brennmaterialien im Stall ausgelegt. Danach habe er an der oberen Ecke des Gässchens in der Utengasse gewartet. Kaum eine halbe Stunde später sei «Feuer» gerufen worden.

Der Stall wurde durch den Brand vollkommen eingeäschert. Das dicht an denselben angebaute, neue Hintergebäude von Herrn Friedrich Landerer und ein Teil des Vorderhauses wurden ebenfalls ein Opfer der Flammen.

Hermann ging ob des entstandenen Feuerlärms in die Landersche Behausung und bot dort seine Hilfe an. Man versuchte zu retten, was noch zu retten war und drückte Hermann ein Paket in die Hand mit dem Auftrag, dieses in ein ihm bezeichnetes Haus zu tragen. Doch Hermann brachte das Paket zu einer Hehlerin im Kirchgässlein. Er erhielt für die sechs Betttücher, sechs Handtücher und sechs Tischtücher vier Neuthaler. Auf diesen Vorfall angesprochen erklärte Hermann bei der Befragung durch die Polizei, dass er alleine schon wegen dieser Brandstiftung die Todesstrafe verdient hätte.

Überfall auf die Neuenburger Diligence in der Nacht vom 18./19. Januar 1817
Auf Anstiften von Hermann zogen die Räuber in die Hardwaldung. Geplant war ein Überfall auf die Diligence aus Neuenburg. Bewaffnet waren die drei mit einer Pistole, einem Säbel und einem Stock. Als das Fuhrwerk um Mitternacht erschien, griff Hermann zunächst den die Diligence begleitenden Kavalleristen an. Deisler packte den auf dem Sattelpferde sitzenden Knecht, und Studer hielt die Pferde an. Kaum hatte sich der Kavallerist durch einen tüchtigen Säbelhieb aus den Händen Hermanns befreit und ihn zur Flucht genötigt, rettete er schleunigst auch den Wagen vor den Übrigen. Er schoss seine Pistole auf sie ab und verfolgte die Flüchtigen einige Schritte.

Deisler, welcher mit seiner Pistole auf den Wagen schiessen wollte, sagte später aus, die Waffe habe versagt.

Einbruch beim Krämer Hans Ulrich Heyer, in der Nacht vom 21./22. Januar 1817
Hermann liess den Feller durch eine unbekannte Weibsperson in die Gegend von Benken bestellen. Gegen acht Uhr abends trafen sich die beiden dort. Man wurde sich einig, einen gemeinschaftlichen Diebstahl im Heyerschen Haus zu verüben. Hermann nahm hinter dem Dorf eine Leiter und stellte sie am erwähnten Haus an. Aus den mitgeführten Werkzeugen wählte er schnell die nötigen Instrumente und brach einen Laden auf. Während Hermann in das Haus einstieg, stand Feller unten Wache. Kaum hatte er seinen Fuss hineingesetzt, hörte er jemanden kommen.

Die beiden Diebe flüchteten in einen Wagenschuppen, durch welchen der Wächter Hans Ulrich Stöcklin soeben seinen Weg nehmen wollte. Auf Hermanns Zuruf: «Halte ihn!» fasste ihn Feller um den Leib. Weil sich der Wächter gegen den Zugriff wehrte, streckte ihn Feller mit einem Messerstich nieder. Dessen darauffolgender Aufschrei nötigte die beiden zur Flucht.

Feller sagte über diesen Fall befragt in seinen Verhören: Diese Tat habe er nicht zu verantworten. Er bitte daher, der Richter möge Gnade vor Recht ergehen lassen. Wenn Hermann ihn nicht nach Benken gerufen hätte, so wäre er nicht in dieses Unglück gekommen. In ihren früheren Zusammenkünften versprachen Hermann und Feller, sich nie verraten zu wollen. Nach der Flucht, so erzählte Hermann, sei er nach Allschwil zu seinen Schwiegereltern geeilt. Diesen habe er vom Einbruch und dem Abstechen des Wächters erzählt. Der Wächter, ein fünfzehnjähriger Bursche und einzige Stütze seiner Mutter, verstarb am 24. Januar 1817, abends um vier Uhr, am dritten Tag nach seiner Verwundung. Er konnte noch bei guten Sinnen dem Herrn Statthalter des Untern Bezirks, dem Pfarrer von Benken und anderen mehr Auskunft über den Vorfall geben.

Versuchte Brandstiftung im Pulverturm auf der St. Leonhardsschanze

Hermann stahl zu diesem Zweck in Binningen eine Leiter. Mit dieser und Deisler begab er sich darauf in die Stadt. Mit der Leiter überwanden sie die Stadtmauer, wie schon früher meist beim Steinen-Tor oder beim Fröschenbollwerk. Ihre Absicht war, im Pulverturm Feuer zu legen. Beim Turm angelangt öffnete Hermann mit einem Dietrich dessen Tor. Sie waren schon im Begriffe, Feuer zu legen, als sie gestört wurden. Sie hörten jemanden nahen und ergriffen deshalb die Flucht. Es war die Schild-

Überfall im Hardwald auf die Diligence aus Neuenburg

wache, welche ihr Tun bemerkt hatte und sie deshalb anrief. Von der Schildwache verfolgt trennten sie sich und entkamen so einer Verhaftung.

Durch das Eingreifen der Schildwache hatte die Vorsehung ein grosses, nicht zu berechnendes Unglück von unserer Stadt abgewendet. Die Sprengung des Pulverturms sollte den diebischen Mordbrennern die Gelegenheit zu einem Diebstahl verschaffen. Sie führten zu diesem Zweck eine grosse Stange mit sich, mit welcher sie, sollte die Brandstiftung gelingen, in das Stadtrat Miegische Haus in der Steinenvorstadt einbrechen wollten.

Beraubung und Misshandlung der Mariane Stöcklin, 29. Januar 1818

Zwischen ein und zwei Uhr nachmittags ging Mariane Stöcklin zwischen den zwei Wegen, welche die Münchensteinerstrasse und die Reinachstrasse scheiden. In demselben Augenblick sprangen zwei Männer aus dem dortigen Wäldchen und fragten die Vorbeigehende: «Jungfer, hat sie schwer?» Auf ihre verneinende Antwort hin schlich ihr Hermann nach, fasste sie von hinten um den Leib und trug sie in das Wäldchen. Dort wurden ihr von Hermann mit einem Schnupftuch die Hände zurückgebunden. Danach wurde sie an einen Baum gestellt, wo sie Feller festhielt. Die Unglückliche schrie vergebens um Hilfe. Hermann zog sein Messer mit den Worten: «Jetzt gilt es, Geld oder Blut!» Auf ihre Antwort: «Ich bin ein armes Mädchen, ich habe nichts!» erwiderten die Räuber: «Ja, sie sieht nicht so aus, als wenn sie kein Geld hätte». Sie darauf: «Das, was ich bei mir habe, ist nicht mein, es gehört Herrschaften, denen ich Aufträge besorge.»

Ohne Rücksicht auf dies alles zu nehmen, wurde sie durch Hermann teilweise entkleidet und so ihrer Wäsche beraubt. Sie rissen ihr zwei goldene Ringe von den Fingern und nahmen ein Schächtelchen mit einer goldenen Kette, einem doppelten Louis d'or, fünf französischen Fünfrankentalern und etwas Kleingeld an sich. Auch wurde ihr durch Feller mit dem Messer, mit welchem er den Burschen in Benken erstochen hatte, die Kette vom Hals geschnitten. Dabei ritzte er sie dreimal bis aufs Blut. Als der Raub beendet war, wurde sie freigelassen. Hermann und Feller begaben sich aufs Bruderholz und teilten dort ihre Beute.

Von den Schrecken dieses Vorfalls war die Beraubte einige Wochen der Behandlung eines Arztes unterworfen. Sie konnte ohne weitere Folgen wiederhergestellt werden.

Beraubung der Mariane Schweizer, 6. Februar 1818

Kurz vor Torschluss ging die Beraubte aus der Stadt, wo sie sich wegen ihrer Geschäfte aufgehalten hatte. Kaum hatte sie die zwei Brücken am sogenannten Allschwiler Graben erreicht, als ihr ein in der Mitte des Weges stehender Mensch im Vorbeigehen einen so kräftigen Schlag auf den Mund gab, dass sogleich das Blut floss. Es war Feller, der ihr den Schlag versetzte und Hermann hielt ihr darauf den Mund so fest zu, dass sie unmöglich schreien konnte. Man raubte ihr alle Barschaft, die aus zweieinhalb Neutalern bestand. Die Beraubte wurde noch am ganzen Körper abgetastet, um zu sehen, ob sie sonst noch etwas bei sich trage. Da die Räuber aber weiter nichts fanden und die Beraubte anfing zu schreien, wurde sie freigelassen. Sie litt einige Zeit an den Folgen der Misshandlungen und des Schreckens und bedurfte deshalb ärztlicher Hilfe.

Siebzehn Monate waren Feller und Studer, Hermann und Deisler über zwei Jahre, verhaftet gewesen. Ebenso lange haben ihre eigenen, sich widersprechenden Aussagen die Untersuchungen und den Prozess aufgehalten. Nachdem die Akten geschlossen werden konnten, begannen am 12. Juli 1819 die drei Tage andauernden öffentlichen Sitzungen des Gerichts.

Das Urteil

An jedem Morgen wurden die vier aus den Gefängnissen, unter starker polizeilicher Aufsicht, in den grossen Ratssaal geführt. Der Saal war jedes Mal mit einer grossen Menschenmenge gefüllt. Im Saal selbst waren militärische Wachen aufgestellt. Hermann verzichtete als Einziger auf einen Verteidiger. Er erklärte, er wolle sein Schicksal dem Gericht überlassen. Am Morgen des 14. Juli versammelte sich das Tribunal wieder. Am selben Vormittag wurde das Urteil über die vier Missetäter ausgesprochen. Laut des Kriminalgerichtes sollten Hermann, Deisler und Feller zur wohlverdienten Strafe, und anderen Bösewichten zur Abschreckung, mit dem Schwert vom Leben zum Tode gebracht werden. Das Urteil solle zuerst an Feller, dann an Deisler und endlich an Hermann vollzogen werden. Studer werde angehalten, der Exekution beizuwohnen. Danach solle Studer auf der Richtstätte gebrandmarkt und für vierundzwanzig Jahre in die erste Klasse des Schellenwerks geschlagen werden. Zudem müsse er auf dem Rücken ein Blechschild mit der Aufschrift «Erzdieb» tragen und so ausgestattet in der Öffentlichkeit seine Arbeiten als Schellenwerker (Zwangsarbeiter) ausführen. Nach Verbüssung seiner Strafe werde er auf zwanzig Jahre aus der ganzen Eidgenossenschaft verwiesen.

Die vier reagierten recht unterschiedlich auf die Verkündung des Urteils. Hermann war ungemein bestürzt und konnte nicht sprechen. Gesichtszüge und Farbe wechselten unaufhörlich. Auf die Frage, ob er das Urteil verstanden habe, brach er in Tränen aus. Von seinem Recht, gegen das Urteil zu appellieren, machte er mit der Begründung, er wolle seine Sache dem lieben Gott überlassen, keinen Gebrauch.

Deisler zeigte sich ganz gelassen. Er erblasste und sagte: «In Gottes Namen.» Feller hörte den Todesspruch zwar mit scheinbarer Fassung und Geistesgegenwart an, erwiderte aber darauf: «Ists möglich! Ich zum Tode verurteilt! So lange die Welt steht, ist so etwas nicht erhört worden.» Auch Deisler und Feller appellierten nicht gegen das Urteil.

Die Hinrichtung

Am 4. August 1819, morgens um sieben Uhr, wurden die zum Tode Verurteilten durch drei Landjägerabteilungen aus den Türmen (Türme der Stadtmauer, die zu dieser Zeit als Kerker benutzt wurden) geholt und in das Innere des Rathauses ge-

Beraubung und Misshandlung der Mariane Stöcklin

bracht. Zur Aufrechterhaltung von Ruhe und Ordnung patrouillierte die Standestruppe, in drei Gruppen aufgeteilt, durch die Innerstadt und zum Richthaus. Ebenfalls um sieben Uhr wurde ein Detachement der Miliztruppen zur Richtstätte kommandiert. Dieses hatte die Aufgabe, im Innern des Kreises, welcher um die Richtstätte gezogen wurde, allen Störungen vorzubeugen. Um halb neun wurden die Delinquenten in den Hof des Rathauses geführt. Der Statthalter eröffnete den dreien unter freiem Himmel, dass das über sie gefällte Urteil nun diesen Morgen vollzogen werden würde. Dann wurde dem Scharfrichter die Aufgabe übertragen, worauf ihm die vier durch die Landjäger übergeben wurden.

Um neun Uhr setze sich der schreckliche Zug unter militärischer Bedeckung in Bewegung. Ein Peleton (etwa dreissig bis vierzig Mann), in Linien aufmarschiert, formierte die Spitze. Es folgten unmittelbar die vier Missetäter, auf zwei Schleifen gebunden und umgeben von Abschrankungen, die durch Soldaten getragen wurden. Die Abschrankungen wurden zudem durch zwanzig Landjäger geschützt, die durch den Chef des Landjägerkorps angeführt wurden. Nebst den Delinquenten und deren Bewachern befanden sich im Zug auch die Geistlichen, der Statthalter und der oberste Ratsdiener. Das Ende des Zuges wurde von drei Militär-Peletons abgedeckt.

Auf dem Weg zur Richtstätte wurde den Delinquenten von Zeit zu Zeit Wein und Semmelbrot gereicht. Alle drei behielten Gegenwart des Geistes.

Auf der Richtstätte vor dem Steinentor angelangt, begab sich Feller auf die Knie und verrichtete ein Gebet. Danach setzte er sich auf seinen Stuhl, blickte noch einmal zu seinen Gefährten und erwartete dann ruhig den Todesstreich, der ihn der Barmherzigkeit des ewigen Richters übergab. Im anhaltenden Gebet vollbrachten Hermann und Deisler die letzten Schritte ihrer sterblichen Laufbahn. Standhaft und unerschrocken bestiegen sie das Blutgerüst. Ihre letzten Worte, die beide mit lauter, starker Stimme sprachen, waren: «Vater, in deine Hände befehle ich meinen Geist!»

Während des Geschehens wurde die Ordnung nicht auf das Mindeste verletzt. Dies ist umso bemerkenswerter, weil an die 20 000 Personen, teils aus dem Kantone selbst, teils aus dem Badischen, dem Elsass und dem Fricktal auf den Anhöhen um die Richtstätte versammelt waren. Nach der Hinrichtung wurde Joseph Studer, der dem grässlichen Ende seiner Mitverbrecher zusehen musste, gebrandmarkt.

Schlussendlich wurde der versammelte Rat durch den Ratsdiener über die erfolgten Hinrichtungen in Kenntnis gesetzt.

Blick von der Elisabethenschanze auf den Richtplatz vor dem Steinen-Tor

Das Ende der Geschichte

Obwohl die Mehrheit als Beweggrund für ihre verbrecherischen Missetaten die Armut vorschiebt, gilt dies für Hermann, Deisler und Studer sicher nicht. Nur Feller war arm.

Hermann hätte sich durch seine Gartengeschäfte und Bearbeitung seines gepachteten Gutes ernähren können. Dazu hätte er von seinen Schwiegereltern noch einiges an Vermögen erben können. Deisler besass ein Häuschen und etwas Acker. Er hätte somit auch nicht aus Mangel zum Dieb werden müssen. Studer besass ein Haus, ein grosses Stück Land und einiges an Vieh. Auch er hätte von seinem Einkommen leben können. Feller hatte ja die Strumpfweberei erlernt. Aber statt seinem Berufe und somit der Arbeit nachzugehen, hing er lieber dem Müssiggang nach und war im eigentlichen Sinne Vagant.

Die vorzüglich sündhaften Neigungen dieser Bösewichte waren Habsucht und Trägheit, zu denen Hermann noch einen unbändigen Hang zur Wollust, zur Schwelgerei und zum Wohlleben besass. Auch wenn er nur ein paar Kreuzer in der Tasche hatte, so wollte er, soweit es hinreichte, gut leben. Wochenlang war er unter irgendeinem Vorwand von seiner Frau weg. Er hielt sich in Bädern oder bei weggeworfenen Dirnen auf und brachte so den Erlös des Gestohlenen durch.

Höchst mangelhafte Erziehung und das traurige Beispiel schlechter Eltern legten wohl den giftigen Keim in die Herzen dieser vier Menschen.

An Mitteln, ihre Verbrechen viele Jahre unentdeckt auszuführen, fehlte es nicht. Grund dafür war, dass alle vier mit rastloser Tätigkeit die geheimen Schlupfwinkel für Diebesgesindel in Stadt und auf dem Land auszukundschaften verstanden.

Hermann war in Basel, Feller in Binningen, Deisler in Inzlingen und Studer in Ober Hagental geboren und erzogen worden. Man traf sich fast täglich in der Stadt und sammelte sich in der Wohnung von Hermann vor dem Bläsi-Tor. Dort trafen sie ihre Verabredungen, teilten die Beute oder schmiedete Pläne zu neuen Schändlichkeiten. Hermann, der Initiant beinahe aller Schandtaten war, unterrichtete seine Spiessgesellen mündlich oder auch schriftlich. Für das Letztere benutzte er Boten, die absolut zuverlässig waren. Mit Leitern, die Hermann zur Verfügung stellte, wurde nachts die Stadtmauer überwunden und mit diesen auch der Rückzug gesichert. Hermann blieb dann oft in der Stadt und übernachtete bei seiner Schwester Rosina Leber. In der Stadt versilberte er das Diebesgut bei seinen Hehlern oder bei den Juden.

Durch Flucht über die Stadtmauer, die entlegenen Wohnungen, in denen sie sich nur selten einige Zeit aufhielten, das schnelle Abstossen des Geraubten an schändliche Hehler, all das erschwerte der Obrigkeit über Jahre die Entdeckung der Diebe.

1806–1838

Magisches Schatzheben und Geisterbeschwörung

Schatzsuche, ein Thema, das die Menschen fasziniert und wohl auch immer faszinieren wird. Wer träumt schon nicht davon, einen riesigen Schatz zu finden? Heute, mit all den elektronischen Hilfsmitteln, ist eine gezielte Schatzsuche relativ einfach. Aber wie war das früher, nur mit Hacke und Schaufel? Schatzkarten, Pendel, Kristallkugeln, Kartenlegen oder Wünschelruten beschieden eher zweifelhaften Erfolg. Nur ganz selten half der Zufall. Die Möglichkeiten waren also sehr gering und der erhoffte Reichtum blieb meist aus. Aber, halt, noch ist nicht alles verloren. Eine «goldsichere» Methode gab es. Das Schatzheben mittels Magie.

Schon im 16. Jahrhundert gab es Zauberbücher, die Beschwörungsformeln zur magischen Schatzsuche enthielten. Litaneien, christliche Gebete und Psalmenverse wurden diesen Formeln hinzugefügt. Noch im vorletzten Jahrhundert war diese Vorgehensweise bei Betrügern sehr beliebt. Armut und Not trieben die Leute in die Hände dieser Geschäftemacher. Sie gaukelten ihren leichtgläubigen Opfern vor, in Haus, Hof und Wiesen seien unermessliche Reichtümer vergraben. Gegen Bezahlung in Gold, natürlich im Voraus, wären sie in der Lage, die Schätze mittels Magie zu heben. Und wenn man schon dabei ist, wird, für ein paar Goldstückchen mehr, gleich auch noch der lästige Poltergeist aus dem Hause getrieben. Die Leicht- oder Abergläubischen wurden mit all dem Hokuspokus gnadenlos über den Tisch gezogen. Die Betrüger liessen sich ihre Künste gut bezahlen und machten sich nach der «Vorstellung» schleunigst davon. Die Armen waren danach noch ärmer und die Betrüger lebten in Saus und Braus.

Der nachfolgende Fall spielte sich in Basel auf dem Heuberg ab. Dort trafen sich Johann Stocker in Begleitung zweier Ganoven beim Steinmetz Johann Rudolf Spörlin (im Verhör Sperrling genannt). Wie Herr Spörlin später bei den Behörden immer wieder beteuerte, entsprach das Verhör mit Johann Stocker in Bezug auf das Schatzheben nicht der Wahrheit. Von einem Schatz in seinem Hause sei nie die Rede gewesen. Er habe bloss um die Austreibung des Poltergeistes gebeten.

Die beiden Strolche, die mit Johann Stocker im Hause Spörlin ihren Zauber trieben, waren bald gefunden: Geisterbeschwörer Michael Wasmer, der sich Scharfrichter nannte, war wohnhaft auf dem Rüttihof im Schwarzwald. Sein Begleiter, Michael Mutter, wohnte in Steinegg. Sie wurden für diese und andere Untaten durch die deutschen Behörden zur Rechenschaft gezogen. Letztlich kamen sie zum Einsatz, weil Johann Stocker mehr Vertrauen in ihre «Künste» hatte, als in die Fähigkeiten der in Säckingen wohnhaften Glaskugelleserin, Frau Senn (Stiftsennes Ehefrau).

Auszug aus dem mit dem inhaftierten Johann Stocker von Möhlin am 3. Oktober 1806 gehaltenen Summar-Verhör.

Es war ungefähr vor einem Jahr an einem Freytag, wo ich nach Säckingen wahlfahrtete. Damals besucht ich nun des Stiftsennes Ehefrau; da fragt ich dieselbe, wie es mit dem Herrn in Basel sey.

Acht Tage beyläufig zuvor besuchte mich ihr Mann, der mehrmal nach Möhlin kam, um Vieh zu kurieren, und sagte mir, dass ich mit seiner Frau nach Basel zum Herrn Sperrling müsste, weil er sie Geschäfte halber nicht begleiten könne, die Frau müsste nemlich demselben zeigen, wo bey ihm im Hause Geld vergraben liege.

Ich entschuldigte mich, dass ich nicht gehen könne, weil ich krank seye. Diess geschah vor dem Freytag, eh ich nach Säckingen wahlfahrtete. Bey dem damaligen Besuche nun fragte ich die Sennes Frau, was es mit dem Hl. (Hochlöblichen) *Sperrling sey; ich must erinnern, dass ich, obwohl mir der Mann den Namen des Hl. Sperrling schon zuvor sagte, mich doch dessen damals nicht mehr erinnerte; izt zeigte mir die Frau einen Brief des Hl. Sperrling, den ich las, und dann ohne ihre Widerrede in meinen Sack schob; in dem Briefe stand:*

«meine liebe Frau, ich ersuche sie, dass sie zu mir wegen verabredeter Sache komme wolle. Gruss und Freundschaft. unterschrieben Sperrling.»

Mit diesem Brief, den ich schon lange aber nicht mehr habe, gieng ich dann nach Haus, und schrieb dem Hl. Sperrling, ohne ihn zu kennen, dass die Frau noch nicht kommen könne; sie wisse aber Einen der ihm helfen könne, weiter stuhnd im Brief nichts, er war auch ohne Unterschrift; nur war zur Legitimation die addresse welche Hl. Sperrling der Sennes Frau geschickt hat, in meinem Brief eingeschlossen; diesen Brief trug ich pettschiert nach Basel, übergab ihn selbst dem Hl. Sperrling, den er öffnete und las. Er war gerade am Essen, und da bestellte er mich eine Stunde später; als ich wieder angekommen, gab er mir einen Verschlossenen Brief an die Sennes Frau und sagte mir mündlich:

«Sagt ihr der Frau Bortmann, ich lass sie grüssen, und sie soll sobald als möglich kommen, dass das Werk fortgeführt werde, was sie vorhabens hätten.»

Er meinte, ich sey von allem unterrichtet, was aber der Fall nicht war; er erzählte mir daher, dass er schon mit mehre-

Die Betrüger lassen sich ihre Künste bezahlen

ren Leuten gesprochen, dass ein Geist in seinem Haus, und ein Schatz in seinem Keller vergraben sey; Diese Leute hätten aber um zu helfen, die Hälfte vom Schatz haben wollen, aber er hätte niemals sich hirzu verstehen können, wohl aber zu Hinterlassung eines Drittels.

Mit dem Briefe des Hl. Sperrlings ging ich nach Haus, öffnete ihn, obwohl Hl. Sperrling mir denselben, ehe er ihn zugeschlossen, vorgelesen hat.

Des darauf folgenden Tages gieng ich dann nach Steineg zu Michael, den Zunamen weiss ich nicht, aber angeben kann ich, dass er im untersten Hause daselbt wohnt, und sagte ihm: dass es nun richtig sey, und dass es dem Herrn lieber sey, je geschwinder man komme um das Geschäfte anzufangen. Vor diesem kannt ich diesen Mann, den Michel, nicht, sondern hörte nur vom Senn, dass derselbe sich mit Geisterbeschwörung abgebe und sich darauf verstehe. Meine Neugierde, und selbst die Noth, in welcher ich mich damals befand, führten mich zum Michel hin; dass die Sennin nichts andres kann, als in das Glas schauen, von dem war ich durch eigene Erfahrung, die mir Schaden gebracht hat, überzeugt, ich war daher um so neugieriger die Künsten des Michels, und ihren Erfolg kennen zu lernen, und hofte, von der Sache zulezt auch etwas zu ziehen.

Den Michel nannte ich beym Hl. Sperrling einen Scharfrichter; dass er sich für einen ausgab hatt ich zuvor beym Senn erfahren. Hl. Sperrling sagte: dass ihm der willkommener sey, als ein Geistlicher, den er schon im Haus habe.

Michel kam des andern Tages nach meinem Besuch zu mir, brachte einen andern Michael, dessen Zunamen ich auch nicht weiss; beide sagten mir: izt wollten sie auf der Stelle nach Basel zu Hl. Sperrling; ich müsste auch mit, es sey besser, ich sey auch dabey, weil ich Hl. Sperrling kenne, ich weigerte mich anfänglich, und meine Frau rieth mir auch ab; die beiden liessen aber nicht nach, und ich war zulezt überredet.

Auf alle Nacht kamen wir 3 in Basel an, wir giengen gleich zu Hl. Sperrling.

Der kleine Michel, oder der angebliche Scharfrichter, kurz derjenige, von dem ich zuerst sprach, verlangte nun vor allem Grund (Erde)*, von dem Orte, wo der Schatz liege. Der Herr des Hauses hohlte den Grund selbst, brachte ihn in einem Nasstuch, und schüttete ihn auf ein Papier, das im Zimmer auf dem Tische lag.*

Er, der Scharfrichter, nahm dann eine kleines Kreupel, welches nach seiner Angabe, von der Heiligen Krone gemacht sei, aus der Tasche, sagend, wenn dieses selbst umlaufe, so sey der Schatz zu erheben; Er stellte es auf einen Tischecken, wir alle mussten niederknien; der Scharfrichter Michel blieb noch einige Zeit stehen, bethete aus einem Buch, allbereit 11/2 Zoll dick, bey 7 Zoll lang, und 5 Zoll breit, so fremd in den Worten, dass ihn niemand verstehen konnte. Nach einer Weile mussten wir aus dem Zimmer in die Kuchel, worein eine Thür aus dem Zimmer führt.

Mit Liechtern, deren 3 waren, gieng der Scharfrichter Michel mit uns in die Kuchel; hier setzte sich Hl. Sperrling, der 2te Michel und ich auf bereit stehende Sessel nieder; vor einem jeden wurde ein Zettel gelegt; der Scharfrichter Michel bethete, und segnete uns mit Kreuzen ein.

Nach dessen Gebeth geschah ein Klapf, dass jeder erschrak, und man glaubte, die Thüre sey zersprengt. Hierauf läutete ein Glöklein im Zimmer; auf das Läuten sagte der Scharf-

richtet Michel; izt müsse er in das Zimmer, sonst würde der Geist heraus kommen, und müsse mit demselben reden.

Er nahm ein Licht, gieng hinein, schloss die Thür hinter sich, und sprach, dass man seine Stimme erkennt, aber doch nicht verstanden hatte, was er sagte. Die Antworten tönten wie aus einem hohlen Hafen, aber auch diese waren unverständlich. Scharfrichter Michel gieng hierauf wieder aus dem Zimmer zu uns in die Kuchel, und sagte: er habe nun mit dem Geist gesprochen, erlössen könne er ihn aber nicht, bis er nicht ein Buch aus dem Todtmoos habe, und das koste 10 Louisd'or.

Vorhin waren nur unser vier, als wir aber vom Scharfrichter Michel wieder ins Zimmer gelassen wurden, kam auch die Frau des Hl. Sperrling, und seine Tochter, und die Frau redete dem Hl. Sperrling zu, die 10 Louisd'or (1 Louisd'or entsprach damals 16 Franken) *zu geben und Hl. Sperrling sagte: wir können eins darüber schlafen, die Leute können ohne diess heute nicht mehr fort;*

Es war nemlich damals um 12 Uhr Mitternacht. Herr Sperrling und Frau giengen fort zu schlafen, und die beiden Michels und ich blieben in dem nemlichen Zimmer, wo die Sache vorgieng, und worin zwey Betten waren, über Nacht; morgens darauf gab Hl. Sperrling 6 Louisd'or in Münz; der 2te Michel sagte: so müsse er nach 4 Louisd'or darauf geben.

Anfangs hätte ich das Geld nehmen sollen; ich aber entschuldigte mich, dass ich den Weg ins Todtmoos nicht wisse, und so erhielt der 2te Michel das Geld, der sich gleich nach dem Frühstück damit fortmachte. Der Scharfrichter Michel und ich blieben noch über Mittag bey Hl. Sperrling; nach dem Essen schlug Scharfrichter Michel in Gegenwart des Hl. Sperrlings mir einen Spaziergang vor, den ich annahm, wogegen Hl. Sperrling nichts hatte.

Ich glaubte zum Hl. Sperrling nach dem Spaziergang wieder zurück zu kommen, und da den zweyten Michel aus dem Todtmoos zu erwarten. Wir giengen zum Riehener Thor hinaus, und da eröffnete mit Scharfrichter Michel, dass der andere uns in Nollingen damals eine selbstständige Gemeinde, wurde 1922 in die Stadt Rheinfelden/D eingegliedert) bey einem Vetter erwartete, den ich nicht kenne, und nicht zu nennen weiss, wir trafen ihn aber nicht da, sondern in der Krone an; sobald mir solches der Scharfrichter Michel eröffnet hatte, sagte ich zu ihm was das sey, uns was da heraus kommen werde?

Der sagte mir aber: der Herr werde es keinem Menschen an die Nasse steken, er werde nur froh seyn, wenn wir nichts sagen, weil er mehr, als wir zu fürchten hätte.

Ich erinnerte mich nun an das was Hl. Sperrling gleich bey unserm Eintritt in sein Haus uns sagte: dass ja nichts aus kommen sollte, er würde von Dienst und Amt entsetzt.

In Nollingen wurde das Geld in der Krone am Wirthstisch getheilt, ich erhielt 19 Franken, wie die anderen das übrige Geld theilten weiss ich nicht, sondern nur soviel, dass der Scharfrichter Michel einen grösseren Theil nahm für seine Mühewaltung.

Nachdem ich meine halbe Wein ausgetrunken hatte, so verliess ich die beiden, und ging nach Haus.

Anhand von gleich gelagerten Fällen ist festzustellen, dass die sogenannten Schatzheber bei uns oft aus dem nahen (heutigen) Deutschland kamen und ihr Unwesen im Grenzgebiet zu Basel und Umgebung trieben. Ihr Trick bestand in der Regel darin,

Der Grünspecht vor seinem Nest

dass sie ihren Opfern Angaben, für den Erfolg des Schatzhebens seien spezielle Hilfsmittel wie z. B. magische Spiegel, Bücher, Alraune (giftige Heil- und Ritualwurzeln), Glasteufel (Figur des Teufels in Glas eingegossen), Springwurzeln, Friedhofserde und Hostien nötig. Diese seien nur käuflich zu erwerben. Angeblich, um den Einkauf zu tätigen, zogen sie mit dem Geld der Opfer davon und kamen nie wieder.

Die Springwurzel (Schatzgräberlatein)
Eine Springwurzel bekommt man, wenn man das Nest eines Grünspechts mit einem Holzkeil verschliesst und sich dann auf die Lauer legt. Kommt der Specht und findet sein Nest verschlossen, fliegt er fort und sucht eine Springwurzel. Grünspechte wissen nämlich, wo man sie finden kann. Menschen haben dagegen bisher immer vergeblich nach ihr gesucht. Bevor aber der Vogel zurückkehrt, muss man einen roten Lappen unter den Baum gelegt haben. Kommt der Specht nun mit der Wurzel im Schnabel angeflogen und hält sie vor den Holzkeil, so springt der Keil sofort heraus, wie von einem starken Schlag getrieben. Weil der Vogel aber die Wurzel niemandem gönnt, lässt er sie auf den roten Lappen fallen, weil er glaubt, da wäre ein Feuer, welches die Wurzel verbrennt.

In den Händen der Menschen öffnet die Springwurzel verborgene Türen und Pforten. Auch lässt sich damit der Boden zu einem verborgenen Schatz öffnen.

Zweiunddreissig Jahre nach dem geschilderten Fall war Michael Wasmer, im Alter von rund siebzig Jahren, immer noch unterwegs und pflegte sein Geschäft, das Schatzheben, nach wie vor.

Schatzheben beim St. Johanns-Schwibbogen
Es war am 8. August 1838, als sich in der Nähe des St. Johanns-Schwibbogens, beim hiesigen Bürger und Schuhmachermeister Rudolf Flick, die Tür öffnete und zwei Männer die Ladenräumlichkeiten betraten. Der eine von ihnen, ein kleiner Mann im Alter von etwa siebzig Jahren, stellte sich als Geistlicher aus Donaueschingen vor. Er sei ein Bekannter eines gewissen David Geiser, welcher ihm (Flick) seiner Zeit mittels Heilmittel und Heilkuren Genesung verschafft habe und von dem er ihm Grüsse ausrichten solle. Er komme direkt aus Grenzach und würde gerne bei ihm nächtigen. Die zweite Person hatte sich inzwischen wieder entfernt. Flick ging auf die Bitte des Geistlichen ein und beherbergte ihn vom 8. bis zum 10. August in seiner Wohnung. Nach dessen Abreise bemerkte Flick, dass sein Sekretär, der in der Wohnstube war, offen stand und daraus zwölf Louis d'or fehlten. Am Sekretär selbst konnte er keine Beschädigungen feststellen, jedoch sass der Schlosskolben nicht mehr in seiner Verankerung. Sein Verdacht fiel sofort auf den Geistlichen, worauf er selbst einige Nachforschungen anstellte. Wie er erfuhr, hatte man den Geistlichen zusammen mit einem Begleiter beim St. Johanns-Schwibbogen hineinkommen sehen. Die Aussage, er komme direkt aus Grenzach, konnte also nicht stimmen. Dies liess ihn vermuten, dass der Geistliche vorgängig bei einem gewissen Schlup nächtigte, der seiner Zeit mit dem

genannten David bei ihm die Heilung praktizierte. Flick hatte sofort die Vermutung, dass die drei Personen den Diebstahl ausgeheckt und zu dessen Vollendung den Geistlichen in seine Behausung geschickt hatten.

Am 14. August machte Flick bei der Polizeidirektion Anzeige. Er bat darum, man möge den Schlup aufsuchen und zur Sache befragen. Johann Jakob Schlup wurde darauf vorgeladen und zur Sache befragt. Er machte folgende Aussage:

Vor etwa 14 Monaten sei David Geiser von Sondelfingen bei Reutlingen zu ihm gekommen, um ihn durch magnetische Behandlung zu kurieren, was dann auch vollkommen gelungen sei. Seither habe er nichts mehr von ihm gehört. Auch hätten weder dieser David noch ein Geistlicher bei ihm genächtigt. Dies könne er bei seiner Ehre und mit gutem Gewissen versichern.

Am 26. August meldete das Grossherzögliche Badische Bezirksamt Hüfingen, welchem am 18. des gleichen Monats die Basler Akten mitgeteilt worden waren, dass sich nach den angestellten Nachforschungen keine Person in Donaueschingen befinde oder je befunden habe, auf welche das mitgeteilte Signalement zutreffe.

Aus Mangel an weiteren Indizien konnte die Angelegenheit nicht weiter verfolgt werden.

Nun meldete sich am 24. November 1838 das Bezirksamt Lörrach bei der Basler Polizeidirektion, man habe Michael Wasmer von Steinegg und Bartlin Glatt von Raitbach angehalten. Die beiden sässen wegen Prellerei, Geisterbeschwörung und Schatzgräberei in Haft. Bei den Befragungen hätten die beiden die Aussage gemacht, dass sie im vergangenen Sommer versuchten, einen Schuhmachermeister in Basel zu prellen. Dieser wohne in der St. Johanns-Vorstadt, unweit vom Dreikönigswirtshaus. Die ganze Sache habe sich damals, so die Aussage von Wasmer, folgendermassen zugetragen:

Ich hatte gehört, dass ein Schuhmacher oberhalb des Dreikönigswirtshauses in seinem Keller einen Schatz verborgen glaubt. Also bin ich zusammen mit Glatt zu ihm gegangen und habe mich als Pater ausgegeben. Wir haben die Sache mit Flick besprochen und ich habe ihm versichert, dass ich Geister beschwören und Schätze heben könne. Glatt entfernte sich nach dem Gespräch, ich nahm zusammen mit dem Ehepaar Flick das Mittagessen ein. Nach dem Essen forderte ich Flick auf, etwas Erde vom Kellerboden nach oben zu bringen. Die Erde habe ich im Wohnzimmer auf dem Tisch ausgestreut. In Gegenwart der beiden Eheleute zückte ich mein Kruzifix und sprach darauf Beschwörungen. Ich bat Flick, um Herr des Schatzes zu werden, diese auf das umgedrehte Kruzifix nachzusprechen. Flick ging aber darauf nicht ein und sagte zu mir, dass das ganze eine Prellerei sei. Nach weiteren erfolglosen Versuchen entfernte ich mich dann aus dem Hause des Ehepaares Flick.

Obwohl oberhalb des Dreikönigswirtshauses im Bereich St. Johanns-Schwibbogen zwei Schuhmacher wohnen, kam die Polizei sofort auf Flick, dies mit der Vermutung, die Geschichte von Wasmer könnte mit den gestohlenen Louis d‘or zusammenhängen.

Die zweifelhaften Hilfsmittel: Zauberbücher, Pendel, Kristallkugel, Karten, Alraune usw.

Man bestellte Flick auf die Polizeidirektion und legte ihm die Aussagen von Wasmer vor. Flick war es natürlich peinlich, dass der Polizei nun die ganze Geschichte mit der Schatzheberei bekannt war. Wie er sich leichtgläubig von den Betrügern blenden liess und ihnen dadurch die Möglichkeit gab, seine Wohnräume zu betreten. Er erkannte aber sofort in den Aussagen von Wasmer das in seinem Haus Erlebte.

Flick erhielt den Auftrag, sich in Lörrach zu melden, um anhand einer Gegenüberstellung die beiden Strolche zu identifizieren. Er erkannte die beiden sofort wieder und war darüber hoch erfreut. Ob er sämtliche zwölf Louis d'or zurückerhalten werde, konnte ihm aber nicht versichert werden. Dies sei noch Gegenstand der Untersuchungen.

Die beiden Täter wurden in Deutschland für ihre Schandtaten zur Rechenschaft gezogen.

Nach der Anzeige von Flick wäre die Sache lediglich als Diebstahl behandelt worden. Weil er aber den wahren Sachverhalt verschwieg, hatte er die Polizei mit seinen unrichtigen Aussagen in die Irre geführt. Auf diesen Vorhalt hin entschuldigte sich Flick damit, er habe sich geschämt und aus Furcht, ausgelacht zu werden, die Wahrheit verschwiegen. Die Polizei eröffnete ihm, dass nach dem Gesetz diejenigen sich eine Strafe zuziehen, welche von Schatzgräberei und abergläubischen Künsten Gebrauch machen.

Flick wurde als Urheber und Ausführer der Prellerei verzeigt und die Akten zum Abschluss an das Gericht übergeben.

Es folgt als Beispiel die wörtliche Abschrift einer Beschwörung aus dem Jahre 1764, wie sie bei den Schatzhebern Anwendung fand:
Drey Beschwerungen (Beschwörungen) *durch welche der Schatz Meyster der Wasseren, das ist der bösse Geist, vor einem Priester in der Meehs nach der Wandlung schuldig ist, denen armmen seelen zu helffen*

Die Erste Beschwerung
Siehe du Verfluchter Geist, und Schatz Meyster der Wässeren das Wort ist fleisch worden, durch jennes geheimnus, durch welches ich nach der ordnung Melchisedek (König der Gerechtigkeit) *in Ewigkeit gerorneter, obschon ein würtiger Priester: - den lebendigen Gott, den wahren Gott, den almächtigen Gott, durch den mir gegebenen gewalt in diese brots gestalt her gerueffen hab, Eben durch diesen gewalt, Rueffe und beschwere ich dich, Ich beschwere dich durch die Heiligste drey faltigkeit, durch das göttliche Wort, welches fleisch worden, durch alle gehaimnussen, und Verdiensten Jesu Christi, auf das du unverzüglich an diesem orth mir gehorsamest und erscheinest, in der angenehmesten weiss, in menschlicher, und mänlicher gestaldt, ohne eintziges Zeichen des Schräckens, ohne gerausch, ohne gestank, ohne eintzigem Schaden, ohne Schaden des Leibs, und ohne Schaden der Seel, ohne Schaden der Lebendigen geschöpfen, ohne schaden über haupt..-*
Ende der ersten Beschwerung

Die 2.te: Beschwerung
Wan der gekommen ist, als dan Beschwere in wie folget -
Ich Beschwere dich du Verdamter Geist, du Schatz Meyster derern Wässeren, durch die Heilligste dreyfaltigkeit, und durch den Lebendigen wahren almächtigen Gott, durch alle geheimnussen, besondes durch die Menschwerdung desselben, der da ist der anfang und das End, das du mir ohne Verzug in menschlicher Kleidung, und auf die aller Lieblichste weist, ohne Schaden der Seelen, und der Leiberen ohne Schaden aller geschöpfen, wie sie immer nammen haben, da er Scheines und gehorsamet, und in Zeit einer Halben Viertel Stund, fünftzig taussend Spanische Quadrobell (Quadrupel = Spanische Goldmünze) *in gut Lauffendem geldt, von denen Verborgenen Schätzen, aus denen Schätzen derern Wässeren, zu meinem gebrauch, also gleich herbey Bringest.-*

Abdankung, oder Abforderung des Geists.-
Ich beschwere dich du Verfluchter Geist, durch die almacht Gottes, durch die dugentt, das ist, durch die Kraft gottes, durch den gewalt Gottes, ich Befihle dir, durch die heillige fürsten, deren Apostlen Peter, et Paull, und durch alle Vorsteher der Heiligen Kirchen, damit sie wider die satzungen der Heiligen Catolischen Kirchen meinen Beschwerungen Krafft geben, und damit sie Auflössen was in denen Kirchen Versamlungen Beschlossen, und Abgesehen worden, damit + auch jennes was im Himmel beschlossen, und abgesehen worden, durch die almacht Gottes auf gelösset seye im nammen Gottes des Vatters, und des Sohns, und des Heilligen Geists Ammen.-

Und wan der Geist es gebracht hatt, so Sprich, Wie folget, Damit er wann er das gält gebracht hatt, Also das er Gleich zur Höll fahre.-

Ich beschwere dich du Verfluchter Geist, Zum Abgrund der Hölle, welche für dich in Ewigkeit Bereitet ist, und zwar ohne Verzug, im Augenblick, ich Beschwere dich, durch das Wort, Welches fleisch worden, Weich hin Weg, durch die menschwerdung Jesu Christi, das gekreützigten, Weiche an dein Bestimbtes orth, - Ich beschwere dich durch die heilligste dreyfaltigkeit, das du Weichest, ohne jemand zu Schaden, ohne Schaden deren Seelen, und deren Leiberen, ohne Schaden aller geschöpfen, ohne geruch, ohne gestank, und ohne einige Creaturen zu Belestigen, ich Bschwere dich, du Verfluchter Geist, durch das Wort so fleisch worden, das du also geschwind jetz zu Hölle fahrest, im Augenblick, und das du mir das gält zu meinem nutzen geniessen Lassest, ohne eintzige anfächtung und Schaden der Seelen, meines Leibs, und meiner Ehr, und ohne Schaden aller anderen Menschen, das Wort ist fleisch worden, und hatt in uns gewohnet, im namen Gottes des Vatters, des Sohns, und des Heiligen Geistes Ammen.-

Probmehsige zeüge von einem Priester von Wieltingen.

Beschwörungsformeln werden gesprochen

Scharfrichter Martin Mengis 1790

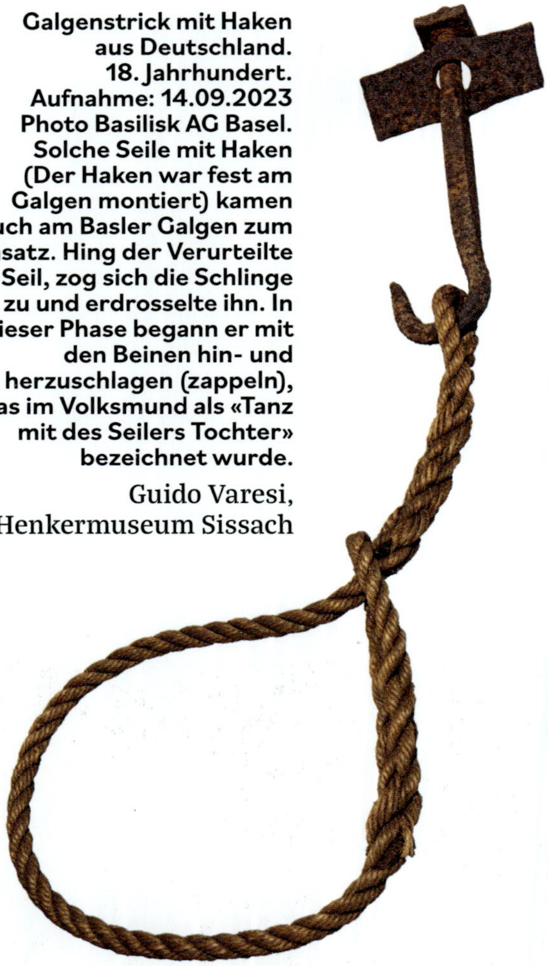

Galgenstrick mit Haken aus Deutschland. 18. Jahrhundert. Aufnahme: 14.09.2023 Photo Basilisk AG Basel. Solche Seile mit Haken (Der Haken war fest am Galgen montiert) kamen auch am Basler Galgen zum Einsatz. Hing der Verurteilte im Seil, zog sich die Schlinge zu und erdrosselte ihn. In dieser Phase begann er mit den Beinen hin- und herzuschlagen (zappeln), was im Volksmund als «Tanz mit des Seilers Tochter» bezeichnet wurde.

Guido Varesi, Henkermuseum Sissach

Bisher unveröffentlichtes Porträt (Öl auf Leinwand, Signiert: F. Grosch fecit) des Scharfrichters Martin Mengis, geb. 20.01.1737 gest. 31.03.1804. Hergestellt: um 1790. Aufnahme: 14.09.2023 Photo Basilisk AG Basel
Martin Mengis amtete als Basler Scharfrichter in der Zeit von 1766 bis 1804.

Guido Varesi, Henkermuseum Sissach

1790

Gaunerlisten

Ein erster Fahndungsbehelf

Aus den Beständen des Staatsarchives Basel-Stadt geht hervor, dass schon im Jahre 1726 Gaunerlisten als Fahndungsbehelf (auch Diebeslisten genannt) in Druckform hergestellt wurden. Ein erstes Fahndungsbuch mit dem Titel Signalements stammt aus dem Jahre 1781. Die Fahndungsbücher entwickelten sich gesamtschweizerisch zu einem unentbehrlichen Arbeitsbehelf. Mit den Jahren wurden sie verfeinert und in verschiedenen Formen ausgegeben. Sie setzten sich in Buchform bis ins Jahr 2005 durch und wurden erst danach durch eine EDV-Lösung ersetzt.

Die nachstehende Liste, entstanden um 1790 und von Hand mit den Positionen 1 bis 26 beschriftet, führt auch den «Dicken Müller» auf, der ja im nachstehenden Fall des Strassenräubers Johannes Ortscheid eine Rolle spielte.

Beschreibung einer Diebs-Banden, welche sich meistens um den Rheinstrom herum und in der Schweiz aufhalten.

1. Rütner Sepp. *Ist ein grosser schnagerer* (hagerer, magerer) *Mann, etwa 37 Jahr alt, spitzige Nasen, schwarze Haar, Bart und Augbraunen, braunlecht, glatt Gesicht, hat gerade starre Haar. Seine Frau,* ***Marey****, tragt eine silberne achteckige Tabacksdose, und goldene Ring, hat auch immer einen Ranzen mit Gold um den blossen Leib. - Er haltet sich viel zu Mury, Lunghofen, und im Freyen Amt auf.*

2. Christian Gärtner, oder Ziginer Hans, oder Schumacher Hans. *Ist von mittlerer Statur, untersetzt, breite Schultern, starke Waden, bleich, hat eine grosse krumm gebogene Nase, weites Maul, schwarze Augbraunen, und schwarzen Bart, offene, lange schwarze Haar. Er geht bald grün - blau - weiss gekleidet, hat auf der linken Brust einen Stich bekommen vom* ***Krebsen Doni****, bei Munterkingen. Er halt sich bald in Wallis - Bündten - Schweitzerland auf, als ein Schuhmacher, oder Krämer.*

3. Grosse Bayer, *sonst auch der* ***gelumpete Kessler Fideli****, oder* ***Strasslinger*** *genannt. Hat ein nicht gar grosses rothbrechtes Gesicht, glatte, grosse spitzige Nasen, graue Augen, lichtgelbe, krause doschete* (buschiges) *Haar, und also Bart und Augbraunen, hat hinten auf der rechten Schulter auch einen Stich; tragt sonst ein blaues Röcklein, auch ein grün ratinenes, ein roth Brusttuch, einen mit Sammet eingefassten Castorhut, halt sich um Waldshut, Schaffhausen, Thiengen und Zurzach auf; giebt sich für einen Krämer aus.*

4. Jahrer Michel. *Gehet wie ein Bauer, rechter Mannsgrösse, und untersetzt, hat braune fliegende Haar und Bart, gefarbet, glatzkopfet, spitzige Nase, etlich 50 Jahr alt, gekleidet wie ein Bauer, roth Brusttuch, Hosen mit Bändel; halt sich im Rheinthal, Bündtnerland, Wallis und Schweitz auf.*

5. Der Lang. *Ist ein Schwager zu dem obigen, ein treflicher Geiger, sauber von Angesicht, ziemlich gross und corpulent, ein schöner Pursch, etwann 28 oder 29 Jahr alt. Diese stehlen mit einander, haben immer Dietrich* (Nachschlüssel), *Geschoss und Stemmeisen bey sich.*

6. Stocker Michels zwey Buben. *Kommen daher wie Wildschüzen und facirende Jäger; führen auch Terzerol* (kleine Vorderlader-Pistolen) *bey sich; der einte heisst Joseph, ist sauber von Angesicht, spitzige Nasen, braune starre Haar, tragt bald ein blau - grün Kamisol, ohne Rock; haben ihren Aufenthalt im Appenzellerland, kommen bis ins Turgau.*

Beschreibung
Einer Diebs-Banden,
welche sich meistens um den Rheinstrom herum und in der Schweitz aufhalten.

Rütner Sepp.

1 Ist ein grosser schnagerer Mann, etwan 37 Jahr alt, spitzige Nasen, schwarze Haar, Bart und Augbraunen, braunlecht, glatt Gesicht, hat gerade starre Haar. Seine Frau, **Marey**, tragt eine silberne achteckigte Tabacksdose, und goldene Ring, hat auch immer einen Ranzen mit Gold um den bloßen Leib. — Er haltet sich viel zu Mury, Lunghofen, und im Freyen Amt auf.

2 Christian Gärtner, oder Ziginer **Hans**, oder **Schumacher Hans**. Ist von mittlerer Statur, untersetzt, breite Schultern, starke Waden, bleich, hat eine grosse krumm gebogene Nase, weites Maul, schwarze Augbraunen, und schwarzen Bart, offene, lange schwarze Haar. Er geht bald grün — blau — weiß gekleidet, hat auf der linken Brust einen Stich bekommen vom **Krebsen Doni**, bey Munterkingen. Er halt sich bald in Wallis — Bündten — Schweitzerland auf, als ein Schuhmacher, oder Krämer.

3 **Grosse Bayer**, sonst auch der **gelumpere Keßler Fideli**, oder **Straßlinger** genannt. Hat ein nicht gar grosses rothbrechtes Gesicht, glatte, grosse spitzige Nasen, graue Augen, lichtgelbe, krause doschete Haar, und also Bart und Augbraunen, hat hinten auf der rechten Schulter auch einen Stich; tragt sonst ein blaues Röcklein, auch ein grün ratinenes, ein roth Brusttuch, einen mit Sammet eingefaßten Castor-Hut, halt sich um Waldshut, Schaffhausen, Thiengen und Zurzach auf; giebt sich für einen Krämer aus.

4 **Jahrer Michel**. Gehet wie ein Bauer, rechter Mannsgrösse, und untersetzt, hat braune fliegende Haar und Bart, gefarbet, glatzkopfet, spitzige Nase, etlich 50 Jahr alt, gekleidet wie ein Bauer, roth Brusttuch, Hosen mit Bändel; halt sich im Rheinthal, Bündtnerland, Wallis und Schweitz auf.

5 **Der Lang**. Ist ein Schwager zu dem obigen, ein treflicher Geiger, sauber von Angesicht, ziemlich groß und corpulent, ein schöner Pursch, etwan 28 oder 29 Jahr alt. Diese stehlen mit einander, haben immer Dietrich, Geschoß und Stemmeisen bey sich.

Stocker

Gaunerliste um 1890. Seite 1 von 4

7. ***Wanifers Caspar.*** *Ein Wannenmacher, Parasol-Flicker* (Schirmflicker), *und sein Sohn hat 7 Kinder, er zieht alle zum Stehlen an; ist ein kleines Männlein, etwann 60 Jahr alt, hat ein Kupfergesicht und Nasen, schwarze Zähne, lichtgelbe starre Haar, graue Augen, roth Kamisol, bald weiss - braunen Rock; hält sich im Rheintal und Bündtnerland auf, ist die meiste Zeit im Utznerland.*

8. ***Riche le Douse.*** *Ist eines bleichen Angesichts, blattermasigt, mittlerer Statur, braun dunkle Haar, graue Augen, nicht gar grosse Nasen, weissen Rock, roth Brusttuch, gelbe Lederhosen, hält sich um Basel, Pruntrut und Berner Gebiet auf; ist ein Landkrämer, hat viel Geld und Waaren bey sich.*

9. ***Der dicke Müller.*** *Tragt einen weissen Rock, rothes Brusttuch, bald schwarz - gelbe Hosen, krause gelblichte Haar, schön von Angesicht, gross wohlbesetzt, etlich und 20 bis 30 Jahr alt; ist bald im Freyen Amt, Berner Gebiet, Zürcher Gebiet und Rheinstrom nach. Seine Frau nennt sich bald* **Maria Anna**, *bald* **Bärbel**, *hat schwarz braune Haar, bleich, gedupfet, spitzige Nasen, treib Staplerey mit Briefen, ziehet einher wie eine beamtete Frau.*

10. ***Klein Bayerle,*** *oder* ***Xaveri Felber.*** *Aus dem Unterland, vollkommenen Gesichts, bleich, klein von Statur, aber korpolent, aufgesetzte Nasen, graue Augen, gelbe Haar, etwann 25 Jahr alt, tragt ein seidenes Halstuch, Hemden mit Falbelen, geblümtes wollendamastenes Brusttuch, weiss tüchenen Rock, kommt fast auf alle Märkt in die Schweitz als Handelsmann mit gestohlenen Waaren.*

11. ***Fetzen-Fändrich, Elsässer.*** *Ist braun, hat ein blattermasendes Gesicht, schwarzbraune Augen, tragt einen braunen Rock und Camisol, hat dunkelbraune doschete krause Haar, ist schon drey Jahr auf den Galeeren gewesen, 25 bis 26 Jahr alt, gehet auf die Märkte mit dem* ***Heinerle Freyämtler.***

12. ***Wälder Michel.*** *Ist einer schönen Mannsgrösse, dick, stark, untersetzt, dicke Waden, bleichen Angesichts, hat kleine Blattermasen, vollkommene mittlere aufgeworfene Nasen mit weiten Naslöchern, offene braune Haar, graue Augen, tragt einen blauen Rock und Camisol, roth scharlach Brusttuch, schwarze Hosen, weisse Strümpf, eingebändelter französischer Hut, ist etwann 26 Jahr alt, führt Sackuhren und Terzrohr, gibt sich für einen Krämer oder Freymann aus, halt sich auf in Appenzell, Thurgau, Bischofzell, Constanz und Schaffhausen.*

13. ***Der reiche Bettlerbub.*** *Des vorigen Camerad, gross von Person, glatten Angesichts, bleich, hat schwarze Haar, braune Augen, tragt einen blaulichten Rock und roth Brusttuch. Auch als Freymann oder Krämer.*

14. ***Der Franzosen-Hannes.*** *Hat eine rechte Mannsgrösse, braune Augen, schwarzbraune starre Haar, ein braun schnager Gesicht, tragt ein roth Brusttuch, hellbraunen Rock, schwarze Hosen. Ist bald im Thurgau, bald im Zürcher-Gebieth als Krämer oder Geiger.*

15. ***Der Staret-Hannes.*** *Vollkommen im Gesicht, aber bleich, tragt einen braunen Bart oder Schnautz, schwarzbraune Augen, spitzige Nasen, schwarzbraune Haar, tragt ein blau Camisol, einen weissen Zwilchkittel, gelbe Hosen. Er ist etliche 30 Jahr alt, geht als ein Bettler herum, ist ein Deserteur und hat eine Weibsperson mit 3 Kindern bey sich.*

16. ***Der grosse Franzos.*** *Ist blattermasig, hat ein wüstes Gesicht mit breiten Schrammen, gross von Person, braune Augen, schwarze Haar, etliche 40 Jahr alt, bald braun, bald weiss geklei-*

det, haltet sich im Toggenburg, St. Gallen, Appenzell, auch Thurgau auf, gehet auch betteln, wann er schon 100 fl. bei sich trägt.

17. Allemer-Jörgle. *Ein Schwab mittlerer Grösse, schlecht bleichen Angesichts vom vielen Trinken, schwarze gestreckte Haar und Bart, braunlichte Augen, spitzige Nasen, tragt eine weisse Uniform, roth Brusttuch, etliche 50 Jahr alt, hält sich in der Schweiz und um St. Gallen auf; gehet allen Wallfahrten nach als ein Beutelschneider; giebt sich als Landkrämer aus.*

18. Tyroler-Franzl. *Ein grosser Mann, hat nur ein blaues Camisol und roth Brusttuch an, glatt mittelfärbig Angesicht, braun, offen toschet Haar, etlich und 20 Jahr alt; seine Frau ist die* ***Golden Boos****, hält sich nur am Rheinstrom und Schaffhausen auf.*

19. Gross Domini. *Ist ein grosser starker untersetzter Mann, hat grosse Waden, lebt sehr wohl, tragt ein silber beschlagenes Meerrohr, Sackuhr, Tabackdosen, sauber blotschend Angesicht, braune offne Haar, weissen Rock, roth Camisol, schwarze Hosen, weisse Strümpf, führt sich auf wie ein stattlicher Burger, ist korpolent, etwann 40 Jahr alt, hat immer Dietrich bey sich.*

20. Welsch Louis. *Hat eine aufgesetzte Nasen, breit Maul, tragt einen Haarzopf, rothbrecht Gesicht, schlechte Füsse. Sein Bruder Peter ist zu Buchole* (Buchloe, Deutschland) *im Zuchthaus.*

21. Der deutsche Louis. *Ist ein schöner Bursch mit schwarzbraunen Haaren, hat eine rechte Mannsgrösse, ist schon in einigen Orten aus der Gefangenschaft entkommen.*

22. Der welsche Ludwig. *Ist sauber im Gesicht, und wohlgewachsen, aufgeworfene grosse Nasen, saubere weisse Zähne, etwann 25 Jahr alt, hat immer 2 Menscher bey sich, die Camerädinnen seynd von der* ***geschmuckten Bäbe****.*

23. Der Heinerle, Freyämtler. *Ist nicht gar zu gross, bleichen Angesichts, schwarze Haar und Bart, etwann 30 Jahr, breites Gesicht, schwarzbraune Augen, sptzige Nasen, hat beständig ein Mensch* ***Verena*** *bey sich, eine Zürcherbietherin, welche mittlerer Statur, gedupfet, graue Augen, lichtgelbe Haar und sehr grosse Brüst hat, tragt Rock und Müder an einander, ist ihrem Vater entloffen. Der Heinerle kommt daher wie ein Tuchwelsch, weiss Ratine Rock, roth Brusttuch, weiss baumwollene Kappen, schwarze Lederhosen, blaue Strümpf.*

24. Trucker-Doni. *Ein grosser bleicher Mann, tragt einen Haarzopf, braunen Rock und blaue Aufschläg, handlet Oeler, hat einen buchsbäumenen Stock, vor allen Gattungen Cigillen* (Siegel)*, die er nachmachet.*

25. Riche le Claus. *Ist ein sauberer dicker besetzter Pursch, lauft mit des* ***Eberhardts Crescens*** *herum, deren Vater in Colmar gerichtet worden. Ihre Schwester ist beym* ***kleinen Bayer****, seyen Menschen so schön wie adeliche Personen.*

26. Gross Jacob. *Ist ein grosser Mann, hat eine aufgesetzte Nase, eingehend Knie, schwarze Haar und Augbraunen, länglichtes Gesicht. Seine Frau wird genennt* ***Galeeren Theresi****, sieht braun rosenfarb aus, ist lang, hat eine rauhe Stimm, und redt auch wohl die französische Sprach.*

1790

Der Strassenräuber Johannes Ortscheid

Frühmorgens, am Mittwoch, den 6. Januar 1790, zwischen fünf und sechs Uhr, machte sich der Postknecht Ulrich Schmied, nachdem er sein Postfuhrwerk (auch genannt Fourgon, Bernerwagen oder Messagerie) in der Stadt beladen hatte, auf seine wöchentliche Tour zurück nach Bern. Es war noch stockdunkel, der Weg schneebedeckt und es herrschte eine klirrende Kälte. Für Ulrich nichts Neues, er befuhr die Strecke schon seit Jahren und war mit ihren Launen bestens vertraut. Das erste Ziel auf seiner Route war die Ortschaft Liestal, deshalb fuhr er vom St. Alban-Tor her über das Birsfeld in Richtung Hard. Auf dem Birsfeld wurde er von einem ihm unbekannten Mann eingeholt, der dem Fuhrwerk von der Stadt her nachgeeilt war. Dieser bat ihn, mit aufsitzen zu dürfen. Der Knecht verneinte mit der Begründung, dass der Weg zu schlecht sei. Trotzdem fragte er den Mann, der in der einen Hand ein Karrenbeil trug, wohin er wolle? Nach Liestal, war seine Antwort. Ein Weinfuhrmann habe das Beil bei ihm liegen lassen und nun wolle er es zurückbringen. Ulrich bot ihm an, das Beil gegen ein Trinkgeld an seinem Bestimmungsort abzugeben. Der Mann wollte aber davon nichts wissen und meinte, dies müsse er schon selbst tun. So ging die Fahrt gemächlich weiter gegen die Hard zu und Ulrich unterhielt sich dabei mit dem neben dem Fuhrwerk hergehenden Fremden. Dieser erwähnte im Gespräch, dass er Stadtsoldat sei und früher auch diesen Postwagen gelenkt habe.

Als sie beim Hardwald angelangt waren, machte der Mann eine Drehung, wie wenn er am Geschirr der Pferde etwas richten wolle und zerschlug mit dem Beil blitzschnell die Fahrzeuglaterne. Ulrich wurde dadurch abgelenkt und konzentrierte sich auf den Unbekannten. Als er wieder nach vorne schaute, standen plötzlich zwei Männer vor dem Fuhrwerk, die mit grossen Holzknütteln bewaffnet waren. Die Männer griffen links und rechts nach den beiden Pferden und brachten den Wagen zum Stillstand. Der Mann mit dem Beil befahl Ulrich, noch etwas weiter in den Wald hineinzufahren. Sollte er dieser Aufforderung nicht nachkommen, würde er ihm mit dem Beil den Kopf entzweischlagen. Ulrich fügte sich und fuhr, während einer der Männer die Pferde führte, tiefer in den Wald hinein. Plötzlich aber gab er den Pferden einen Zwick, worauf diese losrannten und im wilden Galopp den Weg entlangsprengten. Der eine Mann, welcher die Pferde führte, wurde etwa hundert Schritt mitgerissen und fiel dann zu Boden. Der Hund, den die Räuber mit sich führten, verfolgte den Wagen noch eine weitere Strecke, wendete sich schliesslich ab und lief zurück. Ulrich, froh, den Räubern entkommen zu sein, fuhr weiter und traf unterwegs auf den Knecht Claus Meyer aus Füllinsdorf. Diesem erzählte er in wenigen Worten das Erlebte. Der Knecht meinte dazu, dass er von Weitem drei Männer mit einem Hund gesehen habe, die in Richtung Muttenz oder St. Jakob geflüchtet seien. Schliesslich erreichte Ulrich Liestal und kehrte dort beim Schlüsselwirt Ambrosius Brodtbeck ein, dem er vom Geschehen ausführlich berichtete.

Brodtbeck und Meyer waren es dann auch, die bei den Harschierern und beim Postamt Anzeige erstatteten.

Ortscheid und seine Komplizen überfallen das Postfuhrwerk im Hardwald

Aus der Erzählung von Ulrich Schmied konnten Brodtbeck und Meyer nur ein dürftiges Signalement der Täter abgeben: «Der Mann mit dem Beil sei von mittlerer Statur, habe einen Hut und ein blaues Camisol getragen. Er habe elsässischen Dialekt gesprochen. Die anderen beiden, die kein Wort gesprochen hatten, seien grosse, starke Bauernkerle gewesen und hätten abgenutzte Zwilchröcke getragen. Der Hund sei gross und schwarz-weiss gefleckt gewesen.»

Sofort wurden von Major Miville, Chef des Harschierer-Korps, mehrere Harschierer ausgeschickt, die nach den flüchtigen Strassenräubern suchen sollten. Der Landvogt von Münchenstein wurde beauftragt, die umliegenden Dörfer und Güter durchsuchen zu lassen. Alles verdächtige Gesindel solle angehalten und eingebracht werden. Zudem informierte Miville schriftlich das Dorneck, Birseck, Hüningen, Röteln, die Furt zu Grenzach und die Wache an den Toren über den Vorfall. Für die Ergreifung der drei Räuber wurde eine Belohnung von zwanzig Louis d'or ausgerichtet.

Auf der Spur der Strassenräuber

Am Tag nach dem Überfall erkundigte sich eine Harschiererpatrouille beim Schiffersmann an der Furt zu Grenzach, ob er verdächtige Personen über den Rhein geführt habe. Der Schiffer meinte dazu, dass ihm vor kurzer Zeit eine Frau gesagt habe, die drei Gesuchten würden sich mit ihrem Hund in einem Wirtshaus in Inzlingen aufhalten.

Auf diese Meldung hin begab sich Major Miville, begleitet von zwei Harschierern, zu den deutschen Behörden und bat um Festnahme der Gesuchten. Auf ihrem Rückweg trafen sie auf eine verdächtige Person, die einen Hund mit sich führte. Da die Beschreibung auf den Täter mit dem Beil passte, nahmen sie den Kerl namens Johannes Ortscheid fest und setzten ihn in Basel in Haft.

Johannes Ortscheid

Ortscheid äusserte sich bei seiner im Schellenhaus (Gefängnis) vorgenommenen Einvernahme vom 8. Januar 1790 wie folgt:

«Mein Name ist Johannes Ortscheid, ich bin von Hegenheim und zwanzig Jahre alt. Ich habe drei Jahre in Frankreich im Dragoner Regiment Du Roi gedient und bin vor sieben Monaten, mit weiteren siebzehn Kameraden, in Marseille desertiert. Ich bin danach mit Johannes Starck via Nizza nach Coni (Cuneo/I), Turin und von dort über den Bernhards Berg ins Wallis gegangen. Nach einem weiteren Marsch durch das Berner Gebiet sind wir vor ungefähr sechs Monaten in Basel angekommen. In Basel haben wir etwa fünf bis sechs Wochen gearbeitet und hielten uns während dieser Zeit in Binningen, im Löwen, oder am Hörnlein, bei Grenzach, auf. In der Nacht vom 5. auf den 6. Januar waren wir auf Besuch bei meinem Bruder Remigi Ortscheid, in Hegenheim, im Restaurant zum Ochsen. Wir haben dort geschlafen und sind auch längere Zeit bei ihm geblieben.»

Auf die beiläufige Frage, ob er denn in dieser Nacht gut geschlafen habe, antwortete Ortscheid: «Nein, nicht sehr ruhig. Ich habe vor dem Schlafengehen meine drei Sackuhren auf dem Tisch deponiert. Um ca. ein Uhr bin ich dann durch ein Geräusch erwacht und habe gesehen, dass ein Fenster offen steht. Ich bin sofort aufgestanden und habe aus dem Fenster geschaut. Dabei sah ich einen Mann davonrennen, der eine Leiter mit sich trug. Als ich danach auf den Tisch schaute, bemerkte ich, dass meine drei Sackuhren und auch das Bargeld gestohlen wurden. Die Uhren hatte ich erst vor wenigen Tagen bei einem Juden in Hagenthal gekauft.»

Auf die Frage, wann er von Hegenheim wieder abgereist sei, antwortete Ortscheid: «Gestern, am Donnerstag, den 7. Januar 1790, so gegen 14:00 Uhr, bin ich nach Basel und habe mich dort einige Zeit aufgehalten. Abends bin ich dann via Riehen-Tor aus der Stadt hinaus gegangen und wurde dann durch die hiesigen Harschierer festgenommen.»

Die Erzählung mit den Sackuhren, eine Lügengeschichte, hatte Ortscheid bewusst eingefädelt. Dazu muss man wissen, dass eine Anzeige wegen Uhrendiebstahls bestand. Jacob Thüring, Bandmüllers Sohn, hatte diesbezüglich am Dienstag, den 3. November 1789, in Arlesheim Anzeige erstattet. Gestohlen wurden drei Sackuhren, eine aus Messing und zwei aus Silber, inklusive diversem Uhrenzubehör. Thürings Verdacht fiel sofort auf einen Arbeiter, der in seiner Reibmühle für einige Tage gearbeitet hatte. Dieser Mann, mit dem Vornamen Johannes, kam aus Hegenheim. Thüring ging der Sache nach und fand den Aufenthaltsort dieses Johannes in Allschwil. Als er bei den Harschierern eine Haussuchung verlangte, begaben sich diese an Ort, konnten aber den Gesuchten nicht vorfinden. Am 5. November begab sich Thüring nochmals nach Allschwil und suchte wieder nach diesem Johannes. Dabei traf er auf Joseph Vogt, einen Bewohner von Allschwil. Dieser erzählte ihm, er habe die Uhren von einem Mann namens Johannes aus Hegenheim entgegengenommen und danach in Basel verkauft. Der Mann aus Hegenheim sei in Begleitung eines zweiten gewesen, der ebenfalls Johannes heisse. Die Geschlechtsnamen der beiden wisse er nicht.

Johannes Starck wird verhaftet

Schon am Donnerstag, den 9. November 1790, konnte der Begleiter von Ortscheid, Johannes Starck, in einer Schenke im Spalenquartier durch die Harschierer festgenommen und ebenfalls im Schellenhaus arretiert werden.

Obwohl man den starken Verdacht hatte, dass Ortscheid und Starck am Diebstahl in Arlesheim, dem versuchten Überfall auf den Postwagen und an weiteren Schandtaten beteiligt waren, musste man die beiden zähneknirschend Ende Februar 1790 aus der Haft entlassen. Alle Personen, mit welchen die beiden in irgendeinem Kontakt standen, waren ergebnislos befragt worden. Auch eine Gegenüberstellung der beiden mit dem Fuhrmann des Postwagens verlief negativ. Ortscheid und Starck verstanden es, geschickt auf alle Vorwürfe zu antworten und erlangten so wieder ihre Freiheit.

Ortscheid treibt weiterhin sein Unwesen

Doch schon am 30. März 1790 meldet Major Miville, Ortscheid treibe wieder sein Unwesen. Am 20. März habe er in Allschwil eine Person beraubt und am 29. März in der Gegend von Burgfelden einer weiteren mehrere Louis d'or abgenommen. Beide Personen seien von Ortscheid und seinem Komplizen durch Schläge übel zugerichtet worden.

Der Strassenraub in der Gegend von Burgfelden hatte sich im Detail wie folgt zugetragen:

Martin Wagner von Läufelfingen, ein Sohn des Lehenmanns auf dem vordern Birsfeld begab sich, am Montag, etwas 8 Tage vor Ostern 1790 (29. März) *in Begleit Jacob Stirnemanns von Gränichen Bernergebiets, eines Ihm bekannten Taglöhners naher Hüningen, um etwas Geld für verkauftes Vieh einzuziehen, welches er auch würklich mit 21 Neuen Thalern empfieng, und nebst einem Neuen Thaler, so er vorhin bey sich hatte, in einem ledernen Seckel in dem linken Hosensack, in dem rechten aber etwas Münz truge; Sie giengen von da naher Burgfelden, in Absicht, mit dem Cronen Wirth da selbst einen Viehhandel zu treffen, weilen es aber schon zu nachten anfieng, und die Crone geschlossen war, so wolten Sie fort naher Haus. Vor dem Ochsen stund der Wirth auf der Strasse, und wenige Schritte von diesem zwey Kerls - Ortscheid und der Dicke Müller. Der Wirth lud den Wagner und seinen Gefährden ein, bey Ihm einzukehren; Sie giengen hinein, und forderten eine Bouteille Wein; Sofort kamen auch die zwey Kerls hinein, von welchen der Müller einen Beyel in der Hand hatte, liessen sich auch Wein geben, und fiengen mit einander zu Spielen an, indeme Sie Gold und Silber Geld vor sich hinlegten! Ortscheid forderte nun Wagners auf, mitzuspielen, und bot Ihm eine Uhr zu kaufen an; Wie aber dieser beydes aus schlug, mit dem Verdeuten er habe kein Geld, verstehe kein Spiel und brauche keine Uhr, fieng jener an zu schimpfen und lärmen; Stirnemann deme in dieser Gesellschaft, weil er den Ortscheid kannte, bange war, hatte unterdessen Wagners heimlich zu verstehen gegeben, sie würden wohl thun, sich weg zubegeben; und würklich wolten Sie ohne Ihre Bouteille aus zutrinken, nach dem Wagner die Zerte bezahlt hatte, fort, als Ortscheid diesen in der Wirthstube angrif. Stirnemann, der seinem Cameraden zu Hülfe kommen wollte, ward von dem dicken Müller auch angegriffen, konnte aber den selben zurück stossen, da indessen auch Wagner sich von dem Ortscheid los machte, und auf die Strasse entkam; Wie Stirnemann aussen vor der Thür merkte, dass die beyden Kerls Ihnen nach setzen wollten, verhielt er die Stubenthür und bat, Sie möchten sie doch im Frieden gehen lassen, diese aber rissen sie auf, liefen ihm vorbey dem Wagner nach: Ortscheid erreichte Ihne zuerst, griff Ihn sogleich auf dem Feld zu drey wiederholtem malen an, also, dass der letzte Angriff bey 5 à 600 Schritte von der Bannscheide entfernt gewesen; Bey dem ersten Angriff brachte zwar Wagner den Ortscheid zu Boden und er konnte sich etwas entfernen, allein in dem zweyten fand Stirnemann den Ortscheid und Müller auf Ihme, und als er Ihme zu Hülfe kommen wollte, sprang der Müller auf, hielt ihm den Beyel vor Gesicht, mit Bedrohen, Ihne nieder zu schlagen, wenn er sich rührend würde, und schreckte Ihne dadurch dergestalten, dass er vor Zittern nichts thun konnte, indessen konnte sich Wagner wieder in etwas entfernen, da er aber von beyden wiederholt angegriffen, zu Boden gebracht, Ihme nach die Sacken gegriffen, der Geldsäckel geraubt, und die Säck umgekehrt worden, da er dem auch gerufen: Sie wollen mir mein Geld nehmen: Worauf Ortscheid laut, dass es Stirnemann wohl gehört, gesagt: Wart Spitzbub ich will dir noch mehr geben, und ihm auch noch mehr gegeben habe. Ungeacht der empfangenen Schläge mit dem Beyelstiel an Kopf und Schenkel, und mit einem Stein und trettens mit Schuhen, behielt er doch so weit das Bewust seyn, dass ihn Stirnemann alle Zeit gehört/gruchzen und schwätzen/und nachdeme Ihn die Raüber nach geraubtem Geld und silberner Hemdschnallen endlich halbtodt liegen gelassen, er sich zwar kümmerlich und auf allen vieren krappelnd aufrichten können, während die zurückkehrenden Räuber etwan 7 Schritte entfernt gewesen, da dem Stirnemann den schwachen und übel verwundeten Wagner unter stützt und geführt, deswegen sie auf dem kurzen Weg vom Burgfelder Bannstein bis auf das innere Birsfeld über 5 Stund haben zubringen müssen, die Räuber begaben sich hingegen wieder auf Burgfelden, blieben auf dem Hügel der Bann scheidung stehen/und bey ihnen stund noch ein dritter/sie kehrten dann bey der Crone, wo des Ortscheids Schwester dienet, ein, begaben sich ohne zu trinken in die obere Stube, und teilten da den Raub.*

Ortscheid wird erneut verhaftet

Am 13. Oktober 1790 erhielt Major Miville die schriftliche Mitteilung, dass der Harschierer von Lörrach den berüchtigten Johannes Ortscheid dingfest gemacht habe. Auf diese Meldung hin machte sich Miville am 16. Oktober 1790 mit zwei Harschierern auf den Weg nach Lörrach. Dabei erzählte ihm einer der begleitenden Harschierer, es war derjenige von Riehen, wie es zur Verhaftung von Ortscheid gekommen sei:

Der sogenannte Welsche Hans, ein Erzdieb sondergleichen, habe vor einiger Zeit auf einem Bauernhof, der zum Bistum Basel gehöre, Diebesgut im Werte von rund zwanzig Louis d'or eingestellt. Unter diesen Gegenständen befanden sich auch eine silberne Dose und eine Sackuhr. Bald darauf hätten Johannes Ortscheid und Johannes Jausi, genannt der Berner Hans, diese Waren, ohne Wissen des Welschen Hans, abgeholt und verkauft.

Dienstag, den 12. Oktober 1790, sei Ortscheid mit dem Welschen Hans und seinen zwei Brüdern ins Wirtshaus zum Rösslein an der Lörracher Strasse gegangen. Nach dem Mittagessen hätten sie sich zusammen aufgemacht, um nach Inzlingen zu gehen. Als sie durch das Mayenbühl schritten, habe der Welsche Hans mit dem Ortscheid einen Streit angefangen. Dabei sei es um die Ware, die der Ortscheid unerlaubter Weise auf dem Bauernhof abgeholt und verkauft hatte gegangen. Ortscheid habe versucht, den Welschen Hans zu besänftigen und offerierte ihm, zwei Sackuhren und silberne Schnallen an Zahlung zu geben. Der Welsche Hans sei damit einverstanden gewesen und habe dem Ortscheid befohlen, die beiden Uhren auf den Boden zu legen. Ortscheid habe so getan, als wolle er dem Befehl nachkommen. Er habe sich darauf jedoch blitzschnell umgedreht und sei davongerannt.

Als er sich flüchtig machte, zogen der Welsche Hans und seine Brüder ihre Waffen und schossen dem Ortscheid nach. Er konnte sich jedoch unverletzt davon machen und kam bald darauf in Stetten an, wo er sich zum Landvogt begeben habe und diesem die Meldung machte, er sei von einer Räuberbande überfallen und um fünfzehn Louis d'or bestohlen worden. Der Vogt habe diese Lügengeschichte aber nicht geglaubt und so sei Ortscheid zurück ins Rösslein gegangen wo er einen Schoppen Wein zu sich nahm. Nach kurzer Zeit habe sich Ortscheid von dort entfernt und sei etwas später im Restaurant Sonne vom Harschierer, der durch den Landvogt alarmiert worden war, verhaftet worden.

In Lörrach angekommen erwähnte der dortige Harschierer bei der Übergabe, es sei Vorsicht geboten, Ortscheid sei ein gefährlicher und hinterlistiger Strolch und habe hier versucht, aus seiner Zelle auszubrechen, weshalb er in Ketten gelegt werden musste.

Folgende Effekten wurden Ortscheid abgenommen und durch Major Miville in einem Verzeichnis fein säuberlich aufgeführt:

Ein schnallen Bürstlein
Eine Brieftasche mit Pass und Taufschein
Ein Rosenkranz mit glänzenden Steinen
Ein altes Messerlein mit Schiltkrottnem Heft
Ein klein Reisblei in einem Röhrlein
Ein seidener alter Geldsäckel, darinnen ein Sols,
ein halber Sols und ein St. Galler Halbbatzen
Ein Gläslein zu eau de Lavende
Ein falscher Schlüssel
Ein paar weisse Hosenschnallen
Eine grosse silberne Sackuhr mit ledernem Riemlein
Eine kleine Sackuhr mit stählerner Kette
Ein paar grosse silberne Schuhschnallen
Ein goldenes Ringlein mit dem Sonnenwagen
Ein kleines Perspectiv (Fernrohr)

Im Bärenhut eingekerkert

(Mit Bärenhut ist der St. Alban-Schwibbogen, auch Kunos Tor genannt, gemeint. Der Schwibbogen stand eingangs Rittergasse)

In Basel angekommen, wurde Ortscheid im Bärenhut eingekerkert. Dass er dort nicht untätig blieb, versteht sich von selbst. Kaum einen Monat später, am 9. November 1790, erreichte Miville die Meldung, Ortscheid habe versucht, aus dem Bärenhut auszubrechen. Miville begab sich sofort mit drei Harschierern an Ort. Dort stellte er fest, dass im Innern, neben der Zellentür, die eisernen Stangen losgelöst und die dortigen starken Nägel herausgezogen waren. Eine Stange war von der Wand abgebogen und eine andere abgebrochen worden. Mit der schuhlangen, abgebrochenen Stange und den herausgerissenen Nägeln hatte Ortscheid die Dielenwand an der Turmmauer entfernt. Die Mauer hatte bereits ein ansehnliches Loch, welche Ortscheid in der darauffolgenden Nacht ohne Weiteres hätte durchbrechen können. Durch das Loch wäre er in den dortigen Hof gelangt und hätte sich so buchstäblich aus dem Staub machen können.

Nach diesem missglückten Ausbruch ging es mit der Gesundheit von Ortscheid bergab. Am 23. November wurde ein Arzt zu ihm geschickt, welcher feststellte, dass Ortscheid unter einer starken Syphilis leide. Bei einer weiteren Visite am 29. November bemerkte der Arzt, dass Ortscheid Blut speie, Fieber habe und ziemlich entkräftet sei. Sollte der Kranke noch länger in diesem kalten und feuchten Turm verbleiben, befürchte er das Schlimmste. Tags darauf wurde Ortscheid in ein geheiztes Zimmer verlegt. Schon bald konnte der Arzt die Rückmeldung machen, der Gesundheitszustand von Ortscheid würde sich langsam verbessern.

Das Strafurteil
Unterdessen waren die Juristen nicht untätig geblieben. Sie hatten ja die Aufgabe, über diesen Fall ihr Urteil abzugeben, was sie auch mit Fleiss taten. Die Spitze der unzähligen Schandtaten von Ortscheid war der Strassenraub bei Burgfelden. Sie kamen zum Schluss: «Dass Johannes Ortscheid zu verdienter Strafe seines an Martin Wagner boshaft verübten Strassenraubs und mörderischer Misshandlung mit dem Strang vom Leben zum Tod zu bringen seye.»

Aus dem Protokoll des Kleinen Rates vom 08.01.1791:
An dem heutigen Tage, wo das unterm 5ten (05.01.1791) *über den Strassenräuber Johannes Ortscheid gefällte Uhrtheil vollzogen werden sollte, begab sich um halb neun Uhr des (...) Helfer Herr Krauss auf das Rathhaus, und eröfnete Herrn Oberst Zunftmeister Buxdorf, dass der Maleficant in dieser Nacht zu wiederholten malen versichert habe, er verdiene den Tod nicht, indem er die Absicht nicht gehabt habe, eine Mordthat zu begehen. Auf diese Anzeige, nachdem wohldieselben* (nach Beratung) *wieder herein gekommen, wurde bey den Räthen umgefragt, und einhellig erkannt, dass die ergangene Erkanntnis durchaus vollzogen werden sollte.*

Nach diesem wurde das gewöhnliche Ceremoniale in der Rathsstube, und der Hofprocess vorgenommen, und der Maleficant nach der Richtstatt geführt. Gott seye seiner armen Seele gnädig.

Der Kleine Rat bewilligte dem Bruder von Ortscheid, dass er dessen Leichnam in einem Sarg nach Hause führen dürfe. Die Bürger von Hegenheim wollten davon aber nichts wissen. Sie verweigerten die Überführung des Leichnams nach Frankreich, weil Ortscheid nicht in ihrem Lande gerichtet wurde. Die Leiche musste deshalb, nachdem sie vom Galgen abgenommen worden war, in Basel, so wörtlich, «verscharrt» werden.

Johannes Gäng, der «Dicke Müller»
Es versteht sich von selbst, dass die Fahndung nach dem «Dicken Müller» mit Eifer vorangetrieben wurde.
Nach dem richtigen Namen des Dicken Müllers gefragt, gab Ortscheid zur Antwort, dazu könne er keine Angaben machen. Er selbst habe ihm den Namen «der Dicke Müller» gegeben. Er habe diesen Mann erst kurz vor dem Überfall auf Martin Wagner und Jakob Stirnemann im Restaurant Ochsen kennengelernt. Da dieser wie ein Müller gekleidet und sehr dick gewesen sei, habe er ihn kurzum den Dicken Müller genannt.

Am 5. Mai 1791 erhielten die Basler Behörden ein Schreiben vom Amtsmann der Vogteien Schönau und Todtnau, dass ein gewisser Johannes Gäng arretiert worden sei, der aufgrund seines Signalements als möglicher Komplize beim Strassenraub in Burgfelden infrage käme. Vier Tage nach dieser Meldung begaben sich Leutnant Heinrich Zäslin (nebst Major Miville einziger Offizier im Basler Harschierer-Korps) und die beiden bei Burgfelden ausgeraubten Männer, Martin Wagner und Jacob Stirnemann, nach Schönau. Bei der Gegenüberstellung waren die beiden Opfer wohl der

Ansicht, der ihnen vorgeführte Johannes Gäng könnte bei dem Überfall auf sie beteiligt gewesen sein, waren sich der Sache aber nicht hundertprozentig sicher. Weitere Untersuchungen ergaben dann auch, dass Gäng zur Zeit des Überfalls unter militärischer Aufsicht stand und deshalb am Strassenraub nicht beteiligt sein konnte, worauf seine Entlassung erfolgte.

Johannes Ortscheid und der Dicke Müller im Wirtshaus Ochsen beim Kartenspiel

Vatermörder Hans Jakob Tschudi 1788

Eptingen, das Dorf am Ende des Diegtertals, schweizweit bekannt wegen seiner Mineralquelle, klar, kennt doch jeder, werden Sie sagen. Aber Rauch Eptingen? Diese Ortsbezeichnung kennen wohl nur ganz wenige. Ich kannte sie nicht. Aber es stand so in den Mordakten geschrieben, also suchte ich dafür eine Erklärung. Diese fand ich im Web in einem Beitrag zur Siedlungsgeschichte von Eptingen. Schon im 13. Jahrhundert wird von Ruch Eptingen geschrieben. Dieses Ruch, Ruoch oder Rauch war in Gebrauch bis zum Ersten Weltkrieg und stand ganz einfach für «Rauh». Ruch Eptingen war nie der offizielle Name des Dorfes. In der Umgangssprache gab es immer nur den Dorfnamen Eptingen. In den amtlichen Akten aber, wie auch in den meinen, tauchte dieses Ruch, Ruoch oder Rauch, immer wieder auf. Über Sinn und Warum scheiden sich die Geister.

So, genug der Erklärungen. Wir begeben uns nun ungebremst in den Mordfall und lesen, was sich damals in Ebdyge ereignet hat.

Der Tote am Bachbett

Hans Jakob Tschudi, siebzig Jahre alt, mit dem Dorfnamen Bämmeler, so nannte man die Benweiler (Bennwiler), war ein Mann mit bösem, zänkischem Charakter,

Hans Jakob Tschudi erwartet mit einem Holzknebel bewaffnet seinen Vater

Hans Jakob Tschudi trägt seinen toten Vater zum Bachbett

der im Dorf Eptingen mehr gefürchtet als geliebt war. Trotzdem stand er als ehemaliger Geschworener bei seinen Mitbürgern in etwelchem Ansehen. Grund dazu war sicher auch sein grosses Vermögen, dass er sich erheiratet hatte.

So ging er am Donnerstag, den 16. Oktober 1788, dem Ansehen nach frisch und gesund, von zu Hause weg und traf zwischen sechs und sieben Uhr Werner Schwander, den Schmied. Dieser war soeben im Begriff, mit seinem Sohn zu einem Kohlenhaufen zu gehen. Tschudi gesellte sich zu ihnen, setzte sich in dieser Gesellschaft in die daneben stehende Hütte, unterhielt sich und schmauchte Tabak.

Zwischen neun und zehn Uhr erhob er sich und verabschiedete sich mit den Worten: «Er wolle nun auch heim, sein Volk werde wohl schon im Bett sein.» Was er nicht wusste: Es sollten die letzten Meter sein, die er in seinem Leben zurücklegen durfte.

Am folgenden Morgen, früh um sechs Uhr, fand Mathis Ritter, der Sohn von Hans Ritter, nahe an seinem Haus, den Tschudi tot auf dem Boden liegend. Er lag mit blutverschmiertem Kopf auf dem Rücken, am dortigen Bachbett, keine hundert Schritt entfernt von der Scheune der Familie Tschudi. Ritter zeigte sofort seine Entdeckung beim Harschierer Melchior Suter an, der ebenfalls im Dorf wohnhaft war. Auch der Geschworene Schwander (der Schmied) wurde informiert und so begab man sich vereint zum Fundort. Es dauerte nicht lange und die Sache wurde im Dorf ruchbar. Schon bald war die ganze Gemeinde auf den Beinen.

Der Zustand, in welchem sich der entstellte Körper befand, liess sofort vermuten, dass Tschudi einen gewaltsamen Tod gefunden hatte. Und da überall bekannt war, dass in der Familie Tschudi schon seit geraumer Zeit immer wieder Zwist und Hader regierten, fiel der Verdacht sofort auf dessen Hausgenossen, insbesondere auf den jüngeren Sohn, Hans Jakob Tschudi, ein Mann von vierzig Jahren, der nebst seiner Frau mit Vater und Mutter im gleichen Haushalt lebte.

Sofort wurde das Bauernhaus durchsucht und es fanden sich vier Tropfen Blut auf der Schwelle zur Scheune.

Darauf wurden Tschudi, der gerade beim Melken war, dessen Ehefrau und die Mutter festgenommen und auf die Wache gebracht. Auch das Haus des älteren Sohnes, Heinrich Tschudi, der einige Häuser entfernt wohnte, wurde durchsucht. Es fanden sich aber keine verdächtigen Spuren oder Gegenstände, die mit der Tat in Zusammenhang gebracht werden konnten. Trotzdem wurde auch er festgenommen und alle vier Familienmitglieder auf Schloss Farnsburg in Gefangenschaft gesetzt, wonach der dortige Obervogt Leonhard Schart das weitere Vorgehen diktierte.

So wurde die ganze Behausung von Jakob Tschudi genauestens durchsucht. Im Stall, unter dem Stroh versteckt, fand man blutige Rüben und drei blutige Holzknebel. Im Ehebett fand man seine Socken, hinter einem alten Kuchikänsterli versteckt Kamisol und Hosen, unter der Ofenbank die Schuhe und zuletzt noch sein Hemd. Alle Kleidungstücke waren mit Blut bespritzt und wurden deshalb samt den Gegenständen als Beweismittel sichergestellt.

Die Wundschau

Die Feststellungen des Arztes zeigten, wie grässlich der Ermordete geschlagen worden war. Das ganze Gesicht war mit grossen Wunden übersäht, der Hinterkopf zerschmettert und zerquetscht; er hatte Gewebequetschungen an der linken Schulter und am ganzen linken Arm. Vor allem die stark ausgeführten Schläge auf den Hinterkopf, so der Arzt, hatten schliesslich zum Tode von Jakob Tschudi geführt.

Verhör und Geständnis

Alle fünfzehn Personen, die mit dem Fall auf irgendeine Art in Verbindung standen, mussten sich den peinlichen Verhören unterziehen. Die Aussagen der Zeugen, die aufgefundenen blutigen Gegenstände und die ganzen Zwistigkeiten zwischen Vater und Sohn liessen schon von Anfang an erkennen, dass nur eine Person als Mörder infrage kommen konnte: Hans Jakob Tschudi. Die Last der Beweismittel war erdrückend. Fehlte nur noch das Geständnis.

Mit diesem tat sich Tschudi schwer und versuchte, wie schon so viele Delinquenten vor ihm, seinen Hals durch Lügen aus der Schlinge zu ziehen.

Beim ersten Verhör sagte er aus, dass das aufgefundene Blut vom Schlachten eines Kalbes herstamme. Die drei Holzknebel wollte er gar nicht kennen. Es könne jedoch sein, dass der Vater des Nachts die Birnbäume vor Dieben hüten wollte. Eine Arbeit, bei der er schon zu früheren Zeiten einen Schlag auf den Kopf erhalten habe. Zudem habe sich sein Vater als Geschworener viele Feinde gemacht. Auch von dieser Seite her könnte das Unglück geschehen sein.

Beim zweiten Verhör wollte er die Sache besser machen. Er gestand ein, dass die Tat zwar im Haus geschehen, jedoch nicht von ihm selbst verübt worden war. Er habe dazu einen Mann namens Georg Bidert von Bärenwil angestellt. Diesen Bidert habe er am Samstag vor der Tat im Solothurnischen getroffen. Sie hätten sich geeinigt, dass Bidert seinen Vater totschlagen solle. Dies sei dann auch in der Mordnacht so geschehen. Nach der Tat habe er lediglich dem Bidert geholfen, den Vater zum Bachbett zu tragen.

Sofort wurde nach diesem Georg Bidert gefahndet und schon kurze Zeit später konnte er in Haft gesetzt werden. Es zeigte sich aber bald, dass die ganze Geschichte erdichtet war. Bidert wurde schliesslich mit einem schriftlichen Zeugnis seiner Unschuld wieder aus der Haft entlassen.

Nach dem vierten und fünften Verhör und den Aussagen seiner Ehefrau war Tschudi endlich zu einem Geständnis bereit und erzählte, wie sich die Sache zugetragen hatte.

Nachdem der Vater am Donnerstagabend das Haus verlassen hatte, sei er mit seiner Frau um etwa neun Uhr nach oben ins Bett gegangen, wo sie noch zusammen beteten. Er habe dann noch einige Trauben gegessen und sich danach hinunter in die angebaute Scheune geschlichen. Dort habe er an deren Eingang auf die Rückkehr seines Vaters gewartet. Als dieser eingetreten war, habe er ihm mit einem Holzknebel einen Schlag versetzt, ohne zu wissen, wo er hin traf. Von diesem Schlag getroffen sei der Vater sofort besinnungslos zu Boden gefallen. Er habe dann immer und immer wieder auf ihn eingeschlagen, ohne zu wissen, ob er den Vater oder die Rüben, auf welche er gefallen war, treffen würde. Als der Holzknebel zerbrochen war, habe er nach einem anderen gegriffen und in einem fort zugeschlagen, bis er geglaubt habe, der Vater sei tot. Danach sei er wieder nach oben zu seiner Frau gegangen und habe ihr weinend geklagt, er habe eine unglückliche Sache angestellt. Er habe den Vater totgeschlagen und wisse nun nicht, ob er fliehen sollte. Darauf sei er wieder nach unten gegangen und habe seinen Vater auf der Schulter hinausgetragen, wo er ihn am Fundort abgelegt habe. Wieder im Haus zurück habe er zu seiner Frau gesagt, er wisse nicht was er vor lauter Angst tun solle. Er hätte sich dann entschlossen, die Scheune zu säubern und die blutigen Rüben und Holzknebel zu verstecken. Seine Frau hätte ihm bei diesen Arbeiten nicht geholfen, aber mit einem Licht gezündet. Nach getaner Arbeit seien sie beide wieder ins Bett gegangen und hätten auf den Morgen gewartet.

Am Morgen habe die Mutter, die vom Geschehen nichts gewusst habe, gerufen, der Ätti sei nicht nach Hause gekommen. Hans Jakob solle aufstehen und melken gehen, was dieser dann auch getan habe. Danach sei der alte Tschudi tot aufgefunden worden und die Sache hatte, wie oben beschrieben, ihren Lauf genommen.

Es brodelte schon lange …

Am 10. April 1780 verheiratete sich der ältere Sohn Heinrich mit Anna Mohler, einer vaterlosen Waisen von Eptingen. Heinrich zog mit seiner Frau zu seiner noch lebenden Schwiegermutter in deren Haus, welches er dann mit den vorhandenen Grundstücken übernehmen konnte. Mit dieser Heirat war sein Vater anfänglich nicht zufrieden, weil er der Meinung war, sein Sohn hätte, die Reichtümer betreffend, eine bessere Partie verdient. Der Heinrich aber war still, arbeitsam und gab zu keinen Klagen Anlass. Somit gewann er bald wieder die Liebe seines Vaters und lebte ein zufriedenes Dasein.

Der Vatermörder wird auf einer hölzernen Schleife (Schlitten) zum Richtplatz geführt

Nun hatte der alte Tschudi nur noch seinen jüngsten Sohn im Hause. Nachdem der Alte einige seiner Ländereien verkauft hatte, gab es für Hans Jakob zu Hause kaum mehr Arbeit. Er musste sich auswärtig als Knecht verdingen und verrichtete sein Werk ohne Klagen. Nun kam es, dass Melchior Suter, der Sohn des Harschierers, anfangs 1787 sein Botenwesen aufgab. Der alte Tschudi witterte seine Chance und übernahm dieses Landboten-Gewerbe. Als Fahrer für seinen Botenwagen setzte er seinen Sohn auf das Fuhrwerk. Dieser fuhr damit in die Stadt, holte Brot, Kaffee, Zucker, Tabak und vieles mehr. Mit diesem neuen Geschäft lief es anfangs recht gut und die beiden Tschudis kamen ohne Zwist miteinander aus.

Den Sommer hindurch machte der junge Tschudi in der Stadt Bekanntschaft mit Anna Catherina Bärwarth von Riehen, welche bei Professor Falkner in Diensten stand. Die beiden gewannen sich lieb und heirateten im Oktober 1787 in der Kirche von Eptingen. Bei der Jahresabrechnung des Botenwesens stellten die Tschudis fest, dass ihr Betrieb mit etwa hundert Talern im Minus stand und somit rote Zahlen schrieb. Der Alte stockte den Betrag wieder auf. Nun waren aber in Basel noch allerlei Schulden zu begleichen. Vater Tschudi war der Meinung, dass diese Schulden durch das eingebrachte Geld seiner Schwiegertochter zu tilgen seien. Es entbrannte darüber ein heftiger Streit, der so weit ging, dass der junge Tschudi seinen Vater beim Obervogt auf Farnsburg anzeigte.

Darauf versuchte der Pfarrer den Familienfrieden wieder herzustellen, was natürlich misslang.

Nun begann der Vater die Speisen in seinem Hause einzuschliessen und entzog somit den jungen Leuten die Nahrung. Misslaunig, wie der Alte war, schlug er hin und wieder aus den nichtigsten Gründen seine schwächliche Ehefrau, die er, wie man im Dorf wusste, eher wegen ihres Geldes als aus Liebe geheiratet hatte.

Abends ging er oft in den Ausgang und gesellte sich zu gewissen Weibern, wo er sein Geld verhurte.

Zudem begann er sich für die Frau seines Sohnes zu interessieren und machte ihr zweideutige Angebote. Sie erzählte ihrem Mann davon, was dessen Zorn gegen den Vater noch mehr steigerte.

Das Beste wäre gewesen, wenn die beiden jungen Tschudis das Haus verlassen hätten, meinte der Pfarrer. Aber wohin? Auch dieser Gedanke plagte die jungen Leute. Und so kam es, wie es kommen musste. In seiner Not wusste der junge Tschudi weder ein noch aus, lag nächtelang wach und grübelte sich in wachsende Wut. Das Ergebnis daraus kennen wir, den verhängnisvollen Entschluss, seinen Vater zu ermorden.

Urteil und Hinrichtung

Am 12. November wurden die Familienangehörigen von Hans Jakob Tschudi, welche ihre Haftzeit im Eselsturm (Stand unterhalb des Kohlenbergs, auch Henkersturm genannt) und im Bärenhut in Basel verbrachten, aus der Haft entlassen. Ihnen konnte kein Mitverschulden nachgewiesen werden. Tschudi hatte in seinem Geständnis immer wieder bekräftigt, dass er die Tat alleine ausgeführt habe und niemand sonst eine Schuld treffe.

Die beiden Juristen, Dr. Johann Heinrich Falkner und Dr. Joh. Jakob d'Annone, fertigten im Auftrag der Regierung ein Gutachten über den Mordfall an. In ihrem dreizehnseitigen Schreiben kamen sie zum Schluss, dass der unglückliche Sohn nicht mit der eigentlichen und ordentlichen Strafe eines Vatermörders bestraft werden dürfe. Selbst die strengsten und schärfsten Kriminalisten gaben zu, dass Umstände vorkommen, die von der ordentlichen Strafe abweichen sollten.

Es folgt nun wörtlich das Urteil, wie es im Protokoll des Kleinen Rates am 26.11.1788 niedergeschrieben wurde:

Soll der Hans Jacob Tschudi wegen vorsetzlich begangenem Vatermord, zu gerechter Strafe und andern Bösewichten zum Schrecken künftigen Samstag auf einer hölzernen Schleife zur Richtstatt vor das Steinen Thor geführt, alda ihm die rechte Hand abgehauen, er alsdann mit dem Schwert vom Leben zum Tode gebracht, sein Leib hernach von da weggeführt, bey dem Hochgericht vor St. Alban Thor auf das Rad geflochten, und Kopf und Hand am Galgen aufgestellt werden.

(Das Hochgericht, Galgenanlage mit Rad, befand sich ca. einen Kilometer vom St. Alban-Tor entfernt auf dem Gellert. Heutiger Standort Gedenkstätte bei Galgenhügelpromenade/Gellertbrücke).

Im Protokoll vom Samstag, den 29.11.1878 ist zu lesen:
Mit dem verurteilten Hans Joggi Tschudi dem Vatermörder von Eptingen das Ceremoniall in der Rathsstuben und der Hof Process vorgenommen und er nach der Richtstatt geführt. Gott sei seiner armen Seele gnädig. Nachwärts velatierte Herr Burkhard der Obristknecht, das Urteil sey an diesem Maleficanten durch den Scharfrichter so glücklich als geschwind vollzogen worden.

1776

Galeerenstrafe für den Mörder Nicklaus Brüderlin

In der Nacht vom 27. auf den 28. Oktober 1776, um ca. zwei Uhr, erhielt der Obervogt auf Schloss Homburg die Nachricht, dass Hans Mangold, der sogenannte junge Grimm Hans von Känerkinden, einen gefährlichen Messerstich erhalten habe und nun im Wirtshaus zu Rümlingen liege. Um Näheres über den Vorfall zu erfahren, sendete er unverzüglich seinen Schreiber an Ort. Im Wirtshaus angekommen, bot ihm der verletzte Mangold einen traurigen Anblick. Blutverschmiert, mit klaffender Bauchwunde und herausragenden Därmen, lag er auf einem Bett und wurde umsorgt. Noch immer bei Bewusstsein, konnte er zusammen mit den anderen Beteiligten über das Geschehene berichten.

Im Wirtshaus zu Rümlingen

So sassen an diesem Sonntagabend Hans Mangold, Heinrich Guldenmann und Martin Schaub von Wittinsburg, Georg Möschinger, Heinrich Schaub, der sogenannte Gass Heinrich und sein Sohn Hans Jacob von Häfelfingen, der Schmiede-Gesell Hans Georg Strohmann und Hans Jacob Itin mit seinem Sohn Hans Jacob, die Schmiede von Buckten, zusammen mit dem Wirt Nicklaus Brüderlin im Wirtshaus und gaben sich ausgiebig dem Alkoholkonsum hin. Alle, auch der Wirt selbst, waren alkoholisiert. Nachdem sie nun eine Weile zusammen waren, gingen der Wirt und Hans Georg Strohmann vors Haus. Draussen rempelten sie einander an, bis der Wirt auf dem Boden lag. Was sie da genau ausmachten, ist nicht bekannt. Nach diesem Vorfall begaben sich beide wieder zurück an den Stammtisch. Brüderlin forderte nun den Mangold im Fingerziehen heraus, es gehe um zwei Maas Wein. Mangold gewann eine erste Runde und auch die nachfolgenden. Im Frieden sass man darauf weiterhin zusammen, bis der Nachtwächter mit den Worten *«Es sei schon spät»* um Feierabend bat.

Darauf erhob sich die Gesellschaft und ging, vom Wirt begleitet, hinaus vors Lokal. Zur Ruhe ermahnt, verabschiedete man sich. Die Leute waren noch keine hundert Schritt entfernt, als Brüderlin mit den Worten *«He, ihr donners Lausbuben»* zu ihnen gerannt kam. Sofort gerieten Mangold und Brüderlin aneinander. Als Mangold bemerkte, es geht nun hart auf hart, äusserte er sich: *«Jetzt wolle er sich wehren, bis der letste Tropfen Blut vom Hertzen rinne.»* Darauf zogen beide ihre Röcke aus. Obwohl die umstehenden Leute immer wieder versuchten, die Streithähne zu trennen, liessen sie nicht voneinander ab. Brüderlin war in diesem Kampf der Unterlegene. Da er mit den Fäusten nichts ausrichten konnte, zückte er sein Messer und stach zu. Mangold schrie auf: *«Gott erbarm sich meiner armen Seele»* und stürzte schwer verletzt zu Boden.

Tödlich verwundet

Der verletzte Mangold wurde ins Wirtshaus getragen und dort durch den Barbier Jacob Würtzen aus Buckten betreut.

Erst am Morgen um halb sieben Uhr, etwa sieben Stunden nach der Tat, kam der Chyrurgus Adam Wetzel aus Liestal mit seinem Gesellen Hans Jacob Schmassmann in Rümlingen an. Trotz seiner intensiven Behandlung und den inbrünstigen Gebeten des Pfarrers von Rümlingen, Nicolaus Iselin, erlag der 22-jährige Mangold nur einen Tag später seiner schweren Verletzung.

Der Täter flüchtet

Nach der Tat rannte Brüderlin zurück ins Lokal und beichtete seiner Frau unter Tränen, er habe den Mangold niedergestochen. Sie solle ihm Geld und seinen Rock geben. In seiner ganzen Bestürzung machte er sich aber ohne das Geforderte davon und eilte die Strasse hinunter. Bei der Mühle blieb er kurz stehen und rief zurück, er wolle seine Sache Gott und der hohen Obrigkeit überlassen, dann verschwand er in der Dunkelheit.

Obwohl sich in der Zwischenzeit viele Dorfbewohner beim Wirtshaus eingefunden hatten, kam es niemanden in den Sinn, Nicklaus Brüderlin an der Flucht zu hindern.

Zur Fahndung ausgeschrieben

Sofort veranlasste der Obervogt mittels Steckbrief die Suche nach dem flüchtigen Täter:

Beschreibung
Nicklaus Brüderlin von Liechstall diesmahliger Wirth zu Rümlingen, ein Mann von ohngefehr 40 Jahren in circa 5 Schue 4 Zoll hoh, schwarzer Haaren, Bart und Aug Bramen, besezter Leibesstatur, tragt schwarze Lederhoosen, gleich färbichte wollerne Strümpf, Städtliche schue mit glatten silbernen schnallen; ein Blaues Brusttuch ohne Ermel, sonsten aber weder Rock noch Camisol, und hat übrigens eine starke und geschwinde Aussprache.
Sign. d. 28. 8bris 1776 Schloss Homburg

Drei Jahre auf der Flucht

Nicklaus Brüderlin flüchtete über Tenniken Richtung Sissach zu. In Tenniken bat er den Gerichtsschreiber Johannes Tschoppeler, er solle seinem Schwager Friedrich Gysin, dem Löwenwirt in Sissach, eine Nachricht überbringen. Gysin müsse ihm Kleider und Geld bringen. Treffpunkt sei die Kochenmatt, oberhalb des Gebäudes von Herrn Bachofen. Tschoppeler führte den Auftrag aus und informierte Gysin. Dieser machte sich mit dem Gewünschten auf den Weg, fand aber den Treffpunkt verlassen.

Gysin erzählte später das Erlebte dem Wachtmeister von Rümlingen, dieser wiederum informierte den Obervogt auf Schloss Homburg.

Es sollte über lange Zeit die letzte Meldung über den Verbleib von Nicklaus Brüderlin sein. Brüderlin hatte sich unterdessen gegen seine erste Absicht entschieden, und machte sich auf den Weg nach Büren/SO. Gegen Morgen kam er dort an und fand bei Bekannten Unterschlupf. Diese besorgten ihm von seinem Wohnort in Rümlingen den liegen gebliebenen Rock, zehn Neutaler und andere Gegenstände.

Von Büren ging er die Nacht durch nach Leimen (Leymen/F) wo er sich zwanzig Wochen aufhielt. Für weitere acht Wochen ging er nach Mömpelgard (Montbéliard/F). Danach für sechs Wochen nach Robertsweiler (Roppentzwiler/F) und von dort nach Pruntrut, wo ihm sein ehemaliger Meister Petit Mâitre zu einem Pass nach Genf verhalf.

Nach zehn Wochen in Genf zog es ihn zurück in den Kanton Solothurn. Dort nahm er sich einen Pass nach Leimen, wohin er auch seine Frau bestellte. Diese blieb über Nacht bei ihm und versprach, ihn niemals zu verlassen. Beide vereinbarten, dass sie ihr weiteres Leben zusammen mit den Kindern in Genf verbringen wollten. Doch schon bald erhielt er von ihr die Nachricht, sie wolle nichts mehr mit ihm zu tun haben.

Darauf zog er weiter nach Blumberg/D, wo er für sechs Wochen in einem kleinen Wirtshaus Arbeit nahm. Die dortige Wirtin, eine Witfrau namens Elisabeth, fand Gefallen an ihm. Mit dieser flüchtete er weiter wieder nach Mömpelgard, wo er Arbeit im dortigen Hofgarten fand. Bald aber zog es die beiden nach Genf, von dort aber wieder zurück nach Blumberg. Den rastlosen Brüderlin trieb es immer weiter durch Frankreich, bis er schliesslich in Gross Hüningen (Festung Hüningen) ankam. Dort meldete er sich beim Regiment Bachmann und liess sich für den Dienst verpflichten. In seiner Stellung als Rekrut kam er bis ins Lanquedoc, riss dort aber aus und flüchtete weiter. Auf dem Rückweg zog es ihn wieder zurück nach Blumberg zu seiner Elisabeth.

Der Mörder wird verhaftet

Mit Elisabeth reiste er nach Solothurn, wo er sich am 5. August 1779 durch den Harschierer Rudolf Wohlgemuth in eine Meldestelle für Söldnerdienste führen liess. Wohlgemuth, ein aufmerksamer Mann, bemerkte schon bald, wen er da vor sich hatte: den Mörder Nicklaus Brüderlin. Brüderlin wurde an Ort und Stelle verhaftet und am 23. August 1779 von Dorneck bei der Birsbrücke den Basler Behörden übergeben. Elisabeth wurde gleichentags entlassen.

Das Urteil

Endlich in den Händen der Basler Justiz, wurde am 9. Oktober 1979 das Urteil über Nicklaus Brüderlin gefällt. Die Stadtkonsulenten (Juristen) kamen in ihrem Gutachten zu folgendem Schluss:

Das Nicklaus Brüderlin, seines an Johannes Mangold begangenen Todschlags wegen, nach der Schärfe des Rechts die Strafe des Schwerts verdient; Jedoch ihm bewegender Ursachen wegen aus Gnaden die Todes Strafe erlassen; Er aber zu gebührender Strafe, und andern zum Exempel, für Dreissig Jahre auf die Galeeren, darnach für ewig von Stadt und Land, bey Spörn des Schwerts, verwiesen seyn solle und da der letzte Theil jener Urtheil:

Dass nemlich aus dessen hinterlassenem Gut die über den Verstorbenen, dessen Besorgung, und den Malefiz Prozess, ergangene Unkosten bezahlt, das übrige seinem Weib und Kindern der Ordnung nach verbleiben solle.

Durch den Kleinen Rat wurde das Gutachten übernommen und bestätigt.

Die Galeerenstrafe

Diese Strafe, welche auf das 15. Jahrhundert zurückgeht, war eine harte und kam, unter den miserablen Lebensbedingungen auf den Galeeren, oft einem Todesurteil gleich. Viele Kantone nutzten diese Strafe, weil sie sich der Täter einfach und ohne

Kosten entledigen konnten. Basel belieferte vor allem Frankreich, wie auch in unserem Fall, mit den sogenannten «Galeerien».

Am 12. Oktober 1779 schrieb Major Miville (Kommandant des Harschierer-Korps von 1749–1791) an die Basler Regierung, dass Brüderlin am Montag den 11. Oktober 1779 vormittags, durch vier Harschierer (Harschierer-Korps 1744–1816) und einem Profos nach Hüningen gebracht wurde. Dort sei er durch den Wundarzt untersucht und als Galeeren-Sklave für tauglich befunden worden.

Seine weitere Reise führte ihn in den Hafen von Brest/F, wo er mit Eisenketten auf die Ruderbank einer königlichen französischen Galeere geschmiedet wurde.

Brüderlin wird von seiner Strafe befreit und begnadigt

Für Brüderlin und viele andere wurde die Französische Revolution zum Glücksfall. Frankreich beendete diese Art von Strafe im Jahre 1791. Brüderlin bedankte sich bei der Basler Regierung für seine Befreiung, was im Protokoll des Kleinen Rats vom 3. Dezember 1791 Erwähnung fand. Er blieb aber immer noch von Stadt und Land verwiesen. Erst auf Bittschreiben seiner Verwandten hin wurde ihm am 23. Januar 1792 gestattet, probeweise in die Schweiz einzureisen, worauf er Wohnsitz in Büren, Kanton Solothurn, nahm. Aufgrund seiner guten Zeugnisse begnadigte ihn der Kleine Rat am 6. März 1793 mit den Worten:

Ist Nicklaus Brüderlin begnadiget, mit der Anzeige jedoch, das sobald ihn seine Verwandten nicht behörig unterstützen, er widerum verwiesen werden solle.

Und zum Schluss der leidige Schlaghändel

Dass die Raufereien auf der Landschaft ein grosses Übel waren, bestätigt das nachfolgende Schreiben.

Aus dem Protokoll des Kleinen Rats vom 13.10.1779:

Da die leidige Erfahrung, uns seit einigen Jahren, nur allzu viel belehrent, wie oft grosse Unglück, aus Anlass der Schlägereyen, so auf der Landschaft beim Trunck und Spiele entstehen, sich ereignen, und wie schwer es ist, bey aus solchen Anlässen entstehenden Todtschlägen, ein der Sach selbsten und der allgemeinen Sicherheit angemessenes Urtheil gegen die Thäter zu fällen, als sollte eine Hoche Obrigkeit sich alles Ernstes angelegen seyn lassen, solche Mas Reglen zu ergreifen, wodurch die Schlag Händel, und das Handgemein werden under denen Landleüthen vermindert wurden;

Es sollten zu diesem Ende die Vorschläge von den Oberbeamten abgefordert, und die Artical der Lands Ordnung, welche von Strafen über diesen Gegenstand handlen, eingesehen werden damit uns Obern, ein Bedenken könte eingegeben werden, wie dieser Theil zu hand Gesätz Buches für die Landschaft, auf eine der Zeit und denen Umständen angemessene Weise einzurichten, und kleine Vergehen ernstlichen anzusehen, damit grosse verhütet werden.

Beschluss: Solle nach diesem Einzug verfahren, und nach dessen Anleitung das erforderliche in alle Ämbter geschrieben werden.

1762 Diebstahl beim Geldwechsler Mieg

Geschehnisse rund um das Steinen-Tor

In der Nacht vom Dienstag, 16. auf Mittwoch, 17. November 1762 hatten die beiden Soldaten der Stadtgarnison, Jacob Märcklin und Jacob Breitenstein, Nachtwache auf dem Steinen-Tor. Die beiden waren alleine und schoben einen ruhigen Dienst ohne nennenswerte Zwischenfälle. Ruhig war es vor allem deshalb, weil in dieser Nacht niemand um Einlass in das verschlossene Stadttor gebeten hatte. Lediglich Soldat Breitenstein musste sich in der Zeit zwischen 2 und 3 Uhr morgens mehrmals hinausbegeben, um den Ofen anzuheizen.

Erst am Morgen, bei Toröffnung, hörten sie von herbeieilenden Soldaten, dass in der Nacht beim Geldwechsler Heinrich Mieg am Barfüsserplatz eingebrochen und eine riesige Geldsumme gestohlen worden war.

Wachtmeister Krug von der Stadtgarnison befahl sofort, sämtliche Personen, welche die Stadt verlassen wollten, zu kontrollieren und allenfalls einer Leibesvisitation zu unterziehen. Auch sollten Wagen und Waren dieser Leute genauestens durchsucht werden. Dieser Befehl wurde zugleich an alle anderen Stadttore weitergeben.

Mit dem Öffnen des Steinen-Tors trat auch Meister Johannes Wertenberg, der Weissbeck, zu den Soldaten und meldete, dass er eine Leiter unten beim Wasserfall im Birseck (damals nannte man den durch die Stadt fliessenden Birsig auch Birseck-Fluss) gesehen habe. Vier Soldaten begaben sich darauf an den Fundort und zogen eine an der Mauer des Wasserfalls stehende Leiter mit 27 Seigel (Sprossen), woran sich ein langes Seil befand, auf die dortige Grünfläche. Wenige Minuten danach trat der Sigrist zu St. Martin an das Steinen-Tor und meldete, dass er beim Überschreiten des Birsecksteges das kurze Stück einer Leiter gesichtet habe, welches ausserhalb der Stämpflen

Birseckeinlauf in die Stadt. Rechts davon das Steinen-Tor. Zeichnung: 1865

(Wassertor mit senkrecht stehenden Balken im höhenverstellbaren Gatter vor dem Birseck Wasserfall) im Gras liege. Die Soldaten sicherten auch dieses Stück, welches lediglich acht Sprossen lang war und offensichtlich frische Sägespuren aufwies. Etwas später erfuhr der Wachtmeister, dass noch eine aufgebrochene Geldkasse am Birseck liege. Bei seinem Eintreffen an Ort war die Kasse jedoch bereits verschwunden, weil die Harschierer diese inzwischen zu Heinrich Mieg zurückgebracht hatten.

Der Garnisons-Hauptmann Battier wurde über all die Geschehnisse informiert und erschien sofort vor Ort. Er besichtigte die beiden Leiterstücke und bemerkte, dass sie zusammengehörten und mit einer Säge getrennt worden waren.

Beim Absuchen des Geländes stellte man bei den Stämpflen im weichen Schlamm und auf Schärmaushäufen Abdrücke von nackten Füssen fest. Da das Wasser des Birseck nur etwa 30 cm hoch war und die Stämpflen um das Dreifache über dem Wasser standen, war es für eine mögliche Täterschaft leicht, unter diesen hindurch und mit der Leiter den Wasserfall hinab in die Stadt einzudringen.

Über die zu hoch stehenden Stämpflen wurde der sechzigjährige Tor- und Stämpflenwächter, Jacob Wertenberg, zur Sache befragt. Wertenberg bestätigte, dass die Stämpflen schon Tage zuvor auf die vorgefundene Höhe hochgezogen worden waren. Normalerweise sollten diese knapp über dem Wasser stehen. Man habe aber dem Wetter nicht getraut und sie zur Sicherheit, auf Befehl von Stadtmeister Linder, nach oben gezogen. Wäre das Wasser über Nacht gestiegen, wäre es wegen des Wasserdrucks auf das Gatter nicht mehr möglich gewesen, dieses aufzuziehen.

Zu den oben erwähnten Leitern und der Geldkasse fand ein Knabe im Steinenquartier ein bei einer Hausecke liegendes Stemmeisen. Man nahm an, dass dieses zur Ausrüstung der nächtlichen Besucher gehört hatte und nach Gebrauch weggeworfen worden war.

Beim Geldwechsler Mieg

Heinrich Ludwig Mieg, fünfunddreissigjährig, Geldwechsler von Beruf und wohnhaft beim Barfüsserplatz, hatte wegen seiner Schwerhörigkeit vom Einbruch in sein Haus nichts bemerkt. Seine Ehefrau Rosina habe ihm am Morgen erzählt, dass sie um zwei Uhr nachts im Hause ein Geräusch gehört habe. Sie sei darauf aufgestanden und ans Fenster gegangen, habe hinausgeschaut und habe sich, da sie nichts Aussergewöhnliches habe feststellen können, wieder ins Bett begeben. Er selbst sei erst auf den Einbruch aufmerksam geworden, als er am Morgen gegen halb acht Uhr im Parterre seine Wechselstube betrat. In der Stube habe er eine riesige Unordnung angetroffen. Die Geldkästen seien allesamt aufgebrochen gewesen und die Geldkasse habe gefehlt. Die Täter mussten offensichtlich nach dem Aufbrechen der Fensterläden in den Raum eingestiegen sein. Nach dem Diebstahl verliessen sie die Stube auf dem gleichen Weg und entfernten sich mit ihrer Beute unerkannt.

Nach Miegs Angaben waren ihm Münzen im Wert von rund zehntausend Pfund gestohlen worden. Darunter befanden sich verschiedene kantonale und ausländische Währungen, bestehend aus Gold-, Silber- und anderen Münzen.

Die Suche nach den Tätern

Noch am gleichen Morgen wurden alle Quartiere aufgefordert, über sämtliche Durchreisende, die bei ihnen übernachtet hatten, an die Hohe Regierung Bericht zu erstatten. Zudem sollten darin alle verdächtigen Vorkommnisse zur Tatnacht festgehalten werden. Dazu meldeten sich zwei junge Burschen, die am Dienstag gegen elf Uhr nachts auf ihrem Heimweg über den Barfüsserplatz gegangen waren, dass sie beim dortigen Brunnen mit zwei Männern ins Gespräch gekommen seien. Der eine sei weiss gekleidet gewesen, habe einen Hut getragen und die Haare seien «en Cadenette» (zu einem Zopf) geflochten gewesen. Der andere sei bräunlich, ähnlich wie ein Bauer, gekleidet gewesen und habe eine Kappe getragen. Gesprochen habe nur der Mann in der weissen Kleidung, und zwar in gutem Baseldeutsch. Nach Beendigung des Gespräches seien die Fremden in Richtung Miegs Haus davon gegangen.

An diesem Morgen wurden auch mehrere Bewohner des Kohlenberges, die auf der Rückseite des Hauses von Mieg wohnten, zur Sache befragt. Einige sagten aus, dass sie um etwa zwei Uhr nachts Stimmen von drei bis vier männlichen Personen gehört hatten. Sie seien der Meinung gewesen, dass Gerede käme von den Nachtwächtern, deshalb sei man der Sache nicht weiter nachgegangen.

Von den Behörden wurde noch gleichentags auf die Ergreifung der Täterschaft eine Belohnung von 100 Talern ausgesetzt.

Ebenfalls an diesem Mittwoch schickte man den Einspännigen (Erklärung siehe Seite 323) Johann Heinrich Bieler und den Wachtknecht Peter Schwarz auf Erkundungstour. Die beiden hatten die Aufgabe, in den umliegenden Gemeinden nachzufragen, ob eventuell verdächtige Personen gesichtet wurden.

In Allschwil wurde Schwarz fündig. Vom dortigen Rösslein-Wirt liess er sich erzählen, dass am Dienstagabend fünf Kerle in sein Wirtshaus gekommen seien. Drei von ihnen hätten weissgraue Röcke getragen und ausgesehen wie Müllerknechte. Der vierte habe einen braunen Rock getragen, an die Bekleidung des fünften möge er sich nicht mehr erinnern. Einer von diesen hätte auf der Schulter einen Stock getragen, an dessen Ende ein Sack hing, aus welchem eine Handsäge ragte. Die fünf hätten sein Haus noch in der gleichen Nacht verlassen und sich über den Neuen Weg in Richtung Binningen entfernt.

Nach dem Besuch im Rösslein machte sich Schwarz wieder auf den Weg und ritt, ohne weitere Erkenntnisse, über Hegenheim und Leimen zurück nach Basel.

Bieler, der Einspännige, traf auf seinem Ritt in Burgfelden einen Juden an, der ihm meldete, dass er auf seiner Reise die beiden Juden Dreyfuss und Wolf angetroffen habe. Diese hätten ihm erzählt, dass sie gegen Abend in der Nähe von Allschwil fünf Kerle getroffen hätten, einer habe eine Handsäge auf dem Rücken getragen. Ein anderer habe geschrien: «Schlagt die Kerls (die Juden) ab ihren Mähren herunter.» Darauf hätten die Juden ihren Pferden die Sporen gegeben und seien geflüchtet.

Später traf Bieler zufällig den Juden Dreyfuss in Hegenheim an, der ihm das Erzählte bestätigte.

Ein dürftiges Signalement der beschriebenen Personen wurde an sämtliche Kantone sowie ans benachbarte Ausland weitergegeben. Leider führten alle diese Bemühungen nicht zum erhofften Erfolg. Der entscheidende Hinweis auf die Täterschaft blieb aus und so vergingen rund anderthalb Jahre, bis wieder Bewegung in die Sache kam.

Neuigkeiten aus Sierentz ...

Am 21. September 1764 begab sich Major Miville, der Chef des Basler Harschierer Korps, nach Sierentz und traf sich dort mit dem Brigadier de la Maréchaussée von Altkirch, Herr Supper. Dieser erzählte ihm, dass man vor etlichen Tagen in Bantzenheim und Fessenheim einige verdächtige Personen verhaftet habe. Da deren Signalement in etwa mit demjenigen der gesuchten Täterschaft zum Einbruch bei Mieg übereinstimme, habe man die Verdächtigen in Colmar arretiert. Unter den Verhafteten befinde sich ein gewisser Johannes Bach, der Schälen Hans genannt, mit seiner Ehefrau, genannt Cilla oder Cecilia, und der Johann (Hans) Georg, genannt der Jöreli, mit seiner Ehefrau Theresia und deren Mutter Anna Maria Stäger. Die drei Letztgenannten habe man von hier nach Solothurn liefern lassen, weil sie dort an einem Einbruch beteiligt waren.

Am gleichen Tag traf sich Miville in Sierentz mit Hans Georg Schürch. Schürch hatte von der Festnahme der Obgenannten gehört und traute sich deshalb erst jetzt, die Anzeige zu machen, dass er von der Mittäterschaft des Schälen Hans beim Wechselgeld Diebstahl wisse. Schürch erzählte dazu Folgendes:

Vor ohngefehr 2 Jahren, etwan 4 a 5 Wochen vor dem Wechsel Einbruch, seye er auf dem Neuen Weg gewesen, dahin seye Zufällig auch gekommen, der Bartli Buman samt seiner damals kranken Frauen der Galgenleitere, der Schälen Hans (Johannes Bach) *und dessen Bruder der Schälen Jacobli* (Jacob Bach). *Ihnen Deponenten haben diese 3 auf den Schäferhof geschickt 2 Maass Wein zu holen, welche er bezahlt, und der Bartli ihme solche schuldig geblieben. Indeme Deponent den Wein gebracht, haben diese 3 von deme Wechsleren zu Basel geredt, und Bartli habe gesagt: Er wisse ein Wechsel zu Basel auf dem Baumärt, seye etliche mahl in demselben gewesen, und seye ihm alles darinn bekant, Er möchte denselben gerne mit nächstem machen:/ das ist berauben /: Hannes und Jacobli seyen dessen zu frieden gewesen, und haben ihm Deponent selbsten gesagt: ob er den Wechsel mitmachen wolle, Worauf er ihnen geantwortet, er habe nichts mit dergleichen Sachen zu thun darauf seyen sie weggegangen. Vier oder 5 Wochen darauf seye dieser Wechsel Einbruch beschehen, und die Dieben haben sich zerstreüet. Deponent habe keinen mehr davon gesehen als 4 Monath nachwerts am Josephstag* (19. März) *den Bartli zu Waltenen im Wirths Haus, allwo dieser ihme den Wein vom Schäferhof bezahlt habe.*

Deponent habe zu gleicher Zeit dem Bartli gesagt: Ihr seyt doch recht glücklich gewesen mit dem Wechsel zu Basel; Ihr waret so frefel, dass wan man mir dergleichen Sachen am Hellen tag erlaubte, ich mir solches zu thun nicht getrauen wollte: Und ihr habt dazu viel gelt bekommen. Worauf Bartli geantwortet; Nicht so gar viel, es hat einer etwas über hundert Neue Thaler bekommen, die Müntz nicht gerechnet.

Deponent fragte ferne: Wie viel seyt ihr dan eüer gewesen? Antwort: Fünfe nemlich Ich, der Schälen Hans und sein Bruder, der Martin Erismann und der Grosse Jacob (Johannes Erismann). Wir haben die Leiteren von Oberwihl her getragen und bey der that selbsten sind wir das erste mahl durch eine patrollien vertrieben worden.

Nach dem Diebstahl habe sich der Schälen Hans lange Zeit in Dopplers Haus bey Fliehen (Flüh) *aufgehalten und vieles Gelt verthan; So dan die fasnacht über zu Pierterthal* (Biederthal/F) *im Wirthshaus, allwo ihne die Buben des Lehenmans von Hagenthal gesehen, mit seinen Duplonen pralen. Die Wirthin zu Pierterthal wisse es auch.*

Eine Wittwe zu Räderstorf (Raedersdorf/F) *in einem Haus so hart am Kirchhof stehe, habe es auch gehört, wie sie es erzehlt haben.*

Endlich füget Deponent hinzu: dass dieses, was er gesegt die pure Wahrheit seye, wie er sie vor dem Richterstuhl Gottes aussagen dörfte; dass er diese Aussage wan man es verlange, so thrüe beschwören könne, als man wolle, und dass er es denen Dieben unders Angesicht segen dörfe, wan er nur wüsste, dass ihme solche als dan nichts dafür an Leib und Leben zu schaden im stand wären. dan er seye ein armer Man der das Land brauchen müsse; Habe 13 Jahr bey Lems auf Redoute gewohnt, und könne seines Wohlverhaltens schriftliche Scheine ausweisen.

… und aus Wyhlen

Nur ein paar Wochen später, im Oktober 1764, konnte Jacob Bach bei Wyhlen, in der Nähe von Rheinfelden, von einem Harschierer verhaftet werden. In seiner Begleitung befanden sich seine Ehefrau Theresia Ehrmann und sein einjähriges Kind, sowie seine dreizehnjährige Stiefschwester Ursula Münch. Die vier Personen wurden in Rheinfelden (Deutschland) hinter Schloss und Riegel gesetzt. Am 30. November 1764 wurden sie, auf Begehren des Kantons Solothurn, an der Kantonsgrenze bei Kienberg einer solothurnischen Eskorte übergeben. Am 1. Dezember erreichte der Tross die Stadt Solothurn, wo die Familie in Haft gesetzt wurde. Grund für die Überführung nach Solothurn waren weitere Diebstähle und Einbrüche, die den Gebrüdern Bach zur Last gelegt wurden.

Die Familie Bach/Münch

Johannes Bach, ca. achtundzwanzigjährig, und Jacob Bach, ca. siebenundzwanzigjährig, stammten beide aus Pfastenz (Pfastatt) im Elsass. Johannes verheiratete sich mit Cecilia Ziegler und Jacob mit Theresia Ehrmann. Ihr Vater, Niclaus Bach, wurde 1745 während der Belagerung von Tournai verletzt und verstarb darauf. Die Mutter, Ursula Bach-Wiederkehr, verheiratete sich nach dessen Tod mit Johannes Münch, einem gefährlichen Strolch, der mit Major Miville schon mehrmals unrühmliche Kontakte hatte. Aus dieser Ehe stammte die Tochter Ursula Münch.

Die ganze Familie lebte ohne festen Wohnsitz und bewegte sich ständig von Ort zu Ort. Selten waren sie zusammen. Man zog durch die Gegend und verübte mit anderen Strolchen Einbrüche, Raubüberfälle, Taschendiebstähle und schreckte auch nicht davor zurück, jemanden zu ermorden. Die Beute wurde jeweils in Scheunen oder zwielichtigen Wirtshäusern versteckt und war so jederzeit greifbar für ihr, wie sie den Behörden vorgaben, einfaches Leben als Wanderkrämer.

Die Verhaftung von Johannes Münch

Am 25. Dezember 1764 besuchte Major Miville wie gewöhnlich die Speisung der Armen in der Armenherberge Basel. Dabei entdeckte er unter den Speisenden Johannes Münch aus Niedersteinbrunn im Elsass, den Stiefvater von Johannes und Jacob Bach.

Miville kannte Münch bestens, weil er ihn schon im Jahre 1750 bei einer «Betteljägin» (Jagd auf Bettler) mit seiner ganzen Familie verhaften und aufs Schänzlein hatte bringen lassen. 1756 war Münch zu sechs Jahren Galeerenstrafe verurteilt worden, weil er dem Hirt auf der Gayten (Geitenberg/BL), nachdem er zweimal in seine Alphütte eingebrochen war, gedroht hatte, dessen Hütte niederzubrennen. Mit seiner Verurteilung hatte er auch die Auflage erhalten, dass er, unter Bestrafung mit dem Schwert, nie mehr Schweizerboden betreten dürfe.

Nun war Münch am 3. November 1762 in Brest von den Galeeren entlassen worden und hatte sich, ungeachtet der Auflage, auf den Weg nach Basel gemacht. Miville liess ihn sofort festnehmen und setzte ihn auf der Bärenhut in Arrest. Damit hatte Miville ein erstes Ziel erreicht. Die gesamte Familie Bach/Münch sass nun hinter Schloss und Riegel.

Aufwendige Vagantentransporte

Am 23. Januar 1765 lieferte Solothurn die Familie Bach an die Basler Behörden aus. Um diesen Termin einzuhalten, waren die Soldaten, welche das Fuhrwerk für die Gefangenen begleiteten, bereits am 21. Januar in Basel aufgebrochen. Der Transport, welcher über den Oberen Hauenstein führte, dauerte insgesamt sieben Tage. In Basel angekommen wurde die ganze Sippschaft in den Stadttürmen Bärenhut, Spalenturm und Eselsturm einquartiert.

An sämtlichen Personen wurde nochmals eine genaue Leibesvisitation vorgenommen. Bei Jacob Bach fand man ein kleines Messer und bei seiner Ehefrau einen kurzen Strick, den sie sich unter einem dicken Packen Tücher um den Leib gebunden hatte. Mit den Tüchern vor dem Bauch wollte sie eine Schwangerschaft vortäuschen, um sich so Hafterleichterungen verschaffen zu können.

Mit der Inhaftierung in Basel hatte Miville auch sein zweites Ziel erreicht. Endlich verfügte Basel über die Familie Bach/Münch. Miville konnte sich in Zukunft für die Befragungen den Weg nach Solothurn ersparen und bekam dadurch mehr Zeit, sich intensiver mit den einzelnen Personen zu beschäftigen.

Schnell wurde bekannt, dass die Familie Bach/Münch nun endlich in Basel hinter Schloss und Riegel sass, worauf sich nun mehrere Zeugen getrauten, zu den Untaten dieser Menschen Aussagen zu machen. Für die Behörden begann damit eine aufwendige Zeit der Recherchen, die erst im Mai 1765 ihr Ende fand. Es ergaben sich daraus ein Aktenberg von über tausend Seiten und für den Staat grosse Kosten.

Die Rechtskonsulenten, welche über den Fall zu urteilen hatten, bezeichneten die Gebrüder Bach als Räuber und Banditen, frech, verdreht, listig, hartnäckig im Leugnen und gesegnet mit allen Variationen von groben Unwahrheiten.

Schliesslich gelang es, der ganzen Familie, auch unter Mithilfe von «Marter und Pein» (Folter), folgende Verbrechen zur Last zu legen:

Die Gebrüder Bach entwendeten im Jahre 1759 beim Einbruch in einen Krämerladen in Binzen/D, zusammen mit Theresia Ehrmann und unter Mithilfe von Fridlin Gygi und dessen Ehefrau Elisabeth Sultyr, Tuch, Sadin, Spitzen und Cotton.

- Weiter brachen sie und Theresia Ehrmann mit Fridlin Gygi in Folgenspourg/F in einen verschlossen Keller ein und entwendeten dort 30 Ellen Tuch, 4 Brotlaibe, 4 Maas Schmalz und Branntwein.
  Die ganze Bande konnte nach diesen Taten gefasst werden. Die Gebrüder Bach kamen dafür für eineinhalb Jahre ins Pforzheimer Zuchthaus.
  Fridlin Gygi, der bereits beim Staat ein hohes Schuldenkonto hatte, beendete sein Leben am Galgen von Lörrach.
- In der Nacht vom 16. auf den 17. November 1762 haben die fünf Strolche, Johannes Bach, Jacob Bach, der Bartlin Bumann, Johannes Erismann und dessen Bruder Martin Erismann, den in Muespach/F gefassten Entschluss umgesetzt, beim Geldwechsler Mieg in Basel einzubrechen und diesen zu bestehlen.
  Dazu hatten sie auf der Hohen Strasse (Die Hohe Strasse verlief vom Steinen-Tor über die Höhen von Binningen und Oberwil via Landskron bis zu Mariastein), beim gleichnamigen Wirtshaus in Oberwil, eine Leiter entwendet und diese nach Basel getragen. In Basel angekommen sind sie beim Steinen-Tor im Birseck unter den Stadtmauern hindurch in die Stadt eingedrungen. Mit der Leiter stiegen sie den dortigen Wasserfall hinunter und gingen weiter im Flussbett bis zum Eselsturm, wo sie emporstiegen und so auf den Barfüsserplatz zum Haus von Mieg kamen. Während Johannes Bach und Hans Erismann draussen Schildwache standen, wuchteten die anderen drei einen Fensterladen zur Wohnung von Mieg auf und kamen so in dessen Wechselstube. In der Stube zogen sie den Laden wieder zu und machten Licht, indem sie eine Kerze anzündeten. Mit Gewalt öffneten sie sämtliche Behältnisse und entnahmen das darin befindliche Geld, welches sie in die dazu mitgeführten Säcke abfüllten. Eine Geldkasse, die sie an Ort wegen des Lärms nicht aufwuchten konnten, nahmen sie mit. Die Stadt verliessen sie auf demselben Weg, auf dem sie gekommen waren.
  Ausserhalb der Stadtmauer leerten sie die Kasse und liessen diese, wie auch die Leiter, an Ort zurück. Danach entfernten sie sich eiligst gegen Ranspach/F zu. In einem dortigen Waldstück zündeten sie ein Feuer an und teilten die Beute.
- Johannes und Jakob Bach sollen auch zusammen mit dem Grossen Jacob (Johannes Erismann) und dem Urner Frantz (Frantz Durseler) an einem Einbruch in Langenthal/BE beteiligt gewesen sein. Für diesen Einbruch und andere Verbrechen, wie am 08.02.1764 ein Einbruch in das Kloster der Visitation Solothurn, wurden

der Grosse Jacob und der Urner Frantz in Solothurn zur Rechenschaft gezogen und mit dem Tod am Galgen bestraft.

- Am 30. April 1763 überfiel Johannes Bach, im Beisein seiner Ehefrau Cecilia und deren Schwester Frederique, einen Säumer (Transporteur von Waren auf dem Rücken eines Lasttieres) in der Nähe der Burg Falkenstein und raubte ihm 80 Kronen.
- Am 2. Mai 1763 war Johannes Bach mit seiner Ehefrau Cecilia und deren Schwestern Frederique und Elisabeth unterwegs von Mariastein über Metzerlen und Burg in Richtung Laufen. Im Bereiche des Challpasses, auf Röschenzer Bann, ermordete sie auf der Strasse den ehemaligen Soldaten Johann Jacob Rochon und hängten ihn an einer Tanne auf. Mit dabei sollen auch die beiden Ehemänner der Schwestern gewesen sein. Diese beiden Banditen und Mörder, der Joseph Mahlin, der sich als Doktor ausgab und der Joseph (Josi) Meyer, genannt der Schlosser Sepp oder Lumpen Sepp, standen ganz oben auf der Fahndungsliste der Behörden.
- 1763. Johannes Bach wurde auf offener Strasse von Soldaten kontrolliert. Unmittelbar vor der Kontrolle warf er seine Waffen, einen Terzerol (kleine Vorderlader Pistole) und seinen Hirschfänger (30–40 cm langes Messer), ins Gras. Die Soldaten bemerkten aber seinen Versuch, sich der verbotenen Waffen zu entledigen.

Theresia Ehrmann, die vierundzwanzigjährige Ehefrau von Jacob Bach, war meist bei den Taten ihres Mannes dabei. Auch war sie diejenige, die das Geld aus dem Diebstahl bei Mieg von ihrem Mann entgegennahm und verwaltete. Obwohl sie immer alles leugnete, wusste sie, wie auch Cecilia Ziegler, über diesen Vorfall bestens Bescheid.

Stets war sie diejenige, welche das Diebesgut in den verschiedenen Verstecken, zum Beispiel bei einem Schuhmacher in Murg, unterbrachte und verwaltete.

- Bei ihrer Inhaftierung fand man in den Strümpfen versteckt drei goldene Fingerringe, die ebenfalls bei einem Diebstahl entwendet wurden.

Die Juristen bezeichneten sie als eine Banditin und Strolchin, die stets mit den übelsten Gesellen verkehrte.

Cecilia Ziegler, der zweiundzwanzigjährigen Ehefrau von Johannes Bach, konnten keine groben Verbrechen vorgehalten werden.

- Sie machte sich aber dadurch strafbar, dass sie bei den Befragungen zu ihrer Person immer wieder andere Namen oder Geburtsorte angab.
- 1761 wurde sie in Bremgarten mit einem der anderen Diebe verhaftet und eingekerkert. Es gelang ihr aber, dort auszubrechen und zu fliehen.
- In hiesiger Gefangenschaft versuchte sie durch einen mit Lumpen vergrösserten Bauch eine Schwangerschaft vorzutäuschen.
- Im Jahre 1763 war sie zusammen mit ihrem Mann in einem Restaurant zu Biederthal, wo dieser ganze Haufen von gestohlenen Duplonen (Goldmünzen vom Diebstahl bei Mieg) auf den Tisch legte und damit spiegelte (angab).

Cecilia Ziegler wurde von den Juristen als frech, vielfältig sich widersprechend und verlogen bezeichnet.

Johannes Münch kam glimpflich davon. Ihm half die Tatsache, dass er bei allen Einvernahmen die Wahrheit sagte und auch zur Aufklärung bezüglich des Diebstahles beim Geldwechsler Mieg sachdienliche Angaben machte. Deshalb sah man von einer Bestrafung mit dem Schwert ab.

Ursula Münch, die dreizehnjährige Tochter von Johannes Münch, wurde von den Juristen als eine junge Strolchin und Landläuferin bezeichnet. Ihr wurden Beihilfe zum Diebstahl vorgeworfen, weil sie für ihre Mutter Theresia silberne Löffel, Gabeln und andere Waren gestohlen und diese versteckt hatte.

Ausbruchsversuch von Jacob Bach

In der Nacht vom 1. auf den 2. Mai 1765 versuchte Jacob Bach aus dem Eselsturm auszubrechen.

Um Mitternacht wurde der Turmhüter auf ein Klopfen aufmerksam und bemerkte, dass im Kerker von Jacob Bach irgendetwas im Gange sei. Er begab sich darauf zur Kaserne und verlangte nach zwei Harschierern. Diese öffneten die Zelle von Jacob Bach und stellten fest, dass dessen linke Hand nicht mehr an der Mauer angekettet war. Mit einem Stück Holz hatte Bach bereits mehrere Steine aus der Wand gebrochen und dadurch beinahe den Mauerdurchbruch geschafft.

Major Miville liess den Gefangenen in eine Stube nebst dem Turm bringen. Dort wurde er mit neuen Fesseln versehen und blieb bis zu seiner Hinrichtung ununterbrochen von zwei Harschierern bewacht.

Das Urteil wird gefällt

Aus dem Protokoll des Kleinen Rats vom 08.05.1765:

Sollen die beyden Gebrüder Jacob und Johannes Bach zu wohlverdienter Strafe ihres mannigfaltigen Verbrechen und besonders wegen dem hier beschehenen Wechseldiebstahle mit dem Strange vom Leben zum Tode hingerichtet werden und zwar Jacob Bach der erstere und Johannes der andere.

Wegen der Theresia Ehrmann Jacob Bachs und Cecilia Ziegler Johannes Bachs Ehefrau gehet das rechtliche Gutachten das selbige zur Zeit der execution ihrer Ehemänner auf einem Karren bis unter das Thor (St. Alban-Tor) *sollten geführt und also placiert werden das sie ihrenen Männeren im Vorbeygehen ins Angesicht sehen können darauf sie von demen zuruck wieder in die Gewahrsame.*

Soll Theresia Ehrmann an Pranger gestellet, mit Ruthen ausgestrichen, gebrandmarket, bey Strafe des beschwerdtens ewig von hiesiger Stadt und Landschaft verwiesen und ihr unter dem Thore ihr Kind mitgegeben; die Cecilia Ziegler aber soll an Pranger gestellt mit Ruthen ausgehauen und bey Strafe des beschwerdtens ewig von Stadt und Lande ver-

wiesen; beyder effecten confiscieret und dieselben vorher auf das genaueste visitieret werden.

Soll Johannes Münch an den Pranger gestellet, zur Stadt hinaus geführet und ihm bey Strafe des beschwertdens die fernere künftige Betretung hiesiger Stadt und Landes verboten werden.

Soll die Ursula Münch ungebunden unter den Pranger gestellet, sodann mit ihrem Vater aus der Stadt geführet und derselben bey Strafe des Prangers und der Auspeitschung die fernere künftige Betretung hiesiger Stadt und Landschaft verboten werden.

Am 11.05.1765 beendeten die Gebrüder Bach am Galgen auf dem Gellert ihr Leben.

Nach Aussagen der Beteiligten war alles Geld vom Einbruch Mieg verprasst worden.

Martin Erismann und Bartli Bumann konnten sich der Verhaftung entziehen. Aber schon am 13. Dezember 1766 wurde Major Miville gemeldet, dass Martin Erismann sich unter falschem Namen im Aargau herumgetrieben habe und dort gefasst worden sei.

Jacob Bach im Eselsturm

Birseck in der Steinen mit Flusseinlauf hinter der Stadtmauer. Links davon das Steinen-Tor. Gut sichtbar die beiden Gatter mit den Stempflen (auch Wassertore genannt). Die Diebesbande kroch unter einem der Gatter hindurch, stieg mit der mitgebrachten Leiter den Wasserfall hinunter und gelangte so via Flussbett in das Stadtinnere.
Zeichnung: 1865

Niclaus Jantz – 23 Tage nach der Tat hingerichtet

1741

Niclaus Jantz, ein vierundfünfzigjähriger Rebmann aus Zunzgen, hatte an diesem Freitag, den 14. April 1741, den ganzen Tag in den an der Malzgasse liegenden Reben von Lux Hagenbach gearbeitet. Nach der Arbeit begab er sich nach Hause zu seiner Frau und seinen drei Söhnen. Weil er der Vermieterin noch zwei Mietzinse schuldete, verliess er seine Wohnung und begab sich wegen seiner Geldnot zur Schwester in die Fröschgasse (heute Schützenmattstrasse). Auf sein Klopfen hin öffnete aber niemand, vermutlich weil die Schwester ahnte, dass Niclaus sie um Geld anpumpen wollte. Darauf ging er zum Schmied, weil er seinen Karst (Gartenhacke) reparieren lassen wollte. Aber auch dort stand er vor verschlossenen Türen. Missmutig ging er gegen acht Uhr in die Spalenvorstadt und besuchte in gewohnter Weise das Wirtshaus der Witwe Bischoff. Er trank zwei halbe Maas Wein, die er auch bezahlte. Die Wirtin und deren Magd Anna Maria Krauss kannten ihren Gast bestens. Jantz war mit den beiden Frauen, die zusammen an einem Tisch sassen und ihr Nachtessen einnahmen, alleine im Lokal. Er unterhielt sich mit diesen und war wie immer freundlich zu ihnen.

Trotzdem hegte er einen Groll gegen die Wirtin. Diese hatte ihm vor einigen Tagen fünfzehn Rappen, die er ihr noch schuldig war, abgefordert und ihm dabei alle Schande gesagt.

Nach dem Konsum des Weines begab sich Jantz ins Höflein des Restaurants, um sein Wasser abzuschlagen (urinieren). Vermutlich machte er dies auch, um sich für die Tat vorzubereiten. Als er wieder zurück ins Lokal kam, versetzte er zuerst der Magd und dann der Wirtin mehrere Schläge mit der stumpfen Seite seines Beils, das er versteckt auf sich getragen hatte, auf Kopf und Arme. Beide Frauen gingen zu Boden. Der Magd gelang es trotzdem, das Licht auf den Boden zu werfen, worauf es im Raume dunkel wurde. Da Jantz in der Dunkelheit nichts mehr ausrichten konnte, verliess er das Wirtshaus und ging zur Schifflände, wo er sich auf eine Ruhebank legte. Nach einiger Zeit wurde ihm aber kalt, was ihn dazu bewog, seinen Bekannten Hans Jacob Märcklin aufzusuchen. Dort genehmigte er sich noch ein halbes Maas Wein und begab sich schliesslich nach Hause.

Die Magd, mehrfach verletzt und stark blutend, konnte sich auf allen Vieren ins Freie schleppen und auf der Strasse um Hilfe rufen.

Niclaus Jantz wird festgenommen

Peter Müller, der im Spalenquartier als Wachtmeister in der Tatnacht Dienst hatte und beim Nachtessen sass, wurde durch einen Passanten gerufen und um Hilfe gebeten. Müller ging sofort, nachdem er die ersten Informationen entgegengenommen hatte, auf die Hauptwache, rief zwei seiner Männer und eilte mit diesen zum Wohnort von Niclaus Jantz. Dort lag die ganze Familie bereits im Bett. Einer seiner Söhne öffnete und stand dem Wachtmeister Red und Antwort. Nach seinem Vater gefragt, gab der Sohn zur Antwort, dieser sei nicht zu Hause, würde sich aber sicher noch bei seiner Schwester in der Fröschgasse aufhalten. Müller liess die Wohnung durchsuchen und stellte fest, dass der Sohn die Wahrheit gesprochen hatte. Er liess zwei Mann vor der

Wohnung als Wache stehen und meldete sich bei seinem Hauptmann. Dieser ordnete eine Haussuchung bei der Schwester an, welche ebenfalls negativ verlief. Darauf wurde die nähere Umgebung nach dem Täter abgesucht. Gegen zehn Uhr kam dann die Nachricht, Jantz sei bei seiner Wohnung angelangt. Sofort wurde er festgenommen und im Spalenturm inhaftiert.

Niclaus Jantz

Lux Hagenbach, der Arbeitgeber von Jantz, sagte aus, dass er sich über seinen Mitarbeiter nicht beschweren könne. Der Mann arbeite jeden Tag von früh morgens bis spät abends. Jantz sei vor einigen Jahren während der Wacht vom Wall gefallen und deshalb von Zeit zu Zeit närrisch und sehe die Leute etwas wunderlich an. Dieser Zustand sei bei ihm vor allem bei Neumond feststellbar.

Jantz selbst sagte aus, er sei am Tatabend in eine gewisse Melancholie gefallen. Der übermässige Weinkonsum, er hatte schon während der Arbeit ein Maas Wein getrunken, habe sicher noch das Seinige dazu beigetragen. An die Tat selbst könne er sich nicht mehr genau erinnern.

Erst in der vierten und letzten Befragung, nachdem er im Spalenturm mit Gewicht aufgezogen worden war (Foltermethode), gestand Jantz, er habe im Lokal den Entschluss gefasst, die Wirtin und ihre Magd zu ermorden, um mit dem geraubten Geld seine Mietschulden bezahlen zu können.

Das Ganze tue ihm leid, er sei ein grosser Sünder und bitte die hohe Obrigkeit um Gnade und Barmherzigkeit.

Die beiden Frauen trugen von den Beilschlägen keine tödlichen Wunden davon und konnten sich körperlich gänzlich wieder erholen.

Hinrichtung und Bittschreiben

Jantz wurde am 6. Mai 1741, nur dreiundzwanzig Tage nach seiner ruchlosen Tat, mit dem Schwert vom Leben zum Tode befördert. Er ging somit den Weg, den schon viele vor ihm gegangen und noch einige nach ihm gehen würden. Der Körper von Jantz sollte nach dessen Hinrichtung beim Hochgericht in der Nähe des St. Alban-Tors auf das Rad gelegt und sein Kopf auf einen Pfahl gesteckt werden.

Auf mehrere Bittschreiben hin, unter anderen von seinen Schwestern Margreth und Cleophe Jantz, wurde auf das Rädern verzichtet und der Körper zur Bestattung freigegeben. Der Kopf blieb jedoch an seinem Bestimmungsort aufgesteckt.

Ein weiteres Bittschreiben, bei dem es weniger um den Täter Jantz, sondern mehr um die Geruchsbelästigung beim Hochgericht durch die Leichen ging:

Wohlweyser Herr Bürgermeister, hochgeacht Gnädige Herren 06.05.1741
Eüwer Gnaden geruhen nicht ungnädig zu verdeüten, wan höchst denenselben wir undts underschriebene getreüwe Burgere, als underthänigste Supplicanten (Bittsteller), *unser höchste Angelegenheit, in aller demuth vorstellen, darinn bestehende, dass Eüwer Gnaden Dero wieder den Maleficanten* (Missetäter) *Jantz, umb seiner schwären Misshandlung willen, gefältes gantz gnädige todes Urtheil: so in dieser Stund an deme vollstreckt werden solle: nach Höchst Eüwer Gnaden berüehmter Clementz* (Nachsichtigkeit), *dahin abzuänderen, Gnädigst geruhen wolten, dass doch nach seiner Hinrichtung, dessen Cörper nicht auf das Raad bey dem Hoch Gericht gelegt, oder geflochten werde, in Gnädigster Betrachtung, dass wir die underthänigste Supplicanten, mit unseren Güetteren: die wir zu unserem höchsten Schaden, wegen Abgang scheühender Tag Löhneren, meistentheils ohngebauen ligen lassen müessten: an die Gegend grentzen, primo Zweytens, dass bey gegenwärtiger Zeith, und diesen Sommer hindurch, der c.v. üble Geschmack eines solchen toden Cörpers, und die darab schwärmende Fliegen, nicht nur bey denen Nachbauern und deren Tag Löhneren, sondern noch vielen anderen ehrlichen Leüthen, die da vorbey zu passieren haben, ein grosses Abscheüen verursachen wurde, mithin schlimme Folgen, an Krankheiten und Anderem, daraus entstehen möchten, zumassen uns noch wohl bekant, was Schlimmes wir ab denen vor einigen Jahren, lebendig geräderten und aufgeflochtenen 2 Cörperen, bey dem Hoch Gericht, erfahren müessen; Gleichwie nun, Gnädige Herren, wir nicht zweifeln, es werden Eüwer Gnaden diese unsere Motiven, in Gnädigste Consideration* (Betrachtung) *ziechen, und uns in unserer Höchstbittlichen Angelegenheit, Gnädigste Willfahr erzeigen, Also werden wir auch den Allgüetigen Gott, umb Eüwer Gnaden allstäthen höchstbeglückten Regierungs Stand, und all andere selbs desiderierende* (wünsche) *hoche Wohlfart Eyfferigst anzuflehen, nimmer vergessen seyn, als Eüwer Gnaden*
Getreüwe Burgere, und underthänigste Supplicanten,
Friederich Dussing | Christopf Seydenmann | Caspar Ritter | Rudolf Dürr
Niclaus Sontag, Notar | Simon David | Peter Grimm |
Johannes Gugelmanns seelig Wittib | Rudolf Schneider | Jeremias Gemusäus

1734 Der Raubmord zu Reigoldswil

Die gottlose und verruchte Tat
Die nachstehende, so weit möglich exakte Abschrift des zweiten Informations-Schreibens an Bürgermeister und Rat der Stadt Basel wurde von Niclaus Reymüller, dem Obervogt von Waldenburg, am 15. August 1734 verfasst.
(Die unterschiedliche Schreibweise gewisser Wörter hat ihre Richtigkeit)

Joggi Bürgin und Joggi Nägelin beyd von Rygotschweil so hier zugegen stehen, haben in denen mit Ihnen gehaltenen so güt als Peinliche, Examinibus oder Besprechungen, ohne alle Fürworth verjähen und bekandt, dass sie aus Begierd Gelt zu bekommen und weilen sie gehöret, dass Daniel Plattner, auch von Rygotschweil dessen in seinem Hause eine grosse Summ habe, den gottlosen und verruchten Vorsatz gefasset, Ihne, Daniel Plattner und seine Ehefraw zu ermorden und dann zu berauben, wie sie dann Freytags den 13ten Augusti 1734 letzthin Abends so gegen Eilf Uhren, sich miteinander zu sein Daniel Plattners Haus begeben, anfangs mit einem diebt Schlüssel, ob sie die Thüren aufmachen könten

Joggi Bürgin und Joggi Nägelin bei ihrer Mordtat im Hause der Familie Plattner

probieret, und als sie damit nicht zu recht kommen können, an einem Fenster einen hölzernen Sprensel mit Gewalt ausgehoben, in das Haus gestiegen, in der Kuche ein Liecht angezündet, und sich in die Stuben begeben, alda beyde eheleüt, Bürgin den Mann, Nägelin aber die Frauw in dem Bett angewiesen, weilen aber der Mann entwütschet aus dem Bett gesprungen und aus der Stuben geloffen, habe er Bürgin, denselben bey den Haare ergriffen mit deme im Grass: oder Baum Gärtlein gerungen dene mit den Fäusten zum Boden geschlagen, bey dem Hals gewürget und mit den Knyen auf das Hertz gedrucket, so dass Plattner sich nicht mehr regen können, indessen habe er Nägelin mit der Frauen gerungen sie bey dem Hals ergriffen und mit derselben under das Bett kommen, welches sie aber nicht verhinderet, das sie nicht über ihne Nägelin geschändet und geschrauen, so dass Bürgin als er wider in die Stuben kommen, und solches gehöret den Nägelin warum er die Frau schreyen lassen, beschulet, auf verdeüten aber, dass er mit dero nicht fertig werden könne er Bürgin ihme Nägelin sein Messer gelanget, womit er Nägelin die Fraw in Hals gestochen und in der Meinung sie nun hingerichtet seye in die Kuche begeben, da er aber kaum dahin kommen, habe er die Fraw hinder sich erblicket und gleich wieder angegriffen, auf ihro mit dem Beyel, der in der Kuchi gestanden, drey Streich gegeben und sie also liegen lassen, da sie aber also gelegen habe er Bürgin mit eben diesem Beyel Ihro noch einige Streich gege-

Abtransport der beiden Raubmörder von Bretzwil nach Basel

Die Scheune, in welcher sich die beiden Raubmörder versteckt halten, wird umstellt

ben, als sie nun dafür gehalten dass diese beide Eheleüts ermordet seyen haben sie den Kasten in der Stuben und zween Trög in der oberen Kammeren aufgebrochen und alles Gelt hervorgesucht indeme sie nun zu diesen zween Trögen in die Kammeren die Stegen hinauf sich verfügen wollen und gehöret, dass Daniel Plattner noch nicht Todt sonderen Muchte oder Athme habe er Bürgin Ihne Nägelin ermahnt, dass er den Beyel nemme und den Plattner gar hinrichten solle, darauf er Nägelin sich hinab begeben und deme mit dem umgekehrten Theil des Beyels drey Streich beygebracht und ihne also vollkommen Tod geschlagen, worauf sie alles gestohlene Gelt zusammen gemacht, und in einem Stall geteilt, und seye dieses Gelt bestanden in XXX Sols, drey Pfündtleren, einem Basel Thaler, einem Orthet Thaler und Basel Blappert, am Wert gegen sechzig Pfundt, als nun die That gleich ruchtbahr worden, haben sie sich davon und aust dem Land gemacht in dem Sollothurnischen aber angehaltenen und anhero geführt worden;

Worbey er Bürgin noch fernert gestanden und bekandt das er vor Ohngefehr zwey Jahren Hans Rothen zu ermeltem Rygotschweil des Nachtes in das Haus zur Thür hineingegangen und aus einem nicht verschlossenen Trog ohngefehr fünzig Pfundt in Gelt in XXX Sols, Neüy Thalern, und Achthalben Plapperten, so beysammen in einem Beckel gewesen gestohlen.

So dann hat er Negelin fernert bekandt, dass als er zu brattelen gedient, er seinem neben Knecht ein Pieslein aus den Hosen, auch alda Garn und ein Paar Strümpf.

Fernert auf dem Lauwiler Berg seinem neben Knecht aus der Hosen Zehen Batzen.

Item in verwichenem Herbst Ulli Bürgin seines gegenwärtigen mitverhaften Vatter nachts gegen Zehen Uhr ins Haus gegangen und aus einem offenen Känsterlin Vire Pfundt in Gelt und Endtlich dem Joggi Negelin sonsten der kleine Negelin genant in dessen abwesen und in beysein eines andern mit einem falschen Schlüssel die Hausthür aufgemacht, das Känsterlin mit einem Schroteisen eröfnet, das darin in einem Lädli sich befundene Gelt, davon er 3 Pfund 7 Batzen 6 Schilling bekommen, gestohlen.

Nach dem doch etwas holprigen Deutsch fahre ich nun in der uns gewohnten Schreibweise weiter.

«Wie die Tat ruchtbahr worden»
Die zwei Kinder der Familie Plattner lagen an diesem Freitag, den 13. August 1734, wie ihre Eltern auch, im Schlaf, als die beiden Einbrecher kamen. Ihre Betten standen in der Stube und wurden nach dem Morden durch die beiden Täter auf die Seite geschoben, damit sie mit der Axt, nebst anderen Behältnissen, den dortigen Schrank aufbrechen konnten. Natürlich waren die Kinder ab all dem Lärm bereits erwacht und schrien. Eines von diesen, ein vierjähriger Knabe, fiel später aus irgendeinem Grund

Joggi Bürgin wird vom Steinen-Tor her auf den Richtplatz geführt aus dem Fenster und stand laut heulend, nur mit Hemd bekleidet, auf der Gasse. Der Nachbar Dättwiler, welcher ab dessen Geschrei erwachte, begab sich nach draussen und wollte das Kind zurück zu seinen Eltern bringen. Dabei fand er das Haus der Plattners verschlossen. Auf sein Rufen hin reagierte niemand. Nachdem von anderen Dorfbewohnern Hilfe eingetroffen war, stieg man mit einer Leiter durchs offene Fenster ins Gebäude und stellte schliesslich die Mordtat fest. Später, als man den Knaben fragte: «War sein Ätti und Mutter in dem Bett geschlagen», gab er zur Antwort: «Der Bürgi hab dem Ätti und Mutter mit einem Beyel geschlagen.»

Durch Zufall wurde der Sohn von Hans Rothen, der Heirich, Zeuge eines weiteren Geschehnisses. Die beiden Mörder begaben sich unmittelbar nach der Tat in eine Scheune und teilten auf dem Tenn das gestohlene Geld. Was sie nicht wussten, dass der Heirich sich im dortigen Heu zum Schlafen gelegt hatte. Dieser hatte nämlich am gleichen Abend eine Dummheit angestellt und traute sich wegen einer möglichen Bestrafung durch seine Mutter nicht nach Hause. Durch den Lärm, welchen die beiden Täter auf dem Tenn verursachten, erwachte der Knabe und wurde Zeuge ihres Tuns.

«Aust dem Land gemacht und im Sollothurnischen angehalten»

Rund zwei Stunden nach der Tat flüchteten die beiden Mörder aus der Scheune zu Fuss direkt in Richtung Beinwiler Tal/SO. Ihr Ziel: der Sennberg Im Buchen (in den Akten auch erwähnt als Alphof Oberen Buchen). Diesen erreichten sie um ca. drei Uhr. Der dortige Senn, Buechen Jox genannt, gewährte ihnen in der Scheune Unterschlupf. Auf das Blut an ihren Hemden angesprochen, erklärten sie Jox, sie seien in einen Schlaghändel geraten und hätten zwei Leute zu Tode geschlagen. Der Jox wollte diese Geschichte nicht glauben und begab sich deshalb hinunter ins Dorf Reigoldswil. Dort angelangt, hörte er von der grauenhaften Bluttat und machte sich auf den Weg zum Landvogt auf Schloss Thierstein, um Anzeige zu erstatten.

Mittlerweile waren auch die Dorfbewohner nicht untätig gewesen. Galt es doch die beiden Mörder so schnell wie möglich zu finden. Was sie nicht wissen konnten, war, dass die beiden schon beim Jox in der Scheune lagen. Zuerst machte man bei den Elternhäusern der beiden eine Haussuchung. Die Möglichkeit bestand ja, dass sie sich dort versteckt hielten. Danach wurden sechs Mann in Richtung Bretzwil auf die weitere Suche geschickt. Ihr Weg führte sie bis auf den Meltingerberg und die Ullmatt Weid. Natürlich erfolglos.

Unterdessen war der Jox auf Thierstein angelangt und berichtete über das Erlebte. Der Landvogt fackelte nicht lange und schickte den Jox mit sechs Mann nach Erschwil und Beinwil, um dort noch weitere bewaffnete Männer zu rekrutieren. Aus den beiden Dörfern gesellten sich sieben Personen dazu, worauf der Trupp vierzehn Mann stark zum Sennberg hinaufeilte. Sie umstellten die dortige Scheune und befahlen den Strolchen, sich zu zeigen. Erst nach längerem Rufen und der Drohung, man werde sie mit dem Degen im Heu herumstechend schon finden, kamen sie heraus. Umgehend wurden sie festgenommen, abtransportiert und auf Schloss Thierstein in Ketten gelegt.

Die Wundschau

Die Leichen der beiden Eheleute waren mittlerweile im Wirtshaus aufgebahrt worden, damit die Dorfbewohner Abschied nehmen konnten. Am 14. August reiste der Stadtarzt Dr. Claudius Passavant mit dem Auftrag nach Reigoldswil, an den beiden Toten die Wundschau zu tätigen. Er begann sein trauriges Werk mit der Leiche von Daniel Plattner und stellte an dessen Hinterkopf fünf Wunden fest. Der Schädel wies in diesem Bereich sieben Splitterungen auf, wobei einige Splitter bis ins Gehirn eingedrungen waren. Auch war das Genick entzwei. Nach seiner Meinung entstanden die Wunden durch Schläge auf den Hinterkopf mit dem stumpfen Teil der Axt, «aus welchen umbständen die Lebens Geistere gleich verschwinden und der Tod nothwendig plötzlich darauft hatt erfolgen miessen».

Darauf untersuchte er die Leiche von Plattners Ehefrau, Ursula Plattner-Rudin. Auf der Stirn, über dem rechten Auge, stellte er zwei Schnittwunden fest. Schnittwunden, wie sie durch den Gebrauch eines Messers entstehen. Zudem am Hals, im Bereich der Gurgel, Einschnitte, die bis auf die Halswirbelsäule hinunter gingen. Diese mussten mit dem scharfen Teil der Axt ausgeführt worden sein. Der Kopf war also beinahe vom Rumpf getrennt worden, «wodurch auch ihre Lebensgeister verschwinden, und der Tod nothwendig gleich darauft hatt erfolgen miessen».

Schlussendlich stellte der Arzt eine Schwangerschaft fest, die ihm auch durch einige Bewohnerinnen des Dorfes bestätigt wurde.

Und die Dorfwächter?

Ein Strolch wie der Joggi Bürgin eben war, hatte er es auch hier geschickt eingefädelt. In der Mordnacht waren für die Dorfwacht zuerst der Joggi Tanner und danach der Uli Bürgin, der Vater von Joggi Bürgin, eingeteilt. Joggi Bürgin bot sich aber an, die Wache seines Vaters zu übernehmen. Gleich nach dem Nachtessen verschwand er jedoch mit den Worten, er habe noch etwas zu erledigen. Sein sechzehnjähriger Bruder Rudi sollte nun dessen Wache übernehmen. Ob der Rudi seiner Aufgabe nachgekommen ist, dürfte fraglich sein. Auf die Frage, ob er vom Mordgeschehen nichts gehört habe, meinte er nur, ja schon, aber erst als die Leute zusammenliefen und vor Plattners Haus Lärm verursachten.

«Auslieferung der zween Böswicht an den Kanton Basel»

Am 21. August wurden die beiden Mörder samt dem geraubten Geld an der Kantonsgrenze zu Basel einem Profos Wachtmeister mit acht Soldaten übergeben. Die dem Landvogt von Thierstein entstandenen Unkosten wurden zugleich beglichen. In je einem Sandkarren angekettet ging die Fahrt von Bretzwil über Ziefen, Bubendorf und Liestal direkt nach Basel. Dort wurden sie auf dem Innern Spalenturm in Ketten gelegt.

Aus ihrer 158-seitigen Befragung geht hervor, dass ihnen die Wahrheit nicht so nahestand wie das Leugnen. Gegen dieses Leugnen wurde nachstehende Methode angewendet: «Worauf er ohne Gewicht aufgezogen und befragt ... worauf er mit einfachem Gewicht aufgezogen worden dennoch nicht gestehen will ... weilen er aber allzeit auf seiner forigen Aussag bestanden, so ward ihm doplet Gewicht angehankt darmit aufgezogen und befragt.»

Beeindruckt hat diese «Marter und Pein», wie sie genannt wurde, die beiden nicht. Sie beharrten auf ihren Aussagen oder verdrehten sie nach Lust und Laune.

Einzug des Vermögens der beiden Mörder

Von der Kantonsregierung beauftragt musste der Obervogt von Waldenburg, Niclaus Reymüller, das Vermögen der beiden Täter einziehen. Dieser Aufgabe kam er nach und erstellte am 13. September ein Verzeichnis der Effekten.

Im Elternhaus von Joggi Bürgin, wo dieser bis zu seiner Verhaftung wohnhaft war, fanden die Beamten: einen roten Soldatenrock, ein paar alte Hosen und ein Hemd.

Im Elternhaus von Joggi Nägelin: einen roten Soldatenrock, ein blaues Camisol (ähnlich einer heutigen Weste), ein paar wollene abgetragene Hosen, ein paar leinene Hosen, ein rotes wollenes Brusttuch, zwei Wollhüte, einen Strohhut, einen Degen mit Koppel und eine Flinte. Die Flinte wurde dem Vater belassen, weil dieser sie für seinen Sohn bezahlt hatte.

Die beiden roten Soldatenröcke und die Bewaffnung stammten noch aus ihrer Söldnerzeit. Die Ausrüstung war damals Sache jedes Einzelnen. Wie sie bei der Einvernahme aussagten, waren sie beide ein Jahr lang in fremden Diensten.

Auf ihrer Flucht äusserten sie sich beim Buechen Jox, dass ihr Ziel Luzern sei. Dort wollten sie sich bei einem Vermittler melden, um sich nach Spanien in fremde Dienste zu begeben.

Die Hinrichtung (Aus den Protokollen des Kleinen Rats vom 11. und 15.09.1734)

Die beiden Mörder erhielten ab Samstag den 11. September 1734, also fünf Tage vor ihrer Hinrichtung, eine zusätzliche Bewachung, die aus vier Soldaten bestand und in der Nacht jeweils noch durch einen Wachtmeister ergänzt wurde. Ebenfalls durfte sich ab diesem Datum ein Geistlicher zu ihnen gesellen. Am Mittwoch den 15. September, dem Tag der Hinrichtung, mussten ab acht Uhr morgens die drei Stadttore St. Alban, St. Johann und St. Blasien (Bläsi-Tor) bis zur vollendeten Exekution geschlossen bleiben. Man führte die beiden Mörder vom Turm (Kerker) zum Rathaus, wo ihnen in der Ratsstube das Urteil vorgelesen wurde. Danach führte man sie auf zwei Schlitten zur Richtstätte vor dem Steinen-Tor. Auf dem erhöhten Podest der Richtstätte wurden zuerst dem Joggi Bürgin von unten her acht Streiche und zuletzt drei Herzstiche gegeben. Während dieser Zeit hatte der Joggi Nägelin unter dem Steinen-Tor zu warten, bis auch an ihm die selbe Strafe vollzogen wurde. Danach wurden die beiden Leichen zum Hochgericht beim St. Alban-Tor geführt und aufs Rad geflochten.

Gott erbarme sich ihrer und lasse dies exempel heilsammlich würken!

Weitere Missstände im Dorf Reigoldswil

Mit den beiden Raubmördern wurde auch der Joggi Dietrich, ebenfalls ein Bewohner des Dorfes, verhaftet und im Eselsturm in Ketten gelegt. Dieser Gauner und Erzdieb hatte so manchen Einbruch auf seinem Kerbholz. Mit dabei waren oft seine besten Kameraden, der Joggi Bürgin und der Joggi Nägelin. Auch war bekannt, dass im Dorf verbotenerweise das Spielen mit Geldeinsätzen bei den jungen Leuten sehr beliebt war.

Um etwas Licht ins Dunkle zu bringen, wurde der Obervogt von Waldenburg von der Basler Regierung beauftragt, das Dorf zu besuchen und dort nach dem Rechten zu sehen. Am 21. August 1734 traf er ein und waltete seines Amtes. Schon bald hörte er, dass das Spielen nach wie vor leidenschaftlich betrieben wurde. So waren in der Scheune des Landvogts Rohner vier junge Kerle dabei erwischt worden. Obwohl man sie schon wegen früherer Delikte mit Geldbussen belegt oder sogar gethürmt (in den Turm geworfen) hatte, liessen sie davon nicht ab. Bekannt war, dass Heiris Webers Sohn, der Jörgi, ein unverbesserlicher Spieler war. Sein Bruder hatte sich vor einem Jahr, vermutlich wegen Spielschulden, erhängt. Auch je ein Bruder der beiden Raubmörder war dem Spiel verfallen. Sie waren daneben bekannt als liederliche Müssiggänger und Säufer. Man schrieb ihnen eine gefährliche Ausgelassenheit zu. Jeder Bürger musste vor ihnen auf der Hut sein.

Der Obervogt erstellte eine Liste, die auf zwei Jahre zurück alle von den Bürgen gemachten Feststellungen bezüglich Einbruch und Diebstahl festhielt. Da kam dann doch einiges zusammen. Dies hier alles aufzuführen, würde den Rahmen dieser Geschichte sprengen. Sicher ist, dass der Bürgin, der Nägelin und der Dietrich bei all den Diebereien oft ihre Hand im Spiel hatten. Nur liess sich das schwer beweisen.

1733

Halt! Wer da?

Reinhard Fäsi, der Küfer, arbeitete an diesem Samstagabend, den 21. November 1733 mit den beiden Söhnen und dem Küfer-Knecht Michel Jungblut in seinem Brennhaus. Um ca. zweiundzwanzig Uhr beendete er die Arbeiten und die vier machten sich auf den Heimweg. Sein Sohn Jacob Dietrich Fäsi ging der Gruppe ohne Licht voraus. In der Gerbergasse, kurz vor der Ecke Hutgasse, wurde er plötzlich dreimal lautstark vom Schildwächter Niclaus Bulli mit «Halt! wer da?» angerufen. Da der Knabe auf das Anrufen nicht reagierte, machte Bulli von seiner Waffe Gebrauch und schoss den Jungen nieder.

Das Bleigeschoss, eine Kugel im Durchmesser von rund siebzehn Millimetern, durchdrang den jungen Körper und trat oberhalb des Beckens wieder aus. Jacob Dietrich verblutete an Ort und Stelle und schied kurz darauf aus dem Leben. Nebst dem unangebrachten Übereifer von Bulli kam hinzu, dass der Knabe taubstumm war und sein Rufen gar nicht hören konnte.

Nach dem Vorfall wurde Niclaus Bulli sofort vom Dienst abgelöst und im Spalenturm in Haft gesetzt. Eine Untersuchung des Falles wurde angeordnet.

Bei seiner Befragung berief sich Bulli auf die Weisung vom 10. November 1733: *Aus Erkantnus Unserer H. Herren E.E. Wohlweisen Raths dieser Statt sollen die Schiltwächter, Patrouilles und Rondes sich ihres pflicht gemäss auf ihren posten und in ihren functionen wachtbahr erzeigen und wan sie von Jemand angegriffen wurden nach kriegs manier gegen dieselbe verfahren es sollen auch die E. ... veranstalten, das die Schiltwächter, Patrouillierer und die so ronde gehen, nürchter seyen, damit alles unglück vermitten bleibe, auf die Erkantnus E.E. Bürgerschaft publiciert werden.*
November 1733 Canzley Basel

Nach der Schussabgabe äusserte sich Bulli gegenüber Zeugen, er schäme sich der Sache nicht, und betonte, er habe früher als Soldat gedient. Es sei Kriegsmanier, dass nach dreimaligem erfolglosem Anrufen geschossen werde. Als Schildwächter trage ein jeder eine geladene Waffe, dann sei es doch auch rechtens, dass man von dieser Gebrauch mache. Als er schliesslich hörte, er habe einen Knaben erschossen, tat es ihm leid, dass dieses Unglück geschehen war, und er bat um Verzeihung. Am 25. November wurde Bulli aus der Haft entlassen, erhielt aber Hausarrest, bis die Hauptleute der Quartierwachen ihr Urteil gesprochen hatten.

Die Hauptleute kamen zum Schluss, dass das Vorgehen von Niclaus Bulli brutal und frevelhaft war. Eine solche Tat könne nicht ungestraft bleiben. Sicher war sie nicht vorsätzlich, sondern eher aus Hitze, Eifer, Unbedachtsamkeit und einer üblen Auslegung der Weisung vom 10. November 1733 heraus geschehen.

Dem Vater von Jacob Dietrich Fäsi wurde der Vorhalt gemacht, dass es unverantwortlich war, seinen Sohn um diese Zeit alleine und ohne Licht vorausgehen zu lassen.

Erschwerend kam für Bulli hinzu, dass er den Ruf eines brutalen Menschen hatte und deshalb sehr unbeliebt war. Bei der Familie Fäsi traf genau das Gegenteil zu.

Niclaus Bulli wurde schliesslich zur Bezahlung aller entstandener Kosten, ausschliesslich der Beerdigungskosten von Jacob Dietrich Fäsi, verurteilt. Im Weiteren erhielt er ein Jahr Hausarrest, wurde für ehr- und wehrlos erklärt und ihm befohlen, dass er künftig nicht mehr selber als Schildwächter stehen dürfe, sondern diese Aufgabe durch einen Lohn-Wächter zu versehen sei.

Der Schildwächter Niclaus Bulli ruft den Knaben Jacob Dietrich Fäsi an: «Halt! Wer da?»

1726 Frantz und Hironimus Weitnauer – die beiden Schmutzbecken

Am Mittwochmorgen, den 21. August 1726, fuhren Meister Bartlin Ziegler, von Haugen/D, und sein neunzehnjähriger Knecht Hans Jacob Rümensperger aus dem Toggenburg/SG mit einer Ladung Brennholz nach Basel. In der Zeit, zu welcher der Knecht das Holz in der grossen Stadt verkaufte, erledigte Ziegler einige anderweitige Geschäfte. Man vereinbarte, sich im minderen Basel, in der Weinschenke des Trübelwirts, genannt «Die kalte Herberge», zu treffen. Als Ziegler am vereinbarten Ort eintraf, sah er, dass sein Knecht die drei Pferde ausgespannt hatte und sie vor dem Haus der Bäckersfamilie Weitnauer, den sogenannten Schmutzbecken, mit Heu fütterte. Beide begaben sich darauf in die gegenüberliegende Weinschenke. Dort assen sie ihr mitgebrachtes Brot und tranken dazu ein Maas Wein. Nach der Mahlzeit befahl Ziegler seinem Knecht, die Pferde anzuspannen. Auf der Strasse sah dieser, wie eines der Pferde eine Rolle Tabak und ein kleines Stück Schabkäse von der dortigen Ladenauslage zog. Ein weiteres Pferd stand mit dem Kopf im Hauseingang. Beide Pferde wurden von Frantz Weitnauer, dem alten Schmutzbecken, schimpfend und fluchend mit einem Besen zurück auf die Strasse getrieben. Der Knecht fragte Weitnauer, warum er mit dem Besen auf die Pferde einschlage. Darauf erwiderte dieser, er solle halt seine Pferde anbinden. Der Knecht meinte dazu, das sei hier nicht Brauch. Auf diese Antwort hin ergriff Weitnauer eine Mistgabel, zog deren Holzstiel heraus und schlug damit mehrmals auf den Knecht ein, bis der Stiel zerbrach.

Der alte Schmutzbeck schlägt schimpfend und fluchend mit dem Besen auf die Pferde ein

Von den herumstehenden Leuten wurde dem Knecht geraten, sich schnell zu entfernen. Die Schmutzbecken seien gottlose und böse Menschen, würden ein liederliches und elendes Leben führen, mit ihnen könne schnell ein Unglück geschehen. Auf diese Worte hin ging er zurück zu seinem Meister in die Schenke und erzählte das Erlebte. Zusammen begaben sie sich dann zu Weitnauer und wollten ihn beschwichtigen. Auch wollte Ziegler den durch die Pferde verursachten Schaden begleichen. Daneben forderte er seinen Knecht auf, die Pferde nun anzuspannen. Weitnauer liess aber nicht mit sich reden und beschimpfte die beiden als Galgenvögel, Rattenbuben, die Markgräfler seien alle des Teufels, Schelme und Diebe.

Den Knecht zu Tode geschlagen

Durch das Geschrei vor dem Haus erwachte der Sohn des alten Weitnauers, der junge Schmutzbeck Hironimus Weitnauer, der nach getaner Bäckersarbeit aus seinem verdienten Schlaf gerissen wurde. Dieser trat nun ebenfalls auf die Strasse und gesellte sich zu der Gruppe. In der Zwischenzeit war angespannt und als die Fahrt losgehen sollte, sagte der Knecht zu Hironimus, er habe schon gehört, was für liederliche Leute und Lumpenbueben die Schmutzbecken seien. Kaum gesprochen, erhielt er von Hironimus drei Ohrfeigen. Der Knecht setzte sich darauf zu Wehr und ergriff Hironimus bei den Haaren. Beide gingen zu Boden und es entspannte sich eine wilde Rauferei. Der alte Weitnauer kam seinem Sohn zu Hilfe und schlug mit den Fäusten auf den Kopf des Knechtes ein. Von Hironimus erhielt er noch mit dem Knie einen Schlag ins Gemächt. Erst als die beiden sahen, dass der Knecht sich nicht mehr rührte, liessen sie von ihm ab. Mit Schrecken bemerkten sie, dass sie ihn wegen einer Nichtigkeit, es ging um einen Schaden von ein paar Groschen, zu Tode geprügelt hatten.

Die noch gleichentags im ehemaligen Klingentalkloster vollzogene Wundschau ergab, dass dem Knecht, Hans Jacob Rümensperger, durch die Schläge auf den Kopf so starke Schädelverletzungen zugefügt worden waren, dass er daran verstarb.

Auf der Flucht

Hironimus flüchtete unmittelbar nach der Tat durch das Riehen-Tor aus der Stadt hinaus. Als der alte Schmutzbeck das Fehlen seines Sohnes bemerkte, fragte er nach ihm und erfuhr, dass dieser bereits auf und davon sei. Er nahm den gleichen Weg und versuchte ihn einzuholen. Frantz fragte überall nach seinem Sohn und erfuhr schliesslich, dass dieser nach Grenzach gegangen sei. Dort angekommen, wurde er weiter nach Wyhlen zum Kloster der sogenannten Weisspfaffen geschickt. Diese bestätigten ihm, dass Hironimus bei ihnen gewesen sei, sich aber nach kurzem Aufenthalt wieder auf den Weg gemacht habe. In der Nähe von Rheinfelden fand er schliesslich seinen Sohn, der sich auf einem Bauernhof versteckt hielt. Da die beiden nach der Mordtat überstürzt aus der Stadt flüchteten, trugen sie kaum Kleidung und kein Geld auf sich. Durch einen Boten liessen sie sich das Nötige bringen. Als das Gewünschte eingetroffen war, führte sie ihre Flucht weiter über den Schwarzwald bis nach Freiburg und von dort an den Rhein. Auf einem Schiff liessen sie sich nach Strassburg fahren und nahmen sich in der Gastherberge zur Blume ein Zimmer.

Adam Dietschi – der Einspännige*

Um der beiden Flüchtigen wieder habhaft zu werden, wurden zu deren Verfolgung zwei Einspännige ausgeschickt. Einer davon war Adam Dietschi. Zur Erleichterung seiner Aufgabe trug Dietschi nachfolgende Urkunde auf sich:

Der Bürgermeister und Rath der Statt Basel urkhunden hirmit, demnach unsere Bürger Frantz und Hieronymus Weitnauer die so genannten Schmutzbecken Vatter und Sohn verwichenen Mittwoch in unserer Statt einen jungen Menschen tod geschlagen und ermordet darauft aber fluchtig fuss gesetzet, dass wir darauft vorweisen dis unserm Bürger und bestelltem Einspäniger Adam Dietschi commission und befelch auftgetragen denselben nachzusetzen und sie aller Ortten aufzusuchen auch selbige auf betretten anzuhalten;

Wann nun allen und jeden Obrigkeiten alles Ernstes angelegen, dergleichen Delinquenten zur Hand zu bringen und selbige dem Verdienen nach abzustrafen; Als lass ich solchem nach alle und jede Obrigkeiten, auch sonst meniglich bey deme Er sich anmelden wirt, gedl. unserem Einspenigen in dieser seiner obhabenden commission die hülftshand zu biethen damit gedachte thäteren auft betreffs gefänglich angehalten und bis auf weitere begehrende auslüferung wohl versehrt behalten werden möchten und der versicherung das wir solche verhoftende willfahr umb einen jede Standtsgebühr nach zu erwiedern und zu beschulden stäts bereit seyn werden; Geben under unserer Statt hirfür aufgestundeten Mehrern zusigel. den 24 Augusti 1726

Dietschi, der diese Aufgabe nicht zum ersten Mal ausführte, hatte bald die Spur der beiden aufgenommen und kam auf ihrer Fluchtroute ebenfalls in Strassburg an. In der Stadt zog er von Herberge zu Herberge und wurde schliesslich in der Gastherberge zur Blume fündig. Bei der Kontrolle der dortigen Nachtzettel fand er einen solchen, der von den Weitnauers ausgefüllt worden war. Sofort meldete er sich bei den Stadtbehörden und liess die beiden festnehmen. Die Weitnauers wurden arretiert und auf Begehren hin am 2. Oktober 1726 nach Basel ausgeliefert.

Das Urteil, so im Protokoll des Kleinen Rates vom 13.11.1726 festgehalten:

Frantz Weitnauer (51 Jahre alt) solle bei Suppe, Wasser und Brot, auf ewig im Zuchthaus eingeschlossen werden. Sein Sohn Hironimus (19 Jahre alt) mit aufgehobenen Stäben zur Stadt hinaus geführt und auf ewig von Stadt und Land verband werden. Bei nicht befolgen solle er mit dem Schwert bestraft werden. Keiner Fürbitte, weder für den Einen noch den Andern, solle entsprochen werden. Mutter und Tochter sollen bevögtet werden.

Das Ende des alten Schmutzbecken
Frantz Weitnauer wurde im damaligen Zuchthaus, welches sich zu dieser Zeit im Waisenhaus befand, arretiert. Schon wenige Monate nach Antritt seiner Strafe begann er zu randalieren, tobte, schrie und versuchte, seinem Leben ein Ende zu setzen. Mehrere Gespräche mit dem Prediger des Hauses, der ihn wöchentlich besuchte, konnten ihn nicht zur Ruhe bringen. Es wurden auch andere Geistliche hinzugezogen, die versuchten, den Mann zu beruhigen, jedoch ohne Erfolg. Frantz Weitnauer war für Gottes Worte nicht empfänglich und drohte, seinem Leben ein Ende setzen. Lieber wolle er für alle Ewigkeit in der Hölle schmoren, als noch länger eingesperrt sein.

Die Geistlichen waren ratlos und meinten dazu: «Gott erbarme sich in Gnaden über diesen verstockten Sünder, damit Er einmahl zu wahrer Bues und Erkantnus seiner Sünden komme und also nicht Ewig verlohren gehe.»

Schliesslich fand man am 11. Mai 1727, nachmittags, den alten Schmutzbeck in der Zelle tot auf dem Bette liegend. Er hatte seinem Leben mit einem zusammengebundenen Band aus alten Leinen, das er sich um den Hals geschnürt hatte, ein Ende gesetzt.

Die beiden Schmutzbecken prügeln den Knecht zu Tode.

Am 12. Mai 1727 entschied der Kleine Rat:
Die Kohlenbergler** sollen den Leichnam von Weitnauer im Waisenhaus abholen und dem Scharfrichter vors Haus liefern. Dieser solle den Toten auf einen Schlitten binden, ihn bei Tag auf die Rheinbrücke führen und dort in ein Fass einschlagen. Das Fass solle er mit den Worten «Schalt fort» beschriften und dieses danach von der Brücke in den Rhein werfen.

***Einspännige**
In den Akten von 1762 und 1726 habe ich zum ersten Mal das Wort Einspänniger oder Einspännige gelesen. Ich wollte natürlich wissen, was diese Bezeichnung genau bedeutet und fand dazu in den Protokollen des Kleinen Rates eine dürftige Antwort dazu. Bei der Durchsicht dieser Akten fand ich Einträge von 1624 bis 1810. Hauptsächlich ist die Rede von Einspännigen, daneben werden aber die gleichen Personen auch als Söldner oder Überreuther bezeichnet. Zusammenfassend geht aus den Einträgen hervor:

- Die Einspännigen wurden aus einer Gruppe von Interessenten heraus gewählt
- Vor Antritt ihrer Stelle mussten sie einen Diensteid ablegen
- Es waren immer nur vier Mann im Einsatz
- Sie unterstanden der Stallbehörde
- Die Pferde wurden ihnen gestellt
- Sie trugen einen Mantel in den Standesfarben und bezogen dafür Mantelgeld
- Ihre Aufgabe war es, nebst der Verfolgung von Flüchtigen, die Herren Deputierten auf ihren auswärtigen Reisen zu begleiten und zu bedienen
- Privatpersonen konnten sie als Begleiter auch anwerben (Söldnern)

Im letzten Eintrag aus dem Jahre 1810 steht:
Der erledigte Einspänniger Dienst sollte wieder besetzt werden.
://: Soll dieser Dienst auf 4 Wochen aus gekündet und als dann wiederum bestellt werden.
Nach 1810 liessen sich dazu leider keine Einträge mehr finden.

****Die Kohlenbergler**
Kirchliche oder weltliche Obrigkeiten verliehen Einzelpersonen oder Gruppen, wie zum Beispiel den Bewohnern des Quartiers am Kohlenberg in Basel, das Recht, Tote gegen Bezahlung begraben zu dürfen (Historisches Lexikon der Schweiz).

1707

Degenduell im Grenzgebiet

Am Sonntag, den 27. Februar 1707, sassen die beiden französischen Offiziere, Capitaine (Hauptmann) Jean de la Valette, 22-jährig, und Capitaine Hugues d'Util de la Verneld, Escuyer, Seigneur de Bradal, 23-jährig, vor der Gaststube beim Neuen Haus (auch Rotes Haus genannt, Basler Boden, siehe Plan) unter der dortigen Linde und genossen im Beisein von anderen Gästen ausgiebig den servierten Wein.

Um ca. achtzehn Uhr, nachdem sie ihre Zeche beglichen hatten, traten sie den Rückweg zu ihrer Compagnie des Regiments de Murat in der Festung Gross Hüningen an. Sie hatten offensichtlich zu viel getrunken und waren nicht mehr so sicher auf den Beinen.

Der Wirt, Friedrich Burlacher, schaute den beiden «Rotröcken» noch eine Weile nach und bemerkte, dass sie nicht den direkten Weg zur Festung, sondern denjenigen etwas mehr nach links in Richtung Klein Hüninger Dorf nahmen.

Auf halber Strecke zum Dorf kamen ihnen die beiden Kaufmannsbediensteten Hans Sigmund Neumann und Remigius Furch entgegen. Die beiden führten je ein Mägdelein an der Hand, mit der Aufgabe, die beiden sicher nach Basel zu begleiten.

Als die beiden Gruppen sich kreuzten, rempelte einer der französischen Offiziere einen der Begleiter an mit den Worten «Guten Abend, ihr Frauen». Neumann zog seinen Hut und erwiderte: «Es sind keine Frauen, sondern Mägdelein.» Darauf zogen die Franzosen mit der Bemerkung «Gute Nacht, ihr Jungfrauen» weiter.

Bald darauf kam den Franzosen Conrad Ziegler, gefolgt von Jacob Rohner und den Gebrüdern Samuel und Johannes Schöller, entgegen. Die vier kamen, wie auch die beiden Begleiter der Mägdeleins, aus dem Wirtshaus Krone in Klein Hüningen und waren auf dem Weg nach Basel.

Aus irgendeinem Grund geriet Ziegler mit den Franzosen in einen wüsten Wortwechsel, der darin gipfelte, dass man sich gegenseitig die übelsten Schimpfwörter zuschrie. Neumann und Furch, die Gebrüder Schöller sowie weitere Bürger von Klein Hüningen wurden auf das Geschrei aufmerksam und begaben sich an Ort.

Wer nun als Erster den Degen gezogen hatte, liess sich im Nachhinein nicht mehr feststellen. Sicher ist, dass Ziegler mit seinem Degen Capitaine de la Valette im Gesicht und an der Hand verletzte. Als de la Valette seinen Degen zog, schimpfte einer der Bürger, «was das für ein manier sey die Degen also auf Basler Grund und Boden heraus zu ziehen». Sie schrien den Franzosen zu «Allons courage, messieurs! Venez! Aidez là» und trieben sie mit Steinwürfen auf das Feld hinaus.

Plötzlich erschien vom Dorf her der Schneider Johann Rudolf Barbier, der zu den Franzosen eilte und in französischer Sprache auf sie einredete. Er bat die Franzosen, sie sollen aufhören und mit den Leuten Frieden schliessen. Die Bürger aber, die nun der Meinung waren, Barbier halte es mit den Franzosen, drangen weiter auf sie ein und schlugen Barbier, der nun ebenfalls seinen Degen gezogen hatte, zu Boden. Sie entrissen ihm die Waffe und brachen sie entzwei.

Capitaine de la Valette ging nun energisch mit dem Degen auf Ziegler los und drängte diesen weiter aufs Feld hinaus. Ziegler stolperte über ein Karrengeleis (Radfurchen im Boden) und fiel rücklings zu Boden. De la Valette nutzte seine Chance und gab

Plan von Klein Hüningen nebst umliegender Orte. Gezeichnet: 1729
A = Neues Haus
B = Dorf Kleinhüningen
C = Festung Gross Hüningen

PLAN
KLEIN HUNINGEN
nebst
UMLIGENDEN ORTHË
Auff befehl eines Hoch Edlen und Wohlweisen Raths der loblich en Statt Basel verfertiget
durch
I. CARL HEMELING,
und nachgemacht
von
CHRISTOPH BRUNNER
1729.
HALTINGEN.
WEIL.
BASLER TERRITORIUM.
BASLER TERRITORIUM.
BASLER TERRITORIUM.
BRUNTRUTER TERRITORIUM.
MARGRAFISCH TERRITORIŪ.
FRANZOSISCHES TERRITORIUM.
GROS BASEL
KLEIN BASEL
RHEIN. FLUS.
RHEIN. FLUS.
WEILER.
MATTEN.
WILER WALD.
NEUW HAUS.
WIESBRUG.
HORNBURG.
KLEIN HUNIGER BANN.
KLEIN HUNINGEN.
KLEIN KLIBE.
GROSE KLIBE.
CREUTZSTEIN.
FRIEDLINGEN.
FRIEDLINGER WIRTSHAUS.
VESTUNG GROS HUNINGEN.
BURGFELDEN.
ALMSCHWEILER.
NEUDORFF.
MICHELFELDEN.
S^T LOUIS.
S^T MARGARETHA.
HOLLE.
A
B
C

Ziegler einen Degenstich in die Brust. Ziegler schrie auf «Herr Jesus, Bruder, ich bin gestochen» und tat unmittelbar darauf seinen letzten Atemzug. De la Valette rief «Oh, mon Dieu, mon Dieu» und liess sich darauf widerstandslos durch die Bürger entwaffnen und festnehmen. Das Gleiche geschah mit seinem Begleiter, der sich während dem ganzen Vorfall passiv verhalten hatte.

Die beiden Franzosen, Johann Rudolf Barbier und der tote Conrad Ziegler wurden ins Wirtshaus Krone nach Klein Hüningen gebracht. Hans Jacob Buser, der Kronenwirt, schickte darauf seinen Sohn mit dem Pferd zum Bläsi-Tor und liess den dortigen Wachtmeister vom Vorfall orientieren. Auf Befehl von Wachtmeister Müller wurden die drei Gefangenen in Klein Hüningen abgeholt, nach Basel geführt und im Eselsturm inhaftiert. Natürlich wurden sie, schon der Offiziere wegen, nicht in einem Kerker, sondern in der dortigen Stube festgesetzt.

Die Franzosen in der Festung Hüningen wurde noch gleichentags von der Verhaftung ihrer beiden Offiziere orientiert.

Schon am 6. März 1707 erhielt die Basler Obrigkeit ein Schreiben aus Paris. In diesem Schreiben, das schon einer leichten Drohung nahekam, wurden die Vorzüge von Jean de la Valette hervorgehoben. Dieser stamme aus einer sehr vornehmen und angesehenen französischen Familie, welche mit grossem Missfallen reagiert habe, als sie von der Festnahme ihres Sohnes durch die Basler Behörden gehört hatte. Zudem habe de la Valette seinen Degen ja nur gezogen, weil er angegriffen worden war und sein Leben schützen musste. Man solle dies doch bitte bei der Beurteilung des Falles in Betracht ziehen.

Am 8. März 1707 erreichte Basel ein Schreiben aus der Festung Hüningen mit der Bitte um Entlassung von Hugues de Bradal. Man brauche diesen Offizier, weil sich das Regiment de Murat aus der Festung entfernen und auf den Weg nach Breisach machen würde. Dieser Bitte kam man nach und entliess zugleich auch Johann Rudolf Barbier, nach Hinterlegung einer Kaution durch seinen Meister, in die Freiheit.

Blieb für die Basler nur noch die schwierige Entscheidung, wie weiter mit de la Valette? Auf keinen Fall durfte man die Franzosen vor den Kopf stossen. Sie verstanden in solchen Angelegenheiten keinen Spass und erwarteten Diplomatie und Fingerspitzengefühl.

Zur Erleichterung der Basler waren es die Franzosen, die eine Lösung für den Fall vorschlugen. Durch einen Gefangenenaustausch sollte die Angelegenheit gelöst werden. Die Franzosen wollten die in Strassburg inhaftierten Schweizer, Hans Jacob Geymüller und Hans Jacob Hüninger, gegen de la Valette frei geben. In Basel war man sofort damit einverstanden, unter der Bedingung, dass die Straftaten der Personen in ihrem Heimatland weiterhin verfolgt werden. Frankreich sagte zu und schon am 10. April fand der Austausch an der Landesgrenze bei Klein Hüningen statt.

Ob de la Valette in Frankreich für seinen Degenstich zur Rechenschaft gezogen wurde, ist nicht bekannt.

Bei Johann Rudolf Barbier wurde schliesslich von einer Strafe abgesehen. Ihm wurde zugute gehalten, dass er sich für eine Schlichtung des Streites eingesetzt hatte. Für sein grobes Verhalten mit Blankziehen des Säbels sei er mit den Hafttagen im Eselsturm (heute Untersuchungshaft) genug bestraft worden.

Auch Hans Jacob Geymüller und Hans Jacob Hüninger gingen straffrei aus. Die Juristen und der Kleine Rat waren sich einig, dass die beiden ohne Verschulden in Strassburg inhaftiert worden waren.

Ziegler erhält von Capitaine de la Valette den tödlichen Degenstich

Der Tod eines Zeigers

1671

Ja, liebe Leser, was ist ein Zeiger, werden Sie sich fragen. Für den Laien ein Wort, das er kaum zuordnen kann. Für jeden Schützen, vor allem für die ältere Generation, so wichtig wie die Räder an einem Fahrzeug. Denn ohne den Zeiger ging nichts. Diese Person, der Zeiger, stand noch vor Jahrzehnten im Graben unter den Zielscheiben und zeigte mit den verschiedenfarbigen Kellen die jeweilige Lage und Wertung des Schusses an. Seit dem Einzug der elektronischen Trefferanzeige gibt es heute nur noch wenige Schiessplätze, die diese Tradition pflegen.

Eine Schützengesellschaft zur damaligen Zeit

Nun zurück ins Jahr 1671. Am 26. Juni, einem Freitag, um zwei Uhr mittags traf sich die ehrsame Gesellschaft der Schützen zu Riehen wie schon so oft auf ihrem ordentlichen Schiessplatz. Fritz Eger, der Schützenmeister, trug die Verantwortung auf dem Platz.

Jacob Suter, der Weber, übernahm die Aufgaben eines Zeigers. Neben den Zielscheiben stand das Zeigerhäuschen (damals gab es noch keinen Graben unter den Zielscheiben). In dieses musste sich Suter vor jeder Schussabgabe jeweils zurückzie-

hen. Nach der Schussabgabe trat er heraus und zeigte die jeweiligen Treffer an. Wurde die Scheibe nicht getroffen, zeigte er den Fehlschuss mit Schwenken seines Hutes an. Neben dieser Aufgabe musste er auch die hinter den Scheiben liegenden Bleikugeln zusammenlesen. Dieses Blei wurde später wieder eingeschmolzen und zu neuen Kugeln gegossen.

Zu Beginn verteilte Eger nun im Schützenhaus Pulver und Blei. Ein jeder trat danach auf den Stand hinaus und erfüllte seine Schiessübung. Eger überwachte die Schützen und korrigierte den einen oder anderen. Zum Schluss war es auch an ihm, sein Schiessprogramm zu erfüllen. In der Meinung, Suter habe sich in sein Häuschen zurückgezogen, legte er an, zielte und zog den Abzug seines Luntenschloss-Gewehres durch. Die Kugel traf die Scheibe, durchschlug diese und drang dem dahinter befindlichen Suter in den Kopf. Dieser war nicht, wie alle dachten, bereits in die Sicherheit des Häuschens verschwunden, sondern las immer noch eifrig die auf dem Boden liegenden Kugeln zusammen. Dass Suter getroffen wurde, bemerkte man erst, als er neben der Scheibe hervor zu Boden fiel. Es gab natürlich ein grosses Geschrei, und sofort eilte alles nach vorn, um dem getroffenen Kameraden zu helfen. Jede Hilfe kam jedoch zu spät, der Mann atmete noch wenige Sekunden und verschied an Ort, in der einen Hand noch eine der Bleikugeln haltend.

Nach dem tragischen Unfall wurde Fritz Eger, obwohl er seine Unschuld beteuerte, verhaftet und ohne Fesseln, wie man vermerkte, durch zwei Mann begleitet im Spalenturm in Haft gesetzt.

Unter der Leitung des Obervogts von Riehen erfolgte die amtliche Untersuchung des Geschehens. Die Schützenkollegen von Eger, Balzger Fuchs der ältere, Claus Fuchs der Metzger, Hans Linck der ältere, Heini Göldi, Georg Meier der Metzger von Liestal und Adam Meier der Weber bezeugten alle, dass sie wie Eger der Meinung waren, der Zeiger Suter habe sich vor der Schussabgabe in sein Häuschen zurückgezogen. Auf jeden Fall sei Suter im Zielbereich nicht mehr zu sehen gewesen.

Schlussendlich, so ist es in den Protokollen des Kleine Rats vermerkt, wurde Eger nach zehntägiger Haft ohne Strafe wieder in die Freiheit entlassen. Begründet wurde dieses Urteil damit, dass der unvorhergesehene Todesfall ein blosser Unglücksfall gewesen sei.

Mein Dank geht an

Nadine Battilana MLaw, Kantonspolizei Basel-Stadt
Claude Borer, Riehen
Daniel Erni, Staatsarchiv des Kantons Basel-Stadt
Dr. Franz Egger, Basel
Bruno und Cédric Gschwind, Kostüm Kaiser AG
Dr. Robert Heuss, Basel
Feldweibel 1 Nicolas Körber lic.iur., Kantonspolizei Basel-Stadt
Major Peter Kötter, Kantonspolizei Basel-Stadt
Alfred Rüdisühli, Friedrich Reinhardt Verlag Basel
Célestine Schneider, Friedrich Reinhardt Verlag Basel
Peter Schermesser, Flüh/SO
Roland Schweizer, Photo Basilisk AG Basel
Markus F. Schweyckart, Kriegstetten/SO
Heinz Teuscher, Niederdorf/BL
Guido Varesi, Henkermuseum Sissach/BL
Stephan Wolf (El Lobo), Muttenz/BL

Speziell möchte ich mich bei Claude Borer bedanken, der es immer wieder verstand, meine Texte mit kunstvollen Illustrationen zu bereichern.

Der Illustrator Claude Borer

Claude Borer, geboren 1967 in Basel. Studium und Ausbildung an der Schule für Gestaltung Basel mit Abschluss als Grafiker. Anschliessende Tätigkeiten in Agenturen und Verlagen mit Schwerpunkt Buch- und Zeitschriftengestaltung. Beschäftigung mit Illustration und Malerei. Lebt und arbeitet selbstständig in Riehen.

Abkürzungen im Quellenverzeichnis

BaZ	= Basler Zeitung
BN	= Basler Nachrichten
Kapo BS	= Kantonspolizei Basel-Stadt
KTA	= Kriminaltechnische Abteilung
NZ	= National-Zeitung
PhS	= Polizeihistorische Sammlung
PP	= Polizeiposten
StABS	= Staatsarchiv des Kantons Basel-Stadt
Stawa BS	= Staatsanwaltschaft Basel-Stadt
UB	= Universitätsbibliothek Basel

Quellenverzeichnis

2019 wurden sämtliche Akten, Fotografien, Negative, Filme und Tonträger aus der Polizeihistorischen Sammlung an das Staatsarchiv Basel-Stadt übergeben. Die Nutzung der Unterlagen der Polizeihistorischen Sammlung für das vorliegende Buch fand vor ihrer Übergabe an das Staatsarchiv statt. Die Ablieferung der Polizeihistorischen Sammlung (2019/57) wird derzeit durch das Staatsarchiv erschlossen. Sie wird mit Archivsignaturen versehen und gemäss Archivgesetz zugänglich gemacht werden.

1978 Raubüberfall auf das Juweliergeschäft Kessenich
Personalmagazin der Kapo BS basilea INFO 2/2012
Robert Heuss, Basler Polizei 1816–2016
Zeitungen UB, NZ 12.01.1974, 24.01.1974, BaZ 01.07.1980,
02.07.1980, 03.07.1980, 04.07.1980, 10.07.1980,
Akten StABS GA-REG 3d 4-2 (1)
Fotos StABS GA-REG 3d 5-3 (1) 27: Tatort und Tatfahrzeug, Aufnahmen: 1978
Fotos Kapo BS, PhS Ordner 44, Tatort, Aufnahmen: 1978
Foto Daniel Vogt, Einschussloch in Fassade Freie Strasse 29, Aufnahme: 2012

1977 Mordfall Alfred Gruber
Personalmagazin der Kapo BS basilea INFO 2/2013
Zeitungen UB, NZ 23.06.1970, 24.06.1970, 27.06.1970, 05.08.1977
Dias Stawa BS KTA, PhS Inventar-Nr. 0810AP,
Nr. 82-29, 82-39, 83-4, 83-7, 83-15, 83-20, Aufnahmen: 1977

1970 Verbrecherjagd im Herzen Kleinbasels
Personalmagazin der Kapo BS basilea INFO 5/2012
Zeitung UB, NZ 24.09.1970
Foto Kapo BS, Ordner 10A, Volvo Alarmpikett, Aufnahme: 11.1975

1968 Mord in der öffentlichen Toilette
Personalmagazin der Kapo BS basilea INFO 6/2012
Zeitungen UB, NZ 15.03.1968, 16.03.1968, 18.03.1968, 19.03.1968, 26.03.1968, 03.04.1968
Akten/Fotos Stawa BS, PhS Inventar-Nr. 0650IN, Aufnahmen: 1968

1966 Der vereitelte Sprengstoffanschlag
Personalmagazin der Kapo BS basilea INFO 6/2005
Akten StABS Gerichtsarchiv EE 182 1967
Dias Stawa BS KTA, PhS Inventar-Nr. 0810AP, Nr. 27-11, 27-13 und 27-15, Aufnahmen: 1966

1966 Zwei Privatdetektive als Einbrecher
Personalmagazin der Kapo BS basilea INFO 2/2023 3/2023
Akten Daniel Vogt, Vortrag von Detektiv Korporal Willy Rubrecht, Kriko BS

1964 Eine Dienstfahrt mit Folgen
Personalmagazin der Kapo BS basilea INFO 6/1998
Robert Heuss, Basler Polizei 1816–2016
Zeitungen UB, NZ 27.04.1964, 12.05.1964, 15.05.1964, 30.07.1964
Foto Stawa BS, PhS Ordner 96, Aeschenplatz, Aufnahme: 1935–1936
Foto Kapo BS, PhS Inventar-Nr. 0810Ai, Negativ 940/3, Vauxhall Dienstfahrzeug, Aufnahme: 11.05.1956

1960 Spektakulärer Ausbruch aus dem Lohnhof
Personalmagazin der Kapo BS basilea INFO 6/2017
Zeitungen UB, NZ 24.10.1960 und 25.10.1960
Fotos PhS, Inventar-Nr. 1525: Aufnahmen: 1960
Akten Stawa, PhS Ordner 21, Steckbrief von Pé, Geschrieben am: 22.10.1960

1960 Einbruch bei Durand/Huguenin
Personalmagazin der Kapo BS basilea INFO 2/2022
Zeitungen UB, NZ 08.04.1960 bis 22.04.1960, 27.06.1960, 29.01.1963 bis 07.02.1963, 02.12.1963
Fotos StABS GA-REG 3d 4-1 (1) 1, Aufnahmen: 1960

1957 Raubüberfall auf die Wechselstube am Blumenrain
Personalmagazin der Kapo BS basilea INFO 4/2017, 5/2017
Zeitungen UB, NZ 08.04.1957, 11.04.1957, 23.04.1957, 23.07.1954, 24.07.1957, 25.07.1957, 26.07.1957
Akten/Fotos Stawa BS, PhS Inventar-Nr. 0650TN, Aufnahmen: 1957

1947 Ein mysteriöser Todesfall
Personalmagazin der Kapo BS basilea INFO 1/2019
Zeitungen UB, NZ 03.07.1947, 04.07.1947, 17.07.1947, 12.01.1949

1947 Das schwerste Tramunglück in der Geschichte der BVB
Personalmagazin der Kapo BS basilea INFO 3/2006
Akten/Fotos Kapo BS, PhS Inventar-Nr. 0650H, Unfallakte Unfallgruppe, Aufnahmen: 24.04.1947

1943 Grossbrand im unteren Kleinbasel
Personalmagazin der Kapo BS basilea INFO 4/2018
Zeitungen UB, NZ 13.08.1943 bis 20.08.1943
Akten/Fotos Stawa BS, PhS Inventar-Nr. 0650TN, Aufnahmen: 1943

1939 Heiratsschwindler ermordet sein Opfer
Personalmagazin der Kapo BS basilea INFO 3/2017
Akten StABS Protokolle Regierungsrat 332 1939 I Seite 392
Akten/Fotos Stawa BS, PhS Inventar-Nr. 0650TN, Aufnahmen: 1939

1938 Brutaler Überfall kurz vor Weihnachten
Personalmagazin der Kapo BS basilea INFO 2/2018
Zeitungen UB, NZ 02.12.1938, BN 08.05.1939, 09.05.1939, 10.05.1939
Akten StABS Gerichtsarchiv EE 87 1939
Foto StABS NEG 9205, Greifengasse 42 Ecke Rebgasse, Aufnahme: ca. 1938
Foto Kapo BS, PhS Inventar-Nr. 0810Ai Neg. 1066, Mannschaft mit DKW Postenfahrzeug vor PP Riehen, Aufnahme: um 1945

1938 Raubmord im Mansardenzimmer
Personalmagazin der Kapo BS basilea INFO 1/2017
Zeitungen UB, NZ 08.04.1938 bis 21.04.1938, 22.03.1939 bis 27.03.1939
Akten/Fotos Stawa BS, PhS Inventar-Nr. 0650TN, Aufnahmen: 1938

1937 Explosion in der Maschinenfabrik Burckhardt
Personalmagazin der Kapo BS basilea INFO 6/2018
Zeitungen UB, NZ 29.09.1937, 30.09.1937, 01.10.1937
Akten/Fotos Stawa BS, PhS Inventar-Nr. 0650TN, Aufnahmen: 1937

1936 Vagabunden der übelsten Sorte
Personalmagazin der Kapo BS basilea INFO 1/2018
Akten StABS PD-REG 2a 22-2
Akten/Fotos StABS GA-REG 3d 5-2 (1), Aufnahmen: 1936

1936 Der tragische Tod eines anständigen Fräuleins
Personalmagazin der Kapo BS basilea INFO 2/2017
Zeitungen UB, NZ 19.08.1936 bis 21.08.1936
Akten/Fotos Stawa BS, PhS Inventar-Nr. 0650TN, Aufnahmen: 1936

1936 Das Hakenkreuz im Zweirappenstück
Personalmagazin der Kapo BS basilea INFO 6/2016
Zeitung UB, BN 17.08.1936
Foto Stawa BS, PhS Inventar-Nr. 0754, Zweirappenstück mit und ohne Hakenkreuz, Aufnahmen: 1936

1936 Panizzi und Co. halten die Basler Polizei auf Trab
Magazin der Kapo BS basilea INFO PLUS Herbst 2022
Zeitungen UB, BN 28.06.1937, 09.07.1936, 23.07.1936, 05.08.1936, 14.10.1936
Foto StABS NEG 9758, Liegenschaft Bachlettenstrasse 37-39, Aufnahme: ca. 1938

1936 Eine mörderische Liebesgeschichte
Personalmagazin der Kapo BS basilea INFO 4/2013
Zeitungen UB, BN 19.05.1936, 20.05.1936
Akten/Fotos Stawa BS, PhS Inventar-Nr. 0650TN, Aufnahmen: 1936

1935 Mit dem Schmiedehammer erschlagen
Personalmagazin der Kapo BS basilea INFO 5/2017
Zeitungen UB, BN 20.01.1936 bis 24.01.1936
Akten/Fotos Stawa BS, PhS Inventar-Nr. 0650TN, Aufnahmen: 1935
Foto Kapo BS, PhS Ordner 15, PP Horburg, Aufnahme: 00.03.1966

1934 Eine Hochstaplerin der Extraklasse
Personalmagazin der Kapo BS basilea INFO 1/2024
Zeitungen UB, NZ 18.10.1934, BN 16.11.1939
Akten StABS KG 53 (1) 7212
Illustrationen Claude Borer Grafik, Buchgestaltung und Illustration, Riehen

1932 Einbruch in die staatliche Arbeitslosenkasse
Personalmagazin der Kapo BS basilea INFO 4/2023
UB Zeitungen, NZ 29.01.1932, 30.01.1932, 01.02.1932, 04.02.1932, 06.02.1932 und 08.02.1932
Foto Kapo BS, PhS Inventar-Nr. 1104, mögliche Täterschaft und Werkzeuge, Aufnahmen: 1932 und 2023
Foto StABS BSL 1045c 3-49-1, Claraplatz 4, Aufnahme: um 1945

1931 Mit der Gaspistole von Kommandant Müller
Personalmagazin der Kapo BS basilea INFO 4/2021
Zeitung UB, BN 04.05.1937, Foto von Karl Stehelin, Aufnahme: keine Angaben
Akten StABS Gerichtsarchiv EE 72 1932
Foto StABS NEG A 4193, Petersberg, Aufnahme: 1936

1930 Im Kommunisten-Tempel flogen die Fäuste
Personalmagazin der Kapo BS basilea INFO 3/2021
Robert Heuss, Basler Polizei 1816-2016
Zeitung UB, BN 22.04.1930
Akten StABS Gerichtsarchiv EE 69 1930
Foto StABS NEG 8071, Webergasse 23, Aufnahme: um 1938
Foto StABS NEG 3463, Untere Rebgasse 24, Aufnahme: um 1930
Illustration Claude Borer Grafik, Buchgestaltung und Illustration, Riehen

1924-2008 Tram-Fälle – umgestürzte Trams
Personalmagazin der Kapo BS basilea INFO 3/2008
Zeitungen UB, BN 22.04.1924, 27.05.1954, 13.10.1958, 07.08.1959, 28.12.1964, 26.09.1966, 06.06.1967, BaZ 07.12.1977, 02.04.2008
Foto StABS BSL 1013 1-0584 0001 b, Jakobsberg/Reinacherstrasse, Aufnahme: 26.05.1954
Foto StABS BSL 1013 1-1081 0001 b, Hüningerstrasse/Landesgrenze, Aufnahme: 13.10.1958
Foto Sammlung Heinz Teuscher, Schwarzwaldallee/Schönaustrasse, Aufnahme: 06.08.1959

Foto Sammlung F. Schweyckart, Schwarzwaldallee/Schönaustrasse, Aufnahme: 06.08.1959
Foto StABS BSL 1013 1-3085 0001 b, Jakobsberg/Reinacherstrasse, Aufnahme: 25.09.1966
Foto StABS BSL 1013 1-3349 0001 b, Claraplatz, Aufnahme: 05.06.1967
Fotos Kapo BS PhS, Innere Margarethenstrasse/Viaduktstrasse, Aufnahmen: 01.04.2008

1924 Oberaufseher Reinhard Käser
Personalmagazin der Kapo BS basilea INFO 3/2011, 5/2011
Akten/Fotos Kapo BS, PhS Ordner 53, Reinhard Käser und Schällemätteli, Aufnahmen: 1930 bis um 1950
Akten StABS Straf und Polizei Z 37
Foto Photo Basilisk AG Basel, Stehgitter, Aufnahmen: 2011

1922–1940 Sechs Kurzgeschichten aus dem Polizeialltag
Personalmagazin der Kapo BS basilea INFO 3/2019, 5/2019, 1/2020, 4/2022,
Magazin der Kapo BS basilea INFO PLUS Frühling 2024
Zeitungen UB, BN 19./20.09.1936, BN 05.05.1937, BN 01.09.1937, NZ 29./30.10.1938, NZ 17.09.1940
Akten StABS Gerichtsarchiv EE 53 1922
Illustrationen Claude Borer Grafik, Buchgestaltung und Illustration, Riehen

1906 Die grosse Zaubervorstellung
Personalmagazin der Kapo BS basilea INFO 3/2018
Zeitung UB, NZ 26.01.1906
Akten StABS Straf und Polizei C 19
Foto StABS NEG A 1639, Fischmarktbrunnen mit Hotel zum Storchen, Aufnahme: um 1910
Foto StABS NEG 1647, Bierhalle Hotel zum Storchen Stadthausgasse 25, Aufnahme: ca. 1925

1900 Skelettfunde in der Güterstrasse
Personalmagazin der Kapo BS basilea INFO 5/2018
Akten StABS Straf und Polizei C 19
Illustration Claude Borer Grafik, Buchgestaltung und Illustration, Riehen

1878 Schusswaffengebrauch mit dem Landjägergewehr
Personalmagazin der Kapo BS basilea INFO 4/2019
Akten StABS Gerichtsarchiv JJ 15.1 1875–1879, Straf und Polizei N5, Gerichtsarchiv EE 4 1878
Foto Kapo BS, PhS Inventar-Nr. 0550 IZ, Stiftzünder- oder Lefaucheuxpatronen, Aufnahme: 18.07.2023
Illustrationen Claude Borer Grafik, Buchgestaltung und Illustration, Riehen

1874 Von Bauernfängern und Wechselfälschern
Personalmagazin der Kapo BS basilea INFO 4/2006
Fotos Kapo BS, PhS Inventar-Nr. 0610C, Verbrecher Aufnahmen 1874–1901

1869 Raufhändel in Bettingen
Personalmagazin der Kapo BS basilea INFO 5/2018
Akten StABS Straf und Polizei C 19
Akten StABS Protokolle. Kleiner Rat 238
Illustration Claude Borer Grafik, Buchgestaltung und Illustration, Riehen

1820 Schiessübung im Lützelhof
Personalmagazin der Kapo BS basilea INFO 5/2018
Akten StABS Straf und Polizei C 19
Akten StABS Protokolle. Kleiner Rat 189
Illustration Claude Borer Grafik, Buchgestaltung und Illustration, Riehen

1819 Die letzten Hinrichtungen in Basel
Personalmagazin der Kapo BS basilea INFO 4/2020, 5/2020, 6/2020
Heft UB, Geschichte der Verbrecher Hermann, Deisler, Föller und Studer,
nach den Prozessakten durch das Kriminalgericht bearbeitet, herausgegeben 1819
Illustrationen Claude Borer Grafik, Buchgestaltung und Illustration, Riehen

1806–1838 Magisches Schatzheben und Geisterbeschwörung
Personalmagazin der Kapo BS basilea INFO 2/2019
Akten StABS Straf und Polizei C 43
Illustrationen: Claude Borer Grafik, Buchgestaltung und Illustration, Riehen

1790 Scharfrichter Martin Mengis
Guido Varesi, Henkermuseum Sissach/BL

1790 Gaunerlisten
Akten StABS Criminalia 34 A28

1790 Der Strassenräuber Johannes Ortscheid
Akten StABS Criminalia 33 O1
Akten StABS Protokolle. Kleiner Rat 163, 164
Illustration Claude Borer Grafik, Buchgestaltung und Illustration, Riehen

1788 Vatermörder Hans Jakob Tschudi
Magazin der Kapo BS basilea INFO PLUS Herbst 2023
Akten StABS Criminalia 21 T4
Akten StABS Protokolle. Kleiner Rat 161, 162
Illustrationen Claude Borer Grafik, Buchgestaltung und Illustration, Riehen

1776 Galeerenstrafe für den Mörder Nicklaus Brüderlin
StABS Criminalia 21 B34
StABS Protokolle. Kleiner Rat 149, 150, 152, 160, 164, 166

1762 Diebstahl beim Geldwechsler Mieg
Akten StABS Criminalia 34 B94
Akten StABS Protokolle. Kleiner Rat 135, 136, 137, 138, 139
StABS Bild 5, 94 b Einmündung des Birsig, Zeichnung: 1865
StABS Bild Schn. 110 Birsig in der Steinen mit Flusseinlauf, Zeichnung: 1865
Illustration Claude Borer Grafik, Buchgestaltung und Illustration, Riehen

1741 Niclaus Jantz – 23 Tage nach seiner Tat hingerichtet
Akten StABS Criminalia 21 J2
Akten StABS Protokolle. Kleiner Rat 113

1734 Der Raubmord zu Reigoldswil
Personalmagazin der Kapo BS basilea INFO 6/2022, 1/2023
Akten StABS Criminalia 21 B28
Akten StABS Protokolle. Kleiner Rat 106
Illustrationen Claude Borer Grafik, Buchgestaltung und Illustration, Riehen

1733 Halt! Wer da?
Magazin der Kapo BS basilea INFO PLUS Frühling 2023
Akten StABS Criminalia 21 B27
Akten StABS Protokolle. Kleiner Rat 105
Illustration Claude Borer Grafik, Buchgestaltung und Illustration, Riehen

1726 Frantz und Hironimus Weitnauer – die beiden Schmutzbecken
Akten StABS Criminalia 21 B34
Akten StABS Fremde Staaten Frankreich E7
Akten StABS Ratsbücher C16 Regest Urkundenbuch XVI fol. 151
Akten StABS Protokolle. Kleiner Rat 98, 99
Illustrationen Claude Borer Grafik, Buchgestaltung und Illustration, Riehen

1707 Degenduell im Grenzgebiet
Akten StABS Criminalia 21 V4
Akten StABS Protokolle. Kleiner Rat 78 und 79
StABS Bild 11, 16, Plan von Klein Hüningen nebst den umliegenden Orten
Illustration Claude Borer Grafik, Buchgestaltung und Illustration, Riehen

1671 Der Tod eines Zeigers
Magazin der Kapo BS basilea INFO PLUS Frühling 2023
Akten StABS Criminalia 21 E7
Akten StABS Protokolle. Kleiner Rat 50
Illustration Claude Borer Grafik, Buchgestaltung und Illustration, Riehen